应用 STATA 做统计分析

更新至 STATA 12（原书第 8 版）

[美] Lawrence C. Hamilton 著

巫锡炜　焦开山　李　丁　等译

清华大学出版社
北京

Lawrence C. Hamilton
Statistics with STATA: Version 12, Eighth Editon
EISBN: 978-0-8400-6463-9
Copyright © 2016 by Cengage Learning.
Original edition published by Cengage Learning. All Rights reserved. 本书原版由圣智学习出版公司出版。版权所有，盗印必究。

Tsinghua University Press is authorized by Cengage Learning to publish and distribute exclusively this simplified Chinese edition. This edition is authorized for sale in the People's Republic of China only (excluding Hong Kong, Macao SAR and Taiwan). Unauthorized export of this edition is a violation of the Copyright Act. No part of this publication may be reproduced or distributed by any means, or stored in a database or retrieval system, without the prior written permission of the publisher.

本书中文简体字翻译版由圣智学习出版公司授权清华大学出版社独家出版发行。此版本仅限在中华人民共和国境内(不包括中国香港、澳门特别行政区及中国台湾)销售。未经授权的本书出口将被视为违反版权法的行为。未经出版者预先书面许可，不得以任何方式复制或发行本书的任何部分。

ISBN: 978-7-302-46665-9
北京市版权局著作权合同登记号　图字：01-2016-2701
Cengage Learning Asia Pte. Ltd.
151 Lorong Chuan, #02-08 New Tech Park, Singapore 556741

本书封面贴有清华大学出版社防伪标签，无标签者不得销售。
版权所有，侵权必究。举报：010-62782989，beiqinquan@tup.tsinghua.edu.cn。

图书在版编目(CIP)数据

　　应用 STATA 做统计分析：更新至 STATA 12：原书第 8 版/(美)劳伦斯·C. 汉密尔顿(Lawrence C. Hamilton) 著；巫锡炜，焦开山，李丁 等译. —北京：清华大学出版社，2017(2023.8重印)
　　书名原文：Statistics with STATA:Version 12, Eighth Editon
　　ISBN 978-7-302-46665-9

　　Ⅰ.①应… Ⅱ.①劳…②巫…③焦…④李… Ⅲ.①统计分析－应用软件 Ⅳ.①C819

中国版本图书馆 CIP 数据核字(2017)第 036026 号

责任编辑：王　军　李维杰
装帧设计：牛艳敏
责任校对：曹　阳
责任印制：刘海龙

出版发行：清华大学出版社
　　　　　网　　址：http://www.tup.com.cn, http://www.wqbook.com
　　　　　地　　址：北京清华大学学研大厦 A 座　　邮　编：100084
　　　　　社 总 机：010-83470000　　邮　购：010-62786544
　　　　　投稿与读者服务：010-62776969, c-service@tup.tsinghua.edu.cn
　　　　　质 量 反 馈：010-62772015, zhiliang@tup.tsinghua.edu.cn
印 装 者：三河市君旺印务有限公司
经　　销：全国新华书店
开　　本：185mm×260mm　　印　张：27.75　　字　数：746 千字
版　　次：2017 年 5 月第 1 版　　印　次：2023 年 8 月第11次印刷
定　　价：98.00 元

产品编号：069147-03

中文版序

很高兴看到《应用STATA做统计分析》一书经巫锡炜、焦开山、李丁、赵联飞和王军等人的努力又一次被翻译成中文。此书的英文版一直非常成功，一版再版，所以读者现在阅读的已是其第8版的中文版。伴随Stata本身的发展，《应用STATA做统计分析》一书在每次修订后都会变得篇幅更长，并且覆盖更多的主题。借助此中文版，我希望初次偶读到《应用STATA做统计分析》一书的新读者也将会开卷有益。

熟悉更早各版本的读者们将会见到新的内容。新的介绍调查研究的一章出现在书的前面，因为社会科学领域的课程经常会涉及该主题。其他章节中的新增内容会介绍缺失值多重填补、结构方程建模、因子分在回归中的使用及混合效应建模的应用。最后一章介绍编程，内容做了简化，并围绕部分读者会觉得实用的一个主要例子(绘制多幅调查图形)来进行。

在本版的写作中，我也设法使用更有趣且最新的例子。比如，介绍时间序列分析的第12章使用了全球气温数据。它向读者说明了如何证实更大规模研究所得的主要结论：持续变暖的全球气温并不能为太阳辐照、火山爆发或自然变化(厄尔尼诺现象)所解释，而只有当我们考虑到持续攀升的二氧化碳浓度水平时才能得以理解。一些其他章也使用了环境主题的例子，从北极海冰到环境问题看法的调查，不同领域的读者或许都会对它们感兴趣。与这些例子相对应的数据可以从Stata网站的Bookstore处下载。

《应用STATA做统计分析》(1990)是第一本针对Stata而写的书。与Stata软件本身一样，此书也旨在做一些前人未做过的事情。我写这本书的目的是想为学生和研究人员弥合理论色彩浓厚的教材与Stata自带手册中数千页内容之间的差距。研究人员需要掌握分析其数据的各式技能。因此，《应用STATA做统计分析》一书从基本的主题开始，比如统计学导论课上的那些内容，或如何建立新的数据集。然后进入到中级和高级主题，诸如回归诊断、logit模型、稳健回归、因子分析、生存分析、时间序列模型乃至编程。其中的一些可能出现在研究生的统计学课上，而另一些则可能会在开展研究项目过程中遇到。对于每一章，我都关注两个实用的问题：*我如何在Stata中进行该分析？所得结果告诉我什么？* 我的目的是为读者写一本工作时会摆在其计算机旁的书。我经常收到Google Scholar

发来的信息告诉我不同国家的人们确实如此,并且在他们自己发表的研究中引用本书。感谢巫锡炜、焦开山、李丁、赵联飞和王军为翻译此书所付出的努力,现在您有机会来判定它对您的用处了。

Lawrence C. Hamilton

2016 年 9 月

审校者序

看到巫锡炜、焦开山、李丁、赵联飞和王军等完成 Lawrence C. Hamilton 所著 Statistics with STATA: Updated for Version 12, Eighth Edition 一书的翻译工作并邀请我审校,我感到十分欣慰和高兴。欣慰的是因为他们都是我的学生,而我看到他们在博士毕业之后仍能在科研、教学之余做翻译统计学教材这种费力不讨好但却非常基础性的工作。在我看来,保持对知识、方法的不断学习和不断更新的渴望是一名研究者应当具备的基本素质,而专业文献翻译是学习和消化新知识、新方法的重要途径之一。高兴的是虽然我不再参与本书的翻译工作,但是审校过程中,他们5人的工作仍保持了之前的高质量,而熟悉本书的读者会看到,本版相对于以前版本在篇幅、所介绍内容和所用示例等方面做了幅度挺大的改动。

一如既往,本书保持了它的实用风格。第一,它介绍了社会研究人员常用的统计方法,从最基础的数据创建、变量改造等到诸如时间序列模型、生存分析、混合效应建模乃至结构方程建模等更复杂的建模技术。第二,它侧重 Stata 操作以及对统计分析结果的解读,从而在统计学教科书与 Stata 软件之间架起了一座桥梁。第三,更值得称道的是,原作者介绍每一统计方法时都使用自己或其他研究者所做的实际研究作为示例,从研究问题开始,到如何做数据分析,最后说明哪些分析结果回答了研究问题,娓娓道来,这几乎相当于教人如何完整实施一项研究课题,引人入胜。以我本人作为前面两版翻译组织者和本版审校者的经历,相信对定量社会研究方法感兴趣的读者朋友都能从中获益匪浅。

相比于之前我带领他们5位翻译的两个版本,这一版虽然在章数上有所减少,但内容上做了重新编排,结构上显得更紧凑。比如,原来有关线性回归、回归诊断、拟合曲线和稳健回归的数章被整合成两章;同时,还结合 Stata 软件 12.0 版的更新和统计方法的发展,新增了缺失值多重填补、结构方程建模以及复杂抽样设计下的调查数据等新内容,还介绍了一套非常有用的 Stata 模型拟合后续命令 **margins** 和 **marginsplot**。从我对译稿所做审读和校对工作来看,译者们不但对新增方法本身理解到位,而且对其 Stata 软件的实现也很熟练,从而确保了翻译的质量。专业文献的翻译首先要追求的是准确无误,这一版的翻译满足了这一标准。当然,就表述的精当、流畅而言,译者们仍有继续完善的空间。

郭志刚

2016年10月

译者序

这是 *Statistics with STATA* 第 8 版的中译本，也是该书的第三个中文版。

前面两版都是我们几位在郭志刚教授的带领和指导下完成的。他一直用这种翻译专业文献的方式训练我们对统计方法的学习和掌握。我们都从中受益匪浅。这次我们之所以"劈腿"郭老师独立承担翻译工作，完全是他向出版社力荐的结果。这既是他对我们的认可，更是一种鼓励和帮助。感谢郭老师给予这一难得的机会！

Statistics with STATA 一书堪称 Stata 软件应用教材中的经典。自 1990 年以来，此书伴随着 Stata 软件的更新和统计方法的发展而一版再版。一本统计软件应用教材能够在图书市场存活 25 年并且越来越受读者欢迎，非经典之作而不能为，要知道这个时间差不多与 Stata 软件本身到目前已经存在 30 余年的时光一样长。当然，成就其为经典之作更重要的还在于下面两点。一是此书在形式上既兼顾必要但简洁易懂的统计学原理介绍，又从实际研究问题出发示例说明如何应用 Stata 软件完成数据分析并解读统计分析结果以回答研究问题，非常好地将让很多人觉得枯燥甚至深奥的统计学原理与看上去浩繁冗长的 Stata 软件手册融合起来。二是此书在内容上紧跟统计理论的发展和研究实践的需要，介绍大多数学科领域中最为实用的统计方法。比如，此版中既有属于"基本功"的数据管理方面的内容，结合 Stata 12.0 版的新功能，也涉及近年来日渐增多的混合效应建模、结构方程建模和缺失值多重填补等"进阶术"。所以，尽管此书不断修订再版，但始终能够让新老读者开卷有益。

翻译本身就是一件费力不讨好的事。对于 *Statistics with STATA* 这样的经典教材，翻译它更让人觉得有压力，尤其是前面还有郭老师之前的两个高质量译本。幸运的是，郭老师建议我们在之前译本的基础上完成翻译工作，甚至提供了翻译之前版本时创建的关键词中英文对照表，这大大方便了我们的翻译工作，翻译质量也有一定保证。加上他还亲自对译稿进行审校，更为翻译质量增加了一重保证。希望本次翻译仍能如之前郭老师亲自带领翻译的两个中译本那样受读者们的欢迎和好评。

本版的翻译工作从今年 4 月 11 日同清华大学出版社李万红、王军老师的第一次见面就开始启动。出于方便，由巫锡炜协调整个翻译工作。我们根据各自的兴趣和时间确定了任务分工：全书正文共 14 章，巫锡炜承担第 1、第 2、第 3、第 11、第 12、第 13 章以及书中的前言、中文版序言等内容，焦开山承担第 4、第 5、第 14 章，赵联飞承担第 6、第 7 章，李丁承担第 8、第 10 章，王军承担第 9 章。虽然各有分工，但是我们在翻译过程中相互讨论，并对其他人的译稿提出修订意见。不过，非常遗憾的是，由于出版署名方面的一些限制，只有巫锡炜、焦开山和李丁作为译者署名出现，而具有近乎同样贡献的赵联飞和王军则被"等"取代了。

受专业水平和理解能力所限，翻译中难免有不当甚或舛误之处，恳请读者们指教和斧正！

巫锡炜、焦开山、李丁、赵联飞、王军
2016 年 10 月

前　言

《应用 STATA 做统计分析》一书旨在为学生和实际研究工作者在统计教材和 Stata 应用之间架设桥梁，以缩小两者之间的差距。为扮演这样一个中介角色，本书既不准备对某一合适教材做详细说明，也不打算尽可能地描述 Stata 的全部特征。相反，本书示范了如何使用 Stata 来完成各种各样的统计任务。每章的讨论遵循统计学概念主题展开，而并非只集中在特定的 Stata 命令上，这使得《应用 STATA 做统计分析》一书又具有与 Stata 参考手册不同的结构。比如，数据管理一章涉及了创建、导入、合并或改变数据文件结构的各种程序。有关图形、概要统计与表格，以及方差分析与其他比较方法的这几章也都包含诸多不同技术在内而又具有类似性的宽泛主题。本书将新的介绍调查数据(Survey Data)的一章放到了前面，为后续各章在恰当位置出现的更具技术性的调查数据示例提供了背景知识。

前 7 章(直到线性回归分析)为一般性主题，大体上对应了应用统计学中本科生或研究生一年级水平的课程，但是增加了深度，讨论了分析人员经常碰到的实际问题——比如，如何导入数据、绘制符合发表质量要求的图形、使用调查权重，或者解决回归中的问题。在第 8 章(高级回归)及随后各章中，我们转入高级课程或原创研究的领域。这里，读者能够找到有关 lowess 修匀、稳健回归、分位数回归、非线性回归、logit 模型、序次 logit 模型、多项 logit 模型或泊松回归的基本信息和举例说明；应用新方法进行结构方程建模(structural equation modeling)或缺失值多重填补(multiple imputation)；拟合存活时间和事件计数模型；根据因子分析或主成分结果构建和使用合成变量(composite variables)；将观测案例区分成不同的经验类型或聚类；分析简单或多元时间序列；以及拟合多层或混合效应模型。Stata 近年来一直致力于提升其一流地位，这种努力尤其体现在它现在所提供的各种各样的统计建模命令上。

本书最后介绍 Stata 编程的内容。许多读者将会发现 Stata 可以做他们想做的任何事情，因此他们不需要编写原始程序。但是，对于积极主动的少数人而言，编程能力也是 Stata 的主要吸引力之一，并且它也肯定构成了 Stata 广泛传播和快速发展的基础。第 14 章为想探索 Stata 编程的初学者开启了大门，不论是用于专业化的数据管理，还是建立一种新的统计方法以进行蒙特卡罗实验或教学。

通常，对于 Windows、Macintosh 和 Unix 等操作系统的计算机都有类似版本("风格")的 Stata 可以安装运行。在所有操作系统上，Stata 都使用相同的命令并形成相同的输出结果。这些风格只是在屏幕外观、菜单和文件处理的一些细节上有些差异，这是因为 Stata 会遵循每一操作系统自己的规则——比如，Windows 系统下采用诸如"\目录\文件名"的文件设定，而在 Unix 系统下则采用"目录/文件名"的设定。本书并未示范所有三种规则，而只采用 Windows 规则，但是采用其他操作系统的用户应能发现，其实只需要稍加改变即可。

关于第 8 版的说明

笔者从 1985 年开始使用 Stata，当时还是它的首次发布年。起初，Stata 只在 MS-DOS 系统的个人电脑上运行，但其面向桌面的特点使得它明显比其主要竞争对手更现代，因为那时大多数竞争者还处于桌面革命之前，还基于主机环境、使用 80 列穿孔卡的 Fortran 语言。与认为每个用户都是一堆卡片的主机统计软件不同，Stata 将用户视为人机对话。它的互动本质以及统计程序与数据管理和制图的浑然一体支持了分析思维的自然流程，而这些方面则是其他程序所不具备的。**graph**(作图命令)和 **predict**(预测命令)很快成为倍受欢迎的命令。笔者深受其所有内容浑然一体打动，并开始写作《应用 STATA 做统计分析》的最初版本，该书对应着 Stata 第 2 版，并于 1989 年出版。Stata 在 2005 年迎来了它的 20 周年纪念，为此该年的《Stata 期刊》(*Stata Journal*)开辟了一期特刊，登载有关它发展史的文章和访谈，以及受邀而写就的《应用 STATA 做统计分析》一书的简史。

自该书第 1 版问世以来，Stata 已经发生了巨大变化。笔者在该书中就注意到，"Stata 并不是一个万能程序……但是只要是它做的事情，它就做得棒极了"。Stata 功能的扩展一直都引人注目。这一点在模型拟合程序的激增以及随后不断条理化方面显而易见。William Gould 为 Stata 建立的架构，包括其编程工具和统一的命令语法都已非常成熟，并已证明能够容纳新发展出来的统计思想。本书第 3 章广泛的作图命令、第 8 章开头提供的大量建模命令或者后续各章所介绍的新的时间序列分析、调查数据分析、多重填补或混合建模能力，都说明多年来 Stata 在这些方面日益变得丰富。比如，适用于面板数据(**xt**)、调查数据(**svy**)、时间序列数据(**ts**)、存活时间数据(**st**)或数据多重填补(**mi**)等的套装新技术开辟了更多可能领域，像一般化线性模型(**glm**)以及最大似然估计的一般程序中的可编程命令也同样做到了这点。其他重要扩展还包括矩阵编程能力的发展、大量新的数据管理特征以及诸如边际效应图(marginal plots)或结构方程建模等新的多用途分析工具。在最初版本的《应用 STATA 做统计分析》中，数据管理只是一个附带的话题；但它在本书的第 8 版中已经合乎情理地成为最长的一章。

Stata 全面的菜单和对话框系统提供了对大多数键入命令的点选式替代。不过，菜单和对话选择系列通过探索比通过阅读更易于学习，因此《应用 STATA 做统计分析》会在每章开头只提供有关菜单的一般性建议。绝大部分情况下都用命令来展示 Stata 能做什么；找到那些命令的对应菜单应非难事。相反，若你主要凭借菜单开始工作，Stata 会通过在结果窗口中呈现每一条相应的命令提供非正式训练。菜单/对话框系统通过将点选操作翻译成 Stata 命令，然后反馈给 Stata 并执行。

分析性制图是 Stata 的一大强项，这一点在每一章中都有体现。本书的许多例子都并非意在说明一种特定方法的单调图像，而都做了一些改进以满足发表或演示要求。读者或许会浏览这些图形以了解制图的潜力，这超出了 Stata 手册的内容。针对 Stata 12.0 更新的《应用 STATA 做统计分析》与之前针对 Stata 10.0 更新的该书大为不同。很多章已被重新组织，包括出现在本书前面新的介绍调查数据分析的一章。10.0 版的本书中分为 4 章的回归分析内容在这里已被更加逻辑性地整合和组织成篇幅更长的线性回归分析和高级回归两章。"高级回归"一章包含新的有关缺失值多重填补和结构方程建模(Structural Equation Modeling, SEM)的内容。主成分、因子和聚类分析一章也纳入两节新内容，介绍回归中因子得分的使用和 SEM 中测量模型的使用。分层与混合效应建模一章中新的一节呈现了一个重复测量数据分析的例子。有关编程的最后一章已被精简并围绕一个主要示例(绘制多幅调查数据图)来展开，可以证明这对于一些读者而言更有益。

本次针对 Stata 12.0 所做修订的一个目标是更新许多例子，其中一些涉及本人自 20 世纪 90 年代以来的研究，但已经过时。挑战者号航天飞机一例曾出现在最初 1989 年版的封面上，仍在 logistic 回归一章开头很好地说明基本思路。但是，该章的结尾为对 2011 年调查时收集到的人们关于气候变化的知识和观点的应答所做的加权多分类 logit 分析(weighted multinomial logit analysis)。气候调查是三个新的 2010 或 2011 调查数据集之一，这些数据集为若干章提供了重要的例子。其中一章(主成分和因子分析)以简单的行星数据开篇，但结尾则是使用 2011 年沿海环境调查数据所做的结合因子分析与回归的分析，或者类似的测量和结构方程模型。其他例子涉及物理学气候指标的时间序列。一个关于 42 个北极阿拉斯加村庄的独特数据集取自 2011 年的一篇论文，被用来示例说明混合效应建模如何可以将自然科学数据与社会科学数据结合起来。时间序列一章最后部分的 ARMAX 模型受到 2011 年一篇考察全球变暖"真实迹象"(real signal)的重要论文的启发。只要可能，都致力于使用提出大众感兴趣研究问题的例子，而不仅仅是提供一堆数字来示例说明一个技术。许多示例数据，包括书中所讨论之外的其他变量，吸引着读者自行去做进一步分析。

正如在第 1 章指出的，Stata 的帮助和搜索功能也与程序同步，得以完善。除了可以通过帮助文件获得的互动说明文档以外，可用资源还包括了 Stata 的网站、互联网及其文献搜索功能、用户社区邮件列表、网络课程、《Stata 期刊》以及 9000 多页的手册文档。《应用 STATA 做统计分析》提供了 Stata 的便捷入门，而这些其他资源将帮助你走得更远。

致谢

Stata 的设计师 William Gould 值得称赞，因为是他创建了《应用 STATA 做统计分析》所介绍的这个一流程序。Stata 公司的很多其他人员多年来贡献过他们的真知灼见。就此第 8 版而言，要特别感谢组织评阅工作的 Pat Branton 和阅读过绝大部分章节的 Kristin MacDonald。James Hamilton 为第 12 和 13 章的时间序列提出过重要建议。Leslie Hamilton 阅读并帮着修改了最终手稿的诸多部分。

本书围绕着数据分析的内容而写成。该版中新的一节对数据来源做了说明，包括存在的网页链接，或者所发表论文的索引。许多例子取自于公共资源，它们是其他研究者辛苦工作的成果。也借鉴了本人自己的研究，特别是一些新近的调查与整合自然和社会科学数据的研究。所有与本人一同开展这些项目的同事都值得称赞，包括 Mil Duncan 和 Tom Safford(CERA 农村调查)、Richard Lammers、Dan White 和 Greta Myerchin(阿拉斯加社区调查)、David Moore 和 Cameron Wake(气候环境调查)、Barry Keim 和 Cliff Brown(滑雪运动与气候环境研究)，以及 Rasmus Ole Rasmussen 和 Per Lyster Pedersen(格陵兰岛人口状况研究)。慷慨分享原始数据的其他人还有 Dave Hamilton、Dave Meeker、Steve Selvin、Andrew Smith 和 Sally Ward。

献给

Leslie、Sarah 和 Dave。

目 录

- 第 1 章　Stata 软件与 Stata 的资源 ········· 1
  - 1.1　本书体例的说明 ························ 1
  - 1.2　一个 Stata 操作的例子 ················ 2
  - 1.3　Stata 的文件管理与帮助文件 ······ 6
  - 1.4　搜寻信息 ···································· 7
  - 1.5　Stata 公司 ·································· 8
  - 1.6　《Stata 期刊》 ···························· 9
  - 1.7　应用 Stata 的图书 ····················· 10
- 第 2 章　数据管理 ································· 13
  - 2.1　命令示范 ·································· 14
  - 2.2　创建一个新的数据集 ··············· 16
  - 2.3　通过复制和粘贴创建新数据集 ···································· 21
  - 2.4　定义数据的子集：in 和 if 选择条件 ·································· 22
  - 2.5　创建和替代变量 ······················ 25
  - 2.6　缺失值编码 ······························ 28
  - 2.7　使用函数 ·································· 31
  - 2.8　数值和字符串之间的格式转换 ·· 34
  - 2.9　创建新的分类变量和定序变量 ·· 37
  - 2.10　标注变量下标 ························ 39
  - 2.11　导入其他程序的数据 ············· 40
  - 2.12　合并两个或多个 Stata 文件 ··· 43
  - 2.13　数据分类汇总 ························ 46
  - 2.14　重组数据结构 ························ 49
  - 2.15　使用权数 ······························· 52
  - 2.16　生成随机数据和随机样本 ····· 53
  - 2.17　编制数据管理程序 ················ 57
- 第 3 章　制图 ··· 59
  - 3.1　命令示范 ·································· 59
  - 3.2　直方图 ······································ 62
  - 3.3　箱线图 ······································ 65
  - 3.4　散点图和叠并 ·························· 68
  - 3.5　曲线标绘图和连线标绘图 ······· 73
  - 3.6　其他类型的二维标绘图 ··········· 77
  - 3.7　条形图和饼图 ·························· 79
  - 3.8　对称图和分位数图 ·················· 82
  - 3.9　给图形添加文本 ······················ 84
  - 3.10　使用 do 文件制图 ·················· 86
  - 3.11　读取与合并图形 ···················· 87
  - 3.12　图形编辑器 ···························· 88
  - 3.13　创造性制图 ···························· 91
- 第 4 章　调查数据 ································· 99
  - 4.1　命令示范 ·································· 99
  - 4.2　定义调查数据 ························ 100
  - 4.3　设计权数 ································ 102
  - 4.4　事后分层权数 ························ 104
  - 4.5　调查加权的表格和图形 ········· 107
  - 4.6　多重比较的条形图 ················ 110

第5章 概要统计及统计表 ······ 115
- 5.1 命令示范 ······ 115
- 5.2 测量变量的描述性统计 ······ 117
- 5.3 探索性数据分析 ······ 119
- 5.4 正态性检验和数据转换 ······ 121
- 5.5 频数表和二维交互表 ······ 124
- 5.6 多表和多维交互表 ······ 127
- 5.7 均值、中位数以及其他概要统计量的列表 ······ 129
- 5.8 使用频数权数 ······ 131

第6章 方差分析和其他比较方法 ······ 133
- 6.1 示范 ······ 134
- 6.2 单样本检验 ······ 135
- 6.3 两样本检验 ······ 138
- 6.4 单因素方差分析 ······ 140
- 6.5 双因素和多因素方差分析 ······ 143
- 6.6 因素变量和协方差分析 ······ 144
- 6.7 预测值和误差条形图 ······ 147

第7章 线性回归分析 ······ 151
- 7.1 命令示范 ······ 151
- 7.2 简单回归 ······ 155
- 7.3 相关 ······ 158
- 7.4 多元回归 ······ 161
- 7.5 假设检验 ······ 165
- 7.6 虚拟变量 ······ 167
- 7.7 交互效应 ······ 170
- 7.8 方差的稳健估计 ······ 175
- 7.9 预测值及残差 ······ 177
- 7.10 其他案例统计量 ······ 181
- 7.11 诊断多重共线性和异方差性 ······ 186
- 7.12 简单回归中的置信带 ······ 188
- 7.13 诊断回归 ······ 191

第8章 高级回归 ······ 197
- 8.1 命令示范 ······ 197
- 8.2 lowess 修匀 ······ 199
- 8.3 稳健回归 ······ 204
- 8.4 对 rreg 和 qreg 的更多应用 ······ 209
- 8.5 曲线回归 1 ······ 212
- 8.6 曲线回归 2 ······ 214
- 8.7 Box-Cox 回归 ······ 219
- 8.8 缺失值的多重填补 ······ 221
- 8.9 结构方程建模 ······ 225

第9章 logistic 回归 ······ 231
- 9.1 命令示范 ······ 233
- 9.2 航天飞机数据 ······ 234
- 9.3 使用 logistic 回归 ······ 238
- 9.4 边际或条件效应标绘图 ······ 241
- 9.5 诊断统计量与标绘图 ······ 243
- 9.6 对序次 y 的 logistic 回归 ······ 247
- 9.7 多项 logistic 回归 ······ 249
- 9.8 缺失值的多重填补——logit 回归的例子 ······ 256

第10章 生存模型与事件计数模型 ······ 259
- 10.1 命令示范 ······ 260
- 10.2 生存时间数据 ······ 262
- 10.3 计数时间数据 ······ 264
- 10.4 Kaplan-Meier 存活函数 ······ 266
- 10.5 Cox 比例风险模型 ······ 268
- 10.6 指数回归与 Weibull 回归 ······ 273
- 10.7 泊松回归 ······ 277
- 10.8 一般化线性模型 ······ 280

第11章 主成分分析、因子分析和聚类分析 ······ 285
- 11.1 命令示范 ······ 286
- 11.2 主成分分析和主成分因子法 ······ 287
- 11.3 旋转 ······ 289
- 11.4 因子分 ······ 292
- 11.5 主因子法 ······ 294
- 11.6 最大似然因子法 ······ 296

11.7	聚类分析-1	297	13.4	多个随机斜率	363
11.8	聚类分析-2	301	13.5	多层嵌套	366
11.9	因子分在回归中的使用	305	13.6	重复测量	368
11.10	测量与结构方程模型	312	13.7	截面时间序列	371
			13.8	混合效应 logit 回归	376

第 12 章 时间序列分析 …… 317

第 14 章 编程入门 …… 383

12.1	命令示范	317
12.2	修匀	319
12.3	时间标绘图的更多例子	325
12.4	最近的气候变化	328
12.5	时滞、前导和差分	331
12.6	相关图	336
12.7	ARIMA 模型	339
12.8	ARMAX 模型	346

14.1	基本概念与工具	383
14.2	程序示范：multicat(画出许多定类变量的图)	393
14.3	使用 multicat	396
14.4	帮助文件	400
14.5	蒙特卡罗模拟	403
14.6	用 Mata 进行矩阵编程	410

第 13 章 多层与混合效应建模 …… 351

数据来源 …… 415

参考文献 …… 419

13.1	命令示范	352
13.2	含随机截距的回归	354
13.3	随机截距和斜率	358

# 第 1 章

Stata 软件与 Stata 的资源

Stata 是用于 Windows、Mac 以及 Unix 操作系统上的一种功能完备的统计软件包。它的特点包括易操作、速度快，还包括一整套预先编好的分析与数据管理功能，同时也允许用户根据需要来创建自己的程序、添加更多功能。大部分操作既可以通过下拉菜单系统来完成，也可以更直接地通过键入命令来完成。初学者可以在菜单的帮助下学习使用 Stata，任何人在应用自己所不熟悉的程序时都可以由此获得帮助。Stata 的命令有很强的一致性和直观意义，可以使有经验的用户更高效地工作，这一特点还使得对更复杂或需要多次重复的任务进行编程变得十分容易。如有必要，在应用 Stata 时还可以混用菜单方法和命令方法。它还提供广泛的帮助、查找和链接功能，轻轻松松便能完成像查询某一命令语法或其他信息这类的事情。本书即为补充这些特征而著。

本书先提供一些介绍性信息，然后我们从一段 Stata 应用示范来让你领略数据分析过程，以及怎样使用分析结果。后续各章将做更详细的解释。然而，即使没有任何解释，你也可以看到有关命令多么简单明了：打开数据文件 *filename* 的命令就是 **use** *filename*，取得概要统计的命令是 **summarize**，得到相关矩阵的命令是 **correlate**，如此等等。或者，也可以通过 Data 或 Statistics 菜单上的选择来取得同样的结果。

有各种各样的资源来帮助用户学习 Stata，以解决任何难度级别的问题。这些资源并不只是来自于 Stata 公司，而且也来自于活跃的 Stata 用户群体。本章的一部分内容会介绍一些主要资源：包括 Stata 的在线帮助和印刷版文档，以及寻求技术帮助时应该给哪里写信或发电子邮件，提供包括软件更新与常见问题解答等诸多服务的 Stata 网址(www.stata.com)、互联网论坛 Statalist Internet 以及经审阅的《*Stata* 期刊》(Stata *Journal*)。

1.1 本书体例的说明

本书采用几种不同的印刷体例来标志有关文字的类型意义：
- 用户键入的命令以粗体显示。当给出完整的命令行时，将以一个英文句点作为起始点，这与在 Stata 结果窗口(Results window)或日志(输出)文件中见到的一样：

. **correlate** *extent area volume temp*

- 命令中的变量或文件名均为斜体,以强调它们是随意指定的,而并不是该命令的固定部分。
- 本书一般行文中涉及变量或文件名时也将以斜体显示,以示它们与普通文字内容的区别。
- Stata 菜单上的项将以 Arial 体表示,以 "→" 间隔表示随后的选项。比如,我们可以通过选择 File → Open 来打开已存在的数据集,然后找到并单击这一特定数据集的文件名。注意,一些常见菜单的动作也可以通过 Stata 主菜单工具条中的文字选项来完成:

File   Edit   Data   Graphics   Statistics   User   Window   Help

或者单击这些文字下面相应的图标来完成。比如,选择 File → Open 与单击最左侧的开启文件夹小图标 的功能完全一样。用户还可以直接键入以下命令来实现同样的操作:

. use *filename*

于是,我们呈现名为 *extent* 的一个变量的概要统计指标的计算结果如下:

. summarize extent

Variable	Obs	Mean	Std. Dev.	Min	Max
extent	33	6.51697	.9691796	4.3	7.88

这些体例只适用于本书,而不适用于 Stata 程序本身。Stata 可以显示不同的屏幕字体,但是它在命令中并不使用斜体。一旦 Stata 的日志文件被导入文字处理软件,或者已将统计结果表复制并粘贴到文字处理软件,就应该将其格式改为 Courier 字体的 10 号或更小字号,这样才能将各列正确对应。

对于命令和变量名,Stata 严格区分大小写。所以 **summarize** 是一个命令,而 Summarize 和 SUMMARIZE 就不是。*Extent* 和 *extent* 将是两个不同的变量。

1.2 一个 Stata 操作的例子

作为对运行中 Stata 的一个预览,本节将介绍如何打开和分析一个以往创建的数据文件,名为 *Arctic9.dta*。这一小规模时间序列涵盖了卫星时代(1979 年到 2011 年)对 9 月份北冰洋冰情的观测。数据取自三个不同来源(见有关数据来源的附录)。变量 *extent* 是对每年 9 月份海冰密集度不低于 15%的北半球海域的卫星测量。*Area* 数字略小于 *extent*,表示海冰本身的面积。另一个变量 *tempN* 记录了北纬 64°以北平均年度表面气温。气温被表达为以摄氏度衡量的异常,即与 1951 年到 1980 年平均气温的偏差。我们有 33 个观测(年份)和 8 个变量。

如果我们想记录下这段工作,最好的方法是在工作开始时先打开一个日志文件。日志文件可以存放命令和统计结果表,但是不能存放图形。要建立一个日志文件,先从顶部菜单栏中选择 File → Log → Begin…,并为这个输出的日志文件指定文件名和文件夹。也可以通过在顶部菜单工具条上选择 File → Log → Begin，或者直接键入以下命令来开启一个日志文件：

. **log using** *monday1*

有多种方式做这些事情，这在 Stata 中是常见的。每一种都有自己的优点，各自适合于不同场合或不同用户的偏好。

日志文件既能以一种特殊的 Stata 格式(.smcl)来建立，也可以采用常用的文本或 ASCII 格式(.log)。.smcl(Stata markup and control language)文件在 Stata 中能很好地浏览或打印。其中还可以包括超链接以方便理解命令或错误提示。.log(文本)文件则缺少此类格式化，但是如果用户将来把这些输出插入其他文档编辑器或做进一步编辑，就会很方便。用户在选择了想要的日志文件类型后，便可以单击 Save。在这一节中，我们将建立一个.smcl 格式的日志文件，名为 *monday1.smcl*。

这里将分析一个现有的 Stata 格式的数据文件 *Arctic9.dta*。要打开这个数据文件，我们仍然有好几种方式：

- 从顶部菜单栏中选择 File → Open → *Arctic9.dta*；
- 单击 📂 → *Arctic9.dta*；或者
- 键入命令 **use** *Arctic9*。

Windows 默认设置下，Stata 会在用户的文档目录中寻找数据文件。如果想要的文件在其他文件夹中，我们可以在 **use** 命令中指定它的位置：

. **use** *C:\books\sws_12\data\Arctic9*

或者用 **cd**(代表 change directory，即改变子目录)命令来更改本次工作的默认文件夹：

. **cd** *C:\books\sws_12\data*
. **use** *Arctic9*

或者从菜单中选择 File → Change Working Directory...。通常，打开文件的最简单方法是选择 File → Open，然后按常规方式浏览文件夹。

如果想要看当前内存中数据集的简要描述，键入：

```
. describe

Contains data from C:\data\Arctic9.dta
  obs:            33                          Arctic September mean sea ice
                                                1979-2011
 vars:             8                          17 Apr 2012 09:21
 size:           891
              storage  display    value
variable name   type   format     label      variable label

year            int    %ty                   Year
month           byte   %8.0g                 Month
extent          float  %9.0g                 Sea ice extent, million km^2
area            float  %9.0g                 Sea ice area, million km^2
volume          float  %8.0g                 Sea ice volume, 1000 km^3
volumehi        float  %9.0g                 Volume + 1.35 (uncertainty)
volumelo        float  %9.0g                 Volume - 1.35 (uncertainty)
tempN           float  %9.0g                 Annual air temp anomaly 64N-90N C

Sorted by:  year
```

许多 Stata 命令都可以简化为它们的前几个字母。比如，我们可将 **describe** 命令简化为仅有一个字母 **d**。如果要使用菜单，那么选择 Data → Describe data → Describe data in memory →(OK)也能得到同样的输出表格。

这一数据集只有 33 个观测案例和 8 个变量，所以键入 **list** 就能列出相应内容(或者仅键入小写字母 **l** 也行；或者选择 Data → Describe data → List data →(OK))。此处为节省篇幅，我们键入 **list in 1/10** 只列出前 10 年：

```
. list in 1/10

      year   month   extent   area    volume   volumehi   volumelo   tempN
 1.   1979     9      7.2     5.72   16.9095   18.2595    15.5595    -.57
 2.   1980     9      7.85    6.02   16.3194   17.66937   14.96937    .33
 3.   1981     9      7.25    5.57   12.8131   14.16307   11.46307   1.21
 4.   1982     9      7.45    5.57   13.5099   14.85987   12.15987   -.34
 5.   1983     9      7.52    5.83   15.2013   16.5513    13.8513     .27

 6.   1984     9      7.17    5.24   14.6336   15.98357   13.28357    .31
 7.   1985     9      6.93    5.36   14.5836   15.93363   13.23363    .3
 8.   1986     9      7.54    5.85   16.0803   17.43027   14.73027   -.05
 9.   1987     9      7.48    5.91   15.3609   16.7109    14.0109    -.25
10.   1988     9      7.49    5.62   14.988    16.338     13.638      .87
```

可从均值、标准差、最小值以及最大值入手来进行分析。直接键入 **summarize** 或 **su**；或者从下拉菜单中选择 Statistics → Summaries, tables, and tests → Summary and descriptive statistics → Summary statistics →(OK)：

```
. summarize

  Variable |   Obs        Mean     Std. Dev.       Min        Max
-----------+--------------------------------------------------------
      year |    33        1995     9.66954       1979       2011
     month |    33           9           0          9          9
    extent |    33     6.51697    .9691796        4.3       7.88
      area |    33    4.850303    .8468452       3.09       6.02
    volume |    33    12.04664    3.346079   4.210367    16.9095
   volumehi|    33    13.39664    3.346079   5.560367    18.2595
   volumelo|    33    10.69664    3.346079   2.860367    15.5595
     tempN |    33     .790303    .7157928       -.57       2.22
```

若想将到目前为止得到的结果打印出来，先单击结果窗口，然后单击 🖨 图标，或者从菜单中选择 File → Print → Results。

如果想将一个表、一些命令或结果窗口的其他信息复制到文字处理软件中，首先用鼠标选择想要的那些结果，点击鼠标右键，然后选择鼠标菜单中的 Copy Text。转到你的文字处理软件中，在适当插入点击鼠标右键，然后点击 Paste，或者点击文字处理软件工具条上的粘贴图标也行。大多数情形中的最后一步都是将粘贴过来的文本更改成诸如 Courier 等固定宽度的字体。

北极的海冰范围、面积和容积应当与年均气温有关，不仅因为更温暖的空气有助于融冰，而且因为无冰海洋的表面气温会比有冰的更高。我们通过键入如下后接变量列表的 **correlate** 命令可以得到它们之间的相关关系。

```
. correlate extent area volume tempN
(obs=33)

             |  extent      area    volume     tempN
    ---------+------------------------------------------
      extent |  1.0000
        area |  0.9826    1.0000
      volume |  0.9308    0.9450    1.0000
       tempN | -0.8045   -0.8180   -0.8651    1.0000
```

正如所预期的，9 月份海冰的 *extent*、*area* 和 *volume* 都具有强的正相关。它们与年均气温之间的相关是负的：气温越高，冰越少(或者反之)。同样的相关矩阵可通过点击菜单 Statistics→Summaries, tables, and tests→Summary and descriptive statistics→Correlation and covariance，然后选择存在相关性的变量来得到。尽管使用菜单选择通常都很简单明了，但是你能看到在描述它们时却比使用简单文字命令更复杂。因此，后面我们将主要使用命令，只在少许场合提及菜单选用。对于菜单的探究、搞清它们如何使用才能完成同样的任务，将留给读者自己来完成。出于同样的原因，Stata 参考手册也是采取以命令为基础的方式。

因此，海冰范围、面积、容积与温度都是有关的。它们如何随时间推移而变动呢？图 1.1 画出了 *extent* 对 *year* 的标绘图，由 **graph twoway connected** 命令得到。此命令中第一个命名的变量 *extent* 定义纵轴或 *y* 轴，最后命名的变量 *year* 定义横轴或 *x* 轴。我们看到了一种不规则的陡峭下行态势，由于 9 月份海冰范围在这一时期减少了超过三分之一。

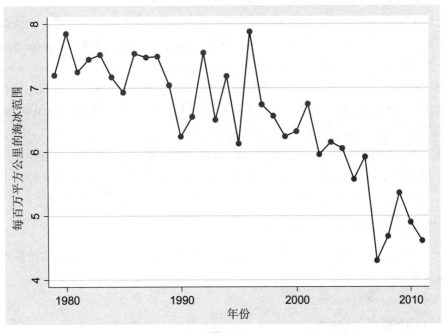

图 1.1

要打印出此图，首先转到图形窗口(Graph window)，然后点击该窗口中的打印图标 🖨 或者选择 File→Print。若要将此图直接复制到文字处理软件或其他文件中，右键点击这一图形并选择 Copy Graph，再转到你的文字处理软件窗口，定位插入点后，选择一种适当的粘贴方式，比如 Edit→Paste、Edit→Paste Special(Metafile)或直接点击粘贴图标(不同的文字处理软件有不同的处理方式)。

如果需要将此图存起来将来再用，可以右键点击并选择 Save Graph，或点击图形窗口中的图标 ■，或选择图形窗口顶部菜单栏上的 File → Save As。在 Save As Type 子菜单可以选择保存为几种不同的文件格式。在 Windows 系统中，这些选项包括：

- Stata graph(*.gph)(一种"活"的图形，包括足够的信息供 Stata 来编辑)
- As-is graph(*.gph)(一种更紧凑的 Stata 图形格式)
- Windows Metafile(*.wmf)
- Enhanced Metafile(*.emf)
- Portable Network Graphics(*.png)
- TIFF(*.tif)
- PostScript(*.ps)
- Encapsulated PostScript with or without TIFF preview(*.eps)
- Portable Document File(*.pdf)

Mac 或 Linux 等其他操作系统提供图形文件格式的不同选择。不管我们需要哪种图形格式，都值得同时再以活的.gph 格式多存一份得到的图形。这种活的.gph 格式图形在后续还可以用 **graph use** 或 **graph combine** 命令来重新打开、合并、重新着色或重新设置格式，或者使用图形编辑器(Graph Editor)加以编辑(参见第 3 章)。

通过以上所有分析，日志文件 *monday1.smcl* 中已经存放了我们的结果。查阅该文件以看看我们曾经做了些什么的一个简单方法，就是在其自己的浏览器窗口(Viewer window)中选择以下菜单来打开这一文件：File → Log → View → OK。

我们可以通过点击日志文件浏览器窗口顶部一栏上的 ■ 图标来打印此日志文件。日志文件将会在一段 Stata 操作完成后自行关闭，也可以通过选择 ■ → Close log file、键入命令 **log close** 或用下列指令要求提前关闭：File → Log → Close。

一旦关闭，文件 *monday1.smcl* 在随后的 Stata 操作期间还可以通过 File → log → View 或 ■ 图标来查看。为了创建一个能容易地被你的文字处理软件打开的输出文件，可以键入以下命令，将日志文件由.smcl 格式(Stata 格式)转换为.log 格式(标准 ASCII 文本格式)：

```
. translate monday1.smcl monday1.log
```

或者，一开始就以.log 格式而不是.smcl 格式来创建文件。也可以任意次地临时开启和结束日志文件：

- File → Log → Suspend
- File → Log → Resume

Stata 主图标菜单栏上的 log 图标 ■ 也可执行所有这些任务。

1.3 Stata 的文件管理与帮助文件

Stata 第 12 版的整套文档一共 19 卷：一本较薄的《初学手册》(比如，*Getting Started with*

Stata for Windows)，一本更全面的《用户指南》(*User's Guide*)，4 卷本的《基础参考手册》(*Base Reference Manual*)，还有分别针对数据管理、制图、纵贯和面板数据、矩阵(Mata)编程、多重填补、多元统计、编程、结构方程建模、调查数据、存活分析和流行病学梯度表以及时间序列分析的参考手册。《初学手册》只是帮助用户做最基本的安装、视窗管理、数据输入、打印等方面的工作。《用户指南》是对一般问题的更广泛讨论，包括资源与问题解决。新用户尤其要注意的是《用户指南》中的一节："所有人都应该知道的命令(Commands everyone should know)"。《基础参考手册》按字母顺序列出了所有 Stata 命令。每一条命令都包括了完整的命令语法、所有可用选项的描述、例子、有关公式和基本原理的技术说明，以及其他参考文献。数据管理、制图、面板数据等在一般参考文献中已经涉及，但是更复杂的话题是在它们自己的专题手册中才提供更具体的处理方法以及例子。还有一本《快速参考与索引》(*Quick Reference and Index*)，提供了全部文档的完整清单。尽管纸质手册可充实书架，不过，通过 Help → PDF Documentation，或者通过点击键入 **help** 后接具体的命令名称返回的链接，在 Stata 中任何时候都可以获取完整的 PDF 帮助文档。

当我们在操作 Stata 时，很容易取得与手册相连的在线帮助。从顶部菜单栏选择 Help 会出现供进一步选择的下拉菜单，包括对特定命令的帮助、最新更新、在线更新、《Stata 期刊》(*Stata Journal*)和用户编写的程序以及连接 Stata 的网址(www.stata.com)。选择 **Search** 可以对 Stata 的说明文档、网络资源或这两者进行关键词搜索。作为替代方法，选择 **Contents**(或键入 **help** 命令)允许我们按类别查找如何做事。**help** 命令在与某个命令名一同使用时是特别有帮助的。比如，键入 **help correlate** 命令将使有关帮助信息显示在浏览器窗口(Viewer window)中。与参考手册一样，该屏幕帮助也提供命令语法说明以及完整的选项清单。它还包括了一些例子，但常常不太具体，而且不提供手册中的那些技术讨论。但是，屏幕帮助相比手册也有一些优点。浏览器能够在说明文档中或 Stata 网站上搜寻关键词。超链接可以使你直接找到有关条目。屏幕帮助还包括一些有关最近更新的资料，或者你还可以从 Stata 网址或其他用户网址下载一些非官方的 Stata 程序。

1.4 搜寻信息

选择 Help → Search → Search documentation and FAQs，可提供一种直接方式来对 Stata 说明文档或网站的 FAQs(Frequently Asked Questions，常见问题解答)和其他页面中的信息进行搜索。或者，我们可以对网络资源进行搜索，包括《Stata 期刊》。浏览器窗口中的搜索结果包含指向进一步信息或原始引用的可点击超链接。

search 命令可以做类似的事情。快速 **search** 命令的一个专门用途是在某些场合下提供更多信息，比如由于我们的命令没有被成功执行而导致得到的是含义不明的 Stata 错误提示信息。比如，**table** 是一个 Stata 命令，但它需要与我们确切想要呈现在表格中的内容有关的信息。如果我们错误地仅键入 **table**，Stata 会给出错误信息和具有隐含意义的"返回码 (return code)" r(100)：

```
. table
varlist required
r(100);
```

点击此错误信息中的返回码 r(100) 会给出更进一步的说明。我们也可以通过键入 **search rc 100** 找到这一说明。键入 **help search** 查看有关该命令的更多信息。

1.5 Stata 公司

Stata 公司的邮寄地址是：

    StataCorp
    4905 Lakeway Drive
    College Station, TX 77845   USA

电话号码也包括易记的 800 号码：

电话	1-800-782-8272	(或 1-800-STATAPC) 美国
	1-800-248-8272	加拿大
	1-979-696-4600	其他地区
传真	1-979-696-4601	

要搜寻有关定购、许可证和更新方面的信息，可以通过下列电子邮箱与 Stata 公司联系：

    service@stata.com

或者访问他们的网站：

    http://www.stata.com

Stata 出版社也有其自己的网站，提供关于 Stata 出版物的信息，包括例题所用的数据。网址为：

    http://www.stata-press.com

前面提到的《Stata 期刑》也已成为一个重要的资源：

    http://www.stata-journal.com

Stata 的主站 www.stata.com 提供了广泛的用户资源，包括详细描述 Stata 产品的页面、如何订购 Stata 以及如下所述的各种用户支持：

FAQs——常见问题解答。如果你有什么困扰，在手册中又找不到答案，那么就可以查查这里。也许它就是一个 FAQ。这里的问答涉及面很广，既有很基础的问题，比如"如何将其他软件文件转换为 Stata 格式的数据文件"；也有更技术性的问题，比如"如何在完全最大似然估计中使用 **heckman** 命令来限制 rho 为 0"。

Updates——主要版本中的在线更新免费对已注册 Stata 用户提供。它们提供了一种简捷的方式来获取适用于你当前版本的最新改进、错误修复等。不必登录网站，用户可以直接在 Stata 中查询是否有适用的更新，并通过以下命令来启动更新过程：

```
. update query
```

Technical support——技术支持可以通过向以下地址发送电子邮件获取：

tech-support@stata.com

反馈往往很迅速且很有帮助。尽管如此，但在写信寻求技术帮助之前，还是应核实一下你的问题是不是 FAQ。

Training——报名参加 Stata 导论、Stata 编程导论或高级 Stata 编程等精选话题的网上课程。

Stata News——Stata 新闻包括软件特征、当前网上课程、《Stata 期刊》的新问题以及其他话题。

Publications——与《Stata 期刊》、说明文档和手册有关信息的链接，销售与 Stata 和其他最新的统计推论有关的书籍的书店，以及针对写作关于 Stata 新书人士的 Stata 作者支持项目。接下来的两节会更多地谈到《Stata 期刊》和 Stata 图书。

Stata 网站开辟有 Stata 博客：

http://blog.stata.com/

社交媒体的用户也许发现在 Twitter(www.twitter.com)上关注 Stata 很有趣且长见识，或者会在 Facebook(www.facebook.com)上喜欢上 Stata。

1.6 《Stata 期刊》

从 1991 年至 2001 年，称为 *Stata Technical Bulletin*(简称 *STB*)的双月刊服务于发布新的命令和 Stata 更新，其中既有用户撰写的，也有正式渠道发布的。*STB* 上的文章累积起来，每年都出版一本书，名为 *Stata Technical Bulletin Reprints*，这些书可以从 Stata 公司直接订购。随着网络的发展，用户之间的即时交流成为可能。程序文件能从遥远的资源地轻易下载得到。双月刊印的期刊和磁盘对于用户交流或发布更新与用户撰写的程序而言，都已经不再是最好的途径了。为适应变化了的世界，*STB* 也必须有新发展。

于是，《Stata 期刊》开始发行，以迎接挑战，满足 Stata 日益扩大的用户群。像以前的 *STB* 一样，《Stata 期刊》仍包括用户描述研制新命令的文章，也包括 Stata 公司雇员编制的非正式命令。但是，发布新命令并不是它的首要关注点。《Stata 期刊》还包括带索引的统计学注释文章、书评、Stata 使用小窍门以及许多有趣的栏目，比如由 Nicholas J. Cox 主持的"话说 Stata"(Speaking Stata)，讨论如何更有效率地使用 Stata 编程语言。《Stata 期刊》既为初学者服务也为老用户服务。比如，以下为 2012 年 6 月期的目录。

Articles and columns
"A robust instrumental-variables estimator," R. Desbordes, V. Verardi
"What hypotheses do 'nonparametric' two-group tests actually test?" R.M. Conroy
"From resultssets to resultstables in Stata," R.B. Newson
"Menu-driven X-12-ARIMA seasonal adjustment in Stata," Q. Wang, N. Wu
"Faster estimation of a discrete-time proportional hazards model with gamma frailty," M.G. Farnworth
"Threshold regression for time-to-event analysis: The stthreg package," T. Xiao, G.A. Whitmore, X. He, M.-L.T. Lee

"Fitting nonparametric mixed logit models via expectation-maximization algorithm," D. Pacifico

"The S-estimator of multivariate location and scatter in Stata," V. Verardi, A. McCathie

"Using the margins command to estimate and interpret adjusted predictions and marginal effects," R. Williams

"Speaking Stata: Transforming the time axis," N.J. Cox

Notes and Comments
"Stata tip 108: On adding and constraining," M.L. Buis
"Stata tip 109: How to combine variables with missing values," P.A. Lachenbruch
"Stata tip 110: How to get the optimal k-means cluster solution," A. Makles

Software Updates

《Stata 期刊》每季度发行。可以通过访问 www.stata-journal.com 订购。www.stata-journal.com 归案列出了可以单独订购的往期目录，且三年前或更早的文章可免费下载。关于其历史性意义，Stata 发行 20 周年纪念之际刊发的特刊(5(1)，2005)包含了若干篇介绍 Stata 早期发展的论文和一篇介绍第一本 Stata 书籍的论文，即"《应用 Stata 做统计分析》的简史"。

1.7 应用 Stata 的图书

除了 Stata 自己的参考手册以外，描述 Stata 或使用 Stata 来示范分析技术的书目越来越多。这些书中包括一般性介绍；学科应用，如社会科学、生物统计或经济计量；以及有关调查分析、实验数据、分类因变量以及其他学科的专门著述。

Stata 网站的 Bookstore 页面提供了最新的书目清单，并附有内容描述：

> http://www.stata.com/bookstore/

这个在线书店提供了一个了解和订购不同出版商发行的 Stata 相关图书的好地方。下例表明了选择范围之宽泛：

A Gentle Introduction to Stata, A.C. Acock
Using Stata for Principles of Econometrics, L.C. Adkins, R.C. Hill
An Introduction to Modern Econometrics Using Stata, C.F. Baum
Applied Microeconometrics Using Stata, A.C. Cameron, P.K. Trivedi
Event History Analysis with Stata, H-P. Blossfeld, K. Golsch, G.Rohwer
An Introduction to Survival Analysis Using Stata, M. Cleves, W. Gould, R. Gutierrez, Y. Marchenko
Statistical Modeling for Biomedical Researchers, W.D. Dupont
Maximum Likelihood Estimation with Stata, W. Gould, J. Pitblado, B. Poi
Statistics with Stata, L.C. Hamilton
Generalized Linear Models and Extensions, J.W. Hardin, J.M. Hilbe
Negative Binomial Regression, J.M. Hilbe
A Short Introduction to Stata for Biostatistics, M. Hills, B.L. De Stavola

Applied Survival Analysis: Regression Modeling of Time to Event Data, D.W. Hosmer, S. Lemeshow, S. May
Applied Econometrics for Health Economists, A. Jones
Applied Health Economics, A. Jones, N. Rice, T.B. d'Uva, S. Balia
An Introduction to Stata for Health Researchers, S. Juul, M. Frydenberg
Data Analysis Using Stata, U. Kohler, F. Kreuter

Sampling of Populations: Methods and Applications, P.S. Levy, S. Lemeshow
Workflow in Data Analysis Using Stata, J.S. Long
Regression Models for Categorical Dependent Variables Using Stata, J.S. Long, J. Freese
A Visual Guide to Stata Graphics, M. Mitchell
Data Management Using Stata: A Practical Handbook, M. Mitchell
Interpreting and Visualizing Regression Models Using Stata, M. Mitchell
Seventy-six Stata Tips, H.J. Newton, N. J. Cox editors
Analyzing Health Equity Using Household Survey Data, O. O'Donnell and others
A Stata Companion to Political Analysis, P.H. Pollock III
A Handbook of Statistical Analyses Using Stata, S. Rabe-Hesketh, B. Everitt
Multilevel and Longitudinal Modeling Using Stata, S. Rabe-Hesketh, A. Skrondal
Managing Your Patients? Data in the Neonatal and Pediatric ICU, J. Schulman
Epidemiology: Study Design and Data Analysis, M. Woodward

第 2 章

数据管理

数据分析的第一步就涉及将原始数据改造为 Stata 可用的格式。我们可以通过以下几种方式将新数据读入 Stata：从键盘上输入数据；从诸如微软 Excel 的另一程序导入数据；读取包含原始数据的文本或 ASCII 文件；将电子表格数据粘贴到数据编辑器(Editor)窗口中；或者，应用第三方数据转换程序将其他电子表格、数据库或统计程序创建的系统数据集直接转换过来。一旦 Stata 将数据读入了内存，我们就可以将其存为 Stata 格式，以便将来再次打开和更新。

数据管理包括最初建立数据集、编辑以校正错误、识别缺失值以及内部建档，比如加上变量标签和变量值标签。它也包括许多其他项目进行中所需要的工作，比如加入新的观测案例或变量；对数据进行重组、简化或抽样；分割、合并或拆分数据；转换变量类型；通过代数或逻辑表达式创建新变量。当数据管理任务变得具有重复性或复杂时，Stata 用户可以编写自己的程序来自动完成这些工作。尽管 Stata 因其分析功能而著称，其实它同时也具有广泛的数据管理功能。本章将介绍其中的一些基本功能。

《用户指南》(*User's Guide*)提供了多种数据输入方法的总览，并建议了决定采用哪一种方法的 9 条规则。本章所讲的输入、编辑和许多其他操作都可通过 Data 菜单来完成。Data 菜单的下属标题表明了一般性任务类别：

Describe data	描述数据
Data Editor	数据编辑器
Create or change variables	创建或修改变量
Variables Manager	变量管理器
Data utilities	数据工具
Sort	排序
Combine datasets	合并数据集
Matrices，Mata language	矩阵，矩阵编程语言
Matrices，ado language	矩阵，ado 语言
Other utilities	其他工具

2.1 命令示范

```
. append using olddata
```

读入以前保存的数据集 *olddata.dta*,然后将其所有观测案例加入到当前内存中的数据中。随后键入 **save** *newdata*, **replace** 就能将这一合并数据集保存为新数据文件 *newdata.dta*。

```
. browse
```

打开电子表格化的数据浏览器(Data Browser)来查看数据。浏览器看起来很像数据编辑器(Data Editor),但是它没有编辑功能,所以也就没有因一时疏忽而改变数据的风险。这一操作的替换方法是使用 Data 菜单或点击 图标。

```
. browse year month extent if year > 1999
```

要求打开数据浏览器时只显示 *year* 变量取值大于 1999 那些观测案例的 *year*、*month* 和 *extent* 变量。这个例子示范了 **if** 的选择功能,它可用于许多 Stata 命令的选择操作。

```
. compress
```

自动将所有变量转换为其最有效的存储类型以节省内存和磁盘空间。随后键入命令 **save** *filename*, **replace** 将使这些改变永久保留。

```
. drawnorm z1 z2 z3, n(5000)
```

创建一个人工数据集,包含从独立的标准正态分布中抽取的 5000 个观测案例和 3 个随机变量 *z1*、*z2* 与 *z3*。还可以通过选项设定其他的均值、标准差、相关矩阵或协方差矩阵。

```
. dropmiss
```

自动删除内存数据集中在每个观测案例上包含缺失值的任何变量。当对更大数据集的一个子集进行操作而数据集内的一些原始变量并不适用于任何剩下的观测案例时,该命令可能是有用的。键入 **dropmiss, obs** 将从内存中删除在每个变量上包含缺失值的任何观测案例。**dropmiss** 是用户编写的程序,Stata 并不直接提供它。键入 **findit dropmiss** 得到下载链接并安装它。

```
. edit
```

打开电子表格化的数据编辑器,以便进行数据输入或编辑。这一操作的替换方法则是使用 Data 菜单或直接点击 图标。

```
. edit year month extent
```

打开数据编辑器,此时只显示 *year*、*month* 和 *extent*(以该顺序)这 3 个变量,且可进行数据编辑。

```
. encode stringvar, gen(numvar)
```

基于字符串(非数值型)变量 *stringvar*，新建一个带有数字值标签的变量，名为 *numvar*。

. **format** *rainfall* **%8.2f**

为数值型变量 *rainfall* 建立一种固定化(**f**)的显示格式：8 列宽，小数点后总是显示 2 位数。这只会影响到取值如何被显示。

. **generate** *newvar* = (*x* + *y*)/100

创建一个名为 *newvar* 的新变量，其值等于 *x* 加上 *y* 后再除以 100。

. **generate** *newvar* = **runiform()**

创建一个名为 *newvar* 的新变量,其值从一个服从区间[0, 1)上的均匀随机分布中抽取得到。键入 **help random** 可见到根据正态分布、二项分布、伽玛分布、泊松分布和其他分布产生随机数据的函数。

. **import excel** *filename.xlsx*, **sheet("mean") cellrange(a15:n78) firstrow**

将 Excel 电子表格导入内存。本例中的选项设定了名为"mean"的表单且所关注的数据位于该表单的 A15 到 N78 单元格范围。此数据区域的第一行给出了变量名称。

. **infile** *x y z* **using** *data.raw*

读入一个名为 *data.raw* 的文本文件，其中包含 3 个变量：*x*、*y* 和 *z*。这些变量的值由一个或多个空白字符——空格、制表符和换行符(回车、换行或两者同时)——或由英文逗号分隔开。要是由空白字符作为分隔符，那么缺失值就由英文句点代表，而不是由空格代表。要是采用逗号分隔符，缺失值则由一个英文句点或两个连续的逗号来代表。Stata 还提供了更多的缺失值处理功能，见本章稍后的讨论。有一些其他命令更适合读取制表分隔符、逗号分隔符或固定列格式的原始数据。键入 **help infiling** 查看更多信息。

. **list**

按默认或表格格式列出数据。对于大的数据集，表格格式会变得难以阅读，而 **list**, **display** 可输出更好的结果。有关其他选项，参见 **help list**。数据编辑器或数据浏览器提供适合诸多目标的更多有用的浏览。

. **list** *x y z* **in** 5/20

按照当前的数据顺序，列出第 5 个至第 20 个观测案例的 *x*、*y* 和 *z* 三个变量的值。这里的 **in** 选择条件在大多数其他 Stata 命令中同样有效。

. **merge 1:1** *id* **using** *olddata*

读入以前保存的数据集 *olddata.dta*，然后将 *olddata* 中的观测案例与内存中具有同样 *id* 值的观测案例加以一对一匹配。在此项操作之前，*olddata*(称为"调用(using)"数据)和当前内存中的数据(称为"主(master)"数据)都必须已经按 *id* 排序。

. **mvdecode** *var3-var62*, **mv(97=. \ 98=.a \ 99=.b)**

针对变量 *var3* 到 *var62*，将数字值 97、98 和 99 重新编码为缺失值。本例中，我们使用 Stata 将其表示为英文句号、.a 和.b 的三种不同缺失值编码。这些可能代表着不同的数据缺失原因，比如某一调查中被调查者做出的"不适用"、"不知道"和"拒绝回答"等应答。如果只需要一个缺失值编码，那么我们可以设定这样的一个选项：**mv(97 98 99=.)**。

. `replace oldvar = 100 * oldvar`

将变量 *oldvar* 的原值扩大 100 倍后取代原值。

. `sample 10`

将内存中所有观测案例只随机选取 10%样本留下，其他观测案例全数删除。除了可以按某一百分比抽取样本外，我们还可以选择某一数量的观测案例。比如，**sample 55 , count** 就能删除其他观测案例，仅保留 55 个观测案例的随机样本。

. `save newfile`

将当前内存中的数据存为一个新数据文件 *newfile.dta*。如果 *newfile.dta* 已经存在，而又想覆盖以前版本，那么键入 **save** *newfile,* **replace**。替换方法是使用 File 菜单。如果想把 *newfile.dta* 存为 Stata 第 9 版格式，可键入 **saveold** *newfile* 或选择 File → Save As → Save as type。

. `sort x`

将数据按 *x* 值从最小到最大依次排序。那些 *x* 值缺失的观测案例将排在最后，因为 Stata 将缺失值当作非常大的值来处理。键入 **help gsort** 可以了解完成更一般性排序任务的命令，比如可以选择按升序排还是降序排，也可以专门将缺失值排到最前面。

. `tabulate x if y > 65`

只对那些 *y* 值大于 65 的观测案例输出 *x* 的频数表。这里的 **if** 选择功能与在大多数其他 Stata 命令中一样。

. `use oldfile`

找到磁盘上以前所存的 Stata 格式数据集 *oldfile.dta*，将其读入内存中。如果当前有其他数据在内存中，并且你并不想不保存就放弃，那么键入 **use** *oldfile,* **clear**。选择 File → Open 或点击 也可以完成同样的任务。

2.2 创建一个新的数据集

通过键入形式为 **use** *filename* 的命令，或者通过菜单选择，可将以前保存的 Stata 格式数据读入内存。本节首先介绍创建 Stata 格式数据集的基本技巧。我们可以简单地从手工将数据键入数据编辑器开始。手工方式对小规模数据集是可行的，当原始信息为书中的表格等印刷材料时，也不可避免地要使用此方式。但是，若原始信息为文本文件或电子表格等电子化形式，那就可以使用更直接的方式。

表 2.1 列出了加拿大各省和地区的有关信息，可被用来示例说明手工方式。这些数据取自 1996 年联邦、省和地区的人口健康咨询委员会。加拿大最新的地区努纳武特(Nunavut)并未列在其中，因为它直到 1999 年仍是西北地区(Northwest Territories)的一部分。

表 2.1　加拿大及各省的数据

地区	1995 人口数 (千人)	失业率(百分比)	男性预期寿命 (年)	女性预期寿命 (年)
Canada	29 606.1	10.6	75.1	81.1
Newfoundland	575.4	19.6	73.9	79.8
Prince Edward Island	136.1	19.1	74.8	81.3
Nova Scotia	937.8	13.9	74.2	80.4
New Brunswick	760.1	13.8	74.8	80.6
Quebec	7334.2	13.2	74.5	81.2
Ontario	11 100.3	9.3	75.5	81.1
Manitoba	1137.5	8.5	75.0	80.8
Saskatchewan	1015.6	7.0	75.2	81.8
Alberta	2747.0	8.4	75.5	81.4
British Columbia	3766.0	9.8	75.8	81.4
Yukon	30.1	—	71.3	80.4
Northwest Territories	65.8	—	70.2	78.0

根据表 2.1 这样的书面材料创建数据集的最简单方法就是通过数据编辑器，只要点击图标 即可调用，也可以从菜单栏中选择 Window → Data Editor，或者键入命令 **edit**。然后在起初标注了 *var1*、*var2* 等的各列中开始键入每一变量的取值。于是，*var1* 包含地名，*var2* 包含人口数，依此类推，如图 2.1 所示。

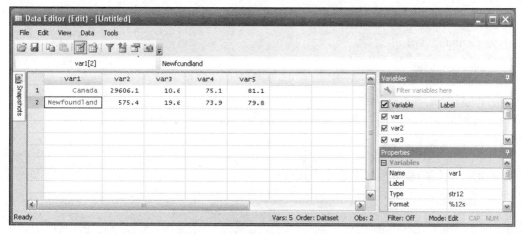

图 2.1

我们可以定义更具说明性的变量名，只要双击相应列的标题(比如 *var1*)，然后在所启动的对话框中键入新变量名即可；尽管变量名允许最多 32 个字符，但是最好保持在 8 个或更少字符。我们还可创建包含简要说明的变量标签。比如，*var2*(人口)可以重新命名为 *pop*，并建立相应的变量标签为"Population in 1000s, 1995"。

变量的重新命名和制作标签也可以在数据编辑器之外，通过 **rename** 和 **label variable** 命令来完成：

. **rename** *var2 pop*
. **label variable** *pop* "Population in 1000s, 1995"

那些空着的单元格，比如 Yukon 和西北地区的失业率，将会被自动指派 Stata 的系统默认缺失值编码，即一个英文句号。我们可以在任何时候关闭数据编辑器，然后将数据存入磁盘。点击 ■ 或选择 Data→Data Editor，或键入命令 **edit** 便可重新返回到数据编辑器。

如果为某一变量输入的第一个值是一个数字，比如人口、失业率和预期寿命这些变量，那么 Stata 便会认为这一列是数值型变量(numeric variable)，从此以后只允许数字作为取值。数字取值可以带正负号，也可以包括小数点，甚至可以采用科学计数法。比如，将加拿大人口表示为 2.96061e+7，它表示 2.96061×10^7，即大约 2960 万人。数字不应包含任何逗号，比如 29,606,100(或用逗号作为小数分隔符)。要是我们偶然在某列中第一次输入的数值中加入了逗号，那么 Stata 将认为本列是"字符串变量(string variable)"(见下一段)，而不将其作为数字对待。

如果为某一变量第一次输入的是非数值字符，如像上面输入地名那样(或者输入了带逗号的数字，比如"1,000")，那么 Stata 会判断此列是字符串或文本变量(text variable)。字符串变量的值几乎可以是任何字母、数字、符号或空格的组合，且允许长达 244 个字符。它们可以存放名称、引用语或其他说明性信息。字符串变量的值可被加以列表和计数，但是不能采用均值、相关系数或大多数其他统计量加以分析。在数据编辑器或数据浏览器中，字符串变量的值显示为红色，这将其与数值型变量(黑色)或加标签的数值型变量(蓝色)区分开来。

按以上方式将表 2.1 的信息输入完毕后，我们关闭数据编辑器并保存数据，并将文件命名为 *Canada1.dta*：

. **save** *Canada1*

Stata 自动为任一数据集文件名加上扩展名.dta，除非我们要求它不这样做。如果我们以前就存过同名文件的早期版本，那么想要以新版本覆盖原有版本，可以键入：

. **save, replace**

这时，我们的新数据集看起来像这样：

. **describe**

```
Contains data from C:\data\Canada1.dta
  obs:            13
 vars:             5                              1 Jul 2012 17:42
 size:           481
              storage  display     value
variable name   type   format      label      variable label
var1            str21   %21s
pop             float   %9.0g                  Population in 1000s, 1995
var3            float   %9.0g
var4            float   %9.0g
var5            float   %9.0g
Sorted by:
```

. list

	var1	pop	var3	var4	var5
1.	Canada	29606.1	10.6	75.1	81.1
2.	Newfoundland	575.4	19.6	73.9	79.8
3.	Prince Edward Island	136.1	19.1	74.8	81.3
4.	Nova Scotia	937.8	13.9	74.2	80.4
5.	New Brunswick	760.1	13.8	74.8	80.6
6.	Quebec	7334.2	13.2	74.5	81.2
7.	Ontario	11100.3	9.3	75.5	81.1
8.	Manitoba	1137.5	8.5	75	80.8
9.	Saskatchewan	1015.6	7	75.2	81.8
10.	Alberta	2747	8.4	75.5	81.4
11.	British Columbia	3766	9.8	75.8	81.4
12.	Yukon	30.1	.	71.3	80.4
13.	Northwest Territories	65.8	.	70.2	78

. summarize

Variable	Obs	Mean	Std. Dev.	Min	Max
var1	0				
pop	13	4554.769	8214.304	30.1	29606.1
var3	11	12.10909	4.250048	7	19.6
var4	13	74.29231	1.673052	70.2	75.8
var5	13	80.71539	.9754027	78	81.8

查看这些输出会给我们一个寻找应加以修正的错误的机会。比如，**summarize** 输出表提供了好几项校对时很有用的信息，包括非缺失的数值型观测案例的频数(对于字符串变量这一频数总是为 0)以及各变量的最小值和最大值。此时，这些概要统计量并无实际意义，因为我们的数据集里有一个观测案例(加拿大)其实代表了其他 12 个省和地区的总和。

下一步就是使我们的数据集更具有自我说明性。可以给变量指定更具说明性的名称，比如：

. rename *var1 place*
. rename *var3 unemp*
. rename *var4 mlife*
. rename *var5 flife*

或者，这 4 个 **rename** 操作也可在一步中完成：

. rename (var1 var2 var3 var4) (place unemp mlife flife)

Stata 也允许我们为数据加上好几种类型的标签。命令 **label data** 用于对整个数据集加以说明，而命令 **label variable** 则对单个变量加以说明。比如：

```
. label data "Canadian dataset 1"
. label variable place "Place name"
. label variable unemp "% 15+ population unemployed, 1995"
. label variable mlife "Male life expectancy years"
. label variable flife "Female life expectancy years"
```

通过为数据和变量添加标签，我们得到了一个更具自我解释性的数据集：

```
. describe

Contains data from C:\data\Canada1.dta
  obs:            13                         Canadian dataset 1
 vars:             5                         4 Jul 2012 11:21
 size:           481
---------------------------------------------------------------
              storage  display   value
variable name   type    format   label      variable label
---------------------------------------------------------------
place           str21   %21s                Place name
pop             float   %9.0g               Population in 1000s, 1995
unemp           float   %9.0g               % 15+ population unemployed, 1995
mlife           float   %9.0g               Male life expectancy years
flife           float   %9.0g               Female life expectancy years
---------------------------------------------------------------
Sorted by:
     Note:  dataset has changed since last saved
```

当标签添加完毕后，我们应当用 File → Save 或通过键入以下命令来保存这些数据：

```
. save, replace
```

以后我们就可以通过点击 📂，用 File → Open，或者键入以下命令随时读取这些数据：

```
. use C:\data\Canada1
```

现在我们可以继续做些分析。比如我们可能注意到，男性和女性的预期寿命之间存在正相关，而又与失业率存在负相关。对男性而言，预期寿命-失业率的相关更强。

```
. correlate unemp mlife flife
(obs=11)

             |    unemp    mlife    flife
-------------+---------------------------
       unemp |   1.0000
       mlife |  -0.7440   1.0000
       flife |  -0.6173   0.7631   1.0000
```

数据集内各条观测案例的顺序可通过命令 **sort** 来加以改变。比如，要想按人口数由小到大来排序观测案例，键入：

```
. sort pop
```

字符串变量可被按字母而非数字顺序加以排序。键入 **sort** *place* 就会改变观测案例的顺序：Alberta 排在第一，British Columbia 排在第二，依此类推。

命令 **order** 可以控制数据集内变量的顺序。比如，我们可以将失业率这个变量排在第二，而将人口数排在最后：

```
. order place unemp mlife flife pop
```

数据编辑器也提供了一个 Tools 菜单，其中有可执行这些操作的选项。

我们可以事先限制数据编辑器只对某些变量有效，并按特定的变量顺序，或者只选择特定的取值范围。比如：

. **edit** *place mlife flife*

或者：

. **edit** *place unemp* **if** *pop* > 100

最后的例子应用了 **if** 选择条件，它是后面将要介绍的一个重要工具。

2.3 通过复制和粘贴创建新数据集

当原始数据来源为诸如网页、文本文件、电子表格或文字处理软件文档等电子化形式时，我们可以通过复制和粘贴将这些数据读入 Stata。比如，美国国家气候数据中心(National Climate Data Center，NCDC)得到了 1880 年 1 月份以来每月份的全球气温异常的估计值(与 1901 年至 2000 年摄氏温度均值之差)。NCDC 指数是建立在由气象站和海洋表面监测站形成的全球数据网络基础上的若干指数之一。NCDC 每月份更新此全球性指数(写作本书时更新至 2012 年 12 月份)并在线发布结果。下面列出了前 5 个月份的数据。第一个值-0.0623 表示 1880 年 1 月份的全球气温比 20 世纪的 1 月份平均气温低 0.06℃。

```
1880    1    -0.0623
1880    2    -0.1929
1880    3    -0.1966
1880    4    -0.0912
1880    5    -0.1510
```

取决于原始数据(包括缺失值)组织形式的具体情况，仅复制整组数并将它们粘贴到数据编辑器可能行不通。将原始数据表达成逗号间隔的取值这一中间步骤被证明是有益的。为此，一个简单的方法是复制所有数字并将它们粘贴到 Stata 的命令文件编辑器(Do-File Editor)中，它是个有很多应用的简易文本编辑器。然后用命令文件编辑器的 Edit → Find → Replace 功能将出现的双空格全部替换(Replace All)为单空格。重复这一过程数次，直到文档中没有双空格(只有单空格)。最后，将单空格全部替换(Replace All)为逗号。我们刚刚已经使用过命令文件编辑器将数据转换成逗号间隔的取值———种极为常见的数据格式。命令文件编辑器中，我们也可以增加第一行以包含逗号分隔的变量名称：

```
year,month,temp
1880,1,-0.0623
1880,2,-0.1929
1880,3,-0.1966
1880,4,-0.0912
1880,5,-0.1510
```

我们现在可以选择 Edit → Select All，然后从命令文件编辑器中复制信息并将其粘贴到空白的数据编辑器中，如图 2.2 所示。注意粘贴时使用 Comma 分隔符和 Treat first row as variable names 选项。

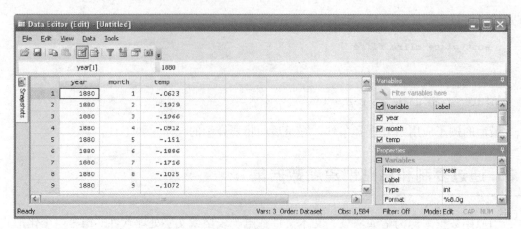

图 2.2

逗号分隔取值(.csv)文件也可被读入任何电子表格或 Stata，这使得它成为一种便携的数据格式。为将.csv 文件直接读入 Stata，需要使用 **insheet** 命令：

. **insheet using C:\data**global.csv**, comma clear**

一旦数据被读入内存，我们可以为数据和变量创建标签，然后将结果保存为 Stata 系统文件。

. **label data "Global climate"**
. **label variable** year **"Year"**
. **label variable** month **"Month"**
. **label variable** temp **"NCDC global temp anomaly vs 1901-2000, C"**
. **save C:\data**global1.dta
. **describe**

```
Contains data from C:\data\global1.dta
  obs:         1,584                          Global climate
 vars:             3                          12 Feb 2012 08:50
 size:        11,088
              storage  display    value
variable name   type   format     label     variable label

year            int    %8.0g                Year
month           byte   %8.0g                Month
temp            float  %9.0g                NCDC global temp anomaly vs
                                              1901-2000, C
Sorted by:
```

2.4 定义数据的子集：in 和 if 选择条件

许多 Stata 命令都可以通过增加一个 **in** 或 **if** 选择条件来限制只对数据的一个子集执行(这种条件在许多菜单选择里也是提供的：找到对话框顶部的 if/in 或 by/if/in 按钮)。选项 **in** 指定了命令应用的观测案例编号。比如，**list in 5** 告诉 Stata 只列出第 5 条观测案例。要列出第 1 至第 5 条观测案例，键入：

. **list in 1/5**

```
      year    month    temp
1.    1880      1     -.0623
2.    1880      2     -.1929
3.    1880      3     -.1966
4.    1880      4     -.0912
5.    1880      5     -.151
```

字母 l 用来指代最后一条观测案例，而 -10 则表示倒数第 10 条。在我们全球气温数据的 1584 个月份中，哪 10 个月份出现了最高的异常气温，即它们高出 1901 年至 2000 年相应月份气温最多？找出它们，我们首先根据气温从低到高进行排序，然后列出倒数第 10 条到最后一条观测案例：

```
. sort temp
. list in -10/l

        year    month    temp
1575.   1998      4      .7241
1576.   2003     12      .7317
1577.   2004     11      .7399
1578.   2006     12      .7417
1579.   2010      4      .7515

1580.   2002      3      .7704
1581.   2002      2      .7784
1582.   2010      3      .7802
1583.   1998      2      .8388
1584.   2007      1      .8422
```

这里需要特别注意数字 1(数字 1 或第 1 条观测案例)与字符 l (小写字母"el"或最后一条观测案例)之间在印刷效果上的细微差别。选择条件 **in** 在大多数其他分析或数据编辑命令中同样起作用。它总是根据先前排好的顺序来指涉数据。

选择条件 **if** 也有广泛的应用，但它是按特定的变量值来进行选择。比如，为考察 1970 年以前异常气温的均值和标准差，键入：

```
. summarize temp if year < 1970

  Variable |    Obs       Mean    Std. Dev.      Min       Max
  ---------+-----------------------------------------------------
      temp |   1080   -.1232613   .1829313    -.7316     .4643
```

为概要描述最近这些年的气温，键入：

```
. summarize temp if year >= 1970

  Variable |    Obs       Mean    Std. Dev.      Min       Max
  ---------+-----------------------------------------------------
      temp |    504    .3159532   .2300395    -.2586     .8422
```

"<"(表示小于)和">="(表示大于等于)号是关系运算符(relational operators)：

- ==   等于
- !=   不等于(也可以用~=)
- >   大于
- <   小于

- >= 大于等于
- <= 小于等于

双等号"=="指逻辑检验，表示"左侧的值是否与右侧的值相等？"对于 Stata 而言，单等号则意味着不同的含义："让左侧的值与右侧的值相同"。单等号并非关系运算符，也不能用于 **if** 选择条件内。单等号有其他意义。它们会与根据代数表达式来创建一个新变量或者将变量原来的取值加以替换的命令一同使用。单等号也用于诸如加权和假设检验等某些专门的应用场合。

通过加入*逻辑运算符*(logical operators)便可在一个 **if** 表达式中包含两个或更多关系运算符。Stata 的逻辑运算符如下：

- & 和
- | 或(这是个竖条符号，而不是数字 1 或字母 l)
- ! 否(也可以用~表示)

利用括号可允许我们设定多重运算符的优先顺序。以下命令将得到 1940 年到 1969 年的 1 月份和 2 月份异常气温的概要统计结果：

```
. summarize temp if (month == 1 | month == 2) & year >= 1940
& year < 1970
```

数据中有缺失值时需要小心：Stata 一般将缺失值显示为一个个的英文句号，但在某些运算中(特别是在 **sort** 和 **if** 运算中，尽管在诸如均值或相关等统计计算中不是这样)，这些相同的缺失值被当作非常大的正数。比如，设想我们正分析一个政治选举的民意测验结果。如下命令会对变量 *vote* 执行列表操作，不仅是按照预想包括了 65 岁及以上年龄的人，而且还会包括所有那些 *age* 为缺失值的人：

```
. tabulate vote if age >= 65
```

然而存在缺失值时，我们往往需要明确地在 **if** 表达式中对其进行处理。

```
. tabulate vote if age >= 65 & !missing(age)
```

非缺失值函数**!missing( )** 提供了一种选择非缺失值案例的通用方法。尽管我们直到现在只使用了默认的"."缺失值编码，但正如本章后面所显示的那样，其实 Stata 允许多达 27 种不同的缺失值编码。**if ! missing(age)** 会将它们都排除掉。键入 **help missing** 可了解更多细节。

有数种甄选出缺失值的替代办法。**missing( )** 函数会将某个取值为缺失的情况赋值为 1，而将不是缺失的情况赋值为 0。比如，就那些在 *age*、*income* 和 *education* 上包含缺失值的观测案例对 *vote* 进行列表：

```
. tabulate vote if missing(age, income, education)==0
```

最后，由于默认的缺失值"."实际上代表着一个极大的数字，而其他缺失值(稍后将介绍)甚至更大，因此可以用"小于"不等表达<.来排除它们：

```
. tabulate vote if age <. & income <. & education <.
```

in 和 **if** 选择条件只是将观测案例暂时置于操作之外,以使某一特定命令并不应用于它们。这些选择条件并不影响内存中的数据,下一条命令就会应用于所有的观测案例,除非它也包含了 **in** 和 **if** 选择条件。如果要从内存中清除数据中的变量,可采用 **drop** 命令(或使用数据编辑器)。回到我们的加拿大数据(*Canada1.dta*),要从内存中清除 *mlife* 和 *flife*,可以键入:

```
. drop mlife flife
```

可以使用 **in** 或 **if** 条件来选择拟删除的观测案例。比如,**drop in 12/13** 表示清除数据集里的第 12 和第 13 行观测案例。我们也可以用数据编辑器中的 Delete 按钮来清除选中的变量或观测案例。

除了告诉 Stata 哪些变量或观测案例拟被清除外,有时更简单的做法是指定保留哪些变量或观测案例。不是从 *Canada1.dta* 中 **drop** *mlife* 和 *flife*,我们如果 **keep** 其他三个变量的话,也可以完成同样的事情。

```
. keep place pop unemp
```

如同其他对内存中数据的改变一样,这些简化都不会影响到磁盘上的文件,除非我们将这些数据进行存盘。这时,我们将会有一个选择来决定覆盖旧的数据集文件(**save, replace**),也就因此破坏了旧文件;另一个选择是将新修改的数据集另存为一个新命名的文件(选择 File → Save As 或者键入形式为 **save** *newname* 的命令),这样一来两个版本的数据集都被保存在磁盘上。

2.5 创建和替代变量

命令 **generate** 和 **replace** 使我们可以创建新变量或者改变现有变量的值。比如,如同大多数工业国家一样,加拿大女性的寿命往往比男性长。为分析这一性别差异上的地区变异,我们可以打开数据集 *Canada1.dta*,并创建一个新变量表示女性预期寿命(*flife*)与男性预期寿命(*mlife*)之差。在命令 **generate** 或 **replace** 的主要部分,我们使用单等号 (这与 **if** 选择条件不同)。

```
. use C:\data\Canada1, clear
. generate gap = flife - mlife
. label variable gap "Female-male life expectancy gap"
. describe gap
```

variable name	storage type	display format	value label	variable label
gap	float	%9.0g		Female-male life expectancy gap

```
. list place flife mlife gap
```

```
         place    flife   mlife      gap
 1.      Canada    81.1    75.1        6
 2. Newfoundland   79.8    73.9   5.900002
 3. Prince Edward Island  81.3  74.8     6.5
 4.  Nova Scotia    80.4    74.2   6.200005
 5. New Brunswick   80.6    74.8   5.799995

 6.      Quebec    81.2    74.5   6.699997
 7.     Ontario    81.1    75.5   5.599998
 8.    Manitoba    80.8      75   5.800003
 9. Saskatchewan   81.8    75.2   6.600006
10.     Alberta    81.4    75.5   5.900002

11. British Columbia  81.4  75.8   5.599998
12.       Yukon    80.4    71.3   9.099998
13. Northwest Territories  78  70.2   7.800003
```

对于纽芬兰(Newfoundland)省，gap 的真实值应该为 79.8-73.9=5.9 岁，但是输出中却显示这个值为 5.900002。与所有计算机程序一样，Stata 以二进制形式存放数据，而 5.9 并没有确切的二进制表达。这种细微的不精确源于二进制中对小数部分的近似，但不会对统计计算有多大影响。我们可以改变显示格式，让 Stata 按四舍五入形式显示。以下命令指定了固定的显示格式，列宽为 4 位，并显示小数点后 1 位：

. format gap %4.1f

然而，即便这个数值被显示成了 5.9，以下命令仍将提示没有观测案例：

. list if gap == 5.9

这是因为 Stata 认为这个数值并不正好等于 5.9(更技术地讲，Stata 是以单精度存放 gap 的取值而却以双精度进行所有计算，并且 5.9 的单精度近似值与双精度近似值并不相同)。

显示格式以及变量名和标签也可以在数据编辑器里通过双击相应列来加以改变。诸如 **%4.1f** 这样的固定数字格式只是三种最常用的数字显示格式类型之一。这些显示格式类型为：

%w.dg 　一般(general)数字格式，其中 w 设定数字显示宽度或列数，而 d 则设定小数点后部分至少要显示的几位数，科学计数法(比如 1.00e+07，表示 1.00×10^7 或 1000 万)和小数点位置的移动都会按需要自动完成，从而以最佳(但可变)形式来显示取值。

%w.df 　固定(fixed)数字格式，其中 w 设定数字显示的总宽度或列数，而 d 则设定小数点后部分的固定显示位数。

%w.de 　指数(exponential)数字格式，其中 w 设定数字显示的总宽度或列数，而 d 定义了小数点后部分的固定显示位数。

比如，正如在表 2.1 中看到的，加拿大 1995 年的人口约为 29 606 100 人，而 Yukon 地区的人口为 30 100 人。下面呈现了这两个数字在几种不同显示格式下是怎样的：

格式	Canada	Yukon
%9.0g	2.96e+07	30100
%9.1f	29606100.0	30100.0
%12.5e	2.96061e+07	3.01000e+04

尽管所显示的数值看起来有很大不同，其实它们的内部数值是相同的。统计计算并不受显示格式的影响。其他数字显示格式选项还包括用逗号分隔、左对齐和右对齐、左侧空位补 0。此外还有对应着日期、时间序列变量和字符串变量的特殊格式。键入 **help format** 了解更多信息。

命令 **replace** 可以完成 **generate** 一样的各种计算，但它并不创建一个新变量，而是替换一个现有变量的取值。比如，设想我们有一份问卷数据，其中包含以美元为单位的收入。我们觉得以千美元为单位的收入更便于处理。为将以美元为单位的收入转换成以千美元为单位的收入，我们将所有取值除以 1000：

```
. replace income = income/1000
```

命令 **replace** 可以做这种大规模改变，也可以与 **in** 或 **if** 条件一起使用来选择性地编辑数据。设想我们的调查变量包括 *age* 和出生年份 *born*。以下命令可以改正那些年龄为 29 却被输入成 299 的错误：

```
. replace age = 29 if age == 299
```

作为替代，下面的命令也可以对第 1453 条观测案例在年龄取值上的错误进行修正：

```
. replace age = 29 in 1453
```

再举一个更复杂的例子：

```
. replace age = 2012-born if missing(age) | age+1 < 2012-born
```

在 *age* 为缺失值或报告的年龄(加 1 岁)小于 2012 减去出生年的差值时，这条命令将用 2012 减去出生年得到的差值来取代 *age* 变量的取值。

generate 和 **replace** 还提供了创建分类变量的工具。前面我们注意到加拿大数据集里包含着几种不同类型的观测案例：2 个地区、10 个省以及将它们化零为整的 1 个国家。尽管 **in** 和 **if** 选择条件可帮我们将它们区分开来，且 **drop** 能清除此数据中的观测案例，但最方便的做法可能还是设置一个分类变量来表示观测案例的类型。下面用 *Canda1.dta* 数据集来示范建立这样一个变量的方法。先创建一个常数值的变量 *type*，各条观测案例都被赋值为 1。然后，我们将 Yukon 和西北地区的 *type* 值替换为 2，将加拿大的 *type* 值替换为 3。最后一步是为这个新变量制作标签，并且定义变量值 1、2、3 的标签。

```
. use C:\data\Canada1, clear
. generate type = 1
. replace type = 2 if place == "Yukon" | place == "Northwest
Territories"
. replace type = 3 if place == "Canada"
. label variable type "Province, territory or nation"
. label define typelbl 1 "Province" 2 "Territory" 3 "Nation"
. label values type typelbl
. list
```

```
         place         pop    unemp   mlife   flife      type
1.       Canada      29606.1   10.6   75.1    81.1     Nation
2.   Newfoundland      575.4   19.6   73.9    79.8    Province
3. Prince Edward Island 136.1  19.1   74.8    81.3    Province
4.     Nova Scotia      937.8  13.9   74.2    80.4    Province
5.    New Brunswick     760.1  13.8   74.8    80.6    Province

6.        Quebec       7334.2  13.2   74.5    81.2    Province
7.       Ontario      11100.3   9.3   75.5    81.1    Province
8.      Manitoba       1137.5   8.5    75     80.8    Province
9.    Saskatchewan     1015.6    7    75.2    81.8    Province
10.      Alberta        2747   8.4    75.5    81.4    Province

11.  British Columbia    3766   9.8   75.8    81.4    Province
12.       Yukon          30.1   .     71.3    80.4   Territory
13. Northwest Territories 65.8  .     70.2     78    Territory
```

正如所展示的那样，为分类变量定义标签需要两条命令。**label define** 设定与各数值相对应的标签内容，**label values** 设定这些标签应用于哪个变量。一套标签(用一个 **label define** 命令创建)可以应用于任何数量的变量(也就是说，**label values** 命令中可以指定任意数量的变量)。变量取值标签可以包括多达 32 000 个字符，不过在它们不太长的情况下对绝大多数应用都会表现得最佳。

generate 能使用任何已有变量、常数、随机取值和表达式的任意组合来创建新变量，**replace** 则能以同样方式对已有变量替换新的取值。对于数值型变量，可以应用以下**代数运算符**：

+ 加
− 减
* 乘
/ 除
^ 乘方

可以用括号来控制计算的顺序。当没有括号时，计算将采用通常的优先顺序。对于代数运算符，只有加法，即"+"，可用于字符串变量，其功能是将两个字符串连接成一个。

尽管目的不同，但 **generate** 和 **replace** 有类似的命令语法。它们都能使用任何代数或逻辑上可用的 Stata 运算符组合以及 **in** 与 **if** 选择条件。这些命令还可以应用后面所介绍的 Stata 的大批专门函数。

2.6　缺失值编码

迄今所见到的例子都只涉及一种特定的 Stata 默认的缺失值编码：Stata 将一个很大的数字显示为一个英文句号。但是，在一些数据集里，取值可能由于若干不同的原因而出现缺失。我们可以用扩展的缺失值编码来表示不同类型的缺失值。这些编码甚至代表着更大的数字，Stata 将它们显示成字母".a"到".z"。不同于默认的缺失值编码"."，扩展的缺失值编码可被加上标签。

不同类型的缺失值经常会在调查中出现，因为被访者可能一直未曾结婚、想不起来或者认为这不关你的事，而导致调查中"你是哪一年结婚的？"这样的问题可能没有回答。

数据集 *Granite2011_6.dta* 中的数据取自一项政治民意调查——新罕布什尔的花岗岩州民意调查(New Hampshire's Granite State Poll)[1]。其中的一道题询问了被访者对 2012 年大选的关心程度(*genint*)，我们用它来说明 Stata 中扩展的缺失值编码。

乍一看，*genint* 似乎简单明了，但此变量对于许多分析而言用起来都将是尴尬的。

```
. tabulate genint

Interest in 2012
    pres. election │   Freq.    Percent     Cum.
─────────────────────┼───────────────────────────────
extremely interested │     245      47.48     47.48
     very interested │     168      32.56     80.04
 somewhat interested │      72      13.95     93.99
 not very interested │      28       5.43     99.42
          don't know │       2       0.39     99.81
           no answer │       1       0.19    100.00
─────────────────────┼───────────────────────────────
               Total │     516     100.00
```

前面 4 个标注为"极其关心"到"并不关心"的取值构成了一个测量不关心程度的量尺。最后两项——"不知道"和"无回答"并不属于此量尺的构成部分而是不同类型的非应答(non-answers)。像许多其他调查一样，花岗岩州民意调查采用特殊数字来表示不同的非应答。此例中，数字 98 表示被调查者说他(或她)并不清楚自己对本次大选有多关心，而 99 表示并未给出回答。如果我们要求给出不含取值标签的相同表格，就可以看到这些数字取值。

```
. tabulate genint, nolabel

Interest in
 2012 pres.
   election │   Freq.    Percent     Cum.
────────────┼───────────────────────────────
          1 │     245      47.48     47.48
          2 │     168      32.56     80.04
          3 │      72      13.95     93.99
          4 │      28       5.43     99.42
         98 │       2       0.39     99.81
         99 │       1       0.19    100.00
────────────┼───────────────────────────────
      Total │     516     100.00
```

为 *genint* 计算的任何统计量都将被 98 和 99 这两个编码搞混乱。比如，以被调查者受教育程度划分的 *genint* 均值表将是没有意义的，因为那些为 98 和 98 的取值也在计算均值时被用到了。

```
. tabulate educ, summarize(genint)

   Highest │ Summary of Interest in 2012 pres.
    degree │             election
 completed │    Mean      Std. Dev.       Freq.
───────────┼─────────────────────────────────────
 HS or les │ 2.8275862    8.9668722         116
 Tech/some │       3.5   12.451587         120
 College g │ 1.672956    .82290667         159
  Postgrad │ 1.5775862   .80380467         116
───────────┼─────────────────────────────────────
     Total │ 2.3424658   7.4366697         511
```

我们需要对此变量加以改进，称其为 *genint2*。此新变量将在三个方面有所不同。第一，我们将取值 1 到 4 做了反向编码处理，因此，取值越大表示越关心而不是越不关心——使得解释更合乎习惯。

---
[1] 花岗岩州是新罕布什尔州的别称，因该州多花岗石山而得名。——译者注

```
. generate genint2 = 5 - genint if genint <90
```

第二，取值 98 和 99 应被视为是缺失值，故它们并不进入均值和其他统计量的计算中。这里，我们使用缺失值编码.a 表示先前被编码为 98 的"不知道"这一回答。同时使用.b 表示先前被编码为 98 的"无回答"这一回答。

```
. replace genint2 = .a if genint == 98
. replace genint2 = .b if genint == 99
```

第三，像"极其关心"这样的取值标签说明可被缩短成在图表中占用空间更少的内容。

```
. label variable genint2 "Interest in 2012 election (new)"
. label define genint2 1 "Not very" 2 "Somewhat" 3 "Very"
    4 "Extremely" .a "DK" .b "NA"
. label values genint2 genint2
```

最后也是非常重要的一步：将旧变量对新变量进行列表以确定命令如设想的那样起作用了。

```
. tabulate genint genint2, miss
```

Interest in 2012 pres. election	Interest in 2012 election (new)				Total
	Not very	Somewhat	Very	Extremely	
extremely interested	0	0	0	245	245
very interested	0	0	168	0	168
somewhat interested	0	72	0	0	72
not very interested	28	0	0	0	28
don't know	0	0	0	0	2
no answer	0	0	0	0	1
Total	28	72	168	245	516

Interest in 2012 pres. election	Interest in 2012 election (new)		Total
	DK	NA	
extremely interested	0	0	245
very interested	0	0	168
somewhat interested	0	0	72
not very interested	0	0	28
don't know	2	0	2
no answer	0	1	1
Total	2	1	516

做了这些改动，我们便得到了一个更可被分析的版本。比如，易于看到对大选的关心程度会随着受教育程度提高而增加。

```
. tabulate educ, summ(genint2)
```

Highest degree completed	Summary of Interest in 2012 election (new)		
	Mean	Std. Dev.	Freq.
HS or les	3	.98229949	115
Tech/some	3.1101695	.89427331	118
College g	3.327044	.82290667	159
Postgrad	3.4224138	.80380467	116
Total	3.2244094	.88647221	508

不管何时，若我们遇到被用来表明缺失值的特定数字(诸如上例中的 98 和 99)，明智的做法都是将这些值改成缺失值编码，使 Stata 并不将这些假数字(fake number)纳入统计计算。使用如下 **mvdecode** 命令可以很容易地针对一整列变量做到这点：

```
. mvdecode genint income age, mv(97=. \ 98=.a \ 99=.b)
```

上面的例子将 *genint*、*income* 和 *age* 的任何取值由 97 改为 "."、由 98 改为 ".a",依此类推。缺失值.a 和.b(到.z)可以有取值标签,但 "." 自身却不能有。

同样,我们所做的变更只有在数据集被保存之后才会成为永久性的。如此之多的重新编码之后,明智的做法是将这些数据以新名称加以保存——以备我们将来出于某种原因想再看一看起初的原始数据。

2.7 使用函数

这一节介绍许多与 **generate** 或 **replace** 一起使用的函数。比如,我们要创建一个名为 *loginc* 的新变量,使其等于 *income* 的自然对数,就可以在 **generate** 命令中使用自然对数函数 **ln**:

```
. generate loginc = ln(income)
```

自然对数 **ln** 只是 Stata 数学函数之一。其他例子包括表示以 10 为底的对数的 **log10(*x*)**、表示 *x* 整数部分的 **int(*x*)**、表示 *x* 的指数(*e* 的幂)的 **exp(*x*)**。还有许多其他函数,包含细节内容的完整清单,可参见 **help math functions**。

也有许多*概率密度函数*(*probability density functions*)。有关的完整清单以及诸如定义、参数的限制条件和缺失值处理等细节,请参见 **help density functions** 和参考手册。比如,**invnormal(*p*)** 得到累计标准正态分布(inverse cumulative standard normal distribution)的逆,或者对应概率 *p* 的 *z* 值。其他函数包括贝塔分布、二项分布、卡方分布、*t* 分布、*F* 分布、伽玛分布和均匀分布。就进行模拟研究的特定兴趣而言,**runiform( )** 使用伪随机数发生器得到取自于理论上位于[0, 1)范围的均匀分布的值。

Stata 提供了许多日期函数、有关日期的时间序列函数以及用于显示时间或日期变量的专门格式。《用户指南》中提供了清单和细节,或者通过键入 **help date functions** 进行查询。日期函数常常涉及消逝天数,即自 1960 年 1 月 1 日以来的天数。

本章前面我们建立的全球气温数据集提供了消逝天数的例子。此文件包含 *year* 和 *month*,而并没有将两者合并为时间单一测量的变量。

```
. use C:\data\global1.dta, clear
. describe

Contains data from C:\data\global1.dta
  obs:         1,584                          Global climate
 vars:             3                          12 Feb 2012 08:50
 size:        11,088
---------------------------------------------------------------------
              storage  display    value
variable name   type   format     label      variable label
---------------------------------------------------------------------
year            int    %8.0g                 Year
month           byte   %8.0g                 Month
temp            float  %9.0g                 NCDC global temp anomaly vs
                                             1901-2000, C
---------------------------------------------------------------------
Sorted by:
```

我们可以用 **mdy**(month, day, year)函数创建一个新的消逝天数变量 *edate*。全球气温数据涉及的是月平均值，因此，对于"day"，我们也许可以就用每个月的第 15 天(有关一种使用月份数据的替代方式，见第 12 章中对数据集 *Climate.dta* 的讨论)。因为 *edate* 表示自 1960 年 1 月 1 日以来的天数，故 1960 年以前的日期显示为负数。

```
. generate edate = mdy(month, 15, year)
. label variable edate "elapsed date"
. list in 1/5
```

	year	month	temp	edate
1.	1880	1	-.0623	-29205
2.	1880	2	-.1929	-29174
3.	1880	3	-.1966	-29145
4.	1880	4	-.0912	-29114
5.	1880	5	-.151	-29084

如果将 *edate* 格式化为显示月份(**m**)、世纪(**C**)和年份(**Y**)的日期变量(**%td**)，我们会得到更具可读性的数据集。由此一来，数值型 *edate* 的值-29205 对应的标签为"Jan1880"。

```
. format edate %tdmCY
. list in 1/5
```

	year	month	temp	edate
1.	1880	1	-.0623	Jan1880
2.	1880	2	-.1929	Feb1880
3.	1880	3	-.1966	Mar1880
4.	1880	4	-.0912	Apr1880
5.	1880	5	-.151	May1880

最后，我们 **save** 包含此新变量的数据。通过将全球气温异常 *temp* 对 *edate* 画图，我们可以绘就一张基本的时间标绘图(time plot)，参见图 2.3。

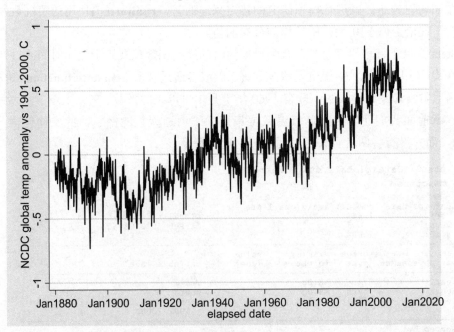

图 2.3

```
. sort year month
. order year month edate
. save c:\data\global2.dta, replace
. graph twoway line temp edate
```

其他类型的函数包括矩阵函数、随机数函数、字符串函数、时间序列函数和编程函数。键入 **help** 并后跟任一这些术语可看到完整的清单。参考手册和《用户指南》会给出进一步的示例和细节。

如有必要，多重函数、运算符和选择条件可以在一个命令中组合起来。以上刚刚介绍的函数和代数运算符也可以用并不创建或修改任何数据集变量的另一种方式加以使用。**display** 命令执行单一计算并将结果显示在屏幕上。比如：

```
. display 2+3
5

. display log10(10^83)
83

. display invttail(120,.025) * 34.1/sqrt(975)
2.1622305
```

因此，**display** 可以作为屏显统计计算器来用。

与计算器不同，**display**、**generate** 和 **replace** 可以直接得到 Stata 的统计结果。作为示例说明，我们回到第 1 章中所介绍的北极海冰数据 *Arctic9.dta*。变量 *extent* 表示每年 9 月份被至少 15%海冰所覆盖的平均面积(见前面的图 1.1)。对于这 33 年的遥感观测，总的 9 月份平均海冰覆盖范围大约为 652 万平方公里。

```
. summarize extent
```

Variable	Obs	Mean	Std. Dev.	Min	Max
extent	33	6.51697	.9691796	4.3	7.88

在 **summarize** 后，Stata 将该均值作为一个名为 r(mean)的标量临时保存下来。

```
. display r(mean)
6.5169697
```

可使用这一结果来创建变量 *extent0*，它被定义为异常或与对 1979-2011 均值的偏离。*extent0* 将具有与 *extent* 相同的标准差，而近似为 0 的均值。它反映着每个 9 月份的值高于或低于均值的程度是多少。

```
. gen exten0 = extent - r(mean)
. summ extent extent0
```

Variable	Obs	Mean	Std. Dev.	Min	Max
extent	33	6.51697	.9691796	4.3	7.88
extent0	33	1.17e-08	.9691796	-2.216969	1.36303

Stata 会在许多分析之后暂存一些结果，如 **summarize** 后的 r(mean)。这些结果对随后

的计算或编程极为有用。要想查看当前存取的名称和取值的完整清单,键入 **return list**。本例中,名为 r(N)、r(sum_w)、r(mean)等的暂存取值描述了最近针对 *extent* 的 **summarize** 结果。

```
. return list

scalars:
              r(N)  =  33
          r(sum_w)  =  33
           r(mean)  =  1.17403088194e-08
            r(Var)  =  .9393091848549505
             r(sd)  =  .9691796452954171
            r(min)  =  -2.21696949005127
            r(max)  =  1.363030433654785
            r(sum)  =  3.87430191040e-07
```

Stata 还提供了另一个创建变量的命令,**egen(generate** 的扩展),它有自己的一系列用于实现 **generate** 无法轻易实现的功能。这些功能包括诸如根据现有变量或变量表达式的总和、最大值、最小值、中位数、四分位距、标准化分值、秩或移动平均来创建新变量等内容。比如,下述命令创建了一个名为 *zscore* 的新变量,它等于 x 的标准化(均值为 0,方差为 1)分值:

```
. egen zscore = std(x)
```

再比如,下述命令创建了一个名为 *avg* 的新变量,它等于每一观测案例在 x、y、z 和 w 四个变量上忽略了任何缺失值的行均值(row mean)。

```
. egen avg = rowmean(x,y,z,w)
```

为创建一个名为 *total* 的新变量,它等于每一观测案例在 x、y、z 和 w 四个变量上的行合计(row sum),并将四个变量中的缺失值视为零,键入:

```
. egen total = rowtotal(x,y,z,w)
```

下述命令创建一个名为 *xrank* 的新变量,它保持着与 x 取值相一致的排序:对于 x 取大值的观测案例,$xrank = 1$;对于取第二大值的观测案例,$xrank = 2$,依此类推。

```
. egen xrank = rank(x)
```

键入 **help egen** 可以得到 **egen** 函数的完整清单,或者查阅参考手册以分析更多示例。

2.8 数值和字符串之间的格式转换

数据集 *Canada2.dta* 包含一个字符串变量 *place*。它还包含一个已经添加了取值标签的分类变量 *type*。它们似乎都具有非数值的取值。

```
. use Canada2, clear
. list place type
```

```
                        place        type
  1.                   Canada      Nation
  2.             Newfoundland    Province
  3.     Prince Edward Island    Province
  4.              Nova Scotia    Province
  5.            New Brunswick    Province

  6.                   Quebec    Province
  7.                  Ontario    Province
  8.                 Manitoba    Province
  9.             Saskatchewan    Province
 10.                  Alberta    Province

 11.         British Columbia    Province
 12.                    Yukon   Territory
 13.    Northwest Territories   Territory
```

其实，在标签背后，*type* 仍然是个数值型变量，数据编辑器或浏览器中的蓝色字体表明了这点。点击该单元格将显示背后的数字，或者我们可以调用 **nolabel** 选项来列出(**list**)这些数字：

```
. list place type, nolabel

                        place    type
  1.                   Canada       3
  2.             Newfoundland       1
  3.     Prince Edward Island       1
  4.              Nova Scotia       1
  5.            New Brunswick       1

  6.                   Quebec       1
  7.                  Ontario       1
  8.                 Manitoba       1
  9.             Saskatchewan       1
 10.                  Alberta       1

 11.         British Columbia       1
 12.                    Yukon       2
 13.    Northwest Territories       2
```

字符串变量和添加了取值标签的数值型变量在进行分析时表现会不同。对于字符串变量而言，大多数统计运算和代数关系都不能应用，因此我们可能想要在数据中同时包括反映同一信息的字符串变量和添加了取值标签的数值型变量。**encode** 命令可依据字符串变量创建一个添加了取值标签的数值型变量。数字 1 被赋给字符串按字母顺序排在第一位的那个，随后是 2，如此等等。下例依据字符串变量 *place* 创建了一个名为 *placenum* 的添加了取值标签的数值型变量：

```
. encode place, gen(placenum)
```

相反的转换也是可能的：**decode** 命令可使用添加了取值标签的数值型变量的取值创建字符串变量。这里，我们根据数值型变量 *type* 创建字符串变量 *typestr*：

```
. decode type, gen(typestr)
```

把数据列出来就可以看到，新的数值型变量 *placenum* 和字符串变量 *typestr* 与原先的变量在显示上一样：

```
. list place placenum type typestr
```

```
          place              placenum          type       typestr
 1.      Canada              Canada            Nation     Nation
 2.   Newfoundland        Newfoundland         Province   Province
 3. Prince Edward Island  Prince Edward Island Province   Province
 4.    Nova Scotia          Nova Scotia        Province   Province
 5.   New Brunswick        New Brunswick       Province   Province

 6.      Quebec              Quebec            Province   Province
 7.      Ontario             Ontario           Province   Province
 8.      Manitoba            Manitoba          Province   Province
 9.    Saskatchewan        Saskatchewan        Province   Province
10.      Alberta             Alberta           Province   Province

11.  British Columbia    British Columbia      Province   Province
12.      Yukon               Yukon             Territory  Territory
13. Northwest Territories Northwest Territories Territory Territory
```

但是，如果加上 **nolabel** 选项的话，差异便显现出来。Stata 基本上将 *placenum* 和 *type* 看作数字。

```
. list place placenum type typestr, nolabel

          place              placenum  type   typestr
 1.      Canada                 3        3    Nation
 2.   Newfoundland              6        1    Province
 3. Prince Edward Island       10        1    Province
 4.    Nova Scotia               8        1    Province
 5.   New Brunswick              5        1    Province

 6.      Quebec                 11        1    Province
 7.      Ontario                 9        1    Province
 8.      Manitoba                4        1    Province
 9.    Saskatchewan             12        1    Province
10.      Alberta                 1        1    Province

11.  British Columbia            2        1    Province
12.      Yukon                  13        2    Territory
13. Northwest Territories        7        2    Territory
```

求均值和标准差等大多数统计分析都只能应用于数值型变量。就计算的目的而言，它们的标签无关紧要。

```
. summarize place placenum type typestr

    Variable |     Obs        Mean    Std. Dev.      Min        Max
-------------+--------------------------------------------------------
       place |       0
    placenum |      13           7     3.89444        1         13
        type |      13    1.307692    .6304252        1          3
     typestr |       0
```

我们偶尔会遇到字符串变量的取值全部或绝大部分都为数字的情况。为了将这些字符串取值转换成与其相对应的数字，可以使用 **real** 函数。比如，在以下人为构造的数据集中，*siblings* 变量仍属于字符串变量，尽管它其实只有一个取值，为 "4 or more"，但它并不能用一个数字来很好地表示。

```
. describe siblings

              storage   display   value
variable name   type    format    label      variable label
-----------------------------------------------------------------
siblings        str9    %9s                  Number of siblings (string)

. list
```

```
        siblings
  1.           1
  2.           3
  3.           0
  4.           2
  5.   4 or more
```

`. generate sibnum = real(siblings)`

新变量 *sibnum* 属于数值型变量,当 *siblings* 为 "4 or more" 时,其取值为缺失。

```
        siblings    sibnum
  1.           1         1
  2.           3         3
  3.           0         0
  4.           2         2
  5.   4 or more         .
```

destring 命令提供了将字符串变量转换成数值型变量的更灵活的方法。在上面的例子中,我们可以通过键入下述命令做同样的事情:

`. destring siblings, generate(sibnum) force`

有关该命令和选项的信息,请参见 **help destring**。

2.9　创建新的分类变量和定序变量

上一节示例说明了如何创建一个名为 *type* 的分类变量以区分出加拿大数据集里的地区、省份和全国。用户可以用许多其他方法来创建分类或定序变量。本节给出了一些示例。

type 有三个类别:

`. tabulate type`

Province, territory or nation	Freq.	Percent	Cum.
Province	10	76.92	76.92
Territory	2	15.38	92.31
Nation	1	7.69	100.00
Total	13	100.00	

设想我们想要将 *type* 重新表达成一组编码为 1 或 0 的二分变量或虚拟变量(dummy variables)。如果增加 **generate** 选项,**tabulate** 会自动创建虚拟变量。下面的例子中,这得到一组名为 *type1*、*type2* 和 *type3* 的变量,每一个变量代表 *type* 三个类别中的一个:

`. tabulate type, generate(type)`

Province, territory or nation	Freq.	Percent	Cum.
Province	10	76.92	76.92
Territory	2	15.38	92.31
Nation	1	7.69	100.00
Total	13	100.00	

```
. describe

Contains data from c:\data\canada2.dta
  obs:            13                          Canadian dataset 2
 vars:             9                          11 Feb 2012 11:50
 size:           572

              storage  display     value
variable name   type   format      label      variable label
place          str21   %21s                   Place name
pop            float   %9.0g                  Population in 1000s, 1995
unemp          float   %9.0g                  % 15+ population unemployed, 1995
mlife          float   %9.0g                  Male life expectancy years
flife          float   %9.0g                  Female life expectancy years
type           float   %9.0g       typelbl    Province, territory or nation
type1          byte    %8.0g                  type==Province
type2          byte    %8.0g                  type==Territory
type3          byte    %8.0g                  type==Nation

Sorted by:
    Note: dataset has changed since last saved

. list place type type1-type3

                       place       type    type1   type2   type3
 1.                   Canada     Nation        0       0       1
 2.             Newfoundland   Province        1       0       0
 3.     Prince Edward Island   Province        1       0       0
 4.              Nova Scotia   Province        1       0       0
 5.            New Brunswick   Province        1       0       0
 6.                   Quebec   Province        1       0       0
 7.                  Ontario   Province        1       0       0
 8.                 Manitoba   Province        1       0       0
 9.             Saskatchewan   Province        1       0       0
10.                  Alberta   Province        1       0       0
11.         British Columbia   Province        1       0       0
12.                    Yukon  Territory        0       1       0
13.      Northwest Territories Territory       0       1       0
```

将分类变量的信息重新表达成一组虚拟变量并不会出现信息损失；本例中，*type1* 到 *type3* 共同准确地提供了与 *type* 本身同样多的信息。有时，尽管会造成信息的大量损失，分析人员还是选择将测量型变量转换为分类或定序的形式。比如，*Canada2.dta* 中的 *unemp* 提供了一个失业率的测量。排除数据中的加拿大自身之后，我们看到 *unemp* 的取值范围从 7%到 19.6%，均值为 12.26。

```
. summarize unemp if type != 3

    Variable |    Obs        Mean    Std. Dev.       Min        Max
-------------+--------------------------------------------------------
       unemp |     10       12.26    4.44877          7       19.6
```

在这一意义上，数据中包含加拿大变成了一种干扰，因此我们将它清除：

```
. drop if type == 3
```

用两条命令来创建一个名为 *unemp2* 的虚拟变量：当失业率低于平均水平(12.26)时，其值等于 0；当失业率等于或高于平均水平时，其值等于 1；而当 *unemp* 为缺失时，其值也为缺失。读到第二条命令时，回想下 Stata 的排序和关系运算符将缺失值作为极大的数字对待。

```
. generate unemp2 = 0 if unemp < 12.26
(7 missing values generated)

. replace unemp2 = 1 if unemp >= 12.26 & !missing(unemp)
(5 real changes made)
```

我们可能想就某个测量变量(measurement variable)的取值进行分组,从而创建一个有序的分类变量,即定序变量。**autocode** 函数(见使用函数一节)提供了测量变量的自动分组功能。为创建一个新的定序变量 *unemp3*,使它将 *unemp* 从 5 到 20 的取值区间分成等宽的三组,键入:

```
. generate unemp3 = autocode(unemp,3,5,20)
(2 missing values generated)
```

列出该数据可以看到新的虚拟变量(*unemp2*)和定序变量(*unemp3*)是如何与原初测量变量 *unemp* 的取值相对应的。

```
. list place unemp unemp2 unemp3

              place        unemp   unemp2   unemp3
 1.     Newfoundland        19.6      1       20
 2. Prince Edward Island    19.1      1       20
 3.      Nova Scotia        13.9      1       15
 4.    New Brunswick        13.8      1       15
 5.          Quebec         13.2      1       15
 6.         Ontario          9.3      0       10
 7.        Manitoba          8.5      0       10
 8.     Saskatchewan         7        0       10
 9.         Alberta          8.4      0       10
10.  British Columbia        9.8      0       10
11.           Yukon           .       .        .
12. Northwest Territories     .       .        .
```

2.10 标注变量下标

当 Stata 有数据在内存中时,它也定义了描述这些数据的系统变量。比如,_N 表示观测案例总数;_n 表示观测案例号;_n=1 表示第一条观测案例,_n=2 表示第二条观测案例,如此等等,直到最后一条观测案例(_n=_N)。如果我们键入如下命令,就会创建一个新变量 *caseID*,其值等于前面已经排序过的每一条观测案例的序号:

```
. generate caseID = _n
```

如果以另一方式对数据排序,将会改变每一条观测案例的_n 值,但是其 *caseID* 的取值将保持不变。因此,如果我们确实以另一方式对数据进行了排序,稍后再键入下述命令就能恢复原来的顺序:

```
. sort caseID
```

创建并保存数据集形成初期观测案例的唯一性顺序识别码可以便于以后的数据管理。

我们能对变量名添加下标来设定特定观测案例的序号。比如,我们的全球气温数据集 *global2.dta* 中的第 4 条观测案例是 1880 年 4 月份(April 1880),其气温异常(*temp*)的值为 −0.0912℃。

```
. display temp[4]
-.0912
```

类似地，*temp*[5]为 1880 年 5 月份气温异常的值-0.151℃。

```
. display temp[5]
-.15099999
```

当我们的数据构成一个序列时，加注下标和_n 系统变量特别实用。比如，这里的气温数据一例中，*temp* 或 *temp*[_n]表示第 n 条观测案例的取值，*temp*[_n-1]表示前一条观测案例的气温，而 *temp*[_n+1]则表示下一条案例的气温。因此，我们可以定义一个新变量 *diftemp*，它等于自上月来 *temp* 中的变化：

```
. generate diftemp = temp - temp[_n-1]
```

介绍时间序列分析的第 12 章会回到对这一主题的讨论上来。

2.11 导入其他程序的数据

前面几节介绍了使用数据编辑器如何录入和编辑数据。如果我们的原始数据保存在恰当编排格式的电子表格中的话，我们就可以直接拷贝电子表格中的多列数据，然后粘贴到 Stata 的数据编辑器中。另外，Stata 也可以从 Excel 电子表格中导入数据，这可直接通过菜单选取 File → Import → Excel spreadsheet(*.xls; *.xlsx)或者键入 **import excel** 命令来实现。最简单的情况下，我们可以通过键入以下命令导入名为 *snowfall.xls* 的电子表格文件中的第一张表单：

```
. import excel using C:\data\snowfall.xls, clear
```

但是，电子表格往往包含标题、注释、子表(subtable)、多个表单、图形或其他使得将它们读取为数据的过程变复杂的特征。想将 **import** 操作限定为针对特定范围的单元格，可使用 **cellrange( )** 选项。**sheet( )** 选项可以设定导入电子表格中的哪个表单。**firstrow( )** 选项告诉 Stata 这些单元格的第一行包含变量名称。比如，电子表格数据 *snowfall.xls* 中，名为"Berlin"的第一张表单包含新罕布什尔州柏林镇的历史降雪记录，相关讨论可见 Hamilton 等(2003)。感兴趣的数据位于 A5 到 O56 单元格内。第 4 行包含变量名称。

```
. import excel using C:\data\snowfall.xls, sheet("Berlin")
    cellrange(a4:o56) firstrow clear
```

尽管 **import excel** 功能十分稳健，但对 Excel 电子表格稍作整理可以便于转换成可被分析的 Stata 数据集。比如，如果电子表格中有变量名称，它们应符合像以字母或下划线开头和中间不含空格等的 Stata 标准。缺失值应被替换成空格或数字编码，而非数字字符应被从意在表示数值型变量的那些列内的单元格中删去。

Stata 会自动确定每一数据列表示数值型变量还是字符串变量。如果一列中有非数字的取值，那么 Stata 会将该列作为字符串变量，因而对其无法进行求均值和相关等统计计算。如果绝大多数取值确实是数字，我们可以用 **real( )** 函数 **generate** 该变量的一个数值型版本(其中的真正字符串取值会被编码为缺失值)。

```
. generate newvar = real(oldvar)
```

将数据从电子表格中复制并粘贴至数据编辑器时,我们同样需要留神。选择准备复制的数据区域之前,可能需要对电子表格进行编辑。一个好用的窍门就是在电子表格数据顶行的上方插入一行变量名称。然后复制名称行以及数据中的其余部分,并且用 Paste Special 及 Treat first row as variable names 将所有这些信息放入空白数据编辑器中。

电子表格和数据编辑器方法方便快捷,但是,对于更大型的项目而言,重要的是有直接能够读取由 SAS 或 SPSS 等其他统计软件所创建的计算机文件的工具。SAS XPORT 文件可被直接导入,这可通过 Stata 菜单选取 File → Import → SAS XPORT 或者键入 **import sasxport** 命令来实现。其他数据格式可以通过文本文件这一中间形式来读取,或者直接用一个专门的第三方程序加以翻译。

我们可以用另一个气候主题的时间序列来举例说明文本文件方法(text file methods)。厄尔尼诺-南方涛动(El Niño–Southern Oscillation,ENSO)是一种以赤道太平洋为中心但也影响其他区域的准周期气候类型。多元 ENSO 指数(Multivariate ENSO Index,MEI)将描述赤道太平洋状况(海平面气压、地面纬向和经向风、海表和海面气温以及云量)的 6 个观测变量合并成一个反映 ENSO 的单一指标。文本文件 *MEI.raw* 包含从 1950 年 1 月份至 2011 年 12 月份的 MEI 月度数值。这些值以制表符进行分隔,是由电子表格另存所得文本文件的一种常见格式。此文本文件的第一行包含了变量名称的清单:*mei1* 为 1 月份的 MEI,*mei2* 为 2 月份的 MEI,依此类推(实际上"1 月份"MEI 数值代表的是 12 月份至 1 月份,而 2 月份代表的是 1 月份至 2 月份,等等)。此文本文件的前面数行如下所示:

```
year mei1   mei2   mei3   mei4   mei5   mei6   mei7   mei8   mei9   mei10  mei11  mei12
1950 -1.022 -1.148 -1.287 -1.058 -1.423 -1.363 -1.342 -1.066 -.576  -.394  -1.154 -1.247
1951 -1.068 -1.194 -1.216 -.434  -.264  .482   .756   .864   .779   .752   .728   .467
1952 .406   .142   .096   .261   -.257  -.633  -.235  -.157  .362   .311   -.338  -.125
1953 .024   .388   .272   .712   .833   .242   .421   .252   .522   .092   .049   .313
```

我们可以用 **insheet** 命令并设定制表符分隔数值和第一行包含变量名称等选项将这些数据读入 Stata。读入此原始数据后,我们将其存成名为 *MEI0.dta* 的 Stata 格式文件,这样今后便可直接使用。

```
. insheet using c:\data\MEI.raw, tab name clear
. save c:\data\MEI0.dta, replace
. describe

Contains data from c:\data\MEI0.dta
  obs:            63
 vars:            13                          12 Feb 2012 09:40
 size:         3,150
              storage   display    value
variable name   type    format     label      variable label
year            int     %8.0g
mei1            float   %9.0g
mei2            float   %9.0g
mei3            float   %9.0g
mei4            float   %9.0g
mei5            float   %9.0g
mei6            float   %9.0g
mei7            float   %9.0g
mei8            float   %9.0g
```

```
mei9              float   %9.0g
mei10             float   %9.0g
mei11             float   %9.0g
mei12             float   %9.0g
```
```
Sorted by:
```

用 **comma** 而非 **tab** 选项，**insheet** 可以读取逗号分隔数值的文本文件，它是另一种常见的电子表格输出格式。文本文件也可以通过 Stata 菜单来读取。请尝试 Data→Import 查看可用的选项。

迄今为止的例子都假定原始数据值是以逗号、制表符或其他已知分隔符(可被逗号或制表符替换)分隔的。还有一种被称作固定列位格式的不同组织形式，其中各数值之间根本不需要进行分隔，但是必须占事先确定好的列位置。**infile** 命令可以读取此类数据文件。要么在命令语法本身中，要么在一个以独立文件存在或者作为数据文件第一部分的数据字典中，我们必须准确地指定应当如何读取这些列数据。

这里有一个简单的例子。数据保存在一个名为 *nfresour.raw* 的 ASCII 文件中：

```
198624087641691000
198725247430001044
198825138637481086
198925358964371140
1990 8615731195
1991 7930001262
```

这些数据提供了加拿大纽芬兰省(Newfoundland)自然资源产量的信息。4 个变量占用了固定的列位置：1 至 4 列是年份(1986，…，1991)；5 至 8 列为以千立方米度量的森林资源量(2408，…，2535，后两个值为缺失)；9 至 14 列为以千美元度量的矿山资源量(764 169，…，793 000)；15 至 18 列为相对于 1986 年的消费者价格指数(1000，…，1262)。请注意，不同于采用空格或制表符作为分隔符的文件，在固定列位格式的数据中，空白表示缺失值，并且此原始数据不含小数。为了把 *nfresour.raw* 读入到 Stata 中，我们设定每个变量所占的列位置：

```
. infix year 1-4 wood 5-8 mines 9-14 CPI 15-18
  using nfresour.raw, clear
. list
```

```
     year   wood   mines    CPI
1.   1986   2408   764169   1000
2.   1987   2524   743000   1044
3.   1988   2513   863748   1086
4.   1989   2535   896437   1140
5.   1990    .     861573   1195
6.   1991    .     793000   1262
```

更复杂的固定列位格式数据可能需要数据字典。数据字典可以简单明了，但是它们提供了许多可能的选择。键入 **help import** 查看这些命令的简要描述。更多的示例和解释，请查看《用户指南》和参考手册。Stata 也可以加载、输出或查看来自 ODBC(Open Database Connectivity)资源的数据，请参见 **help odbc**。

如果我们需要将数据从 Stata 输出到其他的非 ODBC 程序，那该怎么办？**export excel** 和 **export sasxport** 命令，或者以下对应的菜单选择：

File → Export → Excel spreadsheet(*.xls; *.xlsx)

File → Export → SAS XPORT

将输出 Excel 电子表格或 SAS XPORT 文件。**outsheet** 和 **outfile** 命令(或 Data → Export)可以输出不同格式的文本文件。另一个非常快捷的办法是从 Stata 数据编辑器或数据浏览器中复制你的数据并直接将其粘贴到诸如 Excel 的电子表格中。但是,最好的选择往往还是在不同的数据表、数据库或统计程序存储的特殊系统文件之间直接进行数据转换。一些第三方程序能够进行此类数据转换。比如,Stat/Transfer 可在许多不同格式数据之间进行转换,包括 dBASE、Excel、FoxPro、Gauss、JMP、MATLAB、Minitab、OSIRIS、Paradox、R、S-Plus、SAS、SPSS、SYSTAT 和 Stata。即使容量为几百兆的大型数据集也可以用该程序快速地完成转换或提取。此程序通过 Stata 公司(www.stata.com)或者从其生产者 Circle Systems (www.stattransfer.com)那里可以获得。对于在多程序环境中工作或需要与同事交换数据的分析人员而言,这种转换程序提供了不可或缺的工具。

Stata 的一个突出特性值得在此提及。保存在某一 Stata 平台(不论是 Windows、Mac 还是 Unix)上的 Stata 数据集都可以无需经过转换而由安装在任何其他平台上的 Stata 读取。为得到可被任一这些平台上的更早版本 Stata 读取的数据文件,请使用 **saveold** 而不是 **save** 命令,或者从菜单中选择 Save as → Save as type → Stata 9/10 Data。

2.12 合并两个或多个 Stata 文件

我们可以采用两种一般方法来合并 Stata 数据集:**append**(附加)第二个包含其他观测案例的数据集;或者和其他包含新变量或取值的数据文件进行 **merge**(合并)。比如,文件 *lakewin1.dta* 包含新罕布什尔州最大湖泊的冰层融化日期,通过当地观测人员从 1887 年到 2007 年所做长达 121 年的观测记录得到。

```
. use C:\data\lakewin1.dta, clear
. describe

Contains data from C:\data\lakewin1.dta
  obs:           121                   Lake Winnipesaukee ice out
                                         1887-2007
 vars:             3                   11 Feb 2012 16:30
 size:           726
-----------------------------------------------------------------
              storage  display   value
variable name   type   format    label    variable label
-----------------------------------------------------------------
year            int    %ty                Year
winedate        int    %tdCYmd            Date Lake Winnipesaukee Ice Out
winout          int    %9.0g              Lake Winnipesaukee Ice Out day
-----------------------------------------------------------------
Sorted by:  year

. list in -4/l

      year    winedate    winout
118.  2004    2004Apr20     111
119.  2005    2005Apr20     110
120.  2006    2006Apr3       93
121.  2007    2007Apr23     113
```

2007 年，温尼佩绍基湖冰层融化发生在 4 月 23 日，即该年的第 113 天。

文件 *lakewin2.dta* 包含 2008 年到 2012 年的新数据。它具有相同的变量和格式，因此我们可以用 **append** 命令将 *lakewin2.dta* 中的更新与 *lakewin1.dta* 中的旧信息合并起来。

```
. use C:\data\lakewin2.dta
(Lake Winnipesaukee ice out 2008-2012)
. describe

Contains data from C:\data\lakewin2.dta
  obs:             5                          Lake Winnipesaukee ice out
                                                2008-2012
 vars:             3                          27 Mar 2012 09:48
 size:            30

              storage  display   value
variable name   type   format    label      variable label
year            int    %ty                  Year
winedate        int    %tdCYmd              Date Lake Winnipesaukee Ice Out
winout          int    %9.0g                Lake Winnipesaukee Ice Out day

Sorted by:  year

. list

     year   winedate   winout
 1.  2008   2008Apr23    114
 2.  2009   2009Apr12    102
 3.  2010   2010Mar24     83
 4.  2011   2011Apr19    109
 5.  2012   2012Mar23     83

. append using c:\data\lakewin1
. sort year
. label data "Lake Winnipesaukee ice out 1887-2012"
. save c:\data\lakewin3
. list in -7/l

      year   winedate   winout
120.  2006   2006Apr3      93
121.  2007   2007Apr23    113
122.  2008   2008Apr23    114
123.  2009   2009Apr12    102
124.  2010   2010Mar24     83
125.  2011   2011Apr19    109
126.  2012   2012Mar23     83
```

本例中，两个数据集包含相同的变量，尽管这对于 **append** 而言并不是必需的。当两个数据集被合并时，只存在于被合并数据集之一里的变量在另一数据集里的观测案例上会被赋予缺失值。

append 或许好比在一张纸(即内存中的数据集)的底部粘贴上另一张包含新观测案例(行)的纸，从而加长它。就其最简单的形式而言，**merge** 相当于在第一张纸的右边粘贴上另一张纸，从而加宽它，由此增加新的变量(列)。

文件 *lakesun.dta* 包含新罕布什尔州第二大湖泊 1869 年到 2012 年期间的冰层融化日期。尽管桑纳皮湖(*lakesun.dta*)和温尼佩绍基湖(*lakewin3.dta*)的记录来自不同的来源，但两者形成了可易于合并为一个数据集的年度时间序列。我们用 **merge 1:1** *year* 命令来做到这点。

```
. use C:\data\lakesun.dta
. describe

Contains data from C:\data\lakesun.dta
  obs:           144                          Lake Sunapee ice out 1869-2012
 vars:             3                          27 Mar 2012 09:45
 size:         1,152
---------------------------------------------------------------------------
              storage  display     value
variable name   type   format      label      variable label
---------------------------------------------------------------------------
year            int    %ty                    Year
sunedate        float  %tdCYmd                Date Lake Sunapee Ice Out
sunout          int    %9.0g                  Lake Sunapee Ice Out day
---------------------------------------------------------------------------
Sorted by:  year

. merge 1:1 year using c:\data\lakewin3.dta

    Result                       # of obs.
    -----------------------------------------
    not matched                         18
        from master                     18  (_merge==1)
        from using                       0  (_merge==2)

    matched                            126  (_merge==3)
    -----------------------------------------
```

两个数据集都已经按照 *year* 做了排序；如果没有，那么我们在合并之前必须 **sort** *year*。**merge** 结果告诉我们"主(master)"数据集(当前内存中的数据集——本例中为 *lakesun.dta*)和"调用(using)"数据集(*lakewin3.dta*)中都包含了 126 个年份。另外的 18 个年份(1869 年到 1886 年)只出现在 *lakesun.dta* 中，因此，温尼佩绍基湖的变量在这些年份将会出现缺失值。**merge** 命令会创建一个名为 *_merge* 的变量，它记录了观测案例是否仅来自于主数据集(*_merge* = 1)、仅来自于调用数据集(*_merge* = 2)还是同时来自于两者(*_merge* = 3)。每一 **merge** 操作后仔细查看 *_merge* 的取值以确认结果符合预期是重要的一步。执行另一 **merge** 操作之前，我们必须 **drop** 或 **rename** *_merge*。

```
. drop _merge
. sort year
. list in 1/4

     +--------------------------------------------------+
     | year    sunedate    sunout    winedate    winout |
     |--------------------------------------------------|
  1. | 1869   1869May9       129           .         . |
  2. | 1870   1870May9       129           .         . |
  3. | 1871   1871Apr11      101           .         . |
  4. | 1872   1872May2       123           .         . |
     +--------------------------------------------------+

. list in -4/1

     +--------------------------------------------------+
     | year    sunedate    sunout    winedate    winout |
     |--------------------------------------------------|
141. | 2009   2009Apr11      101    2009Apr12       102 |
142. | 2010    2010Apr3       93    2010Mar24        83 |
143. | 2011   2011Apr21      111    2011Apr19       109 |
144. | 2012   2012Mar22       82    2012Mar23        83 |
     +--------------------------------------------------+

. label data "Sunapee & Winnipesaukee ice out 1869-2012"
. save C:\data\lakesunwin.dta, replace
```

本例中，我们仅用 **merge** 基于 *year* 来匹配观测案例，从而将新变量增加到数据中。默认设定下，当两个数据集包含相同的变量时，主数据集中的那些被保留下来，调用数据集中的那些则被忽略。但是，**merge** 命令有数个选项可以更改这一默认设定。以下形式的命令将允许主数据集中出现的任何*缺失值*由调用数据集(这里为 *newdata.dta*)中相应的非缺失值进行替换：

```
. merge 1:1 year using newdata.dta, update
```

或者，如下命令也会使主数据集中的*任何取值*在与调用数据集存在不同时，将由后者的非缺失值进行替换：

```
. merge 1:1 year using newdata, update replace
```

所有这些例子呈现的是简单的一对一合并。也可能进行一对一多合并(**1:m**)、多对一合并(**m:1**)或多对多合并(**m:m**)等操作。键入 **help merge** 可查看具体细节，阅读《数据管理》手册会看到更多例子。合并和附加数据也可以通过 Data → Combine datasets 菜单完成。

2.13 数据分类汇总

数据集创建出来之后，我们可能发现该数据的结构对于某些分析目的而言是错误的。很幸运，有数个命令可方便地改变数据集的结构。这其中最简单的是 **collapse**，它针对由一个或更多个变量所界定的不同群体汇总出均值、中位数或其他统计量。比如，我们回到前面图 2.3 画出的 1880 年 1 月份到 2011 年 12 月份全球月度气温数据(*global2.dta*)。

```
. use C:\data\global2.dta, clear
. describe

Contains data from C:\data\global2.dta
  obs:         1,584                          Global climate
  vars:            4                          12 Feb 2012 09:40
  size:       14,256
               storage  display    value
variable name   type    format     label      variable label
year            int     %8.0g                 Year
month           byte    %8.0g                 Month
temp            float   %9.0g                 NCDC global temp anomaly vs
                                                1901-2000, C
edate           int     %tdmCY                elapsed date

Sorted by: edate
```

使用 **collapse**，我们可以建立一个包含 132 个年份而不是 1584 个月份平均气温异常的简化数据集。

```
. collapse (mean) temp, by(year)
. label variable temp "NCDC annual mean temp anomaly, deg C"
. save C:\data\global_yearly.dta, replace
. describe

Contains data from C:\data\global_yearly.dta
  obs:           132                          Global climate
  vars:            2                          12 Feb 2012 10:02
  size:          792
```

```
              storage  display    value
variable name    type   format    label     variable label
year             int    %8.0g               Year
temp             float  %9.0g               NCDC annual mean temp anomaly,
                                              deg C
Sorted by: year
```

新的年度数据可用芒线图(spike plot)加以可视化，图 2.4 中的垂直芒线表示每一年的气温高于或低于 1901 年至 2001 年平均气温的程度。

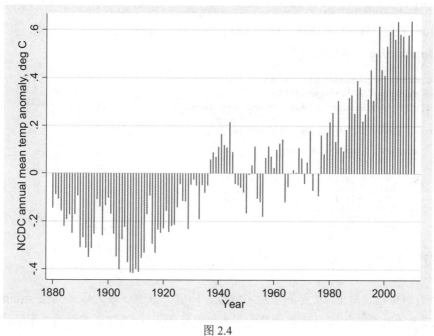

图 2.4

collapse 能够基于以下概要统计量来创建变量：

mean	均值(默认情形，在未设定统计量的情况下使用)
median	中位数
p1	第 1 百分位数
p2	第 2 百分位数(依此类推到 **p99**)
sd	标准差
semean	均值的标准误(sd/sqrt(n))
sebinomial	二项分布均值的标准误(sqrt(p(1−p)/n))
sepoisson	泊松分布均值的标准误(sqrt(mean))
sum	合计
rawsum	忽略选择性指定权数的合计
count	非缺失值的观测案例数
max	最大值
min	最小值

iqr	四分位距
first	第一个取值
last	最后一个取值
firstnm	第一个非缺失的取值
lastnm	最后一个非缺失的取值

使用作为其他分析的前缀而起作用的灵活的 **statsby** 命令可以收集到更多的统计量。下例中，我们回到 *global2.dta*，并创建一个名为 *decade* 的新变量(1880 对应于 1880 年至 1889 年，1890 对应于 1890 年至 1899，依此类推)。然后，我们创建一个新数据集，其中包含对每 10 年 **summarize** 气温的统计量：

```
. use C:\data\global2.dta, clear
. gen decade = 10*int(year/10)
. statsby, by(decade) clear: summarize temp
(running summarize on estimation sample)
        command:  summarize temp
              N:  r(N)
          sum_w:  r(sum_w)
           mean:  r(mean)
            Var:  r(Var)
             sd:  r(sd)
            min:  r(min)
            max:  r(max)
            sum:  r(sum)
             by:  decade

Statsby groups
────+─── 1 ───+─── 2 ───+─── 3 ───+─── 4 ───+─── 5
..............
```

此新数据集包含每个 10 年的观测案例数、均值、方差、最大值和其他 **summarize** 统计量。图 2.5 画出了每个 10 年中最明显的月度气温异常(*max*)(排除了仅有两个年份的"2010"代表的 10 年)。

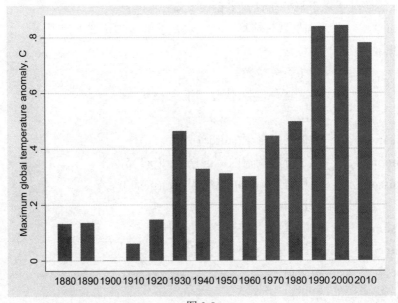

图 2.5

```
. describe

Contains data
  obs:              14                          statsby: summarize
  vars:              9
  size:            504
                storage   display    value
variable name   type      format     label    variable label
decade          float     %9.0g
N               float     %9.0g                r(N)
sum_w           float     %9.0g                r(sum_w)
mean            float     %9.0g                r(mean)
Var             float     %9.0g                r(Var)
sd              float     %9.0g                r(sd)
min             float     %9.0g                r(min)
max             float     %9.0g                r(max)
sum             float     %9.0g                r(sum)

Sorted by:
    Note:  dataset has changed since last saved

. graph bar max if year<2010, over(decade)
    ytitle("Maximum global temperature anomaly, C")
```

statsby 也可以将回归模型或其他分析所得结果形成一个数据集。更多信息和示例,请键入 **help statsby** 或查询《数据管理参考手册》(*Data Management Reference Manual*)。从菜单中选择 Statistics → Other → Collect statistics for a command across a by list 得到与该命令相对应的对话框。另一个有用的数据分类汇总命令 **contract** 针对所设定变量的任何组合创建类似频数表的数据集(见 **help contract**)。

2.14 重组数据结构

借助 **reshape** 命令可以进行另一不同类型的数据结构重组。该命令可将数据集在被称为宽(wide)和长(long)的两种基本格式之间进行转换。本章前面用多元 ENSO 指数建立了一个数据集(*MEI0.dta*)。此数据为宽格式:年份定义了行,而每个月份为单独的一列。因此,*mei1* 表示 1 月份的 MEI 数值,*mei2* 是 2 月份的,依此类推。

```
. use C:\data\MEI0.dta, clear
. describe

Contains data from C:\data\MEI0.dta
  obs:              62
  vars:             13                          18 Feb 2012 10:46
  size:          3,100
                storage   display    value
variable name   type      format     label    variable label
year            int       %8.0g
mei1            float     %9.0g
mei2            float     %9.0g
mei3            float     %9.0g
mei4            float     %9.0g
mei5            float     %9.0g
mei6            float     %9.0g
mei7            float     %9.0g
mei8            float     %9.0g
mei9            float     %9.0g
mei10           float     %9.0g
mei11           float     %9.0g
mei12           float     %9.0g

Sorted by:

. list year-mei7 in 1/5
```

```
     year      mei1       mei2       mei3       mei4       mei5       mei6       mei7
1.   1950    -1.022     -1.148     -1.287     -1.058     -1.423     -1.363     -1.342
2.   1951    -1.068     -1.194     -1.216      -.434      -.264       .482       .756
3.   1952      .406       .142       .096       .261      -.257      -.633      -.235
4.   1953      .024       .388       .272       .712       .833       .242       .421
5.   1954     -.051      -.019       .169      -.504     -1.397     -1.578     -1.382
```

我们可以将这些宽格式数据 **reshape** 成长格式的时间序列。以下命令命名了一个待创建的新变量 *mei*。新的长格式数据集的每一行将会有一个观测案例识别码 i(*year*)和子观测案例识别码 j(*month*)。

```
. reshape long mei, i(year) j(month)
(note: j = 1 2 3 4 5 6 7 8 9 10 11 12)

Data                               wide   ->   long
-----------------------------------------------------------------------------
Number of obs.                       62   ->    744
Number of variables                  13   ->      3
j variable (12 values)                    ->   month
xij variables:
                      mei1 mei2 ... mei12   ->   mei
-----------------------------------------------------------------------------

. compress
. sort year month
. label variable mei "Multivariate ENSO Index"
. save C:\data\mei1.dta, replace
. describe

Contains data from C:\data\mei1.dta
  obs:           744
 vars:             3                          18 Feb 2012 10:51
 size:         5,208
-----------------------------------------------------------------------------
              storage  display    value
variable name   type   format     label       variable label
-----------------------------------------------------------------------------
year            int    %8.0g
month           byte   %9.0g
mei             float  %9.0g                  Multivariate ENSO Index
-----------------------------------------------------------------------------
Sorted by: year month

. list in 1/5

     year    month      mei
1.   1950       1     -1.022
2.   1950       2     -1.148
3.   1950       3     -1.287
4.   1950       4     -1.058
5.   1950       5     -1.423
```

现在我们有年/月形式的多元 ENSO 指数时间序列,它类似于前面我们建立的全球表面气温的年/月时间序列(*global2.dta*)。将两个数据集都按照年份和月份加以排序后,我们便可以把两者 **merge** 为一个共同的文件。

```
. use C:\data\global2.dta, clear
. merge 1:1 year month using c:\data\mei1.dta
    Result                        # of obs.
    -----------------------------------------
    not matched                         840
        from master                     840  (_merge==1)
        from using                        0  (_merge==2)

    matched                             744  (_merge==3)
```

global2.dta 中的气温数据涵盖了从 1880 年 1 月份到 2011 年 12 月份的每一个月份，而 *mei1.dta* 只涵盖 1950 年 1 月份到 2011 年 12 月份。因此，70×12 = 840 个月份只存在于主数据集中且未被匹配上；其余 12×62 = 744 个月份存在于两个数据集中且被一对一地匹配上。

将新的合并数据保存为 *global3.dta* 后，我们可以用 1950 年至 2011 年期间的气温和 *mei* 两者画出时间标绘图(time plot)，见图 2.6。这两个变量有不同的单位，故 *mei* 被放置于右边的 *y* 轴，标记为 **yaxis(2)**。下面的 **graph** 命令将两幅时间标绘图叠并起来，一幅对应 *temp*，另一幅对应 *mei*，且后者被画成短划线。此命令也设定了一个两行的图例，而并不是默认的两列。初一看图便会发现，全球气温和 ENSO 指数往往逐年一同变动，但 ENSO 未出现像气温那样每隔 10 年上升的趋势。第 12 章会应用时间序列建模对此进行更严谨的分析。

```
. sort year month
. drop _merge
. compress
. save c:\data\global3.dta, replace
. graph twoway line temp edate ||
    line mei edate, yaxis(2) lpattern(dash) ||
    if year > 1949, legend(row(2))
```

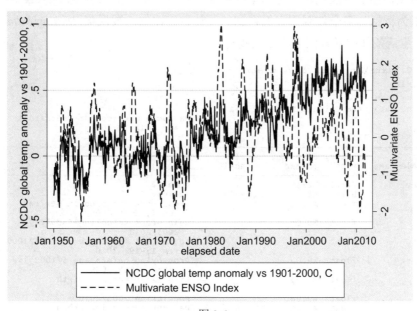

图 2.6

reshape 同样也能很好地反过来用于将数据从长格式转换成宽格式。通过以下命令，我们可以将气温和 MEI 的年/月时间序列转换成每一行为一个年份、每一列为一个变量或月份的宽格式数据集。

```
. drop edate
. reshape wide mei temp, i(year) j(month)
```

2.15 使用权数

Stata 接受 4 种类型的加权(weighting)：

aweight　分析权数，用在加权最小二乘(Weighted Least Squares，WLS)回归以及类似的估计程序中。

fweight　频数权数，用以对重复观测案例计数。频数权数必须是整数。

iweight　重要性权数，但是"重要性"由用户自己界定。

pweight　概率或抽样权数，与一条观测案例根据抽样策略被选中的概率的倒数成比例。

对各种分析类型而言，并不是所有的加权类型都适用。比如，我们不能对 **tabulate** 命令使用 **pweight**。要想有效地使用权数，就需要我们清楚地知道在一项特定分析中进行加权的目的是什么。

权数有很多统计应用，包括对初始不成比例或复杂抽样设计(调查的常见特征)进行补偿的方法。使用与 1/(选中概率)成比例的概率权数，**pweight** 提供了一种调整抽样偏误(sampling bias)的方法。使用概率权数分析调查是 Stata 的独特优势，见第 4 章中的介绍。

某些时候，加权可能意味着更简单的事情——一个汇总的数据集(aggregated dataset)，其中的变量为概括许多个体观测案例得到的统计量。比如，数据集 *Nations2.dta* 包含刻画 194 个国家生活条件的联合国人类发展指标。

```
. use C:\data\Nations2.dta, clear
. describe

Contains data from C:\data\Nations2.dta
  obs:           194                          UN Human Development Indicators
  vars:           13                          1 Apr 2012 11:30
  size:       12,804

              storage  display    value
variable name  type    format     label      variable label

country       str21    %21s                  Country
region        byte     %8.0g      region     Region
gdp           float    %9.0g                 Gross domestic product per cap
                                               2005$, 2006/2009
school        float    %9.0g                 Mean years schooling (adults)
                                               2005/2010
adfert        float    %8.0g                 Adolescent fertility: births/1000
                                               fem 15-19, 2010
chldmort      float    %9.0g                 Prob dying before age 5/1000 live
                                               births 2005/2009
life          float    %9.0g                 Life expectancy at birth
                                               2005/2010
pop           float    %9.0g                 Population 2005/2010
urban         float    %9.0g                 Percent population urban
                                               2005/2010
femlab        float    %9.0g                 Female/male ratio in labor force
                                               2005/2009
literacy      float    %9.0g                 Adult literacy rate 2005/2009
co2           float    %9.0g                 Tons of CO2 emitted per cap
                                               2005/2006
gini          float    %9.0g                 Gini coef income inequality
                                               2005/2009

Sorted by: region  country
```

平均预期寿命为 68.7 岁：

```
. summarize life
```

```
    Variable |    Obs       Mean    Std. Dev.      Min        Max
        life |    194     68.7293    10.0554      45.85    82.76666
```

上述均值表示样本中 194 个国家的平均预期寿命,而不是生活在这些国家的 70 亿人的平均预期寿命。也就是说,它赋予了人口最少的国家(图瓦卢,一个有大约 10 000 人的太平洋岛国)的预期寿命与人口最多的国家(中国,大约 14 亿人口)的预期寿命相同的权数。使用人口数作为频率权数,我们得到全部 70 亿人口平均预期寿命的一个更好的估计值。

```
. summarize life [fweight = pop]

    Variable |    Obs       Mean    Std. Dev.      Min        Max
        life | 6.669e+09  68.93644   8.095538    45.85    82.76666
```

概率权数(**pweight**)在第 4 章得到更多关注。此外,分析权数(**aweight**)在制图(第 3 章)中和加权最小二乘法(第 7 章和第 8 章)情况下很有用。重要性权数(**iweight**)并没有固定的定义,但可被应用于为特殊目的而编写的程序中。

2.16 生成随机数据和随机样本

伪随机数函数 **runiform( )** 集中体现了 Stata 生成随机数据或对现有数据进行随机抽样的能力。《基础参考手册》(各函数)提供了关于此 32 位伪随机数发生器(32-bit pseudo-random generator)的技术性介绍。如果目前内存中读入了数据,那么以下命令可生成一个名为 *randnum* 的新变量,该变量显然是从区间[0, 1)随机抽取的 16 位数值。

```
. generate randnum = runiform()
```

我们也可以从头开始创建一个随机数据集。为此,我们首先将内存中的其他数据全部清除掉,如果它们有价值的话,请先保存(**save**)它们。接着,设定新数据集里想要的观测案例数。明确设定种子数(seed number)能使以后重新得到同样的"随机"结果。最后,创建我们的随机变量。以下命令创建一个包含 10 个观测案例和一个名为 *randnum* 变量的数据集。

```
. clear
. set obs 10
. set seed 12345
. generate randnum = runiform()
. list

         | randnum  |
     1.  | .309106  |
     2.  | .6852276 |
     3.  | .1277815 |
     4.  | .5617244 |
     5.  | .3134516 |
     6.  | .5047374 |
     7.  | .7232868 |
     8.  | .4176817 |
     9.  | .6768828 |
    10.  | .3657581 |
```

结合 Stata 的代数函数、统计函数和专门函数,**runiform( )** 可以模拟从不同理论分布抽取的数值。如果想要为新变量 *newvar* 从区间[0,428)而不是通常的区间[0,1)的均匀分布(uniform distribution)中抽取数值，我们就键入：

```
. generate newvar = 428 * runiform()
```

所取得的将仍然是 16 位的数值。我们也许只想要 1 到 428 之间(含 1 和 428)的整数。取上限(ceiling)或 **ceil( )** 函数为此提供了一种简单方法：

```
. generate newvar = ceil(428 * runiform())
```

若想模拟掷一个六面骰子 1000 次的结果，键入：

```
. clear
. set obs 1000
. generate roll = ceil(6 * runiform())
. tabulate roll
```

roll	Freq.	Percent	Cum.
1	170	17.00	17.00
2	167	16.70	33.70
3	149	14.90	48.60
4	171	17.10	65.70
5	166	16.60	82.30
6	177	17.70	100.00
Total	1,000	100.00	

理论上，我们预期出现 1 点的情形占 16.67%，出现 2 点的情形占 16.67%，依此类推。但是在任何一个抽取的样本中，比如，这里的 1000 次"掷骰"，观测百分比将围绕其期望值随机波动。

也可以模拟同时掷两个骰子 1000 次的结果，键入：

```
. generate dice = ceil(6 * runiform()) + ceil(6 * runiform())
. tabulate dice
```

dice	Freq.	Percent	Cum.
2	27	2.70	2.70
3	62	6.20	8.90
4	78	7.80	16.70
5	120	12.00	28.70
6	154	15.40	44.10
7	147	14.70	58.80
8	145	14.50	73.30
9	97	9.70	83.00
10	89	8.90	91.90
11	52	5.20	97.10
12	29	2.90	100.00
Total	1,000	100.00	

我们也可以使用 _n 来生成一个人为制造的数据集。以下命令创建一个包含 5000 条观测案例的新数据集，其中只有一个取值从 1 到 5000 的名为 *index* 的变量。

```
. set obs 5000
. generate index = _n
. summarize
```

Variable	Obs	Mean	Std. Dev.	Min	Max
roll	1000	3.527	1.732129	1	6
dice	1000	6.948	2.428414	2	12
index	5000	2500.5	1443.52	1	5000

若想创建服从正态(高斯)分布的随机变量,可使用函数 **rnormal( )**。下面的例子创建一个包含 2000 条观测案例和 z 与 u 两个变量的数据集,其中 z 取自于一个 N(0, 1)分布的总体,x 取自于一个 N(500, 75)分布的总体。

```
. clear
. set obs 2000
. generate z = rnormal()
. generate u = rnormal(500,75)
```

实际的样本均值和标准差会略微不同于它们的理论值:

```
. summarize
```

Variable	Obs	Mean	Std. Dev.	Min	Max
z	2000	-.0022046	1.013775	-3.645242	3.620961
u	2000	498.4104	73.56337	248.0803	739.0969

如果 z 服从正态分布,那么 $v = e^z$ 就服从对数正态分布(lognormal distribution)。若想基于标准正态分布得到一个服从对数正态分布的变量 v,可键入:

```
. generate v = exp(rnormal())
```

当然,取对数可将对数正态变量正态化。

若想模拟随机地取自一个均值和标准差为 $\mu = \sigma = 3$ 的指数分布的 w 值,可键入:

```
. generate w = -3 * ln(runiform())
```

对于均值和标准差为其他值的情况,用其他值替代 3 即可。

x5 服从自由度为 5 的 χ^2(卡方)分布:

```
. generate x5 = rchi2(5)
```

y 服从 10 次试验且成功概率为 0.2 情形下的二项分布:

```
. generate y = rbinomial(10,.2)
```

t45 服从自由度为 45 的学生 t 分布:

```
. generate t45 = rt(45)
```

键入 **help random** 查看根据贝塔分布、伽玛分布、超几何分布、负二项分布或泊松分布创建随机变量的其他可用函数的清单。

drawnorm 命令提供了一种创建多个正态变量(multiple normal variables)并随意地设定它们之间相关关系的替代方式。使用 **drawnorm** 创建一个服从 N(0,1)分布的变量的 5000 条观测案例,可键入:

```
. clear
. drawnorm z, n(5000)
. summarize
```

Variable	Obs	Mean	Std. Dev.	Min	Max
z	5000	-.0041833	1.008007	-3.584255	3.630447

下面将进一步创建三个变量。变量 x1 来自 N(0, 1)分布的总体,变量 x2 来自 N(100, 15)

分布的总体，而变量 x3 则来自 N(500, 75)分布的总体。并且，我们限定这些变量之间具有如下总体相关关系：

	x1	x2	x3
x1	1	0.4	−0.8
x2	0.4	1	0
x3	−0.8	0	1

创建此类数据的程序需要首先定义相关矩阵 *C*，然后在 **drawnorm** 命令中调用 *C*：

```
. mat C = (1, .4, -.8 \ .4, 1, 0 \ -.8, 0, 1)
. drawnorm x1 x2 x3, means(0,100,500) sds(1,15,75) corr(C)
. summarize x1-x3

    Variable |     Obs        Mean    Std. Dev.       Min        Max
-------------+--------------------------------------------------------
          x1 |    5000    -.0289361    1.001212   -3.628264   3.889191
          x2 |    5000     99.82377    14.86525    39.83408   153.0636
          x3 |    5000     502.0403    75.24015    223.4024   752.7481

. correlate x1-x3
(obs=5000)

             |      x1       x2       x3
-------------+---------------------------
          x1 |  1.0000
          x2 |  0.4004   1.0000
          x3 | -0.8031  -0.0005   1.0000
```

将样本变量的相关系数和均值与前面给出的理论值进行对比。用这种方式生成的随机数据可以看作从理论总体中抽取的样本。我们不应当期望样本的统计与理论总体的参数完全相等(本例中，x3 的均值为 500，x1 与 x2 的相关为 0.4，x1 与 x3 的相关为-0.8，等等)。人为设定的不存在或存在相关的数据集也可以通过如下菜单和对话框创建得到：

Statistics → Other → Draw a sample from a normal distribution

或

Statistics → Other → Create a dataset with specified correlation structure

命令 **sample** 可以利用 **runiform** 的随机数生成器来抽取内存中数据的随机样本。比如，若想从原始数据中提取一个 10%的随机样本，可键入：

```
. sample 10
```

当我们加上 **in** 或 **if** 选择条件时，**sample** 只应用于那些满足条件的观测案例。比如：

```
. sample 10 if age < 26
```

将保留那些年龄小于 26 岁的观测案例的 10%样本，还会保留所有年龄大于等于 26 岁的原始观测案例。

我们也可以选择某一特定规模的随机样本。若想从内存的原始数据中随机选取 90 条观测案例，可以键入：

```
. sample 90, count
```

第 14 章中有关蒙特卡罗模拟的一节提供了创建随机变量的更多例子。

2.17 编制数据管理程序

大规模项目的数据管理常包含重复性或容易出错的任务，因此最好通过编制专门的 Stata 程序来进行处理。高级编程可以变得技术性很强，但是我们也可以从编写只包含一系列 Stata 命令的简单程序开始，并将其存成一个文本文件。用户可以使用喜欢的文字处理软件或文本编辑器来创建这样的文本文件，当然，这些编辑器应当能在 File→Save As 下的选项中提供数种类型的文本文件。使用 Stata 的 do 文件编辑器是创建此类文本文件的一种简便方式，它通过选择 Window→Do-file Editor 或单击图标 来启动。此外，也可以通过键入命令 **doedit** 或在文件已经存在的情况下键入 **doedit** *filename* 来启动 do 文件编辑器。回顾窗口(Review window)中的命令可被选中并直接发送到 do 文件编辑器中(点击右键获取此菜单选项)。这些命令也可以从诸如日志文件或结果窗口等其他来源处复制并粘贴到 do 文件编辑器中。

本章前面的数节中，我们从气温开始建立全球气候数据，然后重组并合并多元厄尔尼诺/南部涛动指数，最后如图 2.4 所示将气温和 MEI 一起画图。如下所示，执行这些步骤中每一步的命令可被组织成一个单一的 do 文件。注意，///的使用是为了将长的 **graph twoway** 命令接续成超过一行。结尾处，此 do 文件将图 2.4 保存为 Stata 图形(.gph)和 Windows 图元文件(.emf)两种文件格式。

```
insheet using C:\data\global.csv, comma clear
label data "Global climate"
label variable year "Year"
label variable month "Month"
label variable temp "NCDC global temp anomaly vs 1901-2000, C"
generate edate = mdy(month, 15, year)
label variable edate "elapsed date"
format edate %tdmCY
sort year month
order year month edate
save C:\data\global2.dta, replace
use C:\data\MEI0.dta, clear
reshape long mei, i(year) j(month)
sort year month
label variable mei "Multivariate ENSO Index"
save C:\data\mei1.dta, replace
use C:\data\global2.dta, clear
merge 1:1 year month using c:\data\mei1.dta
sort year month
drop _merge
compress
save c:\data\global3.dta, replace
graph twoway line temp edate ///
    || line mei edate, yaxis(2) lpattern(dash) ///
    || if year>1949, legend(row(2))
```

```
graph save Graph "C:\graphs\fig02_04.gph", replace
graph export "C:\graphs\fig02_04.emf", as(emf) replace
```

此文件可通过选中回顾窗口中的命令，然后右键单击并选择 Send to Do-file Editor 来进行编写。以诸如 *global.do* 等新名称保存此 do 文件。一旦 do 文件得以创建完成，我们就可以通过从菜单中选择 File → Do 并打开 *global.do*，或者简单键入以下命令来运行它：

. **do global**

此类批模式程序常常被保存成以.do 作为扩展名的文件。更复杂的程序(由 do 文件或自动的 ado 文件加以定义)可被保存于内存中，并可以再调用其他程序，这就创建出新的 Stata 命令，并为喜欢尝试各种探索的分析人员开启了可能性的世界。

Stata 通常把一条命令行的结尾视为该命令的结束。这在屏幕上显示时是可行的，此时的命令行可以为任意长度，但是当我们将命令键入文本文件中时，这样就行不通了。物理行末的三个正斜杠(///)告诉 Stata 此命令持续至下一物理行。该命令只有在达到不以///结尾的那一行之后才会执行。

处理 do 文件中长命令行的另一种方式是使用**#delimit**；命令，该命令可以设定一个英文分号作为一行命令结束的分隔符。下面的例子中，我们使用英文分号作为分隔符，接着键入一条直到分号出现才结束的长命令，然后将分隔符重新设定回其常规状态，即回车(cr)。

```
#delimit ;
graph twoway line temp edate
   || line mei edate, yaxis(2) lpattern(dash)
   || if year>1949, legend(row(2)) ;
#delimit cr
```

每当显示结果占满了结果窗口时，Stata 通常会暂停，直到我们敲空格键或任意其他键(或点击)才会继续。为了不出现暂停，我们可以要求 Stata 持续翻屏直到输出结果全部结束。将下述命令键入命令窗口(Command window)中或作为程序的一部分：

. **set more off**

其要求持续翻屏。当程序产生许多屏我们并不想看的输出结果，或者当结果被写入一个我们可以随后再查看的日志文件时，这就变得很方便。键入：

. **set more on**

重新回到在翻屏之前等待键盘输入的常规状态。

第 3 章

制 图

作为对 Stata 分析结果含义以及综合其他分析的一种展示，图形出现在本书的每一章。分析性图形一直是 Stata 的强项，也是许多用户选择 Stata 而舍弃其他软件包的充足理由。使用命令或 Graphics 中的菜单选项都可以很容易地绘制有吸引力且可发表的基本图形。那些想要更精致或更具创造性图形的用户将发现他们的努力确实可以得到一系列工具和选项的支持，这些在《制图参考手册》(Graphics Reference Manual)中做了介绍，并在《Stata 制图的视觉教程》(A Visual Guide to Stata Graphics)一书(Mitchell，2012)中以诸多示例进行了说明。

本章我们以范例而不是命令语法方式介绍 Stata 主要图形类型的选择(请见《制图参考手册》或键入 **help graph** 以查看更多有关命令语法的内容)。我们的一些例子是极为基本的，使用了很少的选项，或者就没有使用选项，不过，基本的例子往往为他人所沿用，示范说明选项和技巧以得到满足发表要求的图形。尽管可以顺序阅读本章的内容，依次了解每个例子，但也可以随意浏览以查阅图形和获取想法。

图形选项的全部内容远远超出本书所能涵盖的范围，但是这些示例指出了其中的一些可能。后续章节提供了进一步的说明。Graphics 菜单使我们可以通过鼠标点击的方式来应用大多数制图程序。以对话框和使用 Submit 按钮进行试验是了解有哪些可用功能的一种好方式，这尤其适合于 **twoway** 制图的诸多选项。

3.1 命令示范

. histogram y, frequency

画出变量 y 的直方图，频数显示在纵轴(vertical axis)上。

. histogram y, start(0) width(10) norm fraction

x 轴以 0 处为起点，画出变量 y 的直方图，条宽度为 10。基于样本均值和标准差添加一条正态曲线，并在纵轴上显示出分数(fraction)形式的数据频率。

. histogram y, by(x, total) percent

在一幅图中，对 *x* 的每个取值画出 *y* 的各个直方图，同时画出样本整体的"总"直方图。纵轴上显示百分比。

    . **kdensity** *x*, **generate**(*xpoints xdensity*) **width**(20) **biweight**

计算并画出 *x* 分布的内核密度(kernel density)估计值。创建出两个新变量：*xpoints* 为要估计密度的 *x* 的各点取值；*xdensity* 为相应的密度估计值。**width(20)** 以变量 *x* 的单位来指定内核的半宽(half width of the kernel)。如果 **width( )** 未被设定，默认会使用一个简单公式以最优化。本例中的 **biweight** 选项调用双加权内核(biweight kernel)而非默认的 **epanechnikov**。

    . **graph twoway scatter** *y x*

显示 *y* 对 *x* 的基本双变量散点图。对于所有的 **twoway** 族命令而言，**graph** 是可有可无的；比如，我们可以键入 **twoway scatter** *y x*。

    . **graph twoway lfit** *y x* **|| scatter** *y x*

通过叠并两幅 **twoway** 图形将 *y* 对 *x* 的线性回归加以图形化：回归(线性拟合或 **lfit**)线图和 *y* 对 *x* 的散点图。要给该回归线添加95%置信区间带，可用 **lfitci** 取代 **lfit**。

    . **graph twoway scatter** *y x*, **xlabel**(0(10)100) **ylabel**(-3(1)6, **horizontal**)

建构 *y* 对 *x* 的散点图，并在 *x* 轴的 0, 10, …, 100 处加标签，在 *y* 轴的-3, -2, …, 6 处加标签，并且标签为水平放置而不是垂直放置(为默认状态)。

    . **graph twoway scatter** *y x*, **mlabel**(*country*)

建构 *y* 对 *x* 的散点图，并且数据点标注变量 *country* 的相应取值。

    . **graph twoway scatter** *y x1*, **by**(*x2*)

在一幅图中，对 *x2* 的每一取值画出 *y* 对 *x1* 的散点图。

    . **graph twoway scatter** *y x1* [**fweight** = *population*], **msymbol**(Oh)

画出 *y* 对 *x1* 的散点图。标记符号为中空的圆圈(**Oh**)，其大小与频数权数变量 *population* 成比例。

    . **graph twoway connect** *y time*

y 对 *time* 的基本时间标绘图。显示的数据点由线段连接起来。要想显示线段而不出现数据点标志(marker)，就用 **line** 代替 **connect**：

    graph twoway line *y time*

一个替代性的更简单的时间标绘图命令 **tsline** 适用于 **tsset** 数据，其中的时间变量也被设定(见第 12 章)：

    tsline *y*

    . **graph twoway line** *y1 y2 time*

画出具有相同量度的两个 y 变量对名为 *time* 的 x 变量的时间标绘图(本例中为曲线图)。

. graph twoway line *y1 time*, yaxis(1) || line *y2 time*, yaxis(2)

画出具有不同量度的两个变量的时间曲线，并将它们叠并在同一曲线标绘图内。**yaxis(1)**指定左边的 y 轴按 *y1* 设置量度，而 **yaxis(2)**指定右边的 y 轴按 *y2* 设置量度。

. graph twoway contour *temperature y x*

以诸如(*latitude, longitude*)等(*y, x*)来填充的轮廓画出显示 *temperature* 的等高线图(contour plot)。选项可控制诸如等高线的数量、内插方法和颜色等细节。

. graph matrix *x1 x2 x3 x4 y*

建构一个散点图矩阵，显示列出变量之间所有可能的散点图对。

. graph box *y1 y2 y3*

建构变量 *y1*、*y2* 和 *y3* 的箱线图(box plot)。

. graph box *y*, over(*x*) yline(23)

对 x 的每一取值建构 y 的箱线图，并在 y = 23 处画一条水平线。

. graph pie *a b c*

画一幅饼图，其中的每块表明了变量 *a*、*b* 和 *c* 的相对量。这些变量必须具有相似的单位。

. graph bar (sum) *a b c*

以条形图中并排的条显示变量 *a*、*b* 和 *c* 各自的合计。要想得到均值而不是合计，键入 **graph bar (mean) a b c**。其他选项包括以条长度来表示每一变量的中位数、百分位数、计数或其他统计量(与 **collapse** 有相同的选项)。

. graph bar (mean) *a*, over(*x*)

画出在变量 x 每一取值处显示变量 *a* 的均值的条形图。

. graph bar (asis) *a b c*, over(*x*) stack

画出变量 *a*、*b* 和 *c* 的条形图，图中变量 *a*、*b* 和 *c* 的值("as is"，意即"照原样")在变量 x 的每一取值处层叠起来。

. graph dot (median) *y*, over(*x*)

画出一幅点图，沿着水平刻度在 x 每一取值水平所对应的 y 的中位数处打点。**graph dot** 支持与 **graph bar** 或 **collapse** 相同的统计量选项。

. qnorm *y*

画出一幅分位-正态标绘图(正态概率图)，显示 y 的分位数与对应的正态分布的分位数。

. rchart *x1 x2 x3 x4 x5*, connect(l)

建构一幅质量控制的 R 图，图中画出了变量 *x1* 至 *x5* 的取值范围。键入 **graph qc** 查看 Stata 提供的质量控制图的全部情况。这些图形也可以通过菜单得到：Graphics → Quality control。

图形选项，比如那些控制标题、标签和坐标轴上的记号标志等的选项，在不同图形类型之间都是通用的，只要其合乎情理。而且，Stata 制图命令背后的逻辑在不同图形类型之间也是一致的。在将基本要件组合成图的过程中，这些共同元素是实现画图流畅性的关键。

3.2 直方图

直方图特有的命令 **histogram** 用于显示测量变量的分布状况，是取得直方图最简单的方法。比如，我们回到前面第 2 章所看到的关于 194 个国家的数据，里面包含联合国收集的人类发展指标。

```
. use C:\data\Nations2.dta, clear
. describe

Contains data from C:\data\Nations2.dta
  obs:           194                       UN Human Development Indicators
 vars:            13                       1 Apr 2012 11:30
 size:        12,804

              storage   display    value
variable name   type    format     label       variable label

country        str21    %21s                   Country
region         byte     %8.0g      region      Region
gdp            float    %9.0g                  Gross domestic product per cap
                                                 2005$, 2006/2009
school         float    %9.0g                  Mean years schooling (adults)
                                                 2005/2010
adfert         float    %8.0g                  Adolescent fertility: births/1000
                                                 fem 15-19, 2010
chldmort       float    %9.0g                  Prob dying before age 5/1000 live
                                                 births 2005/2009
life           float    %9.0g                  Life expectancy at birth
                                                 2005/2010
pop            float    %9.0g                  Population 2005/2010
urban          float    %9.0g                  Percent population urban
                                                 2005/2010
femlab         float    %9.0g                  Female/male ratio in labor force
                                                 2005/2009
literacy       float    %9.0g                  Adult literacy rate 2005/2009
co2            float    %9.0g                  Tons of CO2 emitted per cap
                                                 2005/2006
gini           float    %9.0g                  Gini coef income inequality
                                                 2005/2009

Sorted by: region  country
```

图 3.1 呈现了青少年生育率 *adfert* 的简单直方图。它可由以下命令得到：

```
. histogram adfert, percent
```

在 Prefs → Graph Preferences 菜单中，我们有数种适用于此图的默认颜色和着色的预设方案可供选择。用户也可定义自己的方案。本书中的大多数例子应用 s2color 方案，该方案下每一图形周边会有阴影边距(shaded margins)。尝试不同的单色和彩色方案有助于决定哪种方案特别适合某一特定目的。后面将介绍，在一种方案下绘制并保存下来的图形随后可以重新读取并在另一种方案下再次保存。

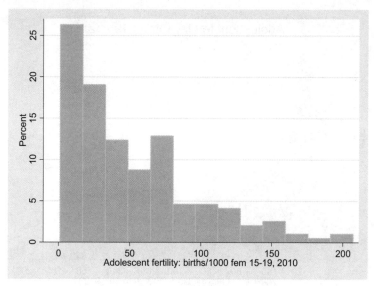

图 3.1

图形命令中的选项可按任意顺序排列在该命令的英文逗号之后。图 3.1 示范了一个选项：要求纵轴上显示 **percent**(而不是默认的 **density**)。一旦图形显示在屏幕上，就可以通过菜单选项方便地完成图形的打印、保存，或者将其剪切并粘贴到诸如文字处理软件等另一程序中。

图 3.1 表明该分布呈正偏态，众数(mode)略高于 0，上限在 200 左右。很难更具体地去描述该图，因为图中的直方条和 x 轴的刻度并不对应。图 3.2 给出了使用一些可选改进的相同图形的另一个版本：

frequency	在 y 轴上显示频数。
star(0)	直方图的第一个条柱(组距)从 0 处开始。
width(10)	每一个条柱(组距)的宽度为 10。
xlabel(0(20)200)	对 x 轴添加数值标签，以 20 为间距从 0 到 200。
xtick(10(20)210)	显示 x 轴上的刻度，以 20 为间距从 10 到 210。
ylabel(0(2)12,grid gmax)	对 y 轴添加数值标签，以 2 为间距从 0 到 12。画出水平线的栅格，包括最大值处的一条线。
title("Adolescent fertility rate in 194 nations")	图形顶部有标题。

以下命令被显示成 4 行以便于阅读。为让这个 4 行的命令在 do 文件中有效，我们可在前三行的末尾加上 ///，表明此命令持续到下一物理行。

```
. histogram adfert, frequency start(0) width(10)
    xlabel(0(20)200) xtick(10(20)210)
    ylabel(0(5)35, grid gmax)
    title("Adolescent fertility rate in 194 nations")
```

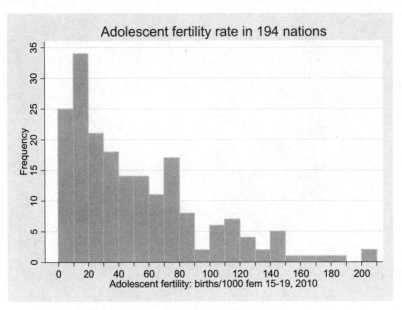

图 3.2

图 3.2 有助于我们更具体地描述该分布。比如，我们现在看到，34 个国家中的青少年生育率处于 10 和 20 之间。键入 **help histogram** 查看此命令的完整选项清单和语法。还有一个绘制直方图的单独命令 **twoway histogram**，它允许纳入稍后要介绍的 **twoway** 图形族通用的其他选项。可以通过键入 **help twoway histogram** 来加以了解。

histogram 与其他图形类型共有的一个做法是使用 **by(***varname***)**选项来针对所设定变量的每一个取值创建多幅小图。图 3.3 对此做了示范，图中就 5 个区域的每一个创建了 *adfert* 的直方图，同时给出了反映所有区域的分布的第 6 个**(total)**直方图。

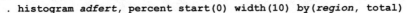

```
. histogram adfert, percent start(0) width(10) by(region, total)
```

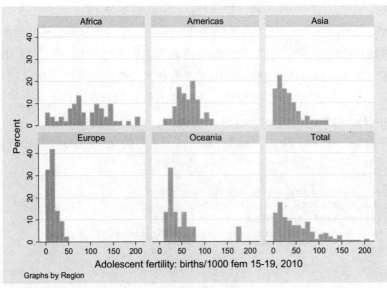

图 3.3

3.3 箱线图

箱线图(box plot)直观地提供了有关分布的中心、范围、对称性和特异值的信息。比如，图 3.4 是 *adfert* 的一幅简单的箱线图，通过键入以下命令得到：

. **graph box** *adfert*

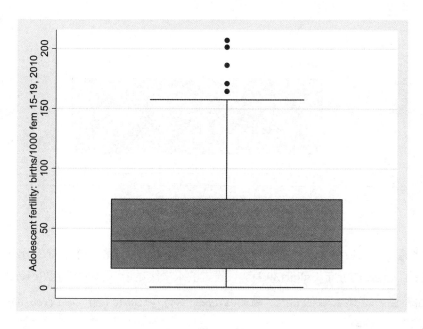

图 3.4

图 3.4 确认该分布呈正偏态，并有 5 个高特异值(high outliers)。箱线图中的箱子从近似第 1 四分位数扩展至第 3 四分位数，这段距离被称为四分位距(IQR，InterQuartile Range)。因此，它大致包含了中间 50%的数据(Stata 的箱线图以与 **summarize,detail** 相同的方式定义四分位数)。那些在第 1 或第 3 四分位数之外超过 1.5(IQR)处的观测案例被定义为特异值，它们在箱线图中被单独地一一画出。

图 3.5 通过以变量 *country* 的值(国家名称)作为标签将 *adfert* 的特异值标识出来。它也为 y 轴设定了一个非默认的标题。**marker** 选项还可以控制标识特异值的符号及其他特性。本例中设定 **marker(1)**的意思是此选项指向被设定的第一个 y 变量。此处只有一个 y 变量，但其他情况下我们可以有两个或更多个，并以不同方式标记其特异值。

. **graph box** *adfert*, **marker(1, mlabel(***country***))**
    ytitle("Births per 1,000 females 15-19")

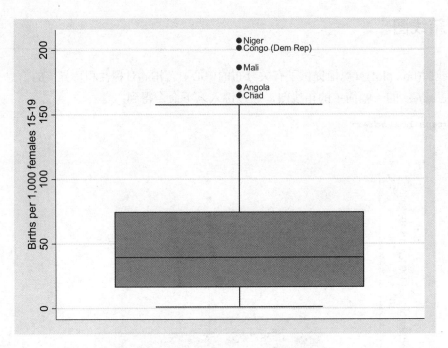

图 3.5

箱线图最常见的应用之一是就另一个变量的各个类别来比较一个变量的分布。图 3.6 跨 *region* 比较了 *adfert* 的分布。**yline(39.3)**选项设定的水平线显示了总的中位数(overall mdedian)。

```
. graph box adfert, marker(1, mlabel(country)) yline(39.3) over(region)
```

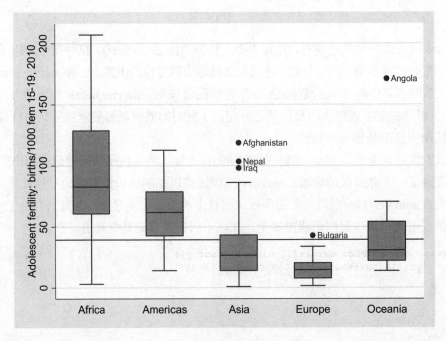

图 3.6

可以用 **graph hbox** 命令得到水平而非垂直方向的箱线图。图 3.7 以 *Nations2.dta* 数据集里的另一个变量——人均二氧化碳排放量(*co2*)对此加以说明。本例也展示了数个可应用于其他种类图形的标题或添加标签选项。**note( )** 和 **caption( )** 选项将文本放置在图形下方。该图中,"Statistics with Stata"为粗体,而"Example of horizontal box plots"为斜体。**ytitle**(*y* 轴的标题,在水平向箱线图中,它指的是横轴)中,CO_2 被恰当地设定了下标。图形中的粗体、斜体、下标和其他文本特征可使用 Stata 标记和控制语言(Stata Markup and Control Language,SMCL)功能加以设定。键入 **help graph text** 查看其他的可能性和例子。

```
. graph hbox co2, over(region)
    note("note: {bf:Statistics with Stata}, version 12")
    caption("caption: United Nations Human Development Report 2011")
    title("title: {it:Example of horizontal box plots}")
    ytitle("ytitle: Tons of CO{subscript:2} emitted per capita")
```

图 3.7 中的各特异值并未被添加标签,因为它们在水平格式下会变得不便阅读。美洲的三个特异值是美国、加拿大以及特立尼达和多巴哥(加勒比主要的石油和天然气生产国)。澳大利亚具有大洋洲最高的人均 CO_2。4 个石油输出国构成了亚洲极高的特异值。通过更仔细地查看由箱线图凸显出来的特异值,我们经常会发现它们自己本身是有趣的观测案例而不只是统计干扰(statistical complication)。

许多选项控制着箱线图中箱子的外观、着色和细节,键入 **help graph box** 查看清单。轴标签、刻度标记、标题和 **by**(*varname*)或 **by**(*varname*,**total**)选项以与其他 Stata 制图命令相似的方式起作用。比如,**by**(*region*)会在 5 个小窗口中画出各个箱线图,而不是像图 3.6 和图 3.7 中 **over**(*region*)所做的那样在一幅图中画出 5 个箱线图。

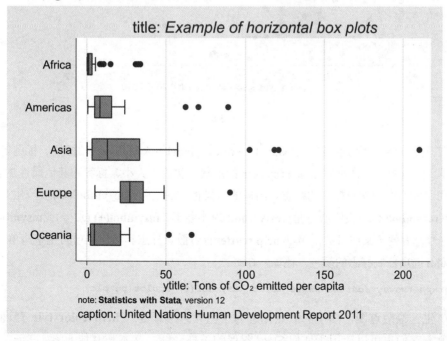

图 3.7

3.4 散点图和叠并

散点图(scatter plot)属于一个被称作 **twoway** 图形的大家族。Stata 的基本散点图命令具有如下形式：

` . graph twoway scatter y x`

这里 *y* 是纵轴或 *y* 轴变量，*x* 是横轴或 *x* 轴变量(此命令开头的 **graph twoway** 部分是可有可无的，但保留在此以强调后面会变得重要的家族关联)。比如，仍使用 *Nations2.dta* 这一数据集，我们可以画出 *life*(预期寿命)对 *school*(平均受教育年限)的散点图，结果显示在图 3.8 中。图 3.8 中的每一个点代表一个国家。

` . graph twoway scatter life school`

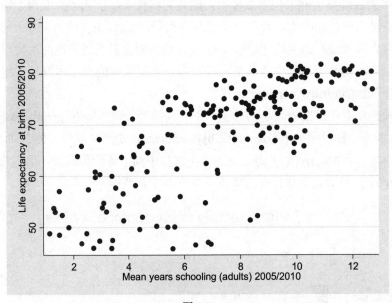

图 3.8

和直方图一样，我们也可以用 **xlabel**、**xtitle**、**ylabel** 等来控制*x*或*y*轴标签、标题等。和箱线图一样，散点图也允许对散点标志(marker)的形状、颜色、大小、标签和其他属性加以控制。图3.8使用了实心圆圈这一默认的标志。同样的效果也可通过包括**msymbol(O)** 来产生。其他的选择包括**msymbol(Th)** (大空心三角)、**msymbol(d)**(小菱形)、**msymbol(+)** (加号)或**msymbol(i)** (不可见的符号，方便于某些目的)。键入 **help scatter** 查看散点标志和其他选项的完整清单。

mcolor选项控制标志的颜色。比如，命令：

` . graph twoway scatter waste metro, msymbol(S) mcolor(purple)`

将产生一幅散点图，图中的散点标志为紫色大方形。键入 **help colorstyle** 查询可用颜色的清单，它们也可以应用于任何 Stata 图形的条柱、线、文本和其他元素。

散点图还能做一件有趣的事，就是可以使标志的大小(面积)与第三个变量的取值成比例，从而赋予数据点不同的视觉重要性(visual weight)。比如，我们可以重画 *life* 对 *school* 的散点图，但使其标志的大小反映各国的人口数(*pop*)。如图 3.9 所示，使用**[fweight=*varname*]** 或频数权数可以做到这点。空心圆圈为标志 **msymbol(Oh)**提供了合适的外形。

```
. graph twoway scatter life school [fweight=pop], msymbol(Oh)
```

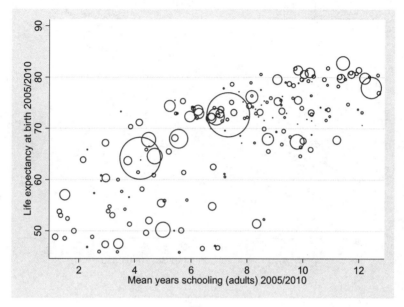

图 3.9

频数权数对于其他一些图形类型也有用。加权可能是一个令人迷惑的复杂问题，因为权数来自不同类型，并且在不同情况下具有不同的含义。有关 Stata 中加权的概述，可键入 **help weight** 查询。

Stata 的 **graph twoway** 族的一个主要功能是可以叠并两幅或更多幅图形以得到更复杂的图像。比如，为用空心圆圈作为标志符号画出 *life* 对 *school* 的散点图，我们会键入：

```
. graph twoway scatter life school, msymbol(Oh)
```

简单回归线(**lfit**)是一个不同的 **twoway** 类型。要查看 *life* 对 *school* 的回归线并以中粗宽度(medium-thick width)显示，键入：

```
. lfit life school, lwidth(medthick)
```

但是，我们往往想一起看散点图和回归线。这可以通过用带有||("管子")的命令将 **lfit** 图形叠放在 **scatter** 图形的上方来实现，其中的||表示叠并。

```
. graph twoway scatter life school, msymbol(Oh)
    || lfit life school, lwidth(medthick)
```

最后，如果有某些应当适用于图像整体的选项，它们可被放在命令中最后一个||之后。图 3.10 这样做了。通用选项不仅包括 **ylabel**、**xlabel** 和 **xtick**，也设定 **legend** 的一些细节。

```
. graph twoway scatter life school, msymbol(Oh)
    || lfit life school, lwidth(medthick)
    || , ylabel(45(5)85) xlabel(2(2)12) xtick(1(2)13)
    legend(col(1) ring(0) position(11))
```

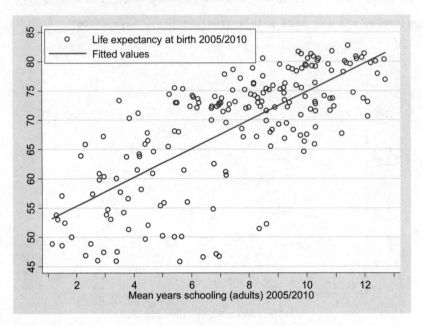

图 3.10

图 3.10 中的 **legend** 选项设定三件事情：

col(1)　　　　图例应只有一列，因此是两行。

ring(0)　　　　图例被放置在绘图区内部而不是外部。绘图区外部的图例会挤占图中的数据空间。

position(11)　　图例被放在 11 点钟的位置，本图中此处恰好没有数据。

将图例放在绘图区内部而不覆盖任何实际数据是一个好窍门。通过尝试默认或其他的位置，你可以自己搞明白这如何起作用。有关控制图例位置、内容和外观的更多方式，可查看 **help twoway options** 中的 **legend_options**。

图 3.11 在一幅图中用三个叠并深化了这些想法，三者之一为另一 **twoway** 类型：**lfitci**，意为带置信区间的线性回归。**lfitci** 图被最先设定，然后两幅散点图被放置在其上，因此我们图中的点在灰色置信带(confidence band)的上方。如果我们设定 **lfitci** 在最后，那么置信带将盖住一些散点。

```
. graph twoway lfitci life school, lwidth(medthick)
    || scatter life school, msymbol(Th)
    || scatter life school if school > 8 & life < 55,
       msymbol(S) mlabel(country)
    || , ylabel(45(5)85) xlabel(2(2)12) xtick(1(2)13)
    legend(col(1) ring(0) position(11) label(3 "Life expectancy")
       order(3 2 1))
```

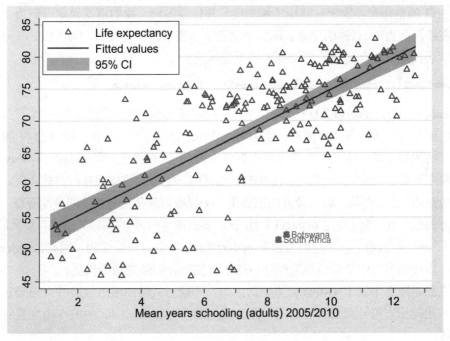

图 3.11

默认设定下，**lfitci** 呈现 y 的*条件均值*(conditional mean)而不是个体预测值(individual predicted values)的置信带。Stata 将此条件均值的标准误称为"预测的标准差(standard deviation of prediction)"或 **stdp**。因此，图 3.11 中的默认情形相当于键入：

```
graph twoway lfitci life school, stdp
```

个体预测值的标准误被称为"预报的标准差(standard deviation of forecast)"或 **stdf**。为看到个体预测值的更宽置信带，我们可以键入：

```
graph twoway lfitci life school, stdf
```

图 3.11 中的其他两幅图都是散点图，示范了如何对一些选中的观测案例加标签(或画上不同的符号)。通过用全部数据绘出一幅常规散点图并用空心三角形作为散点标志符号，识别出两个野点子：

```
|| scatter life school, msymbol(Th)
```

然后，我们将它与第二幅散点图(图像中的第三幅图)叠并起来。其中，第二幅散点图通过一个 **if** 选择条件被限定为针对那些平均受教育年限大于 8 年且预期寿命超过 55 岁的国家。只有右下角的两个国家满足此条件。它们被绘制成实心方形(绘制在三角形的上面)且以国家名称作为标签。博茨瓦纳与南非是具有良好教育却低预期寿命这一不寻常组合的国家，这使得它远离图中右上方绝大多数其他国家所呈现出来的特征。

```
|| scatter life school if school > 8 & life < 55,
     msymbol(S) mlabel(country)
```

图 3.11 的整体选项设定 x 轴标签和刻度,并控制图例。我们再次设定图例为一列,且将其放在绘图区内 11 点钟的位置。图例中第三个 y 变量的标签被设定为"Life expectancy"而不是默认设定下将会被使用更长得多的变量标签。

```
legend(col(1) ring(0) posion(11) label(3 "Life expectancy"))
```

legend( )选项以 **order(3 2 1)**子选项结束,它设定我们想让图例项以 3-2-1 的顺序排列。这并不如它所呈现出来的那么样简单,因为对于 Stata 的思考方式而言,图 3.11 中我们这三幅被叠并的图形实际上涉及 4 个能出现在图例中的变量。根据由初始 **graph twoway** 命令中它们的顺序所确定的数字,它们是:(1)95%置信区间,(2)拟合值或线性回归估计值,(3)整个数据集的预期寿命,即第一幅被叠并的散点图,(4)仅有博茨瓦纳与南非的预期寿命,即第二幅被叠并的散点图。通过设定 **order(3 2 1)**,我们要求图 3.11 中的图例先列出(3),然后是(2),而(1)最后——并让(4)不出现,因为它在 **order( )**子选项中并未被提到。因此,**order( )**子选项不但可以控制图例中变量出现的顺序,还可以控制它们最终是否出现。

散点图矩阵并不属于 **twoway** 类型的图形,不能与其他图形进行叠并,但是它们涉及多幅遵循相同标志符号规则的散点图。图 3.12 呈现了 *Nations2.dta* 中的 5 个变量对应的散点图矩阵。

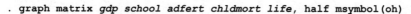
. graph matrix gdp school adfert chldmort life, half msymbol(oh)

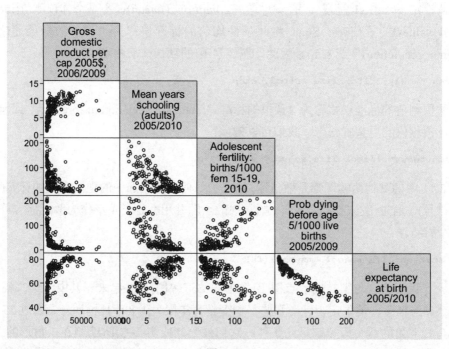

图 3.12

散点图矩阵是多元分析中很有用的相关矩阵的直观呈现。它们提供了多对变量之间关系的简洁呈现,有助于分析人员发现可能影响统计建模的非线性、野点子或聚群等迹象。涉及 *gdp*(人均国内生产总值)的非线性关系在图 3.12 中表现明显,这给出了一个我们仅从相关矩阵无法看到的警告。

half 选项设定图 3.12 应当只包括矩阵的下三角部分。上三角部分是对称的，也基本上是多余的。**msymbol(o)**要求对散点图采用我们想要的小圆圈作为标志。坐标轴的控制更复杂，因为有多少变量就有多少坐标轴；键入 **help graph matrix** 查看具体细节。

当关注的变量中包含一个因变量或效果变量(effect variable)和数个自变量或原因变量(cause variable)时，最好将因变量列在 **graph matrix** 变量清单的最后。这样就会在矩阵底部一行中得到整齐的因变量对自变量(y vs x)的组图。图 3.12 中最后指定或底排的变量 *life*(预期寿命)在第 7 章和第 8 章中被作为因变量进行分析。

3.5 曲线标绘图和连线标绘图

机械地看，连线标绘图(connected-line plot)(**graph twoway connect**)就是其中的点由线段连接起来的散点图。曲线标绘图(line plot)(**graph twoway line**)呈现不带标志的散点对应的线段。两者都属于 Stata 功能强大的 **graph twoway** 族，并可在任何组合中加以叠并。散点图中控制添加坐标轴标签和标志的选项对连线标绘图和曲线标绘图同样起作用。更多的选项可以对线段本身的宽度、样式、颜色和其他特征进行控制。

与散点图相比，连线和曲线标绘图往往有不同的用法。比如，它们可以很好地画出一个变量随时间而发生的变化。为示例说明，我们回到数据集 *Arctic9.dta*，其中包含 33 年的北极海冰和气温观测记录。

```
. use C:\data\Arctic9.dta, clear
. describe

Contains data from C:\data\Arctic9.dta
  obs:            33                          Arctic September mean sea ice
                                                1979-2011
  vars:            8                          17 Apr 2012 09:21
  size:          891

              storage   display    value
variable name   type    format     label      variable label
year            int     %ty                   Year
month           byte    %8.0g                 Month
extent          float   %9.0g                 Sea ice extent, million km^2
area            float   %9.0g                 Sea ice area, million km^2
volume          float   %8.0g                 Sea ice volume, 1000 km^3
volumehi        float   %9.0g                 Volume + 1.35 (uncertainty)
volumelo        float   %9.0g                 Volume - 1.35 (uncertainty)
tempN           float   %9.0g                 Annual air temp anomaly 64N-90N C

Sorted by:  year
```

area 对 *year* 的曲线标绘图描绘了这些年间 9 月份海冰面积的缩减，且 2007 年特别明显地出现骤减(见图 3.13)。

```
. graph twoway line area year,
      title("Arctic sea ice, September 1979-2011")
```

图 3.14 提供了一幅更精致的时间标绘图(time plot)，图中添加了另一条反映海冰覆盖范围 *extent*(被至少 15%海冰所覆盖的面积)的曲线。我们以 5 年为间距从 1980 年到 2010 年为

x 轴添加标签(**xlabel(1980(5)2010)**)但去掉了 x 轴标题,因为"Year"是显而易见的,故没必要浪费数据空间。y 轴向下延伸至零,它是一个令北极观测人员有点感兴趣的可能状态。y 轴标签以 1 为间距从 0 到 8,并给出了包含最小和最大标签值的栅格线(grid lines):**ylabel(0(1)8, grid gmin gmax)**。

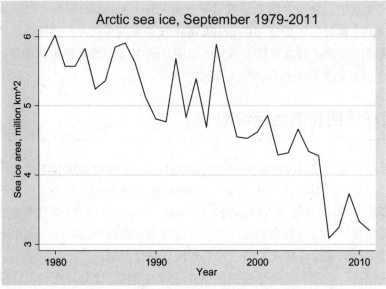

图 3.13

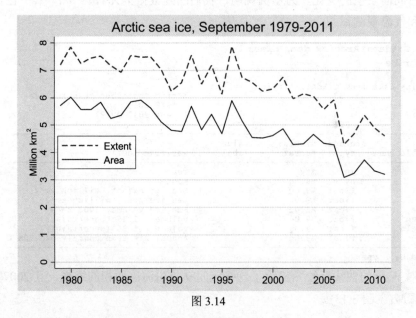

图 3.14

```
. graph twoway line area extent year, xlabel(1980(5)2010) xtitle("")
    lwidth(medium medthick) lpattern(solid dash)
    legend(row(2) ring(0) position(9)
        label(1 "Area") label(2 "Extent") order(2 1))
    ylabel(0(1)8, grid gmin gmax) ytitle("Million km{superscript:2}")
title("Arctic sea ice, September 1979`=char(150)'2011")
```

图 3.14 命令中第一个指定的 *y* 变量(*area*)被绘成一条宽度为 **medium** 且样式为 **solid** 的曲线。第二个 *y* 变量(*extent*)被绘成一条宽度为 **medthick** 且样式为 **dash** 的更粗曲线。**legend( )** 选项简化了图例中的标签,并将 *extent* 先对应图中更高的位置。

海冰面积和范围以百万平方公里进行测量。**ytitle("Million km{superscript:2}")** 选项将这显示为 "Million km^2"。键入 **help graph text** 查看更多有关控制图中文本属性的内容。图 3.7 给出过其他一些例子。

图 3.14 中的另一个排版技巧更巧妙:标题中的年份 1979-2011 是用短划线(-)而不是连字符(-)分隔的。短划线是一个并未出现在你键盘上的标准字符,但可由 ASCII 码 150 加以标识。图 3.14 的 **title** 选项通过文字 **1979`=char(150)'2011** 将 ASCII 字符 150 插入 1979 和 2011 之间。要留意左右单引号的使用。

图 3.15 将短划线和两个其他 ASCII 字符一起应用于时间标绘图,图中两个 *y* 变量有不同的单位,且使用叠并画在了一起。此例中,我们将一幅 *area* 对 *year* 的曲线标绘图与一幅北极气温对 *year* 的连线标绘图(**connect** 将 **scatter** 与 **line** 的功能加以合并)叠并。此图表明,9 月份海冰随着北极气温上升而减少,这两个变量相互影响,且两者反映了肇始于北极之外的更大变化。

```
. graph twoway line area year, ylabel(0(1)6) yline(0)
    ytitle("Ice area, million km`=char(178)'")
    || connect tempN year, yaxis(2) ylabel(-1(1)2,
       axis(2)) msymbol(+)
    ytitle("Arctic temperature anomaly, `=char(186)'C", axis(2))
    || , xlabel(1980(5)2010) xtitle("")
    legend(row(2) ring(0) position(6)
       label(1 "Ice area") label(2 "Temperature") order(1 2))
    title("Arctic September sea ice and annual temperature,
         1979`=char(150)'2011", size(medium))
```

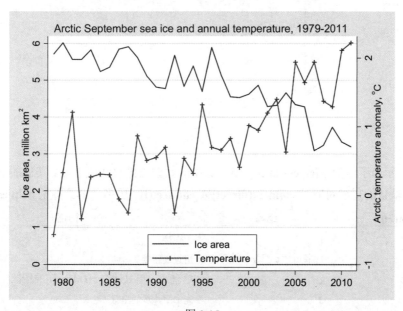

图 3.15

图 3.15 中,北极气温反常状态被设定为 **yaxis(2)**,即右侧 y 轴。气温值被标志成加号(**msymbol(+)**)。数据区域内六点钟位置的图例区分了这两个变量。不再使用 **{superscrip:2}** 将 km² 写在左侧 y 轴上(如前面图 3.14 中所做的那样),图 3.15 使用 ASCII 码 178——也是上标 2 但看上去略佳。右侧 y 轴上,ASCII 码 186 提供了℃的度符号。

我们如何知道字符 150 是短划线、字符 186 是个度符号呢?图 3.16 给出了 ASCII 码表,由一个名为 **asciiplot** 的实用工具绘制而成。此命令并不是 Stata 本身就有的,而是由地理统计学家 Nicholas Cox 用 Stata 的编程语言编写的。键入 **findit asciiplot** 查看如何下载和安装该程序的说明,一旦安装后,只要键入 **asciiplot** 便可得到图 3.16 所示的表格。

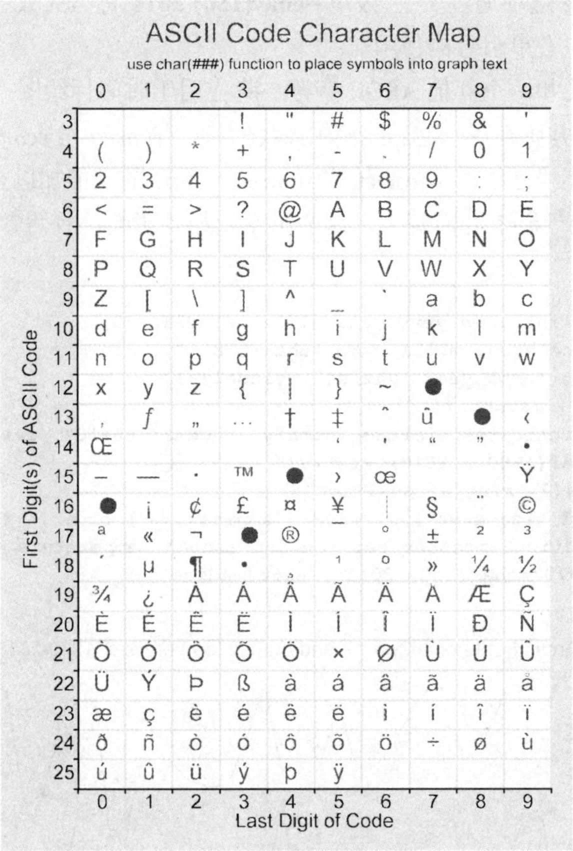

图 3.16

图 3.15 示范了最简单的 **connect** 样式,其中的数据点由直线段连接。其他的 **connect** 选择如下所列。默认的直线对应着 **connect(direct)** 或 **connect(l)**。更多内容,参见 **help connectstyle**。

connect( )	缩写	描述
none	i	无连接
direct	l(字母"el")	用直线连接
ascending	L	笔直线,但只适合 $x[i+1]>x[i]$ 的情况
stairstep	J	先水平,然后垂直
stepstair		先垂直,然后水平

3.6 其他类型的二维标绘图

除了基本的曲线标绘图和散点图之外，**graph twoway** 命令还可以绘制许多其他类型的图形。本节再介绍其中的数种；键入 **help graph twoway** 查看完整的清单。

前面的图 3.10 和图 3.11 中，我们用过 **graph twoway lfit**(线性拟合)来绘制简单回归线。一个类似的命令 **graph twoway qfit** 绘制二次或二阶多项式回归曲线。图 3.17 示范了如何用 *Arctic9.dta* 数据集里的另一个变量：海冰容量 *volume*。容量以立方千米进行测量，因此这里的 ASCII 字符 179 提供了 km^3 的上标。写**{superscript:3}**同样奏效。

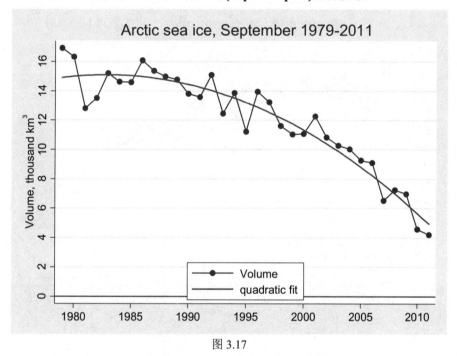

图 3.17

```
graph twoway connect volume year, ylabel(0(2)16) yline(0)
      ytitle("Volume, thousand km`=char(179)'")
   || qfit volume year, lwidth(medthick)
   || , xlabel(1980(5)2010) xtitle("")
      title("Arctic sea ice, September 1979`=char(150)'2011")
      legend(row(2) ring(0) position(6)
             label(1 "Volume") label(2 "quadratic fit") order(1 2))
```

二次曲线与 *y* = 0 处的水平线(**yline(0)**)一同强调平均的 9 月份海冰容量一直在降至低点。线性模型将无法揭示其加速变动的轨迹，不过，在某些方面，二次曲线模式也是不切合实际的。图 3.17 中的曲线显示最初几年出现了略微但与事实不符的上升。同时，如果外插至未来年份的话，可预测海冰容量将会降至零以下。第 8 章我们会回到这些数据并考虑一条更合理的曲线。

图 3.18 对同一 *volume* 时间序列做了不同的考察，这次使用全距区域图(range-area plot) **graph twoway rarea** 以呈现加减 $1350km^3$ 的 95%不确定性范围(uncertainty limits) (Schweiger et al.，2011)。全距区域或 **rarea** 命令需要两个 *y* 变量——本例中为 *volumehi* 和 *volumelo*——以界定待着色区域的上限和下限。*volume* 的曲线标绘图本身被绘成了粗线(**lwidth(thick)**)且叠并在 **rarea** 图的上层，故可以在阴影中看到它。

```
. graph twoway rarea volumehi volumelo year, color(gs13)
     || line volume year, lwidth(thick) lcolor(green)
     || , ylabel(0(2)18) yline(0)
     ytitle("Volume, thousand km`=char(179)'")
     title("Arctic sea ice, September 1979`=char(150)'2011")
     legend(row(2) ring(0) position(7)
     label(1 "uncertainty") label(2 "Volume") order(2 1))
```

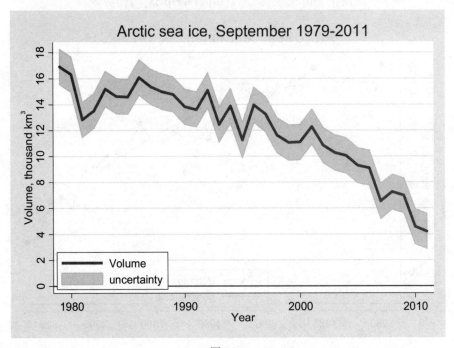

图 3.18

绘制图 3.18 的 **graph** 命令也会设定 **rarea** 和 **line** 两图的颜色。**color(gs13)**给 **rarea** 区域分配灰度为 13 的颜色，它更接近白色(**gs16**)而不是黑色(**gs0**)。叠并在这些区域之上的 **line** 图被着色为 **green**。控制颜色(而非采用其默认设定)对于以黑白图发表的图像而言没什么好处，但对其他媒介具有明显的价值。键入 **help colorstyle** 查看对 Stata 图形元素可用的颜色清单。

图 3.19 叠并了两幅其他 **graph twoway** 类型的图，以根据相同的北极海冰容量信息提供不同的图像。此图中，*volume* 估计值本身由 **graph twoway bar** 进行制图，而不确定性范围以全距芒线(range spike，**rspike**)而不是图 3.18 中我们见到的全距区域(**rarea**)出现。条柱被着以中度灰色(**color(gs10)**)。注意，图 3.18 将 *volume* 曲线叠并在不确定性全距区域之上，而图 3.19 则将不确定性全距芒线叠并在 *volume* 条柱之上。出于可见性的考虑，两种情形中的那种顺序是必需的。你可以尝试类似命令以搞清楚那是如何起作用的。

```
. graph twoway bar volume year, color(gs10)
    || rspike volumehi volumelo year, lwidth(medthick)
    || , ytitle("Volume, thousand km`=char(179)'")
    title("Arctic sea ice, September 1979`=char(150)'2011")
    legend(row(2) ring(0) position(7)
      label(1 "Volume") label(2 "uncertainty"))
```

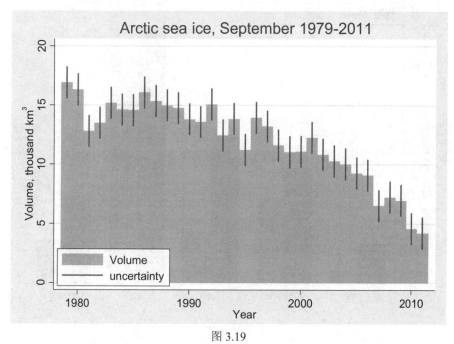

图 3.19

graph twoway bar 命令不应与下一节要介绍的不同命令 **graph bar** 混淆。**twoway bar** 总的来说是一种 y 对 x 标绘图，要求两者是测量变量，与其他 **twoway** 类型在诸如添加 y 轴和 x 轴标签及叠并的可能性等方面具有相同的功能。

Stata 提供超过 40 种不同的 **graph twoway** 类型，太多而无法在此一一罗列。后续章节会介绍其他的数种；键入 **help graph twoway** 查看完整清单以及各单个命令的语法链接。

3.7 条形图和饼图

不同于 **graph twoway bar**，**graph bar** 命令可以很好地呈现涉及一个或更多个分类变量的关系。正如第 4 章中将要显示的，此类图对调查数据特别有用。本节只以跨国数据集 *Nations2.dta* 中的变量为例来介绍此命令。

```
. use C:\data\Nations2.dta, clear
. describe region gdp pop

              storage  display    value
variable name   type   format     label      variable label
-------------------------------------------------------------------
region          byte   %8.0g      region     Region
gdp             float  %9.0g                 Gross domestic product per cap
                                               2005$, 2006/2009
pop             float  %9.0g                 Population 2005/2010
```

人均 GDP 变量 *gdp* 的取值为每人 279.8 到 74,906 美元。5 位的数字作为坐标轴标签往往看着粗笨，因此我们首先创建一个新变量 *gdp1000*，即将国内生产总值表达成以千美元为单位。图 3.20 用 **graph bar** 描绘了 *gdp1000* 在 *region* 不同取值上的均值和中位数。

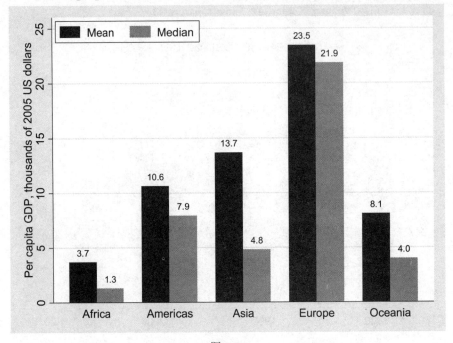

图 3.20

```
. generate gdp1000 = gdp/1000
. summarize gdp gdp1000

    Variable |     Obs        Mean    Std. Dev.       Min        Max
    ---------+--------------------------------------------------------
         gdp |     179    12118.74    13942.34      279.8      74906
     gdp1000 |     179    12.11874    13.94234      .2798     74.906

. graph bar (mean) gdp1000 (median) gdp1000, over(region)
    ytitle("Per capita GDP, thousands of 2005 US dollars")
    blabel(bar, format(%3.1f))
    bar(1, color(blue)) bar(2, color(orange))
    legend(ring(0) position(11) col(2) label(1 "Mean")
      label(2 "Median") symxsize(*.5))
```

图 3.20 包括了给出每一条柱形高度的标签，显示为数值 **format(%3.1f)**——意思是三位整数、一位小数的固定格式。**graph bar** 不但可以呈现均值或中位数，也可以呈现包括各百分位数、最小值、最大值和总数等其他统计量。它还可以为具有相当单位的一个以上变量呈现这些统计量。

图 3.20 中的图例被放在数据区内的 11 点钟位置：**ring(0) position(11)**。它有两列，以平行并肩排列条柱。**symxsize(*.5)** 使得图例中符号的水平(*x*)维度只出现其默认大小的一半，这会节省空间并使其与条柱本身的宽度更相似。

以上 **graph bar** 例子设定条柱 1 为蓝色而条柱 2 为橙色。蓝色和橙色在本页上可能无法显现，但即便转变成了黑色和白色，这些蓝色和橙色条柱看上去也很不同。正如 Nicholas Cox 所指出的，蓝色和橙色构成了重要的一对，因为它们对具有大多数类型的色彩视觉缺陷的读者而言在视觉上也不一样，这不同于(比如)红色和绿色。在设计区分颜色非常关键的图形时，分析人员也许会采纳这一考虑。

条形图可以清晰地可视化涉及许多类别和两个或更多个变量的关系。不过，饼图很少用于澄清分析但却在公共讲演中流行。图 3.21 示范了 Stata 的 **graph pie** 命令，展示了世界人口的地区分布。变量 *pop* 的取值从略低于 1 万到 13.2 亿(1.32e+9 意即 1.32×10^9=1 320 000 000)。为让我们的饼图更易读，更好的办法是创建一个新变量 *popmil*，也就是百万人口。

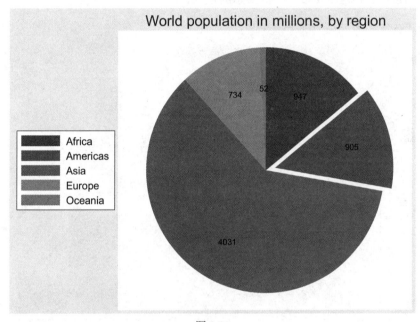

图 3.21

```
. gen popmil = pop/1000000
. summarize pop popmil

    Variable |      Obs        Mean    Std. Dev.       Min         Max
-------------+--------------------------------------------------------
         pop |      194    3.44e+07     1.31e+08        9767    1.32e+09
      popmil |      194    34.37752     131.4004     .009767    1324.696

. graph pie popmil, over(region) pie(2, explode)
     plabel(_all sum, format(%4.0f))
     title("World population in millions, by region")
     legend(col(1) position(9))
```

pie(2,explode) 选项"突出(explodes)"了第二个扇区以示强调。**plabel(_all sum, format(%4.0f))** 要求对所有扇区添加标签，给出每一地区的 *popmil* 的总和(也就是以百万为单位的总人口)。扇区标签格式为 **format(%4.0f)**，意思是 4 位整数、0 位小数的固定数值格式。

键入 **help graph pie** 查看其他的饼图选项，包括用于不同组织形式的数据的方法。一个有趣的变动是使用 **by( )** 选项来创建一幅包含多个被直观进行比较的小饼图的图像。

3.8 对称图和分位数图

箱线图、条形图和直方图概要描述了测量变量的分布，通过隐藏个体数据点来阐明整体模式。但是，对称图(symmetry plot)和分位数图(quantile plot)则包含了每条观测案例的数据点。它们比概要图形更难读，但是传递出更详细的信息。

图 3.22 呈现了 *Nations2.dta* 中 177 个国家的女性劳动力对男性劳动力之比的直方图。一条叠加的正态(高斯)曲线表明 *femlab* 的左尾(具有相对较少女性劳动力的国家)重于正态分布，而右尾却轻于正态分布——负偏态的定义。

. **histogram** *femlab*, **norm percent**

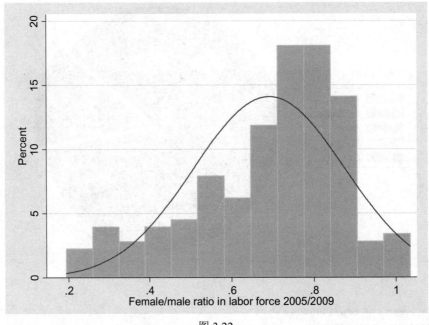

图 3.22

图 3.23 以对称图描述了这一分布。它以第 *i* 条高于中位数的观测案例的(垂直)距离对第 *i* 条低于中位数的观测案例的距离制图。如果此分布是对称的，那么所有的点都将位于对角线上。相反，我们看到的却是负偏态迹象：相对于高于中位数的距离，低于中位数的距离变得越来越大。

. **symplot** *femlab*

分位数(quantiles)是表示某一比例的数据位于其下的数值。比如，0.3 分位数就是高于 30%的数据的那个取值(类似于第 30 百分位数)。如果我们将 *n* 条观测案例按升序排列，那么第 *i* 个值就构成了 $(i-0.5)/n$ 分位数。分位数图会自动计算位于每一数据值以下的观测案例所占比例有多少，并像图 3.24 中那样以图形方式呈现这些结果。分位数标图为那些手头没有原始数据的人提供了参考。根据一幅恰当添加标签的分位数图，我们能够估计诸如中位

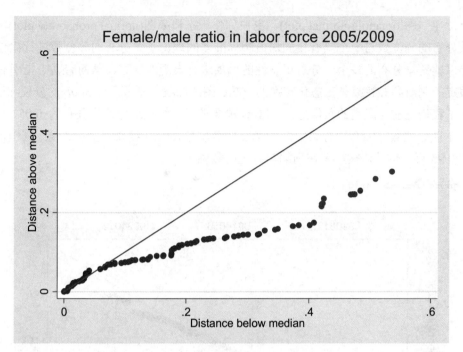

图 3.23

数(0.5 分位数)或十分位数(0.1、0.2、0.3 分位数，等等)等序次统计量(order statistics)。我们也可以看一幅分位数图来估计落入某个给定数值以下的观测案例的比例(fraction)。

. **quantile** *femlab*, **xlabel(0(.1)1, grid) ylabel(.2(.1)1, grid)**

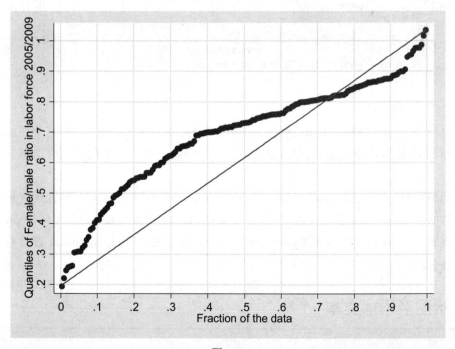

图 3.24

分位-正态图(quantile-normal plot)，也被称作正态概率图(normal probability plot)，将观测变量分布的分位数与一个具有相同均值和标准差的理论正态分布的分位数进行比较。这种图可以就变量分布的每个部分对正态性的偏离进行直观的审察，从而有助于指引有关正态性假定的判断和寻找某种正态化转换的方法。图 3.25 是一幅关于 *femlab* 的分位-正态图，它确认了我们之前注意到的负偏态。**grid** 选项要求用一组线标识两个分布的 0.05、0.10、0.25(第 1 四分位数)、0.50(中位数)、0.75(第 3 四分位数)、0.90 和 0.95 百分位数。其中，0.05、0.50 和 0.95 百分位数值被显示在顶端和右边的数轴上。

```
. qnorm femlab, grid
```

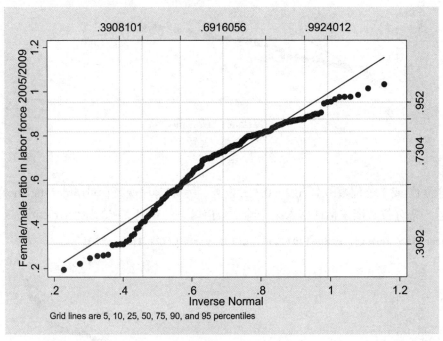

图 3.25

分位-分位图(quantile-quantile plot)(未加以呈现)类似于分位-正态图，但它是在比较两个经验分布的分位数(排序过的数据点)而不是将一个经验分布与一个理论上的正态分布进行比较。

《图解回归》(*Regression with Graphics*)(Hamilton, 1992a)介绍了如何解读这些和其他基于分位数的图。Chambers 等人(1983)提供了更多的内容。相关的 Stata 命令还包括 **pnorm**(标准正态概率图)、**pchi**(卡方概率图)和 **qchi**(分位卡方图)。键入 **help quantile** 查看有关此图形族的细节。

3.9 给图形添加文本

可以添加标题(title)、说明(caption)和注释(note)以使得图形更具自我说明性。默认情况下,标题和副标题(subtitle)会出现在数据区域上方;注释(比如说明数据来源)和说明出现在下方。图 3.7 提供了一个使用标题、说明和注释的例子。当然,这些默认设定可被忽略。键入 **help title options** 查看有关标题放置的更多信息,或者键入 **help textbox options** 查看有关它们内容以及字体大小和颜色的细节。

也可能将文本框添加到数据区域内的指定位置。比如,我们或许希望像图 3.26 中所做的那样,为诸如温尼佩绍基湖历史上的冰面融化日期这样的时间序列标绘图添加注释。

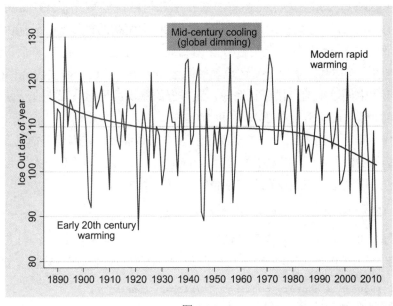

图 3.26

```
. use C:\data\lakesunwin.dta, clear
. describe

Contains data from C:\data\lakesunwin.dta
  obs:           144                          Sunapee & Winnipesaukee ice out
                                              1869-2012
 vars:             5                          27 Mar 2012 09:46
 size:         1,728
---------------------------------------------------------------------------
              storage   display    value
variable name   type    format     label      variable label
---------------------------------------------------------------------------
year            int     %ty                   Year
sunedate        float   %tdCYmd               Date Lake Sunapee Ice Out
sunout          int     %9.0g                 Lake Sunapee Ice Out day
winedate        int     %tdCYmd               Date Lake Winnipesaukee Ice Out
winout          int     %9.0g                 Lake Winnipesaukee Ice Out day
---------------------------------------------------------------------------
Sorted by: year

. graph twoway line winout year
      || lowess winout year, lwidth(medthick)
      || if year>=1887 , xlabel(1890(10)2010) legend(off) xtitle("")
      ytitle("Ice Out day of year")
      text(87 1905 "Early 20th century" "warming")
      text(130 1950 "Mid-century cooling" "(global dimming)",
           box margin(small) bcolor(gs11))
      text(125 1998 "Modern rapid" "warming", justification(left))
```

图 3.26 中的基本图形是一幅 1887 年到 2012 年温尼佩绍基湖冰面开始融化时距离年初的天数对年份的 **twoway line** 标绘图。叠并在这之上的是另一幅标绘图，呈现一条修匀的 **lowess** 回归曲线，用中粗线(**lwidth(medthick)**)绘制以突出出来。第 8 章中会加以解释的 **lowess** 回归提供了一种灵活的数据修匀(data smoothing)方式，它具有相比于更出名的移动平均法(moving-average methods)的数个优点。图 3.26 中的 **lowess** 曲线揭示出波动起伏的年度变化背后的年代趋势(multi-decade trends)。

此湖的年代趋势大体上遵循同期新罕布什尔和全球气温变化模式(Hamilton et al., 2010a)。总的来说，冰面融化日期在 19 世纪末和 20 世纪初的气候变暖时期内提前了。从 20 世纪 40 年代到 70 年代初的中期气温稍微下降，使得冰面融化日期有所推后。全球范围内，这一时期标志着一个时代，那就是到达地表的阳光明显被工业污染减弱(Wild et al., 2007)。20 世纪 70 年代中期以来的气候变暖期间，温尼佩绍基湖冰面融化日期在更快地提前。最早记录到的冰面融化日期出现在 2010 年和 2012 年。

图 3.26 中数据区域内的三个文本框标注了这些气候事件。它们每个都包含两行文字，并在 **text( )** 选项内由单独的一组双引号分隔。**text( )** 选项设定文本框的 y 和 x 坐标；这往往需要经过一些试验才能确切地放在期望的位置。第一个文本框：

```
text(87 1905 "Early 20th century" "warming")
```

位于 $y = 87$ 和 $x = 1905$ 处，并具有默认的属性。第二个文本框位于 $y = 130$ 和 $x = 1950$ 处，由与文字之间边距为 **small** 的可见边框围起来。边框和背景颜色被设定为中灰 **gs11**。

```
text(130 1950 "Mid-century cooling" " (global dimming)",
    box margin(small) bcolor(gs11))
```

第三个文本框包含左对齐的文字：

```
text(125 1998 "Modern rapid" "warming", justification(left))
```

有关控制文本框外观的更多内容，参见 **help textbox options** 和 **help colorstyle**。

3.10 使用 do 文件制图

像图 3.26 那样的复杂图形要求 **graph** 命令有许多行，每行都很长(尽管 Stata 将整个命令只作为一个逻辑行)。第 2 章中介绍过的 do 文件有助于编写这类多行的命令。它们也使得易于保存这些命令以备将来再用，也许我们以后还需要对这个图形进行修改或重绘该图。

将下述命令键入到 Stata 的 do 文件编辑器中并以文件名 *fig03_26.do* 存盘，它就成为绘制图 3.26 的一个新 do 文件。

```
use C:\data\lakesunwin.dta, clear
graph twoway line winout year ///
    || lowess winout year, lwidth(medthick) ///
    || if year>=1887 , xlabel(1890(10)2010) legend(off) xtitle("") ///
    ytitle("Ice Out day of year") ///
    text(87 1905 "Early 20th century" "warming") ///
```

```
    text(130 1950 "Mid-century cooling" "(global dimming)", ///
       box margin(small) bcolor(gs11)) ///
    text(125 1998 "Modern rapid" "warming", ///
       justification(left))
graph save Graph C:\graphs\fig03_26.gph, replace
graph export C:\graphs\fig03_26.png, as(png) replace
graph export C:\graphs\fig03_26.eps, as(eps) replace
```

此 do 文件中以///结束的行告诉 Stata 该命令持续至下一物理行。命令只有在其到达不以///结尾的一行之后才会执行。如第 2 章所介绍过的，编写多行命令的一种替代方式是使用**#delimit;**命令，它将结束行分隔符设定为英文分号而不是默认的 Enter 或回车键(**#delimiter cr**)。

graph save Graph 命令以 Stata 的.gph 格式保存此图(默认状态下，临时将其命名为"Graph"，正如在图形窗口(Graph window)中看到的那样)。通过在 **graph** 命令中增加诸如 **name(**_newgraph_**)** 或 **name(**_fig03_26_**)** 这样的一个选项，总是可以为图形指定我们自己临时取的名称。在当前有若干个图形被显示并想保存或打印某个特定图形时，这些图形的临时名称就变得很重要。在制图过程中对图形指定一个临时名称并*不会*将该图保存到磁盘上。临时文件的名称和保存文件的名称不必相同。键入 **help name option** 查看更多的讨论。

我们 do 文件中的 **graph export** 命令会以不同格式创建相同图形的第二和第三个版本。便携式网络图形(Portable Network Graphics)(.png)文件是位图图像并有固定的分辨率，但是它们非常兼容并便于通过网页、PowerPoint 演示文稿和其他应用程序被共享。封装后记(Encapsulated Postscript)(.eps)是一种为出版所青睐的高质量矢量格式(vector format)。键入 **help graph export** 了解该命令的其他选项。

一旦这些图形绘制和图形保存的命令被保存成 _fig03_26.do_，简单键入命令：

. do *fig03_26*

就会使该 do 文件得以执行，重新绘制该图形，并且将它保存成三种格式，在这些图形文件存在的情况下还会覆盖掉以前的版本。

3.11 读取与合并图形

通过 **graph use** 命令，任何保存为 Stata "活的(live)" .gph 格式的图形随后都能被读入内存。比如，我们可以键入以下命令来读取图 3.26：

. graph use *fig03_26.gph*

一旦图形被读入内存，它就会被显示在屏幕上，并能被打印或者再次以不同的名称或格式加以保存。根据先前以.gph 格式保存的图形，我们随后可以存成诸如封装后记(.eps)、便携式网络图形(.png)以及增强型视窗图元文件(.emf)等其他格式的版本。也可能通过菜单或者直接在 **graph use** 命令中改变颜色方案(color scheme)。图形 *fig03_26.gph* 采用 Stata 的 s2 彩色方案(s2color scheme)加以保存，但是我们可以通过键入以下命令来看看它用 s1 单色方案(其中以短划线替换了不同的颜色)会怎么样：

. graph use *fig03_45.gph*, scheme(s2mono)

保存在磁盘上的图形也可以通过 **graph combine** 命令加以合并。这提供了一种将多幅图形合并成同一图像的方式。

以下 do 文件(保存为 *fig03_27.do*，然后通过键入 **do *fig03_27*** 加以运行)对本章得到的图 3.17、图 3.18 和图 3.19 进行合并。如前所述，///表示一个命令持续至下一物理行。最终合并的图像被保存成图 3.27。

```
graph combine ///
    C:\A_books\SwS_12\graphs\fig03_17.gph ///
    C:\A_books\SwS_12\graphs\fig03_18.gph ///
    C:\A_books\SwS_12\graphs\fig03_19.gph ///
    , rows(2) altshrink ///
    title("Combining Figures 3.17-19", size(medium))
graph save Graph C:\graphs\fig03_27.gph, replace
graph export C:\graphs\fig03_27.emf, as(emf) replace
```

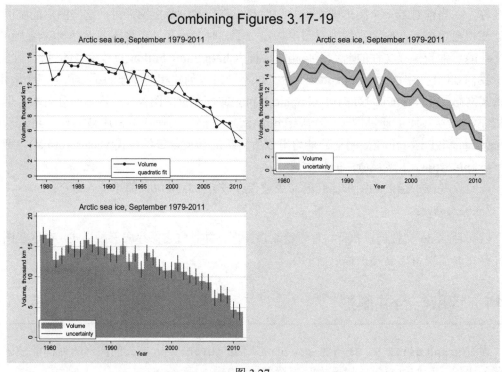

图 3.27

row(2) 选项设定图 3.27 应当将子图排列成两行。等价地，我们也可以设定成 **col(2)**。**altshrink** 要求对每一小图内的文本交替调整尺度。注意，我们可以对合并图像要求一个总的 **title**(或 **note**、**caption**、**ytitle**、**xtitle**，等等——未呈现)。但是，我们无法实质性地改动各子图自身的内容。

3.12 图形编辑器

图形编辑器(Graph Editor)允许我们更改当前内存中图形的外观，无论它是刚绘制的还是先前被保存而被用 **graph use** 读取的。通过亲自试验而不是阅读某本书可以更容易地了解这一有用功能。不过，作为一个入门的例子，我们可以展示如何对图 3.18 做一些改变。第一步是将此图读入内存。

. **graph use C:\graphs*fig03_18*.gph**

然后，在图形窗口(Graph window)中，选择 File → Start Graph Editor，或者点击图形编辑器图标 。界面将变成在左边距加入了一个 Tools 工具栏(Tools Toolbar)，在右边距呈现了一个对象浏览器(Object Browser)，如图 3.28 所示。Tools 工具栏包含用于选择图形不同部分的指针(pointer)工具以及用于添加文本、线条、标志和编辑图形栅格的其他工具。对象浏览器呈现了一个层级结构的图形内容清单。某些项被标注了+号，点击此+号则会展开该清单，从而显示其中更低层的对象。要想选择图形中的对象，我们可以通过在其图像上点击指针或者通过点击对象浏览器中的名称来实现(在复杂图形中，这往往更容易)。

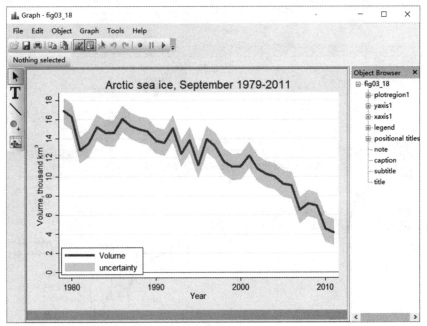

图 3.28

图中的 "plot1" 指的是构成灰色误差带(error bands)的 **twoway rarea** 标绘图。点击此灰色带(或右边 plotregion1 下面的 plot1)以选中它们。plot1 此时在对象浏览器和图形本身中均被突出显示。选中一个对象会打开位于图形正上方的内容工具栏(Contextual Toolbar)，其中显示与该对象的属性有关的信息。这时，我们看到 plot1 是一幅颜色为 Gray 13、亮度为 80%以及中等宽度线条的全距区域或 **rarea** 标绘图，见图 3.29。如果点击内容工具栏上的 More...，我们可以看到用于对选中对象的属性进行控制的更多选项。

将图形类型(Plottype)由 Rarea(全距区域着色)改为 Rcap(戴帽全距条形)、将颜色(Color)由 Gray 13 改为 Gray 3(更黑)以及将线条宽度(Outline width)由中等(Medium)改为中厚(Medium thick)，给予此图以新的外观(见图 3.30)。

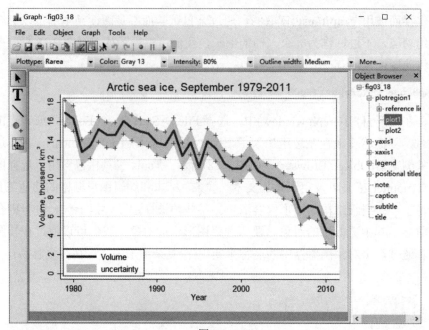

图 3.29

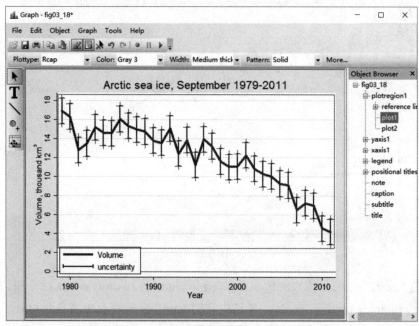

图 3.30

图中的 plot2 指的是图 3.18 中被叠并以构成主要曲线的 **twoway line** 标绘图。如果我们在图形编辑器中选中 plot2，然后将其图形类型由线(Line)改为散点(Scatter)、将颜色改为 Gray 5，我们便得到如图 3.31 所示的情形。此最终图像还包含了一个带有文本"2010 significantly lower"的箭头，这通过使用左边工具栏中的 **T**(文本)和线条工具添加得到。

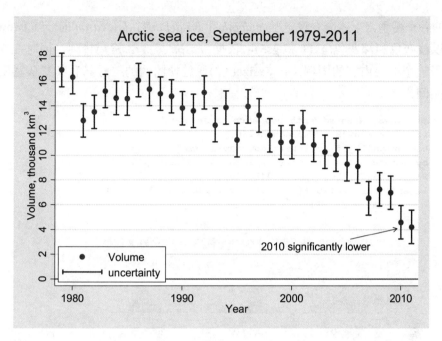

图 3.31

大体上，图形编辑器对可由初始 **graph** 命令加以控制的那些方面的图形特性进行修改。我们并不能做诸如移动图中个别数据点这样的事情，尽管我们可以在任何位置添加或移动新的标志。但是，改变标志、线条、数轴标签或标题的属性是很容易做到的。我们也可以隐藏某个图中的对象，使它们不可见。当我们保存该图形时，在图形编辑器中所做的任何改变就会变成永久性的。

3.13 创造性制图

在其关于数据绘图(1990, 1997, 2001, 2006)的简练却富有影响的专著中，Edward Tufte 提倡在设计清晰且富含信息的图形上面做出更多的努力。通过呈现大量极好或滑稽糟糕的示例，Tufte 展示了成功的图形如何让读者可以进行自己的比较和对变量之间关系的细节进行考察。Stata 用户构成了这些建议的天然听众。Stata 提供了形象化展示复杂数据中所隐含模式的灵活工具，因为它允许在新图像中对基本标绘图加以改进或进行创造性重组。

Tufte 的主旨之一就是强调小且多(small multiples)的价值，即添加了多个比较维度的拇指甲般大小的图形。结合 **by( )** 选项的 **graph** 命令可以令人满意地绘制这些图形。图 3.32 以新罕布什尔州怀特山脉的一个城镇，以及位于其南边 225 千米处的波士顿市这两个地方冬季雪层厚度的时间标绘图进行了示例说明(数据集 *whitemt1.dta*)。对两地每天的雪层厚度都进行了测量，这些数据涵盖了 1997-1998 年到 2005-2006 年期间 9 个连续的冬季。变量 *dayseason* 计算了每个冬季自 11 月 1 日以来的天数。*mtdepth* 和 *bosdepth* 分别为怀特山脉和波士顿两处以厘米为单位的雪层厚度。变量 *season* 区分了 1997-1998 年到 2005-2006

年期间的各个冬季。下述命令设定了 *mtdepth* 和 *bosdepth* 对 *dayseason* 的一幅 **twoway area** 图：着以浅灰色和深灰色(**gs11** 和 **gs5**)，依据 *season* 呈 3×3 格局排列，同时在 3 点钟位置给出了一个单列内容的图例。**symxsize(*.3)**通过使图例的符号只有其默认宽度的 30% 来节省空间。

```
. graph twoway area mtdepth bosdepth dayseason
    if dayseason>29 & dayseason<160,
    bcolor(gs11 gs5) ytitle("Snow depth, cm")
    by(season, rows(3) note("") legend(position(3)))
    xlabel(30(30)150) ylabel(0(20)80)
    legend(cols(1) label(1 "White Mt") label(2 "Boston")
        symxsize(*.3))
```

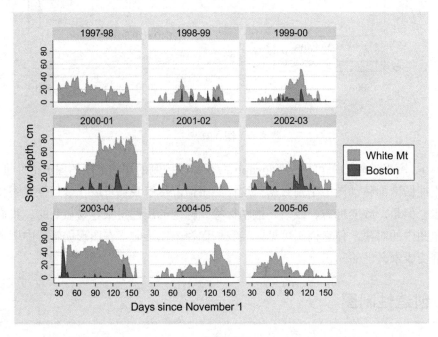

图 3.32

图 3.32 形象化地呈现了 9 个新英格兰冬季期间的日常状况，展示了雪层厚度如何在两个不同地方及两个不同时间尺度上变动。2000-2001 年和 2003-2004 年清晰地突现出来，期间山脉区经历了大雪季，同时波士顿出现了数次重大暴风雪。1998-1999 年的雪层在山脉区要薄得多，是一段地面上无雪的时期。

图 3.32 背后的数据被重新组织以研究天气和气候如何影响滑雪区的游客到访量(Hamilton et al. 2003，2007)。随着近几十年来新英格兰的冬季气候变暖，少雪的冬季变得越来越常见。从环境或其他角度(包括冬季娱乐)来看，这一变暖令人烦恼。滑雪区不但能够体会到当地雪层状况的效应，也能体会到诸如波士顿这样有许多滑雪者居住的远距离城市的雪层状况的"后院效应(*backyard effect*)"。下一图 3.33 集中关注 1999-2000 年这一季节(数据集 *whitemt2.dta*)。起初具有与图 3.32 右上角的标绘图相同的雪层厚度阴影区域(shadow mountains)。

图 3.33 将这些阴影区域(**twoway area** 标绘图)与一幅 **line** 标绘图叠并在一起，此曲线

标绘图显示了怀特山脉中靠近进行雪层厚度测量之处的一个滑雪区，每天的滑雪者和单板滑雪者来访数。观测的游客数(*visits*)和以一个时间序列模型(*model*)所得预测的游客数均被画出来。Hamilton 等人(2007)介绍的模型以某周期性起作用的因素以及山脉和波士顿两地的天气和降雪情况作为函数来预测日常到访量。创建图 3.33 的 **graph** 命令以左边的 *y* 轴表示以厘米为单位的雪层厚度(*mtdepth* 和 *bosdepth*)，以右边的 *y* 轴表示观测和预测的游客数量(*visits* 和 *model*)。

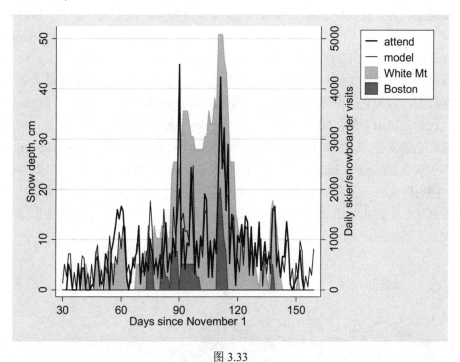

图 3.33

注意，通过仔细地对图 3.33 中两幅叠并标绘图的每一幅设定 **yscale(range( ))** 和 **ylabel( )** 选项，我们可以设法对齐它们的刻度，从而两者具有相同的栅格线。这并非对所有的数据都可行，但肯定可以提高涉及不同刻度 *y* 变量的图形的易读性。

```
. graph twoway area mtdepth bosdepth dayseason, yaxis(1)
    ytitle("Snow depth, cm", axis(1)) bcolor(gs12 gs6)
    ylabel(0(10)60, axis(1))
    || line model visits dayseason, yaxis(2)
    lwidth(medthin medthick)
    ylabel(0(1)3, axis(2)) lcolor(gs1 gs0)
    || if dayseason>29 & dayseason<160,
    r2("Daily skier/snowboarder visits") xlabel(30(30)150)
    xtitle("Days since November 1")
    legend(rows(4) position(2) order(4 3 1 2) label(1 "White Mt")
        label(2 "Boston") label(3 "model") label(4 "attend")
        symxsize(*.3))
    yscale(range(0,51) axis(1)) ylabel(0(10)50, axis(1) grid)
    yscale(range(0,5100) axis(2)) ylabel(0(1000)5000, axis(2))
```

滑雪区游客数最高的两个芒尖是学校放假的时期，碰巧与波士顿的降雪同时发生。"后院效应"的意义已为涉及两个滑雪区和许多季节的更为全面的分析所确证。若采用图解法，从图3.33到像图3.32那样将滑雪生意与雪层状况一同展示的一组小型且多重的标绘图将是一个简单的步骤(此处未显示)。

被人口学家们广泛用来呈现人口年龄性别结构的人口金字塔(population pyramid)并不属于Stata的图形类型。但是，通过对 **graph hbar** 的略带创造性的应用，它们可由横向的条形图来创建。方式有多种。图3.34以一个2006年格陵兰岛人口中出生于当地的、占人口绝大多数的因纽特人的金字塔，对其中的一种方式进行了示例说明(Hamilton and Rasmussen 2010)。每一年龄的女性人数由朝向中心右边的一个条形来标识，而相同年龄的男性人数由朝向中心左边的一个条形来标识。这里所看到的90个单岁年龄组太多了而无法一一添加标签，因此它们由每隔20岁(0～19岁，20～39岁，等等)的灰色带(gray band)进行标识。比如，该图表明，2006年时，出生于格陵兰岛的人口中有近600名40岁的男性和不到500名的女性，这反映了净迁出(net outmigration)上的性别差异(sex difference)。此金字塔上的中部凸起(central bulge)显示出由正处于35～49岁的成年人(出生在20世纪50年代和60年代)构成的一次"婴儿潮(baby boom)"，更年轻队列的人口规模要比其小得多。我们也看到了一个由出生于20世纪80年代和90年代的孩子形成的，对出生于第一次生育高峰时的成人的"回应潮(echo boom)"。10～14岁包含了孩子中人数最多的队列。

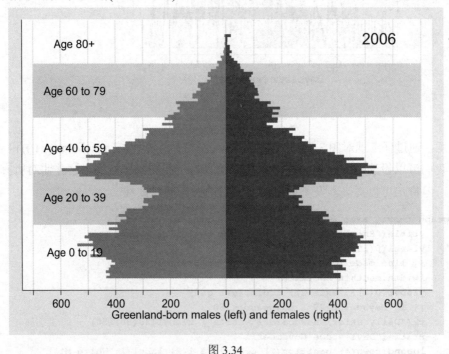

图 3.34

图3.34背后有若干诀窍。原始数据(*greenpop1.dta*)包含每一年龄处*males*和*females*的人数。为了将男性画在左边，我们创建一个新变量，使其等于男性人数的负数，

. gen *negmales* = -*males*

然后，基本的未加标签的金字塔可由如下命令来绘制：

```
. graph hbar (sum) negmales females if year==2006,
    over(age, descending gap(0) label(nolabel))
```

为了将灰色带放置在背景上以标识出 20 岁的年龄组，我们定义虚假变量(fake variable) *maleGRAY* 和 *femGRAY*，加上或减去 700 仅仅是为了填充到图形中：

```
. gen maleGRAY = -(700-males) if (age>=20 & age<40)
    | (age>=60 & age<80)
. gen femGRAY = 700-females if (age>=20 & age<40)
    | (age>=60 & age<80)
```

图 3.34 现在可以通过将 *negmales*、*females*、*maleGRAY* 和 *femGRAY* 堆叠到一幅横向条形图中来绘制，同时包含用于标注灰色带的文本。我们也将诸如以"600"表示-600 这样的标签应用到 *y* 轴上，因此男性人数并未出现负值。

```
. graph hbar (sum) negmales females malGRAY femGRAY if year==2006,
    over(age, descending gap(0) label(nolabel))
    ylabel(-600 "600" -400 "400" -200 "200" 0 200 400 600)
    ytick(-700(100)700, grid) legend(off) stack
    ytitle("Greenland-born males (left) and females (right)")
    bar(1, color(emidblue)) bar(2, color(maroon)) bar(3, color(gs14))
    bar(4, color(gs14)) text(550 97 "2006", size(large))
    text(-550 11 "Age 0 to 19")
    text(-550 33 "Age 20 to 39") text(-550 53 "Age 40 to 59")
    text(-550 76 "Age 60 to 79") text(-550 95 "Age 80+")
```

通过展示 1977、1986、1996 和 2006 年各年相似年龄的金字塔，图 3.35 进一步采纳了这一思路。以这一顺序，可以看到，大规模队列的出生伴随着 20 世纪 50 年代和 60 年代格陵兰岛人健康和生活条件的改善。这一婴儿潮在 1977 年金字塔中作为青少年出现。随着婴儿潮一代在 1986 年金字塔中进入成人期，我们看到，他们的孩子形成了一次回应潮。到 2006 年时，该回应潮正逐渐减弱。

尽管图 3.35(使用单独的图像和 **graph combine** 建构得到)遵循了类似于图 3.32 的小且多的理念，但这些金字塔可以用一种更有意思的方式进行展示。为了进行现场演示，使用 do 文件绘制了 1977-2006 年期间的一组共 30 个年度金字塔。然后，这 30 幅 Stata 图形(以.emf 格式保存)被逐一粘贴到一张幻灯片上，同时设定每间隔 1 秒钟就自动切换，这就得到了一幅反映格陵兰岛人口变化的长达 30 秒钟的动画。另一幅动画展示了居住在格陵兰岛的非格陵兰岛人所构成人口在相同年份是如何变化的，这是一个有关联但却极为不同的人口学故事(Hamilton and Rasmussen 2010)。

图 3.36 更缺乏动态性，但它将 5 幅包含文本的简单标绘图合并起来，构成了一幅同时具有插图和表格的某些属性的图像。所得的 Stata 图形描绘了居住在美国南部各农村县(rural counties)的不同民族群体从 1990 年到 2000 年间出现的人口变化(基于美国普查数据，由 Voss 等人于 2005 年进行编辑(Vose et al., 2005))。图 3.36 左侧是一幅 **twoway area** 图。为了体现反映人口变化的倾斜效果(ramped effect)，针对每个民族群体画出的变量(*popwbho*、*popwbh*，等

等)实际上代表着该群体的人口数与图形上位于其下方的其他人口的数量之和(数据集 *southmig1.dta*)。区域图本身未明显反映出来的其他重要信息由图例中对应着每一群体的两行标签加以传达。比如,读者通过图例可以看到,南部农村的西班牙裔人口在这 10 年中增长了 61%,从约 80 万人增加到 130 万人,同时读者自己也可以与其他人口进行视觉或数值比较。

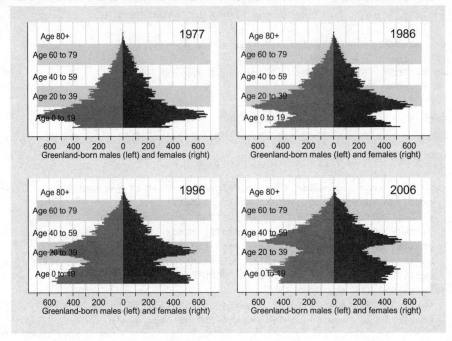

图 3.35

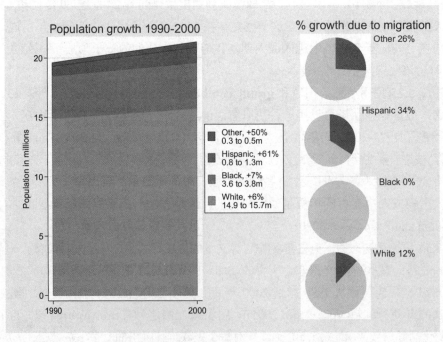

图 3.36

```
. graph twoway area popwbho popwbh popwb popw year,
    legend(rows(4) position(3) symxsize(3)
    label(1 "Other, +50%" "0.3 to 0.5m")
    label(2 "Hispanic, +61%" "0.8 to 1.3m")
    label(3 "Black, +7%" "3.6 to 3.8m")
    label(4 "White, +6%" "14.9 to 15.7m"))
    xlabel(1990 2000) xtitle("")
    ylabel(0(5)20,angle(horizontal) grid)
    ytitle("Population in millions")
    title("Population growth 1990-2000")
```

图 3.36 的右边部分由 4 幅饼图构成，展示了由于净迁入(net in-migration)导致的人口增长百分比。每幅饼图均分别使用数据集 *southmig2.dta* 绘制而成。比如，底部的饼图显示白人人口增长中的 12%反映着净迁移。所画出的变量都是净迁移(*netmig_w*，为迁入人数减去迁出人数得到的总数)与其余由自然增长导致的人口增长(*nonmig_w*，为出生人数减去死亡人数得到的数值)。

```
. graph pie nonmig_w netmig_w,
    legend(off) pie(1, color(dkorange)) pie(2, color(gs13))
    title("White 12% ", position(2))
```

每一幅单独的饼图均被以诸如 *pie_white.gph* 这样的文件名保存起来。在画出并保存好这 4 幅饼图之后，可以使用 **graph combine** 将它们合并在一起。

```
. graph combine pie_other.gph pie_hisp.gph
    pie_black.gph pie_white.gph,
    imargin(tiny) rows(4)
    title("% growth due to migration") fxsize(40)
```

选项 **fxsize(40)**强制这一包含 4 幅饼图的图像只使用可利用宽度的 40%。因此，当它们被与左边的区域图合并起来得到图 3.36 时，这些饼图所占空间不到总宽度的一半。

通过以生动的形式合并标准的元素，这些例子示意了 Stata 中设计新图形的一些潜力。

第 4 章

调查数据

本章简要介绍 Stata 中调查数据(survey data)的处理。对调查不感兴趣的读者可以忽略本章而不失内容上的连续性。不过,有些人来自调查数据非常重要的社会科学领域,这些人可以从快速浏览 Stata 如何处理调查数据中有所收益。更高级的分析方法将会在后续各章中出现。

调查研究非常强调对总体做出有效的推断。理论上讲,简单随机抽样是达到此目的的最好方法,但它经常是不可能的或者成本太高。作为对理想的简单随机抽样的替代,更方便但有时比较复杂的抽样策略被用来获得更具代表性的样本,并在必要时进行抽样后调整(post-sampling adjustment)。由于标准统计方法假定简单随机抽样,因此我们也需要针对调查数据而设计的专门方法,从而可以把有关抽样过程的信息考虑进来。

Stata 已经因在调查数据分析上的优势而赢得了声誉,它基于一种包含分析方法广泛选择的统一方式。所有这些分析方法都根据样本结构的一个隐含定义来进行工作,该定义可以包含对设计或选择性偏误(selection bias)进行调整的概率权数。抽样设计也可能涉及复杂的情况,比如分层、多阶段整群、一个或多个层上的有限总体、回置抽样(with-replacement sampling)、重复权数(replication weight)或事后分层(poststratification)。一旦基本的设计元素已被设定(借助 **svyset** 命令),数据集可连同这一信息被一起保存。后续使用 **svy:** 命令的分析将恰当地自动应用权数以及其他的调查设计信息。

Stata 的大部分调查数据分析程序都可以用菜单进行调用,特别是用 Statistics | Survey data analysis 中的许多子菜单。要想获得从入门到更进一步的信息,可键入 **help survey**。对于 Stata 与调查数据分析有关的全部命令,《调查数据参考手册》(*Survey Data Reference Manual*)提供了范例和技术细节。其他较好的参考文献包括 Levy 和 Lemeshow(1999)讨论抽样的书,以及 Korn 和 Graubard(1999)以生物统计学例子讨论调查数据分析的书。Sul 和 Forthofer(2006)针对调查数据分析中的一些主要问题提供了一个简明概述。有关调查问题措辞(wording)上的一些缺陷的清楚说明,请参见 Moore(2008)。

4.1 命令示范

```
. svyset _n [pweight = censuswt]
```

定义数据集为调查类型数据，概率权数(与选中概率的倒数成比例)由变量 *censuswt* 给出。_n 将个体观测(默认情形)设定为初级抽样单位(Primary Sampling Unit，PSU)。

. **svyset _n [pweight =** *censuswt***], strata(***district***)**

定义数据集是来自于一阶段分层抽样的调查类型数据：总体首先被分层，然后在每层内独立地抽取个体。本例中，变量 *district* 区分各层，*censuswt* 为概率权数。

. **svyset** *school* **[pweight =** *finalwt***], fpc(***nschools***)**
    || _n, fpc(*nstudents***)**

定义数据集是来自于两阶段整群抽样的调查类型数据。第一阶段中，学校被随机地选取，因此学校是 PSU。第二阶段中，在选中学校内随机地选取学生。对每个阶段都设定了有限总体修正(Finite Population Correction，FPC)：*nschools* 是总体中的学校总数，*nstudents* 是每所学校中的学生数。

. **svy: tabulate** *vote*, **percent miss ci**

基于 **svyset** 数据，得到变量 *vote* 的加权百分比和置信区间表，并给出缺失值所占百分比。

. **svy: tabulate** *vote gender*, **column pearson lr wald**

得到 *vote* 和 *gender* 的加权交互表，给出基于每一列(*gender*)的比例。并给出皮尔逊卡方、似然比卡方以及 Wald 检验统计量。

. **svy: regress** *y x1 x2 x3*

运行 *y* 对三个预测变量 *x1*、*x2* 和 *x3* 的调查回归。键入 **help svy estimation** 查看回归类型调查估计程序的完整清单。

. **svy, subpop(***voted***): regress** *y x1 x2 x3*

只用由{0, 1}变量 *voted* 取值为 1 所界定的一个子总体来进行调查回归分析。对于大部分调查数据分析而言，以通常的方式用 **if** 或 **in** 表达式来选择数据的子集是不合适的，而是使用一个 **svy, subpop( ):**选项。

. **svy: mean** *age*, **over(***gender***)**

基于 *gender* 的各类别，计算 *age* 的调查加权均值(survey weighted mean)和置信区间。

4.2 定义调查数据

自 2001 年开始，新罕布什尔州大学的新罕布什尔州民意调查每年都要在全州范围内进行几次电话调查。每一次调查要联系一个大约 500 人的新样本，询问大量的主观看法问题和被调查者的背景特征。在每 4 年进行的新罕布什尔总统初选运动期间，民意调查的政治学发现具有全国性意义。数据集 *Granite_2011_6.dta* 包含了来自于 2011 年 6 月针对 516 名被调查者实施的新罕布什尔州民意调查问题。

```
. use C:\data\Granite2011_6.dta, clear
. describe, short

Contains data from C:\data\Granite2011_6.dta
  obs:              516                          New Hampshire, Granite State
 vars:               33                            Poll -- June 2011
 size:           19,608                          18 Mar 2012 15:46
Sorted by:  respnum_
```

与任何调查一样，抽样设计和应答模式(response patterns)有可能导致样本数据不同于目标总体(target population)。比如，人口普查数据告诉我们该州成年人中女性不到52%，但是本样本中女性占了几乎55%。

```
. tab sex

    Gender |      Freq.     Percent        Cum.
-----------+-----------------------------------
      Male |        234       45.35       45.35
    Female |        282       54.65      100.00
-----------+-----------------------------------
     Total |        516      100.00
```

为了弥补抽样中的微小偏误，调查研究通常会计算概率权数。一些权数根据样本和总体特征之间的比较来计算，比如上面样本中的性别。其他权数则基于抽样设计的特征得到。对于新罕布什尔州民意调查，研究人员定义了一个名为 censuswt 的变量，它综合了对州内家庭规模、电话数量、性别和地区的调整。2011 年 6 月的民意调查中，censuswt 取值的均值为 1，但范围从 0.16(一些观测案例被赋予小的权数以弥补过度代表)到 2.19(大的权数以弥补低度代表)。

```
. summarize censuswt

    Variable |       Obs        Mean    Std. Dev.       Min        Max
-------------+--------------------------------------------------------
    censuswt |       516    .9991743    .4601123    .1603937   2.194549
```

svyset 命令定义数据的调查结构，概率权数由 censuswt 给出。尽管调查权数只是在我们特意要求时才会被用于特定分析中，但保存数据后会把此信息保存下来。否则，数据不会被改变。

```
. svyset _n [pweight = censuswt]

      pweight: censuswt
          VCE: linearized
  Single unit: missing
     Strata 1: <one>
        SU 1: <observations>
       FPC 1: <zero>

. save, replace
. svydescribe

Survey: Describing stage 1 sampling units

      pweight: censuswt
          VCE: linearized
  Single unit: missing
     Strata 1: <one>
        SU 1: <observations>
       FPC 1: <zero>

                                             #Obs per Unit
```

```
Stratum      #Units     #Obs      min      mean      max
     1         516       516        1       1.0        1
     1         516       516        1       1.0        1
```

一旦数据已被 **svyset** 好，带有前缀 **svy:** 的命令将使用调查权数信息进行计算。在对性别平衡加权之后，所得结果与我们在总体中期望的更接近。

```
. svy: tab sex
(running tabulate on estimation sample)

Number of strata   =       1              Number of obs    =        516
Number of PSUs     =     516              Population size  =  515.57392
                                          Design df        =        515

   Gender  | proportions
   --------+------------
     Male  |    .4965
   Female  |    .5035
   --------+------------
    Total  |      1

  Key: proportions = cell proportions
```

从得到简单表格到拟合统计模型的许多 Stata 命令，都允许 **svy:** 前缀。比如，我们可以通过以下命令执行一个个人关于气候变化的看法——变量 *warmop2*——对被调查者的教育和政治派别的加权 logistic 回归(见第 9 章)：

```
. svy: logit warmop2 educ party
```

键入 **help survey** 查看所能做分析的完整清单。**svyset** 命令能够定义的不仅仅是在以上例子中所使用的概率权数，它还可以定义更多的信息。**svyset** 的选项允许复杂设计，包括分层和多阶段整群抽样、有限总体修正、方差估计的替代方法以及事后分层。键入 **help svyset** 查看语法和选项的完整清单。《调查数据参考手册》给出了更多的例子和技术细节。

4.3 设计权数

上一节将权数定义(weight definitions)视为给定的，许多数据使用者也的确从权数已由他人计算好的完整调查开始。本节和下一节将介绍一些如何计算此权数的例子。

调查研究人员会使用概率权数来修正其抽样方法中的偏误。偏误可能源自抽样设计时的主观意图，或者源自数据收集过程的意外情况。不论哪种情况下，初始抽样都并没有产生能很好地代表所关注总体的数据。概率加权试图对这种偏离简单随机抽样的情况进行弥补，从而可以给我们提供有关抽样变异和总体特征的更为真实的图景。

对于新罕布什尔州民意测验，民意调查人员对根据新罕布什尔州家庭户电话号码得到的一个随机样本进行了电话访问。理论上，这些随机电话号码可以得到家庭户的一个代表性样本。然而，对于投票研究以及许多其他目的而言，我们希望推论的不是所有家庭户构成的总体，而是所有成年人(或投票者)构成的总体。一些家庭户只包括一位成年人，而另外一些家庭户可能有更多的成年人。2011 年 6 月民意调查的受访者中，大约 29%的人报告说他们居住在只有一位成年人的家庭户里。作为针对抽样目的的一个可行平衡，本例中的应答被限定在有一位、两位或三位及以上成年人的情况。原始的 516 名受访者中只有 503 名给出了有关成年人数量的答案。稍后我们将返回到其他的 13 名受访者。

```
. tab adults

# adults in
  household |      Freq.     Percent        Cum.
------------+-----------------------------------
          1 |        148       29.42       29.42
          2 |        273       54.27       83.70
         3+ |         82       16.30      100.00
------------+-----------------------------------
      Total |        503      100.00
```

虽然我们的样本中大约有 29%的人居住在只有一位成年人的家庭户里,但是,要是据此就猜测整个新罕布什尔州成年人所占百分比也与此类似,将会是个错误。为了随机地选取一位居民,一旦某个家庭户的电话被打通,电话访问员要求对这个家庭户中最近刚过完生日的成人进行访问,或者,如果这个人正好不在家,就稍后再打过去。因此,来自于只有一位成年人家庭户的人进入样本的可能性至少是来自于有三位或以上成年人家庭户的人的 3 倍。上面的表表明,我们的电话访问所接触的家庭户至少包括(1×148) + (2×273) + (3×82) = 940 位成人。在这个虚拟成年人样本(sample of pseudo-people)中,那些居住在只有一位成人家庭户的人只占 148/940 或 16%,远低于上表中的 29%。

调查权数提供了一种方法来修正此类已知的抽样偏误,从而可以获得更加真实的结果。本例中,不仅对于描述家庭户规模,而且对于分析诸如投票行为等与家庭户规模相关的其他方面而言,此修正可能都很紧要。单个成年人家庭户可能包括更高比例的独居老人。两位成年人家庭户将包括许多未成年的成员。多位成年人家庭户往往是老人与成年子女同住,或者青年人与亲友同住。

概率权数与选中概率的倒数成比例。对于我们的例子,从只有一位成年人家庭户中选取特定一人(假定我们能打通电话)的条件概率等于 1。从有两位成人家庭户中选取一人的条件概率等于 1/2,而从有三位成人家庭户中选取一人的条件概率等于 1/3。如果我们使用这些概率的倒数 1、2 和 3 作为权数,那么我们的样本将包括 940 位虚拟成人——这虽然给了我们正确的比例,但是会导致不正确的总计(total)与其他混淆。要想保持真实的样本规模,我们可以用真实人数与虚拟人数的比值 503/940 乘以这些概率的倒数。这一步创建了一个新变量,命名为 *adultwt*,它包含了对已知抽样偏误进行调整的概率权数,但保持原始样本规模不变。这些权数为 0.535(一位成人家庭户)、1.070(两位成人家庭户)或 1.605(三位或以上成人家庭户),缺失值被赋予一个中立的权数 1。这些权数的比值仍然是 1:2:3。

```
. generate adultwt = adults*(503/940)
. replace adultwt = 1 if missing(adultwt)
. tab adults, summ(adultwt) miss

# adults in |    Summary of adultwt
  household |    Mean    Std. Dev.       Freq.
------------+-----------------------------------
          1 | .53510636           0         148
          2 | 1.0702127           0         273
         3+ | 1.6053191           0          82
      DK/NA |         1           0          13
------------+-----------------------------------
      Total | .99999997   .35080553         516
```

如果这是唯一想要的调整，我们可以使用 *adultwt* 作为概率权数 **svyset** 此数据。

```
. svyset _n [pw = adultwt]

      pweight: adultwt
          VCE: linearized
  Single unit: missing
     Strata 1: <one>
        SU 1: <observations>
       FPC 1: <zero>

. svy: tab adults, percent
(running tabulate on estimation sample)

Number of strata   =        1          Number of obs    =        503
Number of PSUs     =      503          Population size  =  502.99998
                                       Design df        =        502

  # adults
       in
  household │ percentages
  ──────────┼────────────
          1 │    15.74
          2 │    58.09
         3+ │    26.17
  ──────────┼────────────
      Total │   100

  Key:  percentages  =  cell percentages
```

加权后的比例(比如一人家庭户为 16%，而不是原始数据中的 29%)更接近于现实情况。

4.4 事后分层权数

上节给出了基于抽样设计得到权数的例子，这些权数在开始收集数据之前就已经知道。在收集完数据之后会看到，尽管我们做出了最大的努力，但样本在某方面似乎并不具有代表性，这时可能要定义另一种类型的权数。例如，样本的性别或年龄分布可能与目标总体的相应分布明显不同，这会使其他结果不可信。事后分层指的是计算一个概率权数，以使特定组或层在样本中的比例与总体中的更类似。

新罕布什尔州民意调查样本中有 54.65%是女性。但是，根据 2010 年人口普查，新罕布什尔州成年人中只有 51.6%是女性。如果根据本次调查就认定该州人口中有接近 54.65%的女性，那么我们将偏离目标值很远。此外，我们还可能很容易对诸如投票等与性别相关的其他事情做出错误的推断。这一明显的应答偏误会破坏我们对一个更大总体进行推断的能力。

```
. tab sex

    Gender │    Freq.    Percent      Cum.
  ─────────┼─────────────────────────────────
      Male │      234      45.35     45.35
    Female │      282      54.65    100.00
  ─────────┼─────────────────────────────────
     Total │      516     100.00
```

有很多的方法可以用来进行事后分层(作为对下面所展示的手工方法的一种替代，Stata 的 **svyset** 命令提供了一个 **poststrata** 选项,《调查参考手册》对此选项进行了说明；键入 **help svyset** 查看基本语法)。如果我们知道关键变量的真实总体百分比，就像我们知道性别的真实总体百分比那样,那么修正应答偏误的权数可以通过将总体百分比除以样本百分比计算得到。sex 被编码为以 0 表示男性,占新罕布什尔州成年人口的 48.4%,但本样本中仅为 45.35%。编码 1 表示女性,占总体的 51.6%,但本样本中为 54.65%。sex 在这些数据中不存在缺失值。

对于男性,我们计算的权数略大于 1∶48.4/45.35=1.067。对于女性,计算的权数略小于 1∶51.6/54.65=0.944。

```
. generate sexwt = 48.4/45.35 if sex==0
. replace sexwt = 51.6/54.65 if sex==1
. tab sex, summ(sexwt)

                   Summary of sexwt
       Gender |     Mean   Std. Dev.      Freq.
    ----------+-----------------------------------
         Male | 1.0672547          0        234
       Female |  .94419032         0        282
    ----------+-----------------------------------
        Total |  .99999857  .06132481       516
```

如果使用 sexwt 作为概率权数对数据进行了 svyset,那么 svy:tab 会得到一个加权表格,正好显示了男性(48.4%)和女性(51.6%)的正确比例。计算事后分层权数之后,最好检查一下它们是否按意图执行了。

```
. svyset [pw = sexwt]

        pweight: sexwt
            VCE: linearized
    Single unit: missing
       Strata 1: <one>
          SU 1: <observations>
         FPC 1: <zero>

. svy: tab sex, percent
(running tabulate on estimation sample)

Number of strata   =        1         Number of obs    =        516
Number of PSUs     =      516         Population size  = 515.99926
                                      Design df        =        515

       Gender | percentages
    ----------+-------------
         Male |   48.4
       Female |   51.6
    ----------+-------------
        Total |   100

    Key:  percentages  =  cell percentages
```

更加复杂的事后分层权数可以用类似的方式进行计算。比如,设想对于一个不同的研究,我们想接近于总体的年龄-种族-性别分布。

① 从普查或其他的数据获得诸如居住在某个州的成年人这样的所关注总体的年龄-种族-性别百分比表。如果我们把年龄划分为 5 组(18~29 岁、30~39 岁,等等),把种族分成两组(白人和非白人),这会产生 20 个数字。比如,该州 18~29 岁男性白人构成的成年人口的百分比、18~29 岁女性白人构成的成年人口的百分比,等等。

② 从样本中获得一个类似的年龄-种族-性别百分比表。比如,创建一个表示年龄-种族-性别组合的新变量 ARS,然后对 ARS 制表。

```
. egen ARS = group(agegroup race sex), lname(ars)
. tab ARS
```

③ 使用 **generate…if** 命令定义一套新权数。比如，假定我们知道研究区域内的成年人人口的 8.6% 是由年龄在 18～29 岁的男性白人构成的，该年龄组中有 8.2% 是女性白人。但是，在我们未加权的样本中，我们看到年龄在 18～29 岁的男性白人只占 2.6%，相应年龄段的女性白人占 5.1%。因此，年轻成年人尤其是年轻男性出现了低度代表的情况。我们可以创建一个新的年龄-种族-性别权数变量，命名为 *ARSwt*。如果我们不知道一个受访者的年龄-种族-性别组合，*ARSwt* 就等于 1(一个中立权数)，否则就等于年龄-种族-性别组的总体百分比除以相应的样本百分比。前几个命令可以是：

```
. generate ARSwt = 1 if ARS >= .
. label variable ARSwt "Age-race-sex weights"
. replace ARSwt = 8.6/2.6 if ARS == 1
. replace ARSwt = 8.2/5.1 if ARS == 2
```

事后分层调整在与周密设计的调查联系起来的情况下才会运行得最好，而且事后分层调整不应被误解为是对不当抽样(haphazard sampling)的一种修复。这类调整已经被最广泛地应用于许多领域，比如投票者民意调查和社会科学调查，在这些领域中，要花费大力气去确保以最具代表性的样本作为开始。同时，在这些领域中，诸如投票结果或其他研究人员的重做结果等独立证据还提供了对有关调整在多大程度上成功的实际检验。

单个数据集可能包括从不止一个来源计算得到的权数变量，比如设计权数和事后分层权数。要想把这些权数合并成一个总权数变量(overall weight variable)，我们得先将权数相乘，然后做一个修正以使最终的权数之和等于样本规模。在 **summarize** 之前加一个 **quiety** 前缀来告诉 Stata 计算概要统计量，但是不要给我们显示结果，以节省时间或空间。**quiety** 前缀同样也对其他命令有效。

```
. generate finalwt = adultwt*ARSwt
. replace finalwt = 1 if finalwt >= .
. quietly summarize finalwt
. replace finalwt = finalwt*(r(N)/r(sum))
```

相同数据集内可以有任意多个权数变量，根据特定分析的需要，可以重复使用 **svyset** 在这些权数中进行选择。只有当我们通过 **svy:** 或其他明确的加权命令来使用这些权数时，这些权数才会影响我们的分析。本章的余下内容中，我们将回到新罕布什尔州民意调查，它根据 *censuswt* 变量进行了加权，这个加权变量是由 UNH 调查中心计算的，其合并了设计权数(针对成年人数量和电话线数量)和事后分层(针对新罕布什尔州内的性别和地区分布)。

```
. svyset _n [pw = censuswt]

      pweight: censuswt
          VCE: linearized
  Single unit: missing
     Strata 1: <one>
         SU 1: <observations>
        FPC 1: <zero>
```

4.5 调查加权的表格和图形

2011 年 6 月的新罕布什尔州民意调查包括了 6 个与全球变暖或气候变化有关的问题。虽然有几个问题是事实性的,但是有一个问题(*warmop*)询问了你个人相信哪一个。

你个人相信下面三个陈述中的哪一个?
  气候变化正在发生,主要由人类活动引起。
  气候变化正在发生,但主要是由自然力量引起。
  气候变化当前并没有发生。

调查员轮换了应答选项的顺序以避免可能的偏误。大约 55% 的人赞同气候变化正在发生并且主要由人类活动引起。其他人认为气候变化主要是自然原因(35%)。很少有人认为气候变化当前并没有发生(3%)。

```
. svy: tab warmop, percent ci
(running tabulate on estimation sample)

Number of strata   =        1           Number of obs    =      516
Number of PSUs     =      516           Population size  = 515.57392
                                        Design df        =      515

Personal
belief
about
climate
change        percentages          lb            ub

  DK/NA             7.443         5.252        10.45
Not now             3.05          1.904         4.853
Now/natu           34.62         30.2          39.32
Now/huma           54.89         50.11         59.58

  Total           100

Key:  percentages   =  cell percentages
      lb            =  lower 95% confidence bounds for cell percentages
      ub            =  upper 95% confidence bounds for cell percentages
```

svy:tab 命令根据先前由 **svyset** 定义的设定来应用权数。**ci** 要求输出加权百分比的置信区间,就像下限和上限(lb 和 ub)所显示的那样。根据此样本,我们有 95% 的把握认为 50.11% 到 59.58% 的新罕布什尔州成人认为人类活动正在引起气候的变化。

Stata 原有的图表类型对于查看诸如上表中的定类变量分布而言并不理想。幸运的是,一个名为 **catplot** 的用户编写程序能非常好地完成此项工作,它在《Stata 期刊》文章(Cox 2004b)中有被介绍过。可以通过键入以下命令轻松地从互联网上得到 **catplot** 的 ado 文件:

```
. findit catplot
```

然后依照链接把此文件安装到你的计算机上(**findit** 命令对许多其他的用户编写程序也起作用)。一旦安装好,键入 **help catplot** 将显示此命令的语法和选项。图 4.1 包含了 *warmop* 的一张 **catplot** 条形图。虽然 **catplot** 不接受 **pweights**,但是在这个命令中指定[**aweights** = *censuswt*]将具有相同的视觉效果,条形图的高度对应着 **svy:tab** 得到的百分比。

```
. catplot bar warmop [aweight = censuswt], percent
```

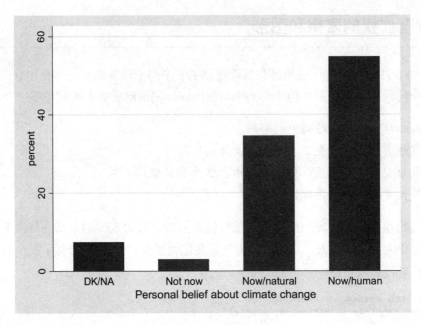

图 4.1

带取值标签的条形图以水平条形(**hbar**)形式显示时通常更易读，尤其当我们有许多条形时。图 4.2 显示了一张水平形式的条形图，其中包括标题和更好看的坐标轴标签，这适合于报告和演示调查结果。我们也对条形的高度加了标签，以便可以直接地从图上读取加权的百分比。这与上面根据 **svy: tab** 得到的数字相同。

```
. catplot hbar warmop [aweight = censuswt], percent
    blabel(bar, format(%3.0f)) ytitle("Weighted percent")
    title("Personal belief about climate change")
```

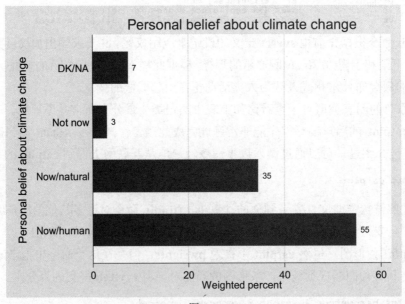

图 4.2

对气候变化的信念如何与比如教育(*educ*)等本次调查中的其他变量相关联呢？我们可以通过一个二维交互表来回答这样的问题。

```
. svy: tab warmop educ, col percent
(running tabulate on estimation sample)

Number of strata   =        1            Number of obs    =       511
Number of PSUs     =      511            Population size  = 510.02315
                                         Design df        =       510

Personal
belief
about
climate            Highest degree completed
change         HS or le   Tech/som   College   Postgrad     Total

  DK/NA           9.946     12.27     4.603      4.041      7.524
Not now           5.154     2.694     2.694      1.991      3.083
Now/natu         33.55     42.81     37.29      24.79      34.71
Now/huma         51.35     42.23     55.41      69.18      54.68

  Total            100       100       100        100        100

Key: column percentages

Pearson:
  Uncorrected   chi2(9)                =    25.1986
  Design-based  F(8.81, 4495.16)=           2.4226    P = 0.0102
```

上例中，我们要求输出列百分比，因为列变量(*educ*)是本次分析的自变量。其中约 69% 拥有研究生学历的、55%大学毕业生以及 42%大专或技校生本人都认为气候变化正在发生，且主要源于人类的活动。此表的设计加权 *F* 检验(design-weighted *F* test)证实对气候变化信念和教育具有统计上的显著性($p = 0.0102$)。

图 4.3 显示了 *warmop* 在教育不同类别上应答情况的 **catplot**，给出了相同的加权百分比。**percent(***educ***)** 选项要求输出 *educ* 每个类别中的百分比。为了得到整张图的单一标题，我们也可以在 **by( )** 中放置一个 **title( )** 子选项。你可以试验一下在没有这些选项的情况下会发生什么。

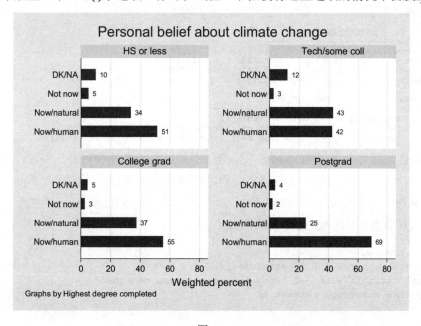

图 4.3

```
. catplot hbar warmop [aweight = censuswt], percent(educ)
    by(educ, title("Personal belief about climate change"))
    blabel(bar, format(%3.0f)) ytitle("Weighted percent")
```

4.6 多重比较的条形图

图 4.3 中的 **catplot** 条形图描绘了两个定类变量之间的关系，每个变量有 4 个类别。如果我们的变量多于两个，或者变量的类别数更多一些，**catplot** 方式将变得杂乱。对于定类变量的多重比较，一种更简洁的替代方式是使用 Stata 的水平条形图命令 **hbar**。

上一章中的图 3.13 呈现了 1979-2011 年期间夏末北极海冰面积的变化情况。明显缩小已经引起了很多的科学关注，并且在主流新闻媒体上也被广泛提及。我们的新罕布什尔州民意调查包括了一个经字斟句酌的问题(warmice)，可检验人们是否知道这一点。与 warmop 一样，对应答选项的顺序进行了轮换以避免偏误。大部分人(71%)知道海冰面积正在缩小。

你认为下面三个陈述中的哪一个更准确？

在过去的几年中，夏末北冰洋的冰…

比 30 年前所覆盖的面积要小。

缩小过，但接着重新覆盖了与 30 年前大致相同的面积。

比 30 年前覆盖的面积要大。

```
. svy: tab warmice, percent ci
(running tabulate on estimation sample)

Number of strata   =        1            Number of obs    =       516
Number of PSUs     =      516            Population size  = 515.57392
                                         Design df        =       515

---------------------------------------------
Arctic
ice vs.
30 years
ago        percentages        lb         ub
---------------------------------------------
    Less         70.91      66.35      75.08
Recovere         10.43      7.784      13.83
    More         6.916      4.841      9.789
   DK/NA         11.75      8.991      15.21

   Total           100
---------------------------------------------
  Key:  percentages  = cell percentages
        lb           = lower 95% confidence bounds for cell percentages
        ub           = upper 95% confidence bounds for cell percentages
```

warmice 问题允许 4 个应答选择，包括"不知道"或者没有回答。不过，出于某种目的，创建一个仅表示他们是否正确回答此问题的新二分变量是有用的。对于回答海冰面积缩小的被调查者，变量 warmiceQ 等于 1，对于所有其他的人则等于 0。约 71%的人正确回答了夏末海冰覆盖的面积比 30 年前有所减小。

```
. gen warmiceQ = 0
. replace warmiceQ = 1 if warmice==1
. label variable warmiceQ "Know Arctic ice area declined"
. svy: tab warmiceQ, percent ci
```

```
(running tabulate on estimation sample)

Number of strata   =        1          Number of obs    =        516
Number of PSUs     =      516          Population size  =  515.57392
                                       Design df        =        515
```

Know Arctic ice area declined	percentages	lb	ub
0	29.09	24.92	33.65
1	70.91	66.35	75.08
Total	100		

```
Key:  percentages  =  cell percentages
      lb           =  lower 95% confidence bounds for cell percentages
      ub           =  upper 95% confidence bounds for cell percentages
```

像 *warmiceQ* 这样的{0,1}变量的均值就等于取值为 1 的人所占的比例。这样的{0,1}虚拟变量在统计模型中有许多的应用。出于画图的目的，我们临时将 *warmiceQ* 的尺度重新设定，使其取值为 0 或 100。一个{0, 100}变量的均值等于取值为 100 的人所占的比例，或是本例中正确回答了北极海冰问题的人所占的百分比。通过对一个{0, 100}二分变量应用 **graph hbar**，我们可以直观地比较许多不同的百分比。图 4.4 中的条形图给出了大学毕业生和其他人(变量 *college*)正确回答问题的加权百分比。

```
. gen warmiceQ100 = warmiceQ*100
. graph hbar (mean) warmiceQ100 [aw = censuswt], over(college)
    blabel(bar, format(%3.0f)) ytitle("Weighted percent")
    title("Arctic ice declined, by college grad/other")
```

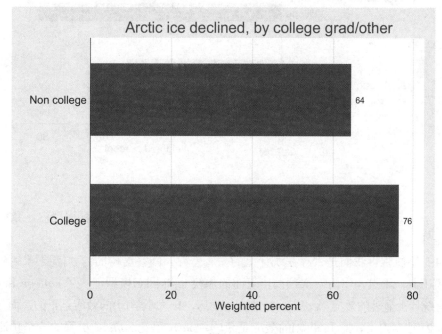

图 4.4

注意，Stata 的水平条形图中(**graph hbar**，也在 **graph hbox** 和一些其他的侧身图中)，水平坐标轴被称为 *y* 轴，这与惯例正好相反。因此，**ytitle("Weighted percent")**指定一个沿着底部的标题。这些图形中，Stata 并不认可 x 轴，尽管 **l1title( )**[1] 可以指定一个沿着左侧的标题。

图 4.4 只比较了两个数字，大学毕业生中的 76% 和其他人中的 64%。对于这样的简单比较，不需要画一幅图。不过，这种条形图方式可以很容易地扩展到更复杂的比较。以前的调查已经发现在涉及气候变化的许多问题上普遍存在党派分歧。对于北极海冰的这些事实性问题，那些党派分歧也可能存在吗？图 4.5 中的一张三变量条形图给出了根据大学教育和被调查者的政治认同(变量 *party*)来划分的正确回答的百分比。

```
. graph hbar (mean) warmiceQ100 [aw = censuswt],
    over(college) over(party)
    blabel(bar, format(%3.0f)) ytitle("Weighted percent")
    title("Arctic ice declined, by college and political party"
    , size(medium))
```

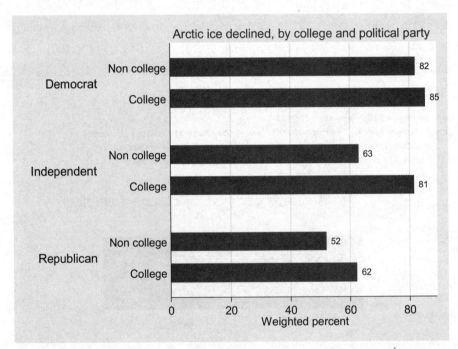

图 4.5

每一 *party* 组内，我们都看到了大学-教育效应，同时在每一教育程度内，我们也看到了党派差异。

图 4.5 不能告诉我们是否存在统计上的显著差异。回答这样的问题需要第 9 章介绍的统计建模工具。不过，作为一次预演，下面的加权 logit 回归模型证实了 *college* 和 *party* 两者都具有统计上显著的效应。*college*(0=非大学学历，1=大学学历)的效应是正的，而 *party*(1=民主党，2=独立人士，3=共和党)的效应是负的。*party* 是比 *college* 更强的一个预测变量。

```
. svy: logit warmiceQ college party
```

---

1 注意，第一个为字母 l，第二个为数字 1。——译者注

```
(running logit on estimation sample)
Survey: Logistic regression

Number of strata   =        1           Number of obs     =        501
Number of PSUs     =      501           Population size   = 500.96122
                                        Design df         =        500
                                        F(  2,    499)    =      16.07
                                        Prob > F          =     0.0000
```

warmiceQ	Coef.	Linearized Std. Err.	t	P>|t|	[95% Conf. Interval]	
college	.4634607	.2264922	2.05	0.041	.018467	.9084544
party	-.6669759	.1268445	-5.26	0.000	-.9161897	-.4177621
_cons	2.058491	.3162993	6.51	0.000	1.437052	2.679931

第 9 章将会回到本例，应用一个统计方法(多项 logit)，可对海冰面积问题的每一回答的预测变量进行建模。

第 5 章

概要统计及统计表

命令 **summarize** 可以对测量变量做简单的描述性统计，比如计算变量的中位数、均值及标准差。而 **tabstat** 命令则可以进行更加灵活的概要统计。对于定类或定序变量，**tabulate** 命令可以得到频数分布表、交互表、分类检验(assorted test)及关联度测量。此外，**tabulate** 也可以根据其他变量的类别创建均值及标准差的一维或二维表。**table** 作为一般性的表格创建命令，可以创建多达七维的表，表中的单元格包含诸如频数、总和、均值或中位数等统计量。本章的最后，我们将进一步探讨单变量的操作程序，包括正态性检验、变量转换以及展示探索性数据分析(Exploratory Data Analysis，EDA)。本章所涉及的大多数分析要么可以通过所显示的命令来完成，要么通过如下菜单选择来完成：Statistics → Summaries, tables & tests。

除了这些一般性的分析方法之外，Stata 还为流行病学家们提供许多满足特定意图的表格。这些虽然未在本章中加以介绍，但是读者可以通过键入 **help epitab** 查看相关的信息。Selvin(2004)介绍过这一主题。

5.1 命令示范

. **summarize** *y1 y2 y3*

对所列变量计算简单的概要统计量(均值、标准差、最小值和最大值以及观测案例数)。

. **summarize** *y1 y2 y3*, **detail**

得到详细的描述性统计，包括百分位数、中位数、均值、标准差、方差、偏度以及峰度。

. **summarize** *y1* **if** *x1* > 3 & !**missing**(*x2*)

只对变量 $x1$ 大于 3 且 $x2$ 不是缺失值的那些观测案例得到 $y1$ 的概要统计量。

. **summarize** *y1* [**fweight** = *w*], **detail**

使用变量 w 中的频数权数来得到 $y1$ 详细的概要统计量。

. **tabstat** *y1*, **stats**(mean sd skewness kurtosis n)

对变量 *y1* 只计算所设定的概要统计量。

. **tabstat** *y1*, **stats(min p5 p25 p50 p75 p95 max) by(***x1***)**

就变量 *x1* 的每个类别，分别对测量变量 *y1* 计算所设定的概要统计量(最小值、第5百分位数、第25百分位数等)。

. **tabulate** *x1*

呈现变量 *x1* 所有非缺失值的频数分布表。

. **tabulate** *x1*, **sort miss**

呈现 *x1* 所有值的频数分布，包括缺失值。按频数从大到小对行(变量取值)进行排序。

. **tab1** *x1 x2 x3 x4*

对所列的每个变量分别创建一个频数分布表。

. **tabulate** *x1 x2*

呈现一个两变量交互表，其中 *x1* 为行变量，χ^2 为列变量。

. **tabulate** *x1 x2*, **chi2 nof column**

得到一个交互表和独立性的皮尔逊 χ^2 检验。每一单元格内不显示频数而是给出列百分比。

. **tabulate** *x1 x2*, **missing row all**

得到一个交互表，表中和百分比计算中将缺失值包括在内。计算所有可用的统计量(皮尔逊和似然比 χ^2、Cramér 的 *V*、Goodman 和 Kruskal 的 γ 以及 Kendall 的 τ_b)。

. **tab2** *x1 x2 x3 x4*

得到所列变量的所有可能的二维交互表。

. **tabulate** *x1*, **summ(***y***)**

得到一个一维表，显示 *x1* 每个类别中 *y* 取值的均值、标准差及频数。

. **tabulate** *x1 x2*, **summ(***y***) means**

得到一个二维表，显示 *x1* 和 *x2* 每一种组合下 *y* 的均值。

. **by** *x3*, **sort: tabulate** *x1 x2*, **exact**

创建一个三维交互表，对 *x3* 的每一个取值创建 *x1*(行)和 *x2*(列)的分表(subtable)。对每个分表计算费舍精确检验(Fisher's exact test)。**by** *varname*, **sort:** 几乎可以作为任何有意义的 Stata 命令的前缀起作用。如果数据已经根据变量名 *varname* 做过排序，那么这里的 **sort** 选项就没有必要了。

. **table** *y x2 x3*, **by(***x4 x5***) contents(freq)**

创建一个 *y*(行) × x_2(列) × x_3(大列) × x_4(大行1) × x_5(大行2)的五维交互表。每个单元格

包含频数。

> . `table x1 x2, contents(mean y1 median y2)`

创建一个 x1(行)× x2(列)的二维交互表。单元格包含 y1 的均值和 y2 的中位数。

> . `svy: tab y, percent ci`

使用调查加权的数据(由 **svyset** 命令所定义)得到变量 y 的一维百分比表以及 95%置信区间。键入 **help svy tab** 查询更多的调查数据制表选项。第 4 章对调查数据及其分析进行了介绍。

> . `svy: tab y x, column percent`

使用调查加权的数据得到一个行变量 y 对列变量 x 的二维交互表，以及经调整的独立性 χ^2 检验。单元格中给出加权的列百分比。

5.2 测量变量的描述性统计

数据集 *electricity.dta* 包含了美国各州的用电量信息，来自于加州能源委员会(2012)。

```
. use C:\data\electricity.dta, clear
. describe

Contains data from C:\data\electricity.dta
  obs:            51                          US states electricity use 2010
                                                (CA Energy Commission)
 vars:             7                          13 Mar 2012 10:28
 size:         1,785
              storage  display     value
variable name   type   format      label       variable label
state          str21   %21s                    State
stateab        str2    %9s                     State (abbreviation)
region4        byte    %9.0g       reg4        Census Region (4)
region9        byte    %12.0g      reg9        Census Division (9)
pop            long    %8.0g                   Population, 1000s
electric       long    %8.0g                   Electricity use, millions of kwh
elcap          int     %8.0g                   Per capita electricity use, kwh

Sorted by:  state
```

想要得到人均电量消耗(*elcap*)的均值和标准差，键入：

```
. summarize elcap

    Variable |       Obs        Mean    Std. Dev.       Min        Max
-------------+--------------------------------------------------------
       elcap |        51    13318.43    4139.328       6721      27457
```

该表还给出了非缺失观测案例的数目以及变量的最小值和最大值。如果我们只键入 **summarize** 而未给出变量清单，那么我们将得到数据集里每一个数值型变量的均值和标准差。

想要看到更详细的概要统计量，键入：

```
. summarize elcap, detail
```

```
                    Per capita electricity use, kwh
         Percentiles      Smallest
 1%         6721             6721
 5%         7434             7363
10%         8286             7434        Obs                    51
25%        10359             7467        Sum of Wgt.            51

50%        13388                         Mean              13318.43
                            Largest      Std. Dev.         4139.328
75%        16117            19477
90%        17903            19896        Variance          1.71e+07
95%        19896            21590        Skewness           .7643711
99%        27457            27457        Kurtosis          4.161063
```

这个 **summarize,detail** 输出结果包括基本的统计量和以下各项指标：

- *百分位数(percentiles)*：特别是第 1 四分位数(第 25 百分位数=10 359)、中位数(第 50 百分位数=13 388)和第 3 四分位数(第 75 百分位数=16 117)。因为许多样本数据并不能均匀地按照四等分或者以其他标准比例进行划分，故这些百分位数为近似值。
- *4 个最小值和 4 个最大值*：这些值可能会显现出特异值。
- *权数和(sum of weights)*：**summarize** 命令允许频数权数或 **fweight**。相关说明参见 **help** *weight*。
- *方差(variance)*：标准差(standard deviation)的平方(更恰当地说，标准差等于方差的平方根)。
- *偏态(skewness)*：非对称的方向和程度。一个完美对称分布的偏态值等于 0。正偏态(更重的右尾巴)使得偏态值大于 0；负偏态(更重的左尾巴)使得偏态值小于 0。
- *峰态(kurtosis)*：尾重(tail weight)。正态(高斯)分布是对称的，其峰态值等于 3。若一个对称分布有比正态分布更重的尾巴(即呈尖峰状)，则它的峰态值就大于 3。若峰态值小于 3，则表明比正态分布的尾巴更轻。

tabstat 命令提供了对 **summarize** 的更灵活替代。我们可以只设定想知道的概要统计量。例如：

```
. tabstat elcap, stats(mean min max)

    variable |      mean       min       max
-------------+------------------------------
       elcap |  13318.43      6721     27457
```

使用 **by(***varname***)** 选项，**tabstat** 会创建一个表格，单元格中包含 *varname* 每个取值下的概要统计量。下面的例子分别给出了美国 4 个人口普查地区中每一个的人均电量消耗的均值、最小值和最大值。东北地区的电量消耗相对较低，而中西部和南部地区的电量消耗则高得多。

```
. tabstat elcap, stats(mean min max) by(region4)

Summary for variables: elcap
     by categories of: region4 (Census Region  (4))

   region4 |      mean       min       max
-----------+------------------------------
 Northeast |      8746      7434     11759
   Midwest |   14151.5     10516     19477
     South |  16001.06     11343     21590
      West |  12206.92      6721     27457
-----------+------------------------------
     Total |  13318.43      6721     27457
```

除了 **mean**、**min** 或 **max** 之外，**tabstat** 命令的 **stats( )** 选项中其他可用的统计量与前面对 **collapse** 或 **graph bar** 列出的相同(诸如 **count**、**sum**、**max**、**min**、**variance**、**sd** 以及 **p1** 到 **p99** 对应的百分位数)。更多的 **tabstat** 选项用来控制表格的格式和标签。键入 **help tabstat** 以查看完整清单。

由 **summarize** 或 **tabstat** 得到的统计量对当前样本进行描述。对某些目的而言，尽管可能不是使用美国各州数据，我们可能会想建构置信区间，意在对一个更大的总体进行推断。作为示例，以下得到变量 *elcap* 的均值的 99%置信区间：

```
. ci elcap, level(99)

    Variable |     Obs        Mean    Std. Err.    [99% Conf. Interval]
       elcap |      51    13318.43     579.6218     11766.32    14870.54
```

暂且把这 51 个州(包括哥伦比亚特区)看作一个样本，我们将有 99%的把握认为总体均值落在每人 11 766kWh 到 14 870kWh 的区间范围内。更准确地说，对于许多的随机样本，用这种方式构建的置信区间中应有大约 95%的区间包含真实的总体均值。**level(99)**选项设定给出 99%的置信区间。如果我们忽略这个选项，**ci** 命令会默认给出 95%的置信区间。

其他选项可以使 **ci** 计算那些服从二项分布或泊松分布的变量的精确置信区间。一个与 **ci** 有关的命令 **cii**，能够根据诸如我们可能在已发表论文中所遇到的概要统计量直接计算正态分布、二项分布或泊松分布的置信区间。它并不需要原始数据。键入 **help ci** 查看有关这些有用命令的详细内容。

5.3 探索性数据分析

统计学家 John Tukey 发展出了一整套用于探索性数据分析(Exploratory Data Analysis，EDA)的工具，不做无关紧要的假定，用一种探索性的和怀疑的方式来分析数据(Tukey, 1977；Hoaglin, Mosteller & Tukey, 1983, 1985)。第 3 章中介绍过的箱线图就是最流行的 EDA 方法之一。另一种方法是茎叶图(stem-and-leaf display)，它是对排序后数据取值的图形陈列，其中每一观测值的首位数构成了茎干，而随后各位数则构成了叶子。

```
. stem elcap

Stem-and-leaf plot for elcap (Per capita electricity use, kWh)
    6*** | 721
    7*** | 363,434,467,952
    8*** | 286,514,591,696,982,985
    9*** |
   10*** | 106,359,516,739
   11*** | 253,343,395,759
   12*** | 077,159,379,497,845,904
   13*** | 388,557,916,992
   14*** | 179,263,325,345,475,489,578
   15*** | 048,568
   16*** | 117,293,315,519,793
   17*** | 290,293,903
   18*** | 852
   19*** | 477,896
   20*** |
   21*** | 590
   22*** |
   23*** |
```

```
 24***
 25***
 26***
 27***  | 457
```

在这个显示中，人均用电消耗的最小取值 6721(加利福尼亚州)作为茎干 6*** 上的 721 这片叶子出现。最大值 27 457(怀俄明州)作为茎干 27*** 上的 457 这片叶子出现。**stem** 会自动选择茎干的数值，但是可以用 **lines( )** 选项改变默认的设定。键入 **help stem** 查看此选项及其他选项的信息。

字符数值图(letter-value display)(**lv**)利用序次统计量(order statistics)来详细考察一个分布。

```
. lv elcap

     #     51      Per capita electricity use, kWh
     M     26              13388                          spread    pseudosigma
     F    13.5    10437.5  13140    15842.5               5405      4131.039
     E     7       8514    12903.5  17293                 8779      3894.835
     D     4       7467    13472    19477                 12010     4098.322
     C     2.5     7398.5  14070.75 20743                 13344.5   3866.579
     B     1.5     7042    15782.75 24523.5               17481.5   4369.45
           1       6721    17089    27457                 20736     4689.655

                                                          # below   # above
     inner fence   2330             23950                 0         1
     outer fence   -5777.5          32057.5               0         0
```

M 表示中位数，F 表示"四等份(fourths)"(四分位数，以与 **summarize**、**detail** 和 **tabsum** 所用近似方法不同的近似方法计算)。E、D、C……分别表示分布尾部大约 1/8、1/16、1/32……等处的分割点。第二列数给出了每个字符值的深度或者说是离最近极值的距离。在中央的方框内，中间的一列给出了中间概要值(midsummaries)，它们分别是两个字符值的平均值。如果中间概要值背离中位数，就像 *elcap* 所显示的那样，那么就告诉我们此变量分布越接近尾部处越偏。spread(差幅)为每对字符值的差。比如，F 之间的差幅近似等于四分位距。最后，右边列中的 pseudosigma(伪σ)估计了倘若这些字符值描述的是高斯总体(Gaussian population)时的标准差应当是多少。F 的伪 σ 有时又被称作伪标准差(Pseudo Standard Deviation, *PSD*)，它提供了一个针对对称分布的近似正态性的简易且抗特异值影响的检查。

(1) 比较均值和中位数以诊断总的偏态：

均值 > 中位数：正偏态

均值 = 中位数：对称

均值 < 中位数：负偏态

(2) 如果均值和中位数相似，则表明对称，然后比较标准差和 *PSD* 可帮助我们评估尾部正态性(tail normality)：

标准差 > *PSD*：比正态分布更重的尾

标准差 = *PSD*：正态分布的尾

标准差 < *PSD*：比正态分布更轻的尾

令 F_1 和 F_3 分别表示第 1 和第 3 四分位数(近似于第 25 百分位数和第 75 百分位数)。那么，四分位距 IQR 等于 $F_3 - F_1$，同时 $PSD = IQR/1.349$。

如果存在的话(*elcap* 分布中只有一个轻度特异值)，命令 **lv** 也可以识别那些轻度和严重的特异值。当一个 x 值处在内栅栏之外但还在外栅栏之内时，我们称之为"轻度特异值"：
$$F_1 - 3IQR \leq x < F_1 - 1.5IQR \quad \text{或} \quad F_3 + 1.5IQR < x \leq F_3 + 3IQR$$

如果 x 的值处在外栅栏之外，那么它就是一个"严重特异值"：
$$x < F_1 - 3IQR \quad \text{或} \quad x > F_3 + 3IQR$$

lv命令给出了这些分割点以及每类特异值的数目。外栅栏之外的严重特异值在正态总体中很少发生(大约为百万分之二)。蒙特卡罗模拟显示，在规模为15至规模约为20 000的样本中，任何严重特异值的存在都足以成为在显著水平为0.05(α =0.05)的条件下拒绝正态性假设的充分证据(Hamilton, 1992b)。严重特异值会给许多的统计技术带来问题。

summarize、**stem**和**lv**都确认变量*elcap*的样本分布呈正偏态，而不像理论上的正态曲线。下一节介绍更为正规的正态性检验以及能减少变量偏态的数据转换。

5.4 正态性检验和数据转换

许多统计程序只有在变量服从正态分布时才能表现最佳。上一节我们介绍过检验近似正态性的探索性方法，它扩展了第3章中所呈现的图形工具(直方图、箱线图、对称图以及分位-正态图)。有一种更为正式的偏态-峰态检验，它利用命令**summarize**和**detail**所显示的偏态和峰态统计量来检验当前样本来自于一个正态分布总体这一虚无假设。

```
. sktest elcap
```

	Skewness/Kurtosis tests for Normality				joint	
Variable	Obs	Pr(Skewness)	Pr(Kurtosis)	adj chi2(2)	Prob>chi2
elcap	51	0.0223	0.0723	7.49	0.0236

这里，**sktest**拒绝了正态性：尽管 *elcap* 在峰态上并不显著呈非正态(p = 0.0723)，但是偏态上显著呈非正态(p = 0.0223)。因此，把两者结合起来考虑也显著地呈非正态(p = 0.0236)。

其他的正态性检验包括 Shapiro-Wilk 的 W 检验(**swilk**)以及 Shapiro-Francia 的 W'检验(**sfrancia**)(键入 **help sktest**)。一个检验一元或多元正态性的 Doornik-Hansen 整体检验(omnibus test)Stata 模块可在线获得(键入 **findit omninorm**)。

诸如取平方根和对数等非线性转换经常被用于改变分布的形态，其目标是使那些偏态分布更加对称，乃至可能更接近于正态。转换也可能有助于将变量之间的关系线性化(第 7 章和第 8 章)。表 5.1 展示了一种被称作幂阶梯(ladder of powers)(Tukey,1977)的进阶(progression)，它为选择合适的转换以改变分布的形态提供了指引。变量 *elcap* 呈现出轻度的正偏态，因此它的平方根可能会更加对称。我们可以通过键入下列命令创建一个新变量，使之等于 *elcap* 的平方根：

```
. generate srelcap = elcap ^.5
```

我们也可以用 **sqrt(*elcap*)** 来代替 *elcap*^.5，两者完全一样。

对数是另外一种可以减少正偏态的转换。要想创建一个新变量，使它等于 *elcap* 的自然对数(以 *e* 为底)，键入：

```
. generate logelcap = ln(elcap)
```

在幂阶梯及诸如 Box-Cox 等相关的转换方案中，对数其实是取代了"0"次方。它们对于分布形态的影响介于 0.5 次方(平方根)和-0.5 次方(平方根倒数)转换之间。

表 5.1 幂阶梯

转换	公式	效果
立方(cube)	*new* = *old*^3	减少严重负偏态
平方(square)	*new* = *old*^2	减少轻度负偏态
原始(raw)	*old*	没有变化(原始数据)
平方根(square-root)	*new* = *old*^.5	减少轻度正偏态
自然对数 $\log_e$ (或以 10 为底的对数 $\log_{10}$)	*new* = ln(*old*) *new* = $\log_{10}$(*old*)	减少正偏态
平方根负倒数(negative reciprocal root)	*new* = −(*old*^−.5)	减少严重正偏态
负倒数(negative reciprocal)	*new* = − *old*^−1)	减少极严重正偏态
平方负倒数(negative reciprocal square)	*new* = −(*old*^−2)	同上
立方负倒数(negative reciprocal cube)	*new* = −(*old* ^−3)	同上

在乘方次数小于零的情况下，我们取结果的负数以便保留原本的顺序——*old* 的最大值被转换成 *new* 的最大值，依此类推。当 *old* 本身包含负值或零时，有必要在进行转换之前加上一个常数。例如，如果 *arrests* 测量的是一个人曾经被逮捕的次数(很多人为 0 次)，那么一个比较合适的对数转换可能是：

```
. generate logarrest = ln(arrests + 1)
```

ladder 命令把幂阶梯和进行正态性检验的 **sktest** 结合起来。它对阶梯上的每一种幂进行尝试并报告其结果是否显著地呈非正态。这可以用取自于数据集 *electricity.dta* 里具有正偏态的人均电量消耗变量 *elcap* 来示例说明。

```
. ladder elcap

Transformation      formula          chi2(2)    P(chi2)
cubic               elcap^3           44.12      0.000
square              elcap^2           26.24      0.000
identity            elcap              7.49      0.024
square root         sqrt(elcap)        1.21      0.547
log                 log(elcap)         0.26      0.879
1/(square root)     1/sqrt(elcap)      2.36      0.307
inverse             1/elcap            4.87      0.088
1/square            1/(elcap^2)       10.67      0.005
1/cubic             1/(elcap^3)       17.51      0.000
```

平方根、对数、平方根倒数和倒数转换所产生的分布都没有显著不同于正态分布。就此而言，与显著呈非正态的原始数据或恒等转换(identity transformation)($p = 0.024$)相比，这些转换都有所改善。对于一个正态化转换而言，对数转换似乎是最好的选择。由命令 **gladder** 得到的图 5.1 通过将每一种转换的直方图与正态曲线加以比较直观地支持了这个结论。

. **gladder** *elcap*

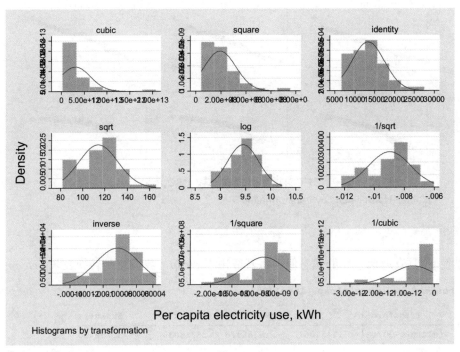

图 5.1

图 5.2 显示了与这些幂阶梯转换相对应的分位-正态图，它们是通过四分位阶梯命令 **qladder** 得到的(键入 **help ladder** 查看有关 **ladder**、**gladder** 和 **qladder** 的信息)。下面的例子中，为了使这些小图更易读，我们使用 **scale(1.25)** 选项将标签和标记放大 25%。坐标轴标签(将会难以辨认且堆挤在一起)可以用选项 **ylabel(none) xlabel(none)** 来取消。

. **qladder** *elcap*, **scale(1.25) ylabel(none) xlabel(none)**

一项被称作 Box-Cox 转换的替代技术提供了各转换之间更为精细的渐变并自动地在它们之间做出选择(这对于分析者来说更容易了，但并不总是一件好事)。命令 **bcskew0** 会找出转换的 λ 值：

$$y^{(\lambda)} = \{y^\lambda - 1\}/\lambda \qquad \lambda > 0 \text{ 或 } \lambda < 0$$

或者

$$y^{(\lambda)} = \ln(\lambda) \qquad \lambda = 0$$

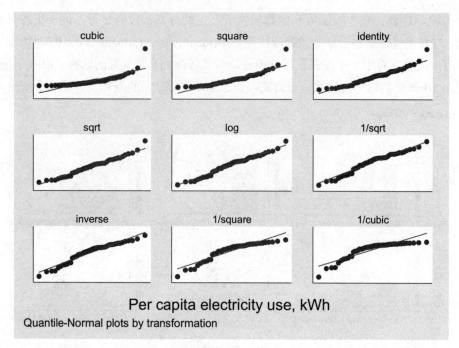

图 5.2

以使 $y^{(\lambda)}$ 具有近似于 0 的偏态值。将其应用于 *elcap*，我们得到转换变量 *belcap*：

```
. bcskew0 belcap = elcap, level(95)
```

Transform	L	[95% Conf. Interval]	Skewness
(elcap^L-1)/L	.1451061	-.8268476 .8784035	3.75e-06

也就是说，依据偏态统计量中的定义，$belcap = (elcap^{0.145}-1)/(0.145)$ 是最接近于对称的转换。Box-Cox 参数 $\lambda = 0.145$ 与我们幂阶梯的选择——对数(即取 0 次方)之间的差别并不很大。λ 的置信区间包含 0(对数)但没有包含 1(恒定或不变)：

$$-0.827 < \lambda < 0.878$$

第 8 章会介绍 Box-Cox 方法在回归建模中的应用。

5.5 频数表和二维交互表

以上介绍的概要统计量、统计图以及转换主要适用于测量变量。定类变量需要其他方法，通常从简单的一维或二维表开始。为了举一些使用这些表格的例子，我们回到新罕布什尔州民意调查数据 *Granite2011-6.dta*。有一个问题(*trackus*)询问了人们认为美国是正朝着正确的方向还是在错误轨道上发展。虽然这个问题显得模糊不清并且措辞奇怪，但是它在民意调查者中却具有悠久的传统，一直被作为公众情绪的晴雨表成功地运用于许许多多调查。此次新罕布什尔州民意调查中，大部分人都表达出了悲观情绪：

```
. tabulate trackus
```

```
                  US right
              direction or
              wrong track        Freq.      Percent        Cum.

           Right direction         176        37.29       37.29
               Wrong track         296        62.71      100.00

                     Total         472       100.00
```

tabulate 可以对包含许多取值的变量得到频数分布表。不过，要想为包含许多取值的变量创建一个易处理的频数分布表，你可能会首先想应用 **generate** 及其选项 **recode** 或 **autocode** 对那些值进行分组(见第 2 章或 **help generate**)。

tabulate 后面跟两个变量名就会创建一个二维交互表。例如，这里是一个 *trackus* 和 *educ* (受访者的教育水平)的交互表：

```
. tabulate educ trackus

                   | US right direction or
    Highest degree |      wrong track
         completed | Right dir   Wrong tra |    Total
       ------------+----------------------+---------
         HS or less|        36         71 |      107
     Tech/some coll|        34         76 |      110
       College grad|        49         93 |      142
          Postgrad |        56         52 |      108
       ------------+----------------------+---------
             Total |       175        292 |      467
```

第一个被指定的变量构成了所得表格的行，而第二个变量则构成了列。我们看到 107 名拥有高中或以下受教育水平的被调查者中，有 71 名认为美国处在错误的轨道上。

trackus 的观点与教育有关吗？为了回答此问题，我们可以运行 χ^2(卡方)检验和考察行百分比，因为定义行的 *educ* 是我们这里的自变量。**row** 选项要求输出行百分比，**nof** 表示不要显示频数。

```
. tabulate educ trackus, row nof chi2

                   | US right direction or
    Highest degree |      wrong track
         completed | Right dir   Wrong tra |    Total
       ------------+----------------------+---------
         HS or less|     33.64      66.36 |   100.00
     Tech/some coll|     30.91      69.09 |   100.00
       College grad|     34.51      65.49 |   100.00
          Postgrad |     51.85      48.15 |   100.00
       ------------+----------------------+---------
             Total |     37.47      62.53 |   100.00

         Pearson chi2(3) =  12.7549   Pr = 0.005
```

受教育水平为技校或大专的被调查者中，有 69%的人认为美国正处在错误的轨道上。那些拥有研究生学历的被调查者显得更乐观，只有 48%持这个看法。基于此样本，我们拒绝了 *educ* 和 *trackus* 在新罕布什尔州总体中无关的零假设(χ^2 = 12.75，p = 0.005)。

tabulate 还有许多与二维表有关的有用选项，包括替代性的检验(费舍精确检验，似然比 χ^2)和关联性测量(Goodman 和 Kruskal 的 γ(gamma)、Kendall 的 τ_b(tau-b)以及 Cramér 的 *V*)。选项 **missing** 要求在表格的行或列中包括缺失值。**tabulate** 也可以将频数和变量名称保存为矩阵。键入 **help tabulate** 查看选项的更详细信息。

偶尔我们可能需要在没有获得原始数据的情况下对已发表的表格重新进行分析。有一个专门的命令 **tabi**(直接制表(immediate tabulation))可以完成这项工作。在命令行上键入单元格频数，表格各行之间用"\"隔开。这里，我们示例说明在无需任何数据集的情况下，**tabi** 如何能够直接根据 4 个单元格频数来再现前面的交互表：

```
. tabi 36 71 \ 34 76 \ 49 93 \ 56 52

           |       col
       row |     1       2  |  Total
    -------+----------------+-------
         1 |    36      71  |   107
         2 |    34      76  |   110
         3 |    49      93  |   142
         4 |    56      52  |   108
    -------+----------------+-------
     Total |   175     292  |   467

         Pearson chi2(3) =  12.7549   Pr = 0.005
```

以下为呈现行百分比和χ^2检验的相同分析：

```
. tabi 36 71 \ 34 76 \ 49 93 \ 56 52, row nof chi2

           |       col
       row |     1       2  |  Total
    -------+----------------+-------
         1 | 33.64   66.36  | 100.00
         2 | 30.91   69.09  | 100.00
         3 | 34.51   65.49  | 100.00
         4 | 51.85   48.15  | 100.00
    -------+----------------+-------
     Total | 37.47   62.53  | 100.00

         Pearson chi2(3) =  12.7549   Pr = 0.005
```

不同于 **tabulate** 命令，**tabi** 并不需要或引用内存中的任何数据。不过通过增加 **replace** 选项，我们可以要求 **tabi** 用新的交互表来替换内存中的任何数据。在统计量的选项(**chi2**、**exact**、**nofreq** 等)上，**tabi** 与 **tabulate** 完全一样，参见 **help tabulate twoway**。

到目前为止，本章的例子并没有涉及加权。正如第 4 章中所介绍的，调查研究人员经常使用仔细计算的权数以使样本结果更能够代表目标总体。新罕布什尔州民意调查的变量 *censuswt* 提供了这样的权数。前面，我们使用过 **svyset** 命令来定义这些权数为概率权数。

```
. syvset [pw = censuswt]
```

带有 **svy:** 前缀的命令将自动应用 **svyset** 权数，对于其他的命令，权数将被忽略。这里是上面一维和二维表的加权形式：

```
. svy: tab trackus

. svy: tab trackus
(running tabulate on estimation sample)

Number of strata  =        1         Number of obs    =        472
Number of PSUs    =      472         Population size  =  474.80568
                                     Design df        =        471

    US right    |
    direction   |
    or wrong    |
    track       | proportions
    ------------+-------------
    Right di    |      .3696
    Wrong tr    |      .6304
    ------------+-------------
       Total    |          1

    Key: proportions = cell proportions
```

```
. svy: tab educ trackus, row percent
(running tabulate on estimation sample)

Number of strata   =       1         Number of obs    =         467
Number of PSUs     =     467         Population size  = 469.25491
                                     Design df        =         466
```

Highest degree completed	US right direction or wrong track		
	Right di	Wrong tr	Total
HS or le	34.33	65.67	100
Tech/som	24.5	75.5	100
College	36.41	63.59	100
Postgrad	53.41	46.59	100
Total	37.26	62.74	100

```
Key:  row percentages

Pearson:
    Uncorrected   chi2(3)            =   21.3629
    Design-based  F(2.99, 1394.32)=      5.9918      P = 0.0005
```

在加权的表格中，我们看到受教育水平为技校或大专的被调查者(75.5%认为处在错误的轨道上)与受过研究生教育的被调查者(46.6%认为处在错误的轨道上)在悲观情绪上的差异甚至更大。基于抽样设计的 F 检验(design-based F test)提供了与未加权表格卡方检验相应的对调查数据的检验。此 F 检验也支持 educ 和 trackus 之间的关系在统计上是显著的($p = 0.0005$)。

5.6 多表和多维交互表

对于调查和其他大型数据集，我们有时需要许多不同变量的频数分布。不是单独要求得到每个表格，比如首先键入 **tabulate** *tparty*，然后键入 **tabulate** *obama*，最后键入 **tabulate** *trackus*，我们可以简单地使用另一个专门命令 **tab1**：

```
. tab1 tparty obama trackus
```

或者，要对此数据集里从 *tparty* 直到 *trackus* 的每个变量创建一维频数表(一次最多可纳入 30 个变量)，键入：

```
. tab1 tparty-obama
```

类似地，**tab2** 同时创建多个二维表。例如，下面的命令对所列出变量的每一个二维组合进行交互列表：

```
. tab2 tparty obama trackus
```

tab1 和 **tab2** 提供与 **tabulate** 相同的选项。

要创建多维列联表，一种可能方法是使用 **tabulate** 加上 **by** 前缀。比如，这里是被调查者是否在 2008 年为奥巴马投票与他们是否毕业于专科学校的一个简单二维交互表。

```
. tab obama college, col nof chi
```

```
                Voted for
                Obama in   College graduate
                   2008    Non colle    College  |    Total

                     No       61.44       41.45  |    50.68
                    Yes       38.56       58.55  |    49.32

                  Total      100.00      100.00  |   100.00

            Pearson chi2(1) =  20.2966   Pr = 0.000
```

创建 *obama/college* 关系与 *gender* 的三维交互表的一种方法是使用 **sort** 和 **by**: 前缀。这得到与上面表格格式相同的二维交互表，但是对男性和女性分别进行调查。

```
. sort sex
. by sex: tab obama college, col nof chi

-> sex = Male

                Voted for
                Obama in   College graduate
                   2008    Non colle    College  |    Total

                     No       69.81       44.88  |    56.22
                    Yes       30.19       55.12  |    43.78

                  Total      100.00      100.00  |   100.00

            Pearson chi2(1) =  14.5888   Pr = 0.000

-> sex = Female

                Voted for
                Obama in   College graduate
                   2008    Non colle    College  |    Total

                     No       54.62       38.51  |    46.04
                    Yes       45.38       61.49  |    53.96

                  Total      100.00      100.00  |   100.00

            Pearson chi2(1) =   7.2227   Pr = 0.007
```

两个分表中，*obama/college* 关系均显著且方向也相同，但是这一关系在男性中(毕业于专科学校产生了 25 个百分点的差异，30.19%相对于 55.12%)比在女性中(16 个百分点的差异，45.38%相对于 61.79%)表现得更强一些。

这种方式可以扩展到更复杂的表格。要得到 *obama* 与 *college* 的四维交互表，其中对已婚和未婚的男性与女性分别创建一个分表，我们可以键入命令(结果未显示)：

```
. sort sex married
. by sex married: tab obama college, col nof chi
```

这样的多维表格将数据不断地区分成小规模子样本(subsample)，其中的变异会显得更为不稳定。

如果我们不需要百分比或统计检验，还有一种创建多维列联表的替代方法，就是利用 Stata 的通用制表命令 **table**。这个多用途命令有许多选项，这里只示例说明其中的几个。要创建 *obama* 与 *college* 的一个二维交互表且单元格内为频数，键入：

```
. table obama college, contents(freq)

                Voted for
                Obama in   College graduate
                   2008    Non college    College

                     No        145          114
                    Yes         91          161
```

如果我们设定第三个分类变量，它就会构成一个三维列联表的"大列(supercolumns)"：

```
. table obama college sex, contents(freq)
```

Voted for Obama in 2008	Gender and College graduate			
	Male		Female	
	Non college	College	Non college	College
No	74	57	71	57
Yes	32	70	59	91

更复杂的表则需要 **by( )** 选项，它允许多达 4 个大行变量(supperrow variables)。因此，**table** 可以创建多达七维的表格：一行、一列、一大列和多达 4 个大行。下面是一个四维表的例子：

```
. table obama college sex, contents(freq) by(married)
```

Respondent married and Voted for Obama in 2008	Gender and College graduate			
	Male		Female	
	Non college	College	Non college	College
No				
No	34	12	35	22
Yes	15	22	39	38
Yes				
No	40	45	36	35
Yes	17	48	20	53

以上 **table** 示例中单元格内呈现的是频数，但是 **table** 也可以呈现概要统计量。这里是一个 *obama* × *college* × *sex* × *married* 的四维表，特征组合对应的每个单元格内呈现的是 *age* 的均值。比如，我们看到 34 名非大专学历、未婚男性且没有投票给奥巴马的被调查者的平均年龄为 46.6 岁。

```
. table obama college sex, contents(mean age) by(married)
```

Respondent married and Voted for Obama in 2008	Gender and College graduate			
	Male		Female	
	Non college	College	Non college	College
No				
No	46.63636	46.91667	59.69697	58.22222
Yes	53	53.45454	62.37838	61.78378
Yes				
No	56.075	55.92857	58.2	52.35484
Yes	59	55.87234	53.21053	53.80769

table 的 **contents( )** 选项设定表格的单元格内所呈现的统计量。选择不仅仅包括频数或均值，也包括标准差、最小值、最大值、中位数、全距、百分位数以及其他概要统计量。键入 **help table** 查看完整列表。下一节会示例说明表格里的一些其他的可能概要统计量。

5.7 均值、中位数以及其他概要统计量的列表

tabulate 可得到制表变量(tabulated variables)各类别内均值和标准差的列表。对于本章余下的例子，我们回到美国各州的电量消耗数据。**tabulate** 给我们提供了一种方法来查看

美国 9 个人口普查区(*region9*)中每一个的人均电量消耗(*elcap*)的概要统计量：

```
. tabulate region9, summ(elcap)

  Census  | Summary of Per capita electricity
Division  |            use, kwh
    (9)   |     Mean    Std. Dev.       Freq.
----------+-----------------------------------
New Engla |  8417.1667   532.95419          6
Mid Atlan |  9403.6667   2176.4139          3
E N Centr |   12726.2    2274.5595          5
W N Centr |  15169.571   2172.0833          7
S Atlanti |  15011.889   2810.0798          9
E S Centr |  17948.25    2475.1953          4
W S Centr |  16279.5     1965.8288          4
 Mountain |  13877.5     5723.3327          8
  Pacific |     9534     3073.2846          5
----------+-----------------------------------
    Total |  13318.431   4139.3277         51
```

我们也可以用 **tabulate** 创建一个均值的二维表，就像这个使用 9 个人口普查区和 4 大人口普查地带的虚构例子中一样：

```
. tabulate region9 region4, summ(elcap) mean

              Means of Per capita electricity use, kwh

  Census   |
Division   |       Census Region    (4)
    (9)    |  Northeast   Midwest     South      West      Total
-----------+----------------------------------------------------
New Engla  |  8417.1667       .          .          .     8417.1667
Mid Atlan  |  9403.6667       .          .          .     9403.6667
E N Centr  |      .        12726.2       .          .       12726.2
W N Centr  |      .       15169.571      .          .     15169.571
S Atlanti  |      .           .      15011.889      .     15011.889
E S Centr  |      .           .      17948.25       .     17948.25
W S Centr  |      .           .      16279.5        .      16279.5
 Mountain  |      .           .          .       13877.5   13877.5
  Pacific  |      .           .          .        9534      9534
-----------+----------------------------------------------------
    Total  |    8746      14151.5    16001.059   12206.923  13318.431
```

上面的 **means** 选项要求得到一个仅包含均值的表。否则，我们会得到一个每一单元格内呈现均值、标准差和频数的庞大表格。

更加灵活的 **table** 命令能创建呈现均值、标准差、总和、中位数或其他统计量的多达七维的表格。出于示例说明，这里有一个一维表格，它给出了每个人口普查区内人均电量消耗的均值和标准差，以及人口数的中位数和四分位距。

```
. table region9, contents (mean elcap sd elcap median pop iqr pop)

  Census     |
Division (9) | mean(elcap)  sd(elcap)   med(pop)    iqr(pop)
-------------+---------------------------------------------
 New England |    8417.17    532.9542      1322       2521
Mid Atlantic |    9403.67    2176.414     12702      10586
  E N Central|    12726.2    2274.56       9884       5053
  W N Central|    15169.6    2172.083      2853       4490
   S Atlantic|    15011.9    2810.08       5774       7682
  E S Central|    17948.3    2475.195     4559.5      1910
  W S Central|    16279.5    1965.829      4142      11506
    Mountain |    13877.5    5723.333      2380       2618
     Pacific |      9534     3073.285      3831       5365
```

人均电量消耗的均值在两倍内变动，从新英格兰地区最低的 8417 kWh 到西南中部普地区(包括石油产地德克萨斯州、路易斯安那州和俄克拉荷马州)最高的 17 948 kWh。但是，最大的变异却出现在落基山区，其标准差(5723 kWh)是新英格兰地区(533 kWh)的 10 倍。

table 命令的 **contents( )** 选项设定每个单元格内应该呈现哪些变量的哪些统计量。可能的统计量也包括最小值、最大值、总和、百分位数以及若干种标准误。有关的完整清单，见 **help table**。

5.8 使用频数权数

summarize、**tabulate**、**table** 以及有关命令都可以与标明重复观测案例数目的频数权数 (frequency weight)一起使用。比如，这里是美国所有各州中人均电量消耗的均值和其他统计量：

```
. summ elcap
```

Variable	Obs	Mean	Std. Dev.	Min	Max
elcap	51	13318.43	4139.328	6721	27457

均值 13 318 kWh 告诉我们 51 个州(包括哥伦比亚特区)的平均电量消耗——将每个州作为一个计数单位。怀俄明州的人口数最少(56.4 万)，可人均电量消耗却最高(27 457 kWh)。加利福尼亚州的人口数最多(3700 万)，而人均电量消耗却最低(6 721 kWh)。每个州在这一 51 个州的均值中具有相同的权数。但是，要想查看全美人均电量消耗的均值，我们需要根据人口数进行加权：

```
. summ elcap [fweight = pop]
```

Variable	Obs	Mean	Std. Dev.	Min	Max
elcap	308746	12112.69	3519.441	6721	27457

人口数加权的均值(12 114 kWh)小于 51 个州的均值(13 318 kWh)，因为更多的人居住在诸如加利福尼亚和纽约那样电量消耗相对较少的州，而更少的人居住在诸如怀俄明和肯塔基那样电量消耗较高的州(见图 5.3)。

```
. graph twoway scatter elcap pop, mlabel(state)
```

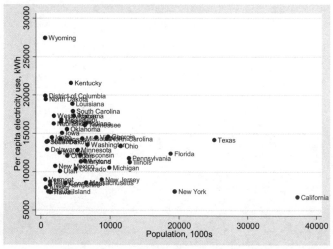

图 5.3

不像未加权的均值,用人口数加权的均值可被解释为美国 3.09 亿人口的均值。但是,注意我们不能对加权的标准差、最小值或最大值做类似的解释。除了均值,大部分个体层次上的统计量都不能简单地通过对已被汇总的数据进行加权来计算得到。因此,我们需要谨慎地使用权数。虽然在特定分析的背景下,权数可能是有意义的,但是当需要许多不同类型的分析时,它们对于整个数据而言几乎没有意义。

频数权数与 **tabulate** 和 **table** 两者以类似的方式起作用。下面的 **table** 命令对每一人口普查区计算人口数加权的均值。现在,我们将多得多的人口数考虑进来,我们看到太平洋地区的平均电量消耗低于新英格兰地区。

```
. table region9 [fweight = pop], contents(mean elcap) row
```

Census Division (9)	mean(elcap)
New England	8486.42
Mid Atlantic	9127.38
E N Central	12444.7
W N Central	14374.9
S Atlantic	13891.4
E S Central	17819.2
W S Central	15092.9
Mountain	11816.9
Pacific	8089.04
Total	12112.7

row 选项要求最后一行输出整个表格的概要统计结果。此表中总均值(overall mean) (12 112.7 kWh)与前面由 **summarize** 得到的结果相同。

第 6 章

方差分析和其他比较方法

方差分析(ANnalysis Of VAriance，ANOVA)包含关于均值间差异假设检验的一整套方法。它的应用范围广泛，既有比较 x 各个类别的 y 均值这样的简单分析，也有涉及多个分类型变量与连续或测量型 x 变量这样更为复杂的情形。针对单个均值(单样本)或配对均值(两个样本)的 t 检验是方差分析的基本形式。

基于秩的非参数(nonparametric)检验，包括符号(sign)检验、Mann-Whitney 秩和检验以及 Kruskal-Wallis 秩和检验，采取另一种途径来比较多个分布。这些检验对变量的测度、分布形态和散布情况做了较弱的假定。因而，比起方差分析及其参数(parametric)检验来说，它们在更宽泛的条件下仍然有效。细致的分析人员有时会同时使用参数检验和非参数检验，并检查二者是否指向相似的结论。当参数检验和非参数检验的结果不一致时，就需要进一步探究。

anova 是 Stata 的模型拟合命令之一。和其他命令一样，它具有相当大的灵活性，包含了各种模型。**anova** 可以拟合平衡设计和非平衡设计以及有缺失单元格设计情况下的单因素(one-way)和多因素(N-way)的方差分析或协方差分析(ANalysis of COVAriance，ANCOVA)。它还可以拟合因子型(factorial)、嵌套型(nested)、混合型(mixed)或重复测量设计(repeated-measures designs)。执行 **anova** 命令后，后续命令 **predict** 会计算预测值、不同类型的残差、各种标准误以及诊断统计量(diagnostic statistics)。另一个后续命令 **test** 得到用户设定的零假设(null hypothesis)检验结果。**predict** 和 **test** 与 **regress** 等(第 7 章)其他 Stata 模型拟合命令以类似的方式起作用。

通过下面的菜单选项，可以完成本章所介绍的大部分操作：

Statistics → Summaries, tables, & tests → Classical tests of hypotheses　　经典假设检验
Statistics → Summaries, tables, & tests → Nonparametric tests of hypotheses　　非参数检验
Statistics → Linear Model and related → ANOVA/MANOVA　　方差分析与多元方差分析
Statistics → Postestimation → Predictions, residuals, etc.　　取得预测值、残差等
Graphics → Twoway graph (scatter, line, etc.)　　二维图形

6.1 示范

. anova y x1 x2

执行双因素方差分析,检验 y 的均值在 x1 和 x2 两个分类变量的所有类别之间的差异。

. anova y x1 x2 x1#x2

执行双因素多阶方差分析,包括两个分类变量 x1 与 x2 的主效应以及它们之间的交互效应(x1#x2)。也可以用 **anova y x1##x2** 这样的阶乘式记号来设定完全一样的模型,这里的"##"不仅仅要求有 x1##x2 这一交互项,同时还要求涉及这些变量的所有低阶交互项和主效应(本例比较简单,只有 x1 和 x2 的主效应)。

. anova y x1##x2##x3

执行三因素多阶方差分析,三阶交互效应(x1#x2#x3)、二阶交互效应(x1#x2、x1#x3 和 x2#x3)和主效应(x1、x2 和 x3)都包括在内。

. anova reading curriculum / teacher|curriculum /

拟合嵌套模型,用以检验三种类型课程对学生阅读能力(*reading*)的影响。*teacher* 嵌套在 *curriculum* 中(***teacher|curriculum***),因为每一门课程都被指派了几位不同的老师任教。《基础参考手册》提供了其他嵌套方差分析的例子,包括分块设计(split-plot design)。

. anova headache subject medication, repeated(medication)

拟合重复测量的方差分析模型,用以检验三类头疼药(*medication*)对受试者不同程度头疼(*headache*)的疗效。样本由 20 名经常头疼的受试者构成。这个研究中,每一个受试者在不同时间分别服用这三种头疼药。

. anova y x1 x2 c.x3 c.x4 x2#c.x3
. regress

执行有 4 个自变量的协方差分析,其中两个自变量(*x1* 和 *x2*)是分类的,另外两个自变量(*x3* 和 *x4*)是连续的。包括 x2#c.x3 这一交互。接下来不带任何变量的 **regress** 命令将分析结果以回归表的形式展示出来。

. kwallis y, by(x)

执行 Kruskal–Wallis 方法来检验 y 是否在 x 的 k 个类别(k>2)间有同样的秩分布。

. oneway y x

执行单因素方差分析,检验在 x 不同类别间 y 的均值是否存在差异。也可以用命令 **anova y x** 来完成同样的分析,但输出的表格不同。

. oneway y x, tabulate scheffe

执行单因素方差分析,输出中包括样本平均数表和 Scheffé 多重比较检验(Scheffé multiplecomparison test)的结果。

. **ranksum** *y*, **by(***x***)**

执行 Wilcoxon 秩和检验(Wilcoxon rank-sum test，也称 Mann-Whitney 的 U 检验)，零假设为 *y* 在二分变量 *x* 的每个类别间具有同样的秩分布。如果我们假定两个秩分布具有相同的形态，这也可看作检验 *y* 的两个中位数是否相等。

. **serrbar** *ymean se x*, **scale(2)**

根据均值的数据集构建一张标准误条形图(standard-error-bar plot)。变量 *ymean* 包含 *y* 的组均值(group means)，*se* 为标准误，而 *x* 则是分类变量 *x* 的取值。**scale(2)**要求条形围绕每个均值扩展至±2 倍标准误(默认设置为±1 倍)。

. **signrank** *y1* = *y2*

执行 Wilcoxon 配对符号秩检验(Wilcoxon matched-pairs sign-rank test)以检验 *y1* 和 *y2* 的秩分布是否相同。也能用于检验 *y1* 的中位数是否等于某一常数，比如 23.4，可键入命令 **signrank** *y1* = **23.4**。

. **signtest** *y1* = *y2*

检验 *y1* 和 *y2* 的中位数是否相等(假定为配对数据，也就是说，两个变量都是测量相同的观测案例样本)。键入 **signtest** *y1* = **5** 将执行符号检验，零假设为 *y1* 的中位数等于 5。

. **ttest** *y* = **5**

执行单样本 *t* 检验，零假设为 *y* 的总体均值等于 5。

. **ttest** *y1* = *y2*

执行单样本(配对差值)*t* 检验，零假设为 *y1* 和 *y2* 的总体均值相等。此命令的默认形式假定数据是配对的。对于非配对数据(*y1* 和 *y2* 分别对两个独立样本测量得到)，须加上选项 **unpaired**。

. **ttest** *y*, **by(***x***) unequal**

执行两样本 *t* 检验，零假设为 *y* 的总体均值对于 *x* 的两个类别而言是相同的。没有假定各总体方差相等(如果没有 **unequal** 选项，**ttest** 假定同方差)。

6.2 单样本检验

单样本 *t* 检验有两种似乎不同的应用：
① 检验一个样本均值 $\bar{y}$ 是否显著地不同于某一假设值 μ_0。
② 检验基于同一组观察案例测量所得的两个变量 y_1 和 y_2 的均值是否显著地相互不同。这等价于检验由 y_1 减去 y_2 所得"差值(difference score)"变量的平均数是否等于零。
虽然第二项应用涉及两个而不是一个变量的信息，但这两项应用实质上使用相同的公式。

writing.dta 中的数据被收集用于评估一门基于文字处理的大学写作课(Nash and Schwartz, 1987)。学生修习这门课的前后都收集了一些测量指标,比如定时写作中完成的句子数。研究者想知道修课后的测量指标是否有所提高。

```
. use C:\data\writing.dta, clear
. describe

Contains data from C:\data\writing.dta
  obs:            24                          Nash and Schwartz (1987)
 vars:             9                          15 Mar 2012 09:17
 size:           216
              storage  display     value
variable name   type   format      label      variable label
id              byte   %8.0g       slbl       Student ID
preS            byte   %8.0g                  # of sentences (pre-test)
preP            byte   %8.0g                  # of paragraphs (pre-test)
preC            byte   %8.0g                  Coherence scale 0-2 (pre-test)
preE            byte   %8.0g                  Evidence scale 0-6 (pre-test)
postS           byte   %8.0g                  # of sentences (post-test)
postP           byte   %8.0g                  # of paragraphs (post-test)
postC           byte   %8.0g                  Coherence scale 0-2 (post-test)
postE           byte   %8.0g                  Evidence scale 0-6 (post-test)
Sorted by:
```

假定我们知道学生在前些年平均能够完成 10 个句子。在考察 *writing.dta* 中的学生在本课程中是否有进步之前,我们可能希望知道他们在课程开始时是否基本上和以前的学生相像——换句话说,他们的前测(*preS*)均值是否显著地不同于以前学生的均值(10)。为了解对 $H_0: \mu = 10$ 的单样本 t 检验,零假设键入命令:

```
. ttest preS = 10

One-sample t test

Variable |   Obs      Mean    Std. Err.   Std. Dev.   [95% Conf. Interval]
    preS |    24   10.79167   .9402034    4.606037    8.846708    12.73663

    mean = mean(preS)                                   t =   0.8420
Ho: mean = 10                          degrees of freedom =       23

   Ha: mean < 10              Ha: mean != 10              Ha: mean > 10
 Pr(T < t) = 0.7958        Pr(|T| > |t|) = 0.4084      Pr(T > t) = 0.2042
```

标记符号 Pr(T<t)的意思是 "H_0 为真的情况下,一个 t 分布值小于实际观测到的 t 值的概率"——也就是单侧检验概率。一个更大绝对 t 值的双侧检验概率被表示成 Pr(|T| > |t|) = 0.4084。因为这一概率比较大,所以我们没有理由拒绝零假设 $H_0: \mu = 10$。注意,**ttest** 自动提供均值的 95%置信区间,且此置信区间包含了零假设值 10。我们也可以获得不同水平的置信区间,比如 90%,只要在命令后加上选项 **level(90)** 即可。

一个类似的非参数型检验——符号检验采用二项分布来对关于某一中位数的假设进行检验。比如,我们可以检验 *preS* 的中位数是否等于 10。**signtest** 的结果同样告诉我们没有理由拒绝该零假设。

```
. signtest preS = 10
```

```
Sign test

    sign |   observed    expected
---------+----------------------
positive |       12          11
negative |       10          11
    zero |        2           2
---------+----------------------
     all |       24          24

One-sided tests:
  Ho: median of preS - 10 = 0 vs.
  Ha: median of preS - 10 > 0
      Pr(#positive >= 12) =
         Binomial(n = 22, x >= 12, p = 0.5) =  0.4159

  Ho: median of preS - 10 = 0 vs.
  Ha: median of preS - 10 < 0
      Pr(#negative >= 10) =
         Binomial(n = 22, x >= 10, p = 0.5) =  0.7383

Two-sided test:
  Ho: median of preS - 10 = 0 vs.
  Ha: median of preS - 10 != 0
      Pr(#positive >= 12 or #negative >= 12) =
         min(1, 2*Binomial(n = 22, x >= 12, p = 0.5)) =  0.8318
```

与 **ttest** 相似，**signtest** 也包括右侧概率、左侧概率和双侧概率。但与 **ttest** 使用对称的 t 分布不同，**signtest** 使用的二项分布具有不同的左侧和右侧概率。本例中，只有双侧概率有意义，因为我们检验的是 *writing.dta* 中的学生是否"不同"于零假设的中位数 10。

接下来，通过检验课程前后完成的平均句子数(即 *preS* 和 *postS* 的均值)相等这一零假设，我们可以对学生在课程中的进步情况进行检验。**ttest** 命令也可以实现这一目的，结果发现存在显著的进步。

```
. ttest postS = preS

Paired t test
------------------------------------------------------------------------------
Variable |     Obs        Mean    Std. Err.   Std. Dev.   [95% Conf. Interval]
---------+--------------------------------------------------------------------
   postS |      24      26.375    1.693779    8.297787    22.87115    29.87885
    preS |      24    10.79167    .9402034    4.606037    8.846708    12.73663
---------+--------------------------------------------------------------------
    diff |      24    15.58333    1.383019    6.775382    12.72234    18.44433
------------------------------------------------------------------------------
     mean(diff) = mean(postS - preS)                           t =  11.2676
 Ho: mean(diff) = 0                              degrees of freedom =       23

 Ha: mean(diff) < 0           Ha: mean(diff) != 0           Ha: mean(diff) > 0
 Pr(T < t) = 1.0000        Pr(|T| > |t|) = 0.0000        Pr(T > t) = 0.0000
```

由于我们期望的不仅仅是 *preS* 和 *postS* 之间的"差异"，而是要"进步"，因此单侧检验才是恰当的。结果中显示的右侧概率四舍五入后等于 0。学生的平均句子完成数确实显著地增加了。基于这一样本，我们有 95%的把握认为这一完成数增加了 12.7 到 18.4 句。

t 检验通常假定变量服从围绕它们组均值的正态分布。这一假定通常不是十分紧要，因为这些检验都比较稳健(robust)。但是，当非正态性涉及严重的特异值，或者说出现在小样本中时，我们可能要采用中位数而不是均值，并使用不要求正态性的非参数检验，这样会更保险。比如，Wilcoxon 符号秩检验仅假定分布是对称和连续的。对这样的数据采用符号秩检验，可以获得基本上与 **ttest** 相同的结论：学生的句子完成数显著地增加了。由于两种检验在结论上一致，因此我们可以更有把握地做出该陈述。

```
. signrank postS = preS
```

```
Wilcoxon signed-rank test

      sign |    obs   sum ranks   expected
-----------+-----------------------------
  positive |     24       300        150
  negative |      0         0        150
      zero |      0         0          0
-----------+-----------------------------
       all |     24       300        300

unadjusted variance      1225.00
adjustment for ties        -1.63
adjustment for zeros        0.00
                         -------
adjusted variance        1223.38

Ho: postS = preS
             z =    4.289
    Prob > |z| =   0.0000
```

6.3 两样本检验

本章其余部分的例子来自于 Ward 和 Ault(1990)对在校大学生的一项抽样调查。

```
. use C:\data\student2.dta
. describe

Contains data from C:\data\student2.dta
  obs:           243                          Student survey (Ward 1990)
 vars:            18                          16 Mar 2012 13:25
 size:         5,346
-------------------------------------------------------------------------------
              storage  display     value
variable name   type   format      label        variable label
-------------------------------------------------------------------------------
id              int    %8.0g                    Student ID
year            byte   %9.0g       year         Year in college
age             byte   %8.0g                    Age at last birthday
gender          byte   %9.0g       s            Gender (male)
relig           byte   %8.0g       v4           Religious preference
drink           byte   %9.0g                    33-point drinking scale
gpa             float  %9.0g                    Grade Point Average
grades          byte   %8.0g       grades       Guessed grades this semester
greek           byte   %9.0g       greek        Belong to fraternity or sorority
live            byte   %8.0g       v10          Where do you live?
miles           byte   %8.0g                    How many miles from campus?
study           byte   %8.0g                    Avg. hours/week studying
athlete         byte   %9.0g       athlete      Are you a varsity athlete?
employed        byte   %8.0g       employ       Are you employed?
allnight        byte   %8.0g       allnight     How often study all night?
ditch           byte   %8.0g       times        How many class/month ditched?
hsdrink         byte   %9.0g                    High school drinking scale
aggress         byte   %9.0g                    Aggressive behavior scale
-------------------------------------------------------------------------------
Sorted by:  year
```

大约有 19% 的学生参加了男生联谊会或女生联谊会。校园中，这些组织和他们的成员通常被称为"希腊人"，这和国籍没有任何关联，而是因为大多数组织的名称都由希腊字母组成。

```
. tabulate greek

Belong to
fraternity
or sorority |     Freq.     Percent        Cum.
------------+-----------------------------------
  non-Greek |       196       80.66       80.66
      Greek |        47       19.34      100.00
------------+-----------------------------------
      Total |       243      100.00
```

另一个变量 *drink* 用一个 33 分的量尺来测量学生喝酒频度和量度。校园传闻可能让人猜测大学生联谊会成员在饮酒行为上不同于其他学生。箱线图比较了 *drink* 的中位数在会员和非会员之间的差别，而条形图则比较了这一变量的均值，两种结论都与这样的传闻相一致。使用 **ylabel(0(5)25)** 来设定共同的 *y* 轴标尺以用于比较，然后图 6.1 把这两幅图叠拼为一幅图像。

```
. graph box drink, over(greek) ylabel(0(5)35) saving(fig06_01a)
. graph bar (mean) drink, over(greek) ylabel(0(5)35)
    saving(fig06_01b)
. graph combine fig06_01a.gph fig06_01b.gph, col(2) iscale(1.05)
```

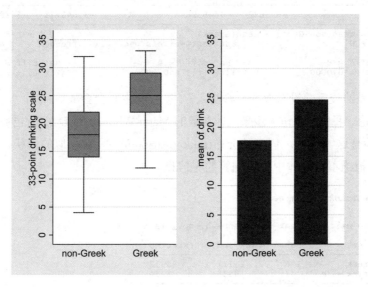

图 6.1

前面用于单样本和配对差值检验的 **ttest** 命令也可以用于两样本检验。此应用中，其通用语句是 **ttest** *measurement*, **by**(*categorical*)[1]。比如：

```
. ttest drink, by(greek)

Two-sample t test with equal variances

    Group |     Obs        Mean    Std. Err.   Std. Dev.   [95% Conf. Interval]
---------+--------------------------------------------------------------------
non-Gree |     196      17.7602    .4575013    6.405018    16.85792    18.66249
   Greek |      47      24.7234    .7124518    4.884323    23.28931     26.1575
---------+--------------------------------------------------------------------
combined |     243       19.107     .431224    6.722117    18.25756    19.95643
---------+--------------------------------------------------------------------
    diff |              -6.9632    .9978608               -8.928842   -4.997558
------------------------------------------------------------------------------
    diff = mean(non-Gree) - mean(Greek)                          t =  -6.9781
Ho: diff = 0                                   degrees of freedom =      241

    Ha: diff < 0                 Ha: diff != 0                 Ha: diff > 0
 Pr(T < t) = 0.0000        Pr(|T| > |t|) = 0.0000          Pr(T > t) = 1.0000
```

---

[1] 其中，*measurement* 代表测量变量名，即 *y*；*categorical* 代表分类变量名，即 *x*。——译者注

正如输出结果所注明的,此 t 检验基于等方差假定。不过,大学生联谊会成员样本的标准差看起来更小一些。这意味着比起非会员,他们在所报告的饮酒行为上更为相似。要想不假定等方差来执行类似的检验,在命令后加上选项 **unequal** 即可:

```
. ttest drink, by(greek) unequal

Two-sample t test with unequal variances

    Group |   Obs      Mean    Std. Err.   Std. Dev.   [95% Conf. Interval]
---------+--------------------------------------------------------------
non-Gree |   196    17.7602    .4575013    6.405018    16.85792   18.66249
   Greek |    47    24.7234    .7124518    4.884323    23.28931   26.1575
---------+--------------------------------------------------------------
combined |   243    19.107     .431224     6.722117    18.25756   19.95643
---------+--------------------------------------------------------------
    diff |          -6.9632    .8466965                -8.645773  -5.280627

    diff = mean(non-Gree) - mean(Greek)                      t = -8.2240
Ho: diff = 0              Satterthwaite's degrees of freedom =   88.22

    Ha: diff < 0              Ha: diff != 0              Ha: diff > 0
Pr(T < t) = 0.0000     Pr(|T| > |t|) = 0.0000     Pr(T > t) = 1.0000
```

对不等方差的校正并没有改变"希腊人"(男生/女生联会会成员)和非"希腊人"显著不同这一基本结论。我们可以进一步采用非参数的 Mann-Whitney 的 U 检验(也被称作 Wilcoxon 秩和检验)来检查这一结论。假定秩分布(rank distribution)具有相似的形状,秩和检验结果表明我们可以拒绝不同总体中位数相等的零假设。

```
. ranksum drink, by(greek)

Two-sample Wilcoxon rank-sum (Mann-Whitney) test

    greek |     obs    rank sum    expected
---------+---------------------------------
non-Greek |    196     21111       23912
    Greek |     47      8535        5734
---------+---------------------------------
 combined |    243     29646       29646

unadjusted variance    187310.67
adjustment for ties      -472.30
                       ---------
adjusted variance      186838.36

Ho: drink(greek==non-Greek) = drink(greek==Greek)
             z =  -6.480
    Prob > |z| =   0.0000
```

6.4 单因素方差分析

方差分析(ANOVA)提供比 t 检验更具一般性的方法来检验均值之间的差异。最简单的例子是单因素(one-way)方差分析,它检验 y 的均值是否在 x 的多个类别间不同。单因素方差分析可以用 **oneway** 命令来执行,其通用形式为 **oneway** *measurement categorical*[2]。比如:

```
. oneway drink greek, tabulate
```

---

2 同样,其中的 ***measurement*** 代表测量变量名,即 y;***categorical*** 代表分类变量名,即 x。——译者注

```
 Belong to |
fraternity | Summary of 33-point drinking scale
or sorority|      Mean    Std. Dev.      Freq.

  non-Greek |  17.760204    6.4050179       196
      Greek |  24.723404    4.8843233        47
      Total |  19.106996    6.7221166       243

                    Analysis of Variance
    Source        SS         df       MS            F     Prob > F

Between groups  1838.08426    1   1838.08426     48.69    0.0000
Within groups   9097.13385  241     37.7474433
    Total      10935.2181   242     45.1868517

Bartlett's test for equal variances:  chi2(1) =   4.8378  Prob>chi2 = 0.028
```

tabulate 选项除了得到方差分析表本身之外，还得到一个秩和标准差的表。使用二分变量 x 的单因素方差分析等价于两样本 t 检验，其 F 统计量等于相应 t 统计量的平方。**oneway** 提供了更多的选项，处理也更快，但是它缺少一个 **unequal** 选项以放松等方差假定。

但是，**oneway** 使用 Bartlett 的 χ^2 来正式地检验等方差假定。小的 Bartlett 概率意味着方差分析中的等方差假定并不合理，在这种情况下，我们不应相信 ANOVA 的 F 检验结果。上面的 **oneway drink belong** 例子中，Bartlett 的 $p = 0.028$，于是令人质疑这一方差分析的有效性。

单因素方差分析的真正价值并不在于两样本的比较，而是对三个或更多个均值的比较。比如，我们可以检验大学生平均饮酒行为是否依在校年数而变。用语"freshman"指的是一年级学生，未必是男生。

```
. oneway drink year, tabulate scheffe

   Year in  | Summary of 33-point drinking scale
   college  |      Mean    Std. Dev.      Freq.

  Freshman  |    18.975    6.9226033        40
 Sophomore  | 21.169231    6.5444853        65
    Junior  | 19.453333    6.2866081        75
    Senior  | 16.650794    6.6409257        63
     Total  | 19.106996    6.7221166       243

                    Analysis of Variance
    Source        SS         df       MS            F     Prob > F

Between groups   666.200518    3    222.066839    5.17    0.0018
Within groups  10269.0176    239     42.9666008
    Total      10935.2181   242     45.1868517

Bartlett's test for equal variances:  chi2(3) =   0.5103  Prob>chi2 = 0.917

         Comparison of 33-point drinking scale by Year in college
                              (Scheffe)
Row Mean-|
Col Mean |   Freshman   Sophomor    Junior

Sophomor |    2.19423
         |     0.429

  Junior |    .478333    -1.7159
         |     0.987      0.498

  Senior |   -2.32421    -4.51844   -2.80254
         |     0.382       0.002     0.103
```

我们可以拒绝均值相等的假设($p = 0.0018$)，但不能拒绝等方差假定($p = 0.917$)。后者对于方差分析的有效性来说是个好消息。

图 6.2 中的水平箱线图(**graph hbox**)支持了这一结论，每一个类别中都呈现出相似的变化。

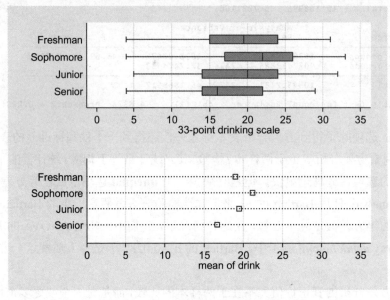

图 6.2

此图中，箱线图与描述每个类别均值的点图(**graph dot(mean)**)合并在一起。此合并的图像表明，中位数之间的差异(顶部)和均值之间的差异(底部)遵从相似的模式。点图具有与条形图非常相似的作用：直观地比较一个或多个测量变量的统计概要。点图和条形图在语法和选项上大体相似，包括在统计概要的选择上也是如此。键入 **help graph dot** 查看详细内容。

```
. graph hbox drink, over(year) ylabel(0(5)35 saving(fig06_02a)
. graph dot (mean) drink, over(year) ylabel(0(5)35, grid)
     marker(1, msymbol(Sh)) saving(fig06_02b)
. graph combine fig06_02a.gph fig06_02b.gph, row(2) iscale(1.05)
```

scheffe 选项(Scheffé 多重比较检验)与 **oneway** 命令同时使用会生成一个表来显示每一对均值之间的差异。一年级学生的均值等于 18.975，二年级学生的均值等于 21.16923，因此二年级和一年级学生之间的差值为 21.16923 – 18.975 = 2.19423，统计上并不能有别于 0(p = 0.429)。表中 6 组对比中，只有四年级学生(Senior)和二年级学生(Sophomor)之间的差值 16.6508 – 21.1692 = -4.5184 是显著的(p =0.002)。因而，我们关于这 4 个组的均值并不相同的整体结论主要来自于四年级学生(最轻度的饮酒者)和二年级学生(最重度的饮酒者)之间的对比。

oneway 提供了三种多重比较选项：**scheffe**、**bonferroni** 以及 **sidak**(有关的定义见《基础参考手册》)。虽然 Scheffé 检验有时更不灵敏，但在大多数情况下仍然是有效的。

Kruskal-Wallis 检验(**kwallis**)是对两样本秩和检验在 K 个样本下的一般化，提供了对单因素方差分析的一种非参数替代。它检验总体中位数相等的零假设。

```
. kwallis drink, by(year)

Kruskal-Wallis equality-of-populations rank test

    year     Obs    Rank Sum
  Freshman    40    4914.00
  Sophomore   65    9341.50
  Junior      75    9300.50
  Senior      63    6090.00

chi-squared =        14.453 with 3 d.f.
probability =         0.0023

chi-squared with ties =     14.490 with 3 d.f.
probability =         0.0023
```

kwallis 的这些分析结果($p = 0.0023$)与我们用 **oneway** 得到的发现相一致，即 *drink* 会因在校年数不同而差异显著。如果我们有理由怀疑方差分析的等方差假定或正态性假定，或者我们怀疑特异值会带来问题，那么 Kruskal-Wallis 检验通常要比方差分析更为保险。**kwallis** 和 **ranksum** 一样，对于各组内部具有相似形态的秩分布假定更弱。理论上，当应用于两样本分析时，**ranksum** 和 **kwallis** 将得到相似的结果，但在实际应用中，这只有在数据中不包含同位秩(tie)时才是正确的。**ranksum** 包含一种处理同位秩的精确办法，这使得它在处理两样本问题时更为合适。

6.5 双因素和多因素方差分析

单因素方差分析考察测量变量 y 在另一分类变量 x 的不同类别间的均值如何变动。多因素方差分析将这种方法一般化，以处理涉及两个或更多个 x 分类变量的情况。比如，我们可能不但考虑饮酒行为如何依联谊会成员身份而异，而且也考虑它如何依性别而异。我们先从考察一个两维的均值表入手：

```
. table greek gender, contents(mean drink) row col

Belong to
fraternit          Gender (male)
y or
sorority    Female      Male     Total

non-Greek   16.51724   19.5625   17.7602
Greek       22.44444   26.13793  24.7234

Total       17.31343   21.31193  19.107
```

这个样本中，男性似乎比女性饮酒更多，而会员似乎比非会员饮酒更多。男性和女性中，"希腊人"与"非希腊人"之间的差异看上去是类似的。Stata 的多因素方差分析命令 **anova** 能够对这些均值之间可归诸于属于联谊会、性别以及这两者之间的交互作用(写为 *belong#gender*)的显著差异进行检验。

```
. anova drink greek gender greek#gender
```

```
                  Number of obs =      243     R-squared     =  0.2221
                  Root MSE      =  5.96592     Adj R-squared =  0.2123

      Source  |  Partial SS     df      MS            F       Prob > F

       Model  |  2428.67237      3   809.557456    22.75       0.0000

       greek  |  1406.2366       1   1406.2366     39.51       0.0000
      gender  |   408.520097     1    408.520097   11.48       0.0008
 greek#gender |     3.78016612   1      3.78016612  0.11       0.7448

    Residual  |  8506.54574    239    35.5922416

       Total  | 10935.2181     242    45.1868517
```

在这个双因素方差分析的例子中，输出结果显示，*greek* 的主效应($p = 0.0000$)和 *gender* 的主效应($p = 0.0008$)都是显著的，但它们的交互对模型几乎没有贡献($p = 0.7448$)。因为此交互并不能有别于 0，因此我们可能倾向于拟合一个不含交互项的更简单模型。

若想在 **anova** 中纳入任一交互项，只需设定由#(或者多阶交互情形时的##)连接的各个变量名称。除非 *x* 取值的每一组合中的观察案例数完全一样(一种被称作平衡数据(balanced data)的情形)，否则难以在一个包含交互效应的模型中对主效应进行解释。但是，这并不意味着此类模型中的主效应不重要。正如在下一节中你会看到的，回归分析可能有助于理解复杂的方差分析结果。

6.6 因素变量和协方差分析

anova 和许多其他 Stata 估计命令允许用*因素变量*(*factor variable*)标记法来设定自变量。写在某个自变量名称前面的前缀 **i.**告诉 Stata 将该分类变量各取值对应的标识(二分)变量纳入进来，就好像每个类别都由代表自身的二分类预测变量(dichotomous predictor)组成。标记 **i.**前缀的分类变量必须取 0 到 32 740 的非负整数值。**anova** 默认所有的自变量都是分类的，因此键入：

```
. anova drink greek year greek#year
```

调用的模型与键入以下命令调用的模型完全一样：

```
. anova drink i.greek i.year i.greek#i.year

                  Number of obs =      243     R-squared     =  0.2265
                  Root MSE      =  5.99962     Adj R-squared =  0.2034

      Source  |  Partial SS     df      MS            F       Prob > F

       Model  |  2476.29537      7   353.756482     9.83       0.0000

       greek  |  1457.93596      1  1457.93596     40.50       0.0000
        year  |   217.492051     3    72.4973502    2.01       0.1127
   greek#year |   148.508479     3    49.5028264    1.38       0.2510

    Residual  |  8458.92273    235    35.9954159

       Total  | 10935.2181     242    45.1868517
```

通常，进行方差分析的情况下，我们可以通过将该分析重新表达为回归来得到背后模型(underlying model)的更直接呈现。Stata 可以轻松地做到这点：只要在 **anova** 后键入不带

任何变量的 **regress**。

```
. regress

      Source |       SS       df       MS              Number of obs =     243
-------------+------------------------------           F(  7,   235) =    9.83
       Model | 2476.29537     7  353.756482            Prob > F      =  0.0000
    Residual | 8458.92273   235  35.9954159            R-squared     =  0.2265
-------------+------------------------------           Adj R-squared =  0.2034
       Total | 10935.2181   242  45.1868517            Root MSE      =  5.9996

       drink |      Coef.   Std. Err.      t    P>|t|     [95% Conf. Interval]
-------------+----------------------------------------------------------------
     1.greek |   7.805556   3.162076     2.47   0.014     1.575917    14.03519
             |
        year |
          2  |   1.138889   1.322791     0.86   0.390    -1.467156    3.744934
          3  |   .3648776   1.268844     0.29   0.774    -2.134884    2.864639
          4  |  -3.043501   1.295774    -2.35   0.020    -5.596319   -.4906827
             |
  greek#year |
        1 2  |  -.7859477   3.586922    -0.22   0.827    -7.852579    6.280683
        1 3  |  -3.614878    3.58588    -1.01   0.314    -10.67945      3.4497
        1 4  |   1.643501   3.778548     0.43   0.664    -5.800655    9.087657
             |
       _cons |   18.19444   .9999363    18.20   0.000     16.22446    20.16443
```

注意，平方和、F 检验、R^2 和其他细节对这些等价的 **anova** 和 **regress** 分析来说完全相同。不过，**regress** 表格给出的信息更为详细。我们看到 year 的每个取值都被处理成它自己的预测变量。一年级大学生在这个表格中作为被省略的类别(omitted category)，因此，二年级、三年级、四年级学生的系数表达了与这些一年级学生的对比。和一年级学生相比，二年级非希腊人学生饮酒略微多些(+1.14)，而四年级非希腊人学生饮酒明显更少(-3.04)。这些 year 的系数对应着将特定年级编码为 1 而其他年级编码为 0 所得各虚拟变量的系数。greek 的系数对应着将希腊人学生编码为 1 而将非希腊人学生编码为 0 所得虚拟变量的系数。

协方差分析(ANCOVA)扩展了多因素方差分析，以涵盖混合了分类和连续 x 变量的情况。**c.** 前缀会将某个自变量视为连续的，这种情况下，其取值被作为测量而非单独、无序的类别来处理。我们可以将 year 变量作为连续的来处理：

```
. anova drink i.greek c.year i.greek#c.year

                         Number of obs =     243    R-squared     = 0.1965
                         Root MSE      = 6.06334    Adj R-squared = 0.1864

      Source |  Partial SS    df       MS           F     Prob > F
-------------+----------------------------------------------------
       Model |  2148.60352     3   716.201174     19.48    0.0000
             |
       greek |  186.474269     1   186.474269      5.07    0.0252
        year |  147.628787     1   147.628787      4.02    0.0462
  greek#year |  .203073456     1   .203073456      0.01    0.9408
             |
    Residual |  8786.61458   239   36.7640778
-------------+----------------------------------------------------
       Total |  10935.2181   242   45.1868517

. regress

      Source |       SS       df       MS              Number of obs =     243
-------------+------------------------------           F(  3,   239) =   19.48
       Model | 2148.60352     3  716.201174            Prob > F      =  0.0000
    Residual | 8786.61458   239  36.7640778            R-squared     =  0.1965
-------------+------------------------------           Adj R-squared =  0.1864
       Total | 10935.2181   242  45.1868517            Root MSE      =  6.0633
```

```
       drink |      Coef.   Std. Err.        t    P>|t|    [95% Conf. Interval]
     1.greek |   6.776657   3.00897        2.25   0.025     .8491681   12.70415
        year |  -1.103421   .4068558      -2.71   0.007    -1.904902   -.3019392
             |
  greek#c.year|
           1 |   .0789217   1.061895       0.07   0.941    -2.012947    2.17079
             |
       _cons |   20.69328   1.164985      17.76   0.000     18.39833   22.98823
```

将 year 作为连续变量(**c.**year)而不是分类变量(**i.**year)得到了一个具有更多自由度的更简单模型，不过调整的 R^2 表明连续变量形式拟合得不够好(0.1864 相对于 0.2034)。分类变量形式时发现，二年级学生饮酒行为要比一年级学生高(+1.14)，三年级学生饮酒行为比一年级学生略高(+.36)，但四年级学生则要低很多(-3.04)。但是，连续变量形式时仅将这些波动起伏的细节修匀为每年平均下降-1.10。

将 year 处理成连续或分类可以是统计分析人员基于实质理论或统计学推理的要求。但是，诸如学生的平均年级学分(grade point average，*gpa*)等其他变量则显然是连续的。当我们将 *gpa* 纳入自变量中时，会发现它也与饮酒行为有关。这一模型忽略了交互效应，因为它并不显著。由于 **anova** 默认变量是分类的，因此 *greek* 和 *gender* 的前缀 **i.** 可以被省略。

```
. anova drink greek gender c.gpa

                  Number of obs =      218    R-squared     =  0.2970
                  Root MSE      =  5.68939    Adj R-squared =  0.2872

      Source |  Partial SS     df       MS           F     Prob > F
      -------+----------------------------------------------------
       Model |  2927.03087      3   975.676958      30.14   0.0000
             |
       greek |  1489.31999      1   1489.31999      46.01   0.0000
      gender |  405.137843      1   405.137843      12.52   0.0005
         gpa |   407.0089       1    407.0089       12.57   0.0005
             |
    Residual |  6926.99206    214   32.3691218
      -------+----------------------------------------------------
       Total |  9854.02294    217   45.4102439
```

从这一分析中，我们知道了当控制 *greek* 和 *gende* 后，变量 *drink* 和 *gpa* 之间存在显著的关系。不过，除了它们对统计显著性的 F 检验之外，ANOVA 或 ANCOVA 表并未提供太多关于变量如何关联的说明信息。回归表则在这方面做得更好。

```
. regress

      Source |       SS        df       MS              Number of obs =     218
      -------+------------------------------             F(  3,   214) =   30.14
       Model |  2927.03087      3   975.676958           Prob > F      =  0.0000
    Residual |  6926.99206    214   32.3691218           R-squared     =  0.2970
      -------+------------------------------             Adj R-squared =  0.2872
       Total |  9854.02294    217   45.4102439           Root MSE      =  5.6894

       drink |      Coef.   Std. Err.        t    P>|t|    [95% Conf. Interval]
     1.greek |   6.547869   .9653204      6.78   0.000     4.645116    8.450623
    1.gender |   2.808418   .7938269      3.54   0.000     1.243697    4.373139
         gpa |  -3.038966   .8570168     -3.55   0.000    -4.728241   -1.34969
       _cons |   24.72871   2.539529      9.74   0.000     19.72301    29.7344
```

6.7 预测值和误差条形图

运行 **anova** 后,后续命令 **predict** 可以计算出预测值、残差或标准误以及一些诊断统计量。这些统计量的一个用处在于画出模型结果的图形表示,比如误差条形图(error-bar chart)。出于简单举例说明的目的,我们回到 *drink* 对 *year* 的单因素方差分析。

```
. anova drink year

                Number of obs =     243     R-squared     =  0.0609
                Root MSE      = 6.55489     Adj R-squared =  0.0491

    Source  |  Partial SS      df        MS            F      Prob > F
    --------+-----------------------------------------------------------
     Model  |  666.200518       3    222.066839       5.17    0.0018
      year  |  666.200518       3    222.066839       5.17    0.0018
  Residual  |  10269.0176     239    42.9666008
    --------+-----------------------------------------------------------
     Total  |  10935.2181     242    45.1868517
```

为了根据最近的 **anova** 运行结果来计算预测均值(predicted mean),键入形式为 **predict** *newvar1* 的命令,这里的"*newvar1*"可以是想用来给予这些均值的任意名称。**predict** *newvar2*, **stdp** 创建第二个新变量,它包含预测均值的标准误。

```
. predict drinkmean
. predict SEdrink, stdp
```

使用新变量 *drinkmean* 和 *SEdrink*,我们用均值加减两倍标准误来得到置信度为 95%的估值区间。图 6.3 中的误差条形图由以带帽芒线(**rcap**)表示误差条形的全距图与均值连线标绘图(**connect**)叠并起来构成。

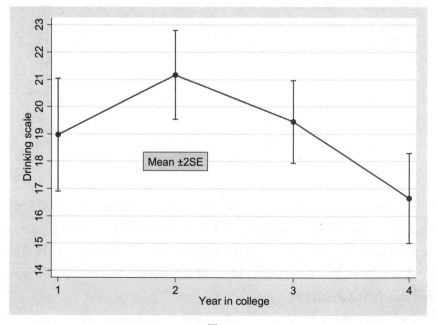

图 6.3

```
. gen drinkhi = drinkmean + 2 * SEdrink
. gen drinklo = drinkmean - 2 * SEdrink
. graph twoway rcap drinkhi drinklo year, color(maroon)
     || connect drinkmean year, lwidth(medthick) color(maroon)
     || , ylabel(14(1)23, grid gmin gmax) ytitle("Drinking scale")
     legend(off) text(18 2 "Mean `=char(177)'2SE", box margin(small))
```

图 6.3 包括几个用来改进图像的选项。**rcap** 和 **connect** 标绘图都被使用了同样的 **color(maroon)**。Stata 的默认图例被抑制了(**legend(off)**)，代之以一个简单的 **text** 框来说明图形呈现的是"Mean ±2SE"[3]。加减符号±对应 ASCII 字符 177，命令中由 `=char(177)` 表示。第 3 章中的图 3.16 显示了可以用在 Stata 作图中的全部 ASCII 字符。

用这样的方式绘制图 6.3 提供了一个对 **predict** 命令的介绍，该命令在统计建模中有广泛的应用。绘制误差条形图的另一个方法是利用两个其他命令：**margins** 和 **marginsplot**。**margins** 命令在模型命令之后计算边际均值(marginal means)或者预测的边际值(predictive margins)。**marginspolt** 则以图形展示这些结果。下面的例子中，**margins** *year* 得到 *year* 每一取值下 *drink* 的均值。然后 **marginsplot** 简单地绘出这些均值并显示其置信区间。图 6.4 是个朴实版本，但是如果我们愿意的话，可以将许多标准的 **twoway** 选项应用于 **marginsplot**。

```
. margins year
. marginsplot
```

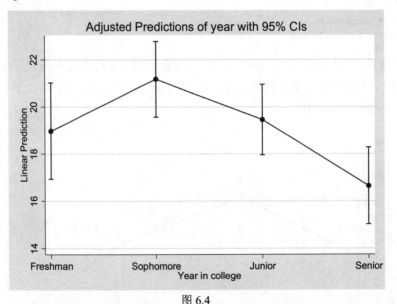

图 6.4

对于一个双因素方差分析来说，误差条形图可以帮助我们可视化主效应和交互效应。对于本例，我们用攻击行为度量 *aggress* 作为多阶方差分析的因变量，用 *gender*、*year* 以及交互项 *gender#year* 作为预测变量。根据图 6.3/图 6.4 中所见的 *year* 的非线性效应，我们在这个分析中接受 *year* 作为分类变量而非连续变量这一默认处理。F 检验表明 *gender*、*year* 以及 gender#year 均有显著的影响。

---

3 即均值加减 2 倍标准误。——译者注

```
. anova aggress gender year gender#year
```

	Number of obs = 243		R-squared	=	0.2503
	Root MSE = 1.45652		Adj R-squared	=	0.2280

Source	Partial SS	df	MS	F	Prob > F
Model	166.482503	7	23.7832147	11.21	0.0000
gender	94.3505972	1	94.3505972	44.47	0.0000
year	19.0404045	3	6.34680149	2.99	0.0317
gender#year	24.1029759	3	8.03432529	3.79	0.0111
Residual	498.538073	235	2.12143861		
Total	665.020576	242	2.74801891		

我们用 **predict** 命令来计算一个容纳预测均值的新变量，用 **predict, stdp** 来计算标准误。近似的区间上限和下限等于均值加上或减去两倍误差。为了呈现 *gender#year* 交互，图 6.5 的 **graph** 命令采用了一个 **by(*gender*)**选项，从而分别画出男性和女性对应的单独图形。其他一些选项示范了如何控制次一等的细节，比如标记符号大菱形(large **D**iamonds)，被抑制的 **legend** 和 **note**。我们还在"Mean ±2SE"文本周围绘制了以白色为背景的小边距框，同时仔细放置文本框以免干扰任一子图中的数据。

```
. predict aggmean
. predict SEagg, stdp
. gen agghi = aggmean + 2 * SEagg
. gen agglo = aggmean - 2 * SEagg
. graph twoway rcap agghi agglo year
    || connect aggmean year, lwidth(medthick) msymbol(D)
    || , by(gender, legend(off) note(""))
    ytitle("Aggressive behavior scale")
    text(1.7 2 "Mean `=char(177)'2SE", box
       margin(small) bfcolor(white))
```

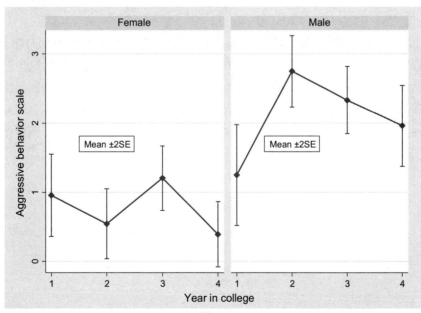

图 6.5

一幅基本但相似的误差条形图可以使用 **margins** 和 **marginsplot** 来迅速地创建得到。命令 **margins gender#year** 会计算 *gender* 和 *year* 每一组合的 *drink* 预测值或均值。**marginsplot, by(*gender*)** 则分性别单独绘制这些均值和它们的置信区间(见图 6.6)。

```
. margins gender#year
. marginsplot, by(gender)
```

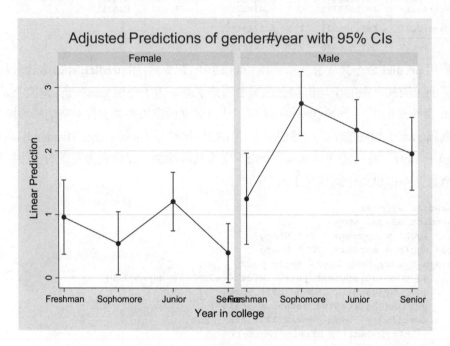

图 6.6

基本上，图 6.5 或图 6.6 加上了关于 **anova** 中所看到的性别和交互效应的细节。大学四年中，女性在攻击行为度量上的均值在相对较低的水平上波动。男性的均值一直更高，且在第二年达到了峰值，这一点和前面关于饮酒行为的模式相似(见图 6.2 和图 6.3)。因此，对于男性和女性来说，*aggress* 和 *year* 之间的关系不一样。误差条形图是它们赖以建立的 **anova** 或 **regress** 表的视觉化补充。这些表格确认了哪些效应显著并给出了数值细节，图形有助于我们图示这些效应意味着什么。

第7章

线性回归分析

Stata 提供了范围异常宽的回归程序。键入命令 **help regress** 可以看到这些应用的部分清单。本章重点介绍采用常规最小二乘法(Ordinary Least Squares，OLS)的简单回归(simple regression)和多元回归(multiple regression)，使用 **regress** 以及相关命令来实现。图形和回归后诊断方法扩展了基本的回归工具箱以帮助解释结果，或探测和处理分析中的问题。**regress** 命令还可以实现包括加权最小二乘法在内的一些非 OLS 分析。其他非 OLS 回归方法出现在本书的第 8 章和其他各章中。

通过下面的菜单选择可以实现所讨论的绝大部分操作：

Statistics > Linear regression and related > Linear regression	线性回归
Statistics > Linear regression and related > Regression diagnostics	回归诊断
Graphics > Twoway graph (scatter, line, etc.)	二维图
Statistics > Postestimation > Predictions, residuals, etc	取得预测值、残差等
Statistics > Postestimation > Marginal means and predictive margins	边际均值和预测边际值
Statistics > Postestimation > Margins plots and profile plots	边际效果标绘图和轮廓图

7.1 命令示范

. **regress** *y x*

执行 *y* 对单个预测变量 *x* 的常规最小二乘法(OLS)回归。

. **regress** *y x* **if** *ethnic* == 3 & *income* > 50 & *income* < .

只使用 *ethnic* 等于 3 且 *income* 大于 50(但非缺失值)的数据子集来执行 *y* 对 *x* 的回归。

. **predict** *yhat*

创建一个新变量(此处任意命名为 *yhat*)，令其等于最近回归所得到的预测值。

. **predict** *e*, **resid**

创建一个新变量(此处任意命名为 *e*)，令其等于最近回归所得到的残差。

. **predict** *new*, **cooksd**

创建一个新变量，令其等于 Cook 的距离 D (Cook's Distantce)，概括每一个观测值对拟合模型有多大影响。

`. predict new, covratio`

创建一个新变量，令其等于 Besley、Kuh 和 Welsch 的 *COVRATIO* 统计量(Belsley, Kuh and Welsch's *COVRATIO* statistic)。*COVRATIO* 测量第 i 个案例对估计系数的方差-协方差矩阵的影响。

`. predict DFx1, dfbeta(x1)`

创建 *DFBETAS* 案例统计量来测量每个观测案例对预测变量 $x1$ 的系数有多大影响。如果要为模型中的所有预测变量创建 *DFBETAS*，只需键入不接任何变量的命令 **dfbeta**。

`. predict new, dfits`

创建 *DFITS* 案例统计量，概括每个观测案例对拟合模型的影响(目的与 Cook 的距离 D 以及 Welsch 的 W 类似)。

`. graph twoway lfit y x || scatter y x`

画出带 y 相对于 x 的散点图(scatterplot)的简单回归线(**lfit** 或线性拟合)。

`. graph twoway mspline yhat x || scatter y x`

通过连接(用一条修匀的立方样条曲线)回归预测值(本例中被命名为 *yhat*)画出带 y 相对于 x 的散点图的简单回归线。有很多替代方式画出回归线，包括 **mspline**、**mband**、**line**、**lfit**、**lfitci**、**qfit**、**qfitci** 和 **marginsplot**。每一个都有自身的优点和选项。

`. graph twoway scatter e yhat, yline(0)`

用变量 e 和 *yhat* 画出残差对预测值标绘图(residual versus predicted values plot)。或者，在任一回归命令之后键入 **rvplot**(residuals versus fitted，残差相对于拟合值)来得到此类图形。

`. regress y x1 x2 x3`

执行 y 对三个预测变量 $x1$、$x2$ 和 $x3$ 的多元回归。

`. test x1 x2`

执行 F 检验，零假设为最近的回归模型中 $x1$ 和 $x2$ 的系数都等于零。

`. regress y x1 x2 x3, vce(robust)`

计算标准误的稳健(Huber/White)估计值。详细内容见《用户指南》(*User's Guide*)。**vce(robust)** 选项在很多其他的模型拟合命令中也同样起作用。

`. regress y x1 x2 x3, beta`

执行多元回归，并且在输出结果表格中包含标准化回归系数(beta 权数)。

. correlate x1 x2 x3 y

显示皮尔逊相关矩阵(matrix of Pearson correlation)，仅使用那些在所有指定变量上均无缺失值的观测案例。加上 **covariance** 选项会输出方差-协方差矩阵而非相关矩阵。

. pwcorr x1 x2 x3 y, sig star(.05)

显示皮尔逊相关矩阵，采用配对删除(pairwise deletion)方式处理缺失值并呈现对每个相关系数的零假设 $H_0: \rho = 0$ 进行 t 检验所得的概率。每一个统计上显著(本例中 $p < 0.05$)的相关用"*"标明。

. graph matrix x1 x2 x3 y, half

画出散点图矩阵。由于变量清单相同，这一示例产生的矩阵与前面的 **pwcorr** 命令产生的相关矩阵具有同样的排列方式。因变量(y)列在最后面，这使得最底部的一行形成一系列 y 对 x 的标绘图。

. estat hettest

执行异方差性(heteroskedasticity)的 Cook 和 Weiberge 检验(Cook and Weiberge's test)。如果有理由怀疑异方差性是特定预测变量 $x1$ 的函数，我们可以键入 **estat hettest x1** 来专门分析该预测变量。键入 **help regress postestimation** 查看 **regress** 后可用选项的完整清单。其他建模方法有不同的后估计选择。

. estat hettest,rhs

执行遗漏变量(omitted variable)的 Ramsey 回归设定错误检验(Ramsey rEgression Specification Error Test，RESET)。选项 **rhs** 要求使用右手侧变量(right-hand-side variables)的幂而非(默认的)y 预测值的幂。

. estat vif

计算方差膨胀因子来检查多重共线性。

. estat dwatson

计算时间序列(**ttset**)数据中一阶自相关的 Durbin-Watson 检验。

. acprplot x1, mspline msopts(bands(7))

构建扩展分量加残差图(augmented component-plus-residual plot，也称为扩展偏残差图(augmented partial residual plot)。一般来说，它在监测非线性方面优于 **cprplot**。选项 **mspline msopts(bands(7))** 要求用线段将 7 个垂直带(vertical band)的中位数连接起来。或者，我们也可能通过设定选项 **lowess lsopts(bwidth(.5))** 使用一条带宽(bandwidth)为 0.5 的 lowess 修匀曲线(lowess-smoothed curve)。

. avplot x1

绘制一幅附加变量图(added-variable plot，也称为偏回归或杠杆效应图)来显示调整其他

x 变量情况下 y 和 $x1$ 之间的关系。此类图帮助我们注意特异值和影响点(influence points)。

. **avplots**

根据最近的 **anova** 或 **regress** 所得结果来绘制所有的附加变量图并将它们合并在一幅图中。

. **cprplot** *x1*

绘制分量加残差图(component-plus-residual plot,也称为偏残差标绘图(partial residual plot))来显示调整后 y 和 $x1$ 之间的关系。此类图帮助我们检测数据中的非线性。

. **lvr2plot**

绘制杠杆对残差平方(leverage-versus-squared-residual)图,也称为 L-R 图。

. **rvfplot**

残差对 y 的拟合(预测)值作图。

. **rvpplot** *x1*

残差对预测变量 *x1* 的值作图。

. **regress** *y x1 x2 i.catvar i.catvar#c.x2*

就 y 对预测变量 *x1*、*x2*、一组自动生成并代表分类变量 *catvar* 不同类别的虚拟变量以及一组由这些虚拟变量乘以测量(连续)变量 *x2* 形成的交互项进行回归。键入 **help fvvarlist** 命令可以获得更多细节。

. **stepwise, pr(.05): regress** *y x1 x2 x3*

执行反向剔除(backward elimination)的逐步回归,直到所有保留下来的预测变量都在 0.05 水平上显著。所有被列出的预测变量都进入第一次迭代。此后,每一步迭代去掉一个具有最大 p 值的预测变量,直到所有留下来的预测变量都具有小于保留概率(probability to retain)**pr(.05)** 的概率。其他选项允许正向纳入或层次选择(hierarchical selection)。**stepwise** 前缀在其他模型拟合命令中也同样适用。键入 **help stepwise** 可以得到清单。

. **regress** *y x1 x2 x3* **[aweight =** *w***]**

执行 y 对 *x1*、*x2* 和 *x3* 的加权最小二乘回归(WLS)。变量 *w* 包含分析权数(analytical weight),这种加权相当于我们将每一个变量和常数都乘以 *w* 的平方根,然后执行常规回归。当 y 变量和 x 变量为均值、比率或比例,并且 *w* 是组成数据中每一汇总观测(比如城市或学校)的个体数量时,分析权数常被用来校正异方差性。当 y 和 x 为个体层次变量而权数表示重复的观测案例数时,使用频数权数 **[fweight =** *w***]**。如果权数反映着诸如非比例抽样等设计因素的话,那么请参见 **help survey**(见第 4 章)。

. **svy: regress** *y x1 x2 x3*

执行 y 对 *x1*、*x2* 和 *x3* 的调查加权回归(survey weighted regression)。假定此前已经通过 **svyset** 命令设定为调查类型的数据(见第 4 章)。

7.2 简单回归

文件 *Nations2.dta* 包含了 194 个国家的联合国人类发展指标：

```
. use C:\data\Nations2.dta, clear
. describe country region life school chldmort adfert gdp

              storage  display    value
variable name   type   format     label      variable label
country        str21    %21s                 Country
region         byte     %8.0g     region     Region
life           float    %9.0g                Life expectancy at birth
                                               2005/2010
school         float    %9.0g                Mean years schooling (adults)
                                               2005/2010
chldmort       float    %9.0g                Prob dying before age 5/1000 live
                                               births 2005/2009
adfert         float    %8.0g                Adolescent fertility: births/1000
                                               fem 15-19, 2010
gdp            float    %9.0g                Gross domestic product per cap
                                               2005$, 2006/2009

. summarize life school chldmort adfert gdp

  Variable |    Obs        Mean     Std. Dev.       Min        Max
      life |    194     68.7293     10.0554        45.85    82.76666
    school |    188     7.45922     2.959589       1.15        12.7
  chldmort |    193    47.65026     52.8094        2.25         209
    adfert |    194    51.81443    44.06612           1       207.1
       gdp |    179    12118.74    13942.34       279.8       74906
```

预期寿命呈现出很大的地区差异。比如，图 7.1 表明非洲的预期寿命比其他地方更低。

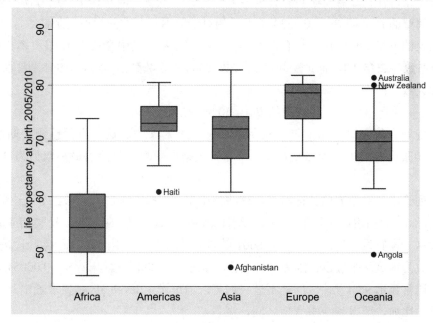

图 7.1

```
. graph box life, over(region) marker(1, mlabel(country))
```

预期寿命在何种程度上可以为平均受教育年限、人均财富和其他发展指标所解释呢？

我们可能先通过预期寿命对平均受教育年限(years of schooling)的简单回归来研究教育的效应。Stata 回归命令的基本语句为 **regress** *y* *x*，这里 *y* 是被预测变量或因变量，*x* 是预测变量或自变量。

```
. regress life school

      Source |       SS       df       MS              Number of obs =     188
-------------+------------------------------           F(  1,   186) =  206.34
       Model |  9846.65406     1   9846.65406          Prob > F      =  0.0000
    Residual |  8875.86926   186   47.7197272          R-squared     =  0.5259
-------------+------------------------------           Adj R-squared =  0.5234
       Total |  18722.5233   187   100.120446          Root MSE      =  6.9079

------------------------------------------------------------------------------
        life |      Coef.   Std. Err.      t    P>|t|     [95% Conf. Interval]
-------------+----------------------------------------------------------------
      school |    2.45184   .1706856    14.36   0.000     2.115112    2.788569
       _cons |   50.35941   1.36924     36.78   0.000     47.65817    53.06065
------------------------------------------------------------------------------
```

正如可能所期望的那样，预期寿命在具有更高受教育年限的国家中倾向于更高。此时进行因果解释为时过早，不过回归表传递了有关 *life* 和 *school* 之间线性统计关系的信息。在右上角，它给出了基于左上角的平方和得到的整体 F 检验。此 F 检验用于评估关于模型中所有 *x* 变量(这里只有一个变量，即 *school*)的系数等于零这一零假设。F 统计量为 206.34，自由度为 1 和 186，这很容易拒绝该零假设(p =0.0000 到了第 4 位小数，意味着 $p < 0.00005$)。Prob > F 意指从零假设为真的总体中抽取很多个随机样本情况下的"大于 F 统计量的概率"。

在右上角，我们还看见确定系数 R^2 = 0.5259。受教育年限解释了预期寿命中大约 53% 的变异。调整的 R^2，即 R^2_a = 0.5234 考虑了相对于数据复杂性的模型复杂性。

回归表的下半部分给出了拟合模型本身。我们在第一列中会找到系数(斜率和 *y* 截距)。*school* 的系数为 2.45184，而 *y* 截距(作为常数 _cons 的系数列出)为 50.35941。因而，我们的回归方程大致为:

$$\text{预测的 } life = 50.36 + 2.45 school$$

平均受教育年限每增加 1 年，预期寿命则上升 2.45 岁。这一方程预测预期寿命在平均受教育年限为零的国家为 50.36 岁——尽管数据中受教育年限的最小取值为 1.15(莫桑比克)。

第二列给出了系数的估计标准误。这些被用来计算每一个回归系数的 t 统计量(第 3 列和第 4 列)和置信区间(第 5 和第 6 列)。t 统计量(系数除以它们的标准误)检验相应的总体系数等于零这一零假设。在 α = 0.05 或 0.001 的显著性水平上，我们可以拒绝关于 *school* 和 *y* 截距的系数为零这两个假设，因为这两个概率显示为 ".000"(意味着 $p < 0.0005$)。Stata 的建模程序通常显示 95%置信区间，不过我们可以通过设定 **level( )** 选项要求输出其他水平的置信区间。比如，要得到 99%置信区间，键入:

```
. regress life school, level(99)
```

拟合了回归模型之后，我们只要键入不带任何变量的 **regress** 就可以重新显示结果。键入 **regress, level(90)** 会重复给出结果，但这次呈现 90%置信区间。由于这些例子中使用的

Nations2.dta 数据集并不代表从某一更大规模的国家总体中抽取的随机样本,因此假设检验和置信区间并不具有其字面上的含义。

这些国家中人口的平均受教育年限从 1.15 到 12.7 不等。那么,对于平均受教育年限——比如为 2 或 12——的国家,我们的模型会预测其平均预期寿命为多少呢? **margins** 命令提供了一种快捷的方式来查看预测的均值以及它们的置信区间和这些均值是否不等于零的 z 检验(通常不令人感兴趣)。表示"垂直方向压缩(vertical squish)"的 **vsquish** 选项会减少表中各行间的空白行。

```
. margins, at(school = (2 12)) vsquish

Adjusted predictions                            Number of obs    =        188
Model VCE    : OLS

Expression   : Linear prediction, predict()
1._at        : school          =          2
2._at        : school          =         12

                        Delta-method
                Margin   Std. Err.      z    P>|z|    [95% Conf. Interval]
         _at
          1    55.26309   1.059291    52.17   0.000    53.18692    57.33927
          2    79.78149    .9244047   86.31   0.000    77.96969    81.59329
```

school = 2 时,预测的平均预期寿命等于 55.26 岁,置信区间从 53.19 岁到 57.34 岁。school = 12 时,预测的平均预期寿命为 79.78 岁,置信区间从 77.97 岁到 81.59 岁。通过以下两条命令,我们能够以 1 岁为间隔得到 school 取值从 2 到 12 的平均预期寿命并画出这些结果。

```
. margins, at(school = (2(1)12)) vsquish
. marginsplot
```

回归表中,术语 _cons 代表回归常数,通常被设定为 1(因此 _cons 的系数等于 y 截距)。Stata 会自动包括常数项,除非我们告诉它不这样。**nocons** 选项将会使 Stata 去掉该常数,执行通过原点的回归:

```
. regress y x, nocons
```

一些应用中,你可能希望设定自己的常数。如果右手侧变量包含一个用户设定的常数(比如名为 *c*),那么用 **hascons** 选项代替 **nocons**:

```
. regress y c x, hascons
```

这种情况下使用 **nocons** 选项会得到令人误解的 F 检验和 R^2。咨询《基础参考手册》或键入 **help regress** 查看关于 **hascons** 的更多细节。

一个预测变量的回归旨在找到一条对散布数据拟合最佳的直线,这里的"拟合最佳"是由常规最小二乘(OLS)标准来定义的。绘制这条线的一种简单方式是画出一幅散点图(**twoway scatter**)并与一幅线性拟合(**lfit**)图叠并。下面的命令会绘制一个基本的版本(未显示):

```
. graph twoway scatter life school || lfit life school
```

图 7.2 显示了一个更好的版本，它去掉了不需要的图例，并以文本形式插入了回归方程。变量名 *life* 和 *school* 示例说明了如何在 Stata 图形中以斜体显示文本。

```
. graph twoway scatter life school || lfit life school
    || , legend(off) ytitle("Life expectancy in years")
    text(85 4 "predicted {it:life} = 50.36 + 2.45{it:school}")
```

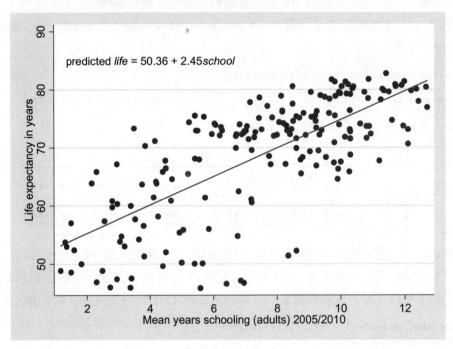

图 7.2

7.3 相关

常规最小二乘回归会找出最佳拟合的直线。皮尔逊积矩相关系数则描述最佳拟合直线拟合得有多好。**correlate** 得到所列出变量的相关系数。

```
. correlate gdp school adfert chldmort life
(obs=178)

             |      gdp   school   adfert  chldmort     life
-------------+---------------------------------------------------
         gdp |   1.0000
      school |   0.5717   1.0000
      adfert |  -0.5121  -0.6798   1.0000
     chldmort|  -0.5160  -0.7724   0.7888   1.0000
        life |   0.6062   0.7313  -0.7424  -0.9294   1.0000
```

correlat 仅基于在所有被列出变量上都没有缺失值的观测案例来报告相关。我们从上表中知道，*Nations2.dta* 中 194 个国家里仅有 178 个在所有这 5 个变量上具有完整信息。这 178 个国家对应着涉及所有这些变量的多元回归分析等拟合模型中将被用到的观测案例子集。

但是，不使用回归或其他多变量技术(multi-variable technique)的分析人员可能喜欢基于每对变量的所有可用观测案例来找出相关。命令 **pwcorr**(两两相关)可以完成这一任务。它还可以提供 t 检验概率来检验每一个相关等于零的零假设。本例中，**star(.05)**选项要求用星号(*)来分别标记每一个在 $α = 0.05$ 水平上显著的相关。

```
. pwcorr gdp school adfert chldmort life, star(.05)

             |      gdp   school   adfert  chldmort     life
         gdp |   1.0000
      school |   0.5733*  1.0000
      adfert |  -0.5171* -0.6752*  1.0000
     chldmort|  -0.5160* -0.7727*  0.7774*  1.0000
        life |   0.6112*  0.7252* -0.7318* -0.9236*  1.0000
```

不过，值得回忆一下的是，如果我们从所有变量之间确实为 0 相关的总体中抽取很多个随机样本，仍将会约有 5%的样本相关在 0.05 水平上"统计显著"。没有经验的分析人员通过查看诸如 **pwcorr** 矩阵中那样的许多单个假设检验来找出在 0.05 水平下显著的一小部分，他们这样做时犯 I 类错误的风险要远高于 0.05。这一问题被称为多重比较谬误(multiple comparison fallacy)。**pwcorr** 提供 Bonferroni 检验和 Šidák 检验两种方法将多重比较纳入考虑来调整显著性水平。其中，Šidák 方法更准确。显著性检验概率根据所做比较的数目进行调整。

```
. pwcorr gdp school adfert chldmort life, sidak sig star(.05)

             |      gdp   school   adfert  chldmort     life
         gdp |   1.0000

      school |   0.5733*  1.0000
             |   0.0000

      adfert |  -0.5171* -0.6752*  1.0000
             |   0.0000   0.0000

    chldmort |  -0.5160* -0.7727*  0.7774*  1.0000
             |   0.0000   0.0000   0.0000

        life |   0.6112*  0.7252* -0.7318* -0.9236*  1.0000
             |   0.0000   0.0000   0.0000   0.0000
```

调整对以上中等到强相关的影响很小，但对更弱的相关或当涉及更多变量时可能变得至关重要。一般来说，用来计算相关的变量越多，调整过的概率超过未调整的概率的程度就越大。参见《基础参考手册》中有关 **oneway** 对应公式的陈述。

由于皮尔逊相关测量一条 OLS 回归线拟合得有多好，因此这类相关具有和 OLS 同样的假定和弱点。与 OLS 一样，相关在没有查看相应的散点图之前通常不宜加以解释。散点图矩阵提供了完成这一任务的快捷方法，它使用与相关矩阵同样的排列方式。第 3 章中的图 3.12 呈现了对应上面的 **pwcorr** 命令的散点图矩阵。默认情况下，**graph matrix** 像 **pwcorr** 一样采取成对删除方式，因此每一幅小散点图显示的是在特定变量对上没有缺失值的所有观测案例。

要想得到与所有含有缺失值的观测案例都被删除的 **correlate** 矩阵或多元回归相对应的散点图矩阵，我们就要对命令增加限制条件。排除所列任一变量上含有缺失值的观测案例的一个办法是使用"非缺失"(**!missing**)函数(见图 7.3)：

```
. graph matrix gdp school adfert chldmort life
    if !missing(gdp,school,adfert,chldmort,life), half msymbol(+)
```

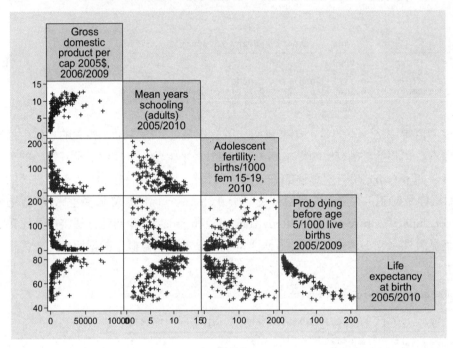

图 7.3

图 7.3 揭示了相关矩阵未能揭示的：涉及人均 GDP 的相关显然都是非线性的。因此，相关系数或线性回归提供了对这些关系的糟糕描述，并且它们的显著性检验是无效的。

在 **correlate** 后加上 **covariance** 选项会产生一个方差-协方差矩阵而非相关矩阵。

```
. correlate wxyz, covariance
```

在回归分析后键入下列命令会显示估计系数之间的相关矩阵，这一矩阵有时候被用来诊断多重共线性。

```
. estat vce, correlation
```

下面的命令会显示估计系数的方差-协方差矩阵，标准误便是据其推导得到的。

```
. estat vce
```

除了皮尔逊相关之外，Stata 也可以计算数种基于秩(rank-based)的相关。它们可以用来测量定序变量之间的关联(association)，或者作为测量变量皮尔逊相关的一种抗特异值的替代测量。为了得到 *life* 和 *school* 之间的斯皮尔曼秩相关，等价于这些变量被转换成秩情况下的皮尔逊相关，键入：

```
. spearman life school

 Number of obs =         188
Spearman's rho =      0.7145

Test of Ho: life and school are independent
     Prob > |t| =       0.0000
```

这些数据的 Kendall 的 τ_a(读作 tau-a)和 τ_b(读作 tau-b)秩相关可以很容易地得到,尽管对它们的计算在使用更大数据集时会变慢:

```
. ktau life school

 Number of obs =         188
Kendall's tau-a =      0.5142
Kendall's tau-b =      0.5149
Kendall's score =      9039
    SE of score =     862.604   (corrected for ties)

Test of Ho: life and school are independent
     Prob > |z| =       0.0000  (continuity corrected)
```

出于比较,这里提供了皮尔逊相关系数及调整的 p 值:

```
. pwcorr life school, sig

             |     life   school
-------------+------------------
        life |   1.0000
             |
       school|   0.7252   1.0000
             |   0.0000
```

本例中,**spearman**(0.71)和 **pwcorr**(0.73)都得到比 **ktau**(0.51)更强的相关。三者都支持没有关联的零假设可以被拒绝。

7.4 多元回归

简单回归和相关表明一个国家的预期寿命与平均受教育年限有关:*school* 独自解释了 *life* 变化的约 52%。但是这一相关可能是伪相关吗?也就是说,出现相关仅仅是因为受教育年限和预期寿命两者都是一个国家经济财富的反映?一旦我们控制了地区差异,受教育年限是否仍然要紧?除了受教育年限之外,是否还有其他因素可以解释预期寿命上超过 52% 的变化呢?多元回归处理这些问题。

我们可以纳入 *life* 变量的其他可能的预测变量,只要把这些变量列在 **regress** 命令中即可。比如,下面的命令将用预期寿命对人均 GDP、青少年生育率和儿童死亡率进行回归。

```
. regress life school gdp adfert chldmort
```

上述命令所得结果并未显示,因为它们是误导性的。我们已经从图 7.3 中知道,这些数据中 *gdp* 同 *life* 和其他变量明显呈非线性关系。我们应当转而使用 *gdp* 的转换形式,其呈现出更为线性的关系。对数是一种显然且受欢迎的转换方式。在创建了一个新变量等于以 10 为底的 *gdp* 对数后,图 7.4 确认了它和其他变量的关系看起来更接近于线性,尽管仍然存在一定程度的非线性。

```
. generate loggdp = log10(gdp)
. label variable loggdp "log10(per cap GDP)"
. graph matrix gdp loggdp school adfert chldmort life
    if !missing(gdp,school,adfert,chldmort,life), half msymbol(dh)
```

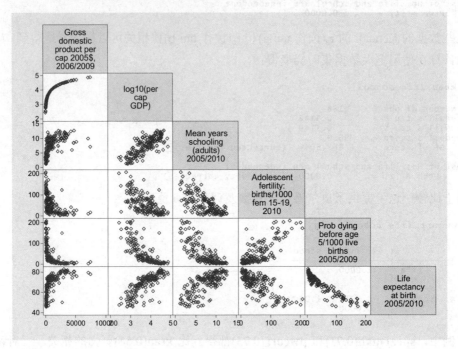

图 7.4

在第 8 章中，我们将探索一种被称为 Box-Cox 回归的不同转换方式。现在，我们认为 *loggdp* 就足够好了，并用它来进行回归演示。预期寿命对受教育年限、GDP 对数值、青年生育率和儿童死亡率进行回归，得到了一个解释了 *life* 上 88%变化的模型。

```
. regress life school loggdp adfert chldmort

      Source |       SS       df       MS              Number of obs =     178
-------------+------------------------------           F(  4,   173) =  321.24
       Model |  15545.2558     4  3886.31395           Prob > F      =  0.0000
    Residual |  2092.93402   173  12.0978845           R-squared     =  0.8813
-------------+------------------------------           Adj R-squared =  0.8786
       Total |  17638.1898   177  99.6507898           Root MSE      =  3.4782

        life |      Coef.   Std. Err.      t    P>|t|     [95% Conf. Interval]
-------------+----------------------------------------------------------------
      school |  -.2339704   .1558288    -1.50   0.135    -.5415407    .0735999
      loggdp |   4.052938   .8133392     4.98   0.000     2.447592    5.658283
      adfert |  -.0004683   .0096839    -0.05   0.961     -.019582    .0186455
     chldmort|  -.1511827   .0098966   -15.28   0.000    -.1707163   -.131649
       _cons |    62.2544   3.114434    19.99   0.000     56.10722    68.40158
```

多元回归方程为：

预测的 *life* = 62.25 − 0.23*school* + 4.05*loggdp* − 0.00*adfert* − 0.15*chidmort*

它告诉我们一个比前面简单回归复杂得多的故事：

预测的 *life* = 50.36 + 2.45*school*

一旦我们控制其他三个变量，*school* 的系数变成了负的，并且小得更多(−0.23 相对于

+2.45)以至于在统计上并不显著地区别于 0($t = -1.50$, $p = 0.135$)。青少年生育率的系数仅为标准误的二十分之一,这当然也不显著($t = -0.05$, $p = 0.961$)。但是,*loggdp* 和 *chidmort* 显示出可观、统计显著的效应。预期寿命在具有更低儿童死亡率的更为富裕的国家中倾向于更高。

chldmort 的系数告诉我们,其他自变量保持不变的情况下,儿童死亡率每上升一个百分点,预测的预期寿命将降低 0.15 年。*loggdp* 的系数表明,如果其他情况相同,人均 GDP 每增长 10 倍,预期寿命将提高 4.05 年。数据中,人均 GDP 变化幅度超过 100 倍,从 279.9 美元/人(刚果民主共和国)到 74,906 美元/人(卡塔尔)。

4 个预测变量总共解释了预期寿命上大约 88%的变化(R_a^2=0.8786)。调整的 R_a^2 是多元回归中更受欢迎的概要统计量,因为与未调整的 R_2($R_2 = 0.8813$)不同,R_a^2 施加了对模型过度复杂的惩罚。随着我们加入更多的预测变量,R_2 总会增大,但 R_a^2 则不一定。

adfert 几乎为零的效应和 *school* 微弱且统计不显著的效应表明我们有 4 个预测变量的模型过于复杂。模型中包括无关预测变量(irrelevant predictors)往往会膨胀其他预测变量的标准误,导致这些预测变量的效应估计值更不精确。通过每次去除一个不显著的预测变量,我们会得到一个更为简约和效率更高的简化模型。首先去除 *adfert*:

```
. regress life school loggdp chldmort

      Source |       SS       df       MS              Number of obs =     178
-------------+------------------------------           F(  3,   174) =  430.79
       Model |  15545.2275     3   5181.7425           Prob > F      =  0.0000
    Residual |  2092.9623    174   12.028519           R-squared     =  0.8813
-------------+------------------------------           Adj R-squared =  0.8793
       Total |  17638.1898   177   99.6507898          Root MSE      =  3.4682

        life |      Coef.   Std. Err.      t    P>|t|     [95% Conf. Interval]
      school |  -.233002    .1540928    -1.51   0.132    -.5371337    .0711297
      loggdp |  4.056047    .808465      5.02   0.000     2.460387    5.651708
    chldmort |  -.1514263   .008493    -17.83   0.000    -.168189    -.1346637
       _cons |  62.22201    3.032798    20.52   0.000     56.2362     68.20782
```

接下来去除 *school*:

```
. regress life loggdp chldmort

      Source |       SS       df       MS              Number of obs =     178
-------------+------------------------------           F(  2,   175) =  640.33
       Model |  15517.7253     2   7758.86267          Prob > F      =  0.0000
    Residual |  2120.46446   175   12.1169398          R-squared     =  0.8798
-------------+------------------------------           Adj R-squared =  0.8784
       Total |  17638.1898   177   99.6507898          Root MSE      =  3.4809

        life |      Coef.   Std. Err.      t    P>|t|     [95% Conf. Interval]
      loggdp |  3.510749    .7262322     4.83   0.000     2.077448    4.94405
    chldmort |  -.1457805   .0076563   -19.04   0.000    -.160891    -.13067
       _cons |  62.28614    3.043627    20.46   0.000     56.2792     68.29308
```

我们最终得到一个仅含两个预测变量的简化模型,它具有更小的标准误,且基本上相同的调整 R_a^2(有两个预测变量时为 0.8784,或有 4 个预测变量时为 0.8786)。*loggdp* 的系数最后变得略为更小,而 *chldmort* 的系数几乎保持不变。

$$\text{预测的 } life = 62.29 + 3.51 loggdp - 0.15 chldmort$$

我们可以通过将其取值代入回归方程计算 *loggdp* 和 *chldmort* 任意取值组合下的预测值。命令 **margins** 可以得到因变量在一个或更多个自变量的被设定取值处的预测均值(也被称为调整均值)。比如，想看到调整 *loggdp* 情况下 *chldmort* 取值分别为 2、100 和 200 时预测的平均预期寿命，键入：

```
. margins, at(chldmort = (2 100 200)) vsquish

Predictive margins                                Number of obs   =      178
Model VCE    : OLS

Expression   : Linear prediction, predict()
1._at        : chldmort        =           2
2._at        : chldmort        =         100
3._at        : chldmort        =         200

                     Delta-method
             Margin   Std. Err.      z    P>|z|    [95% Conf. Interval]
    _at
      1    75.23421   .4408642   170.65   0.000    74.37013    76.09828
      2    60.94772   .4733418   128.76   0.000    60.01998    61.87545
      3    46.36966   1.189535    38.98   0.000    44.03822    48.70111
```

这一 **margins** 表告诉我们，*chldmort* = 2 时，*loggdp* 所有观测值上的预测平均预期寿命为 75.23 岁。类似地，*chldmort* = 200 时，预测的平均预期寿命为 46.37 岁。如果我们纳入 **atmeans** 选项，*loggdp* 将会被设定为它的均值——得到与本例中相同的结果。输出结果因此将被标记为 "adjusted prediction"（调整的预测值）而非 "predictive margins"（预测边际值）。

我们也可以同时设定 *chldmort* 和 *loggdp* 的特定取值来得到预测均值。下列命令要求得到 6 个取值组合下的均值：*chldmort* 取 2、100 或 200；*loggdp* 取 2.5 或 4.5。

```
. margins, at(chldmort = (2 100 200) loggdp = (2.5 4.5)) vsquish

Adjusted predictions                              Number of obs   =      178
Model VCE    : OLS

Expression   : Linear prediction, predict()
1._at        : loggdp          =         2.5
               chldmort        =           2
2._at        : loggdp          =         2.5
               chldmort        =         100
3._at        : loggdp          =         2.5
               chldmort        =         200
4._at        : loggdp          =         4.5
               chldmort        =           2
5._at        : loggdp          =         4.5
               chldmort        =         100
6._at        : loggdp          =         4.5
               chldmort        =         200

                     Delta-method
             Margin   Std. Err.      z    P>|z|    [95% Conf. Interval]
    _at
      1    70.77145   1.244946    56.85   0.000     68.3314    73.2115
      2    56.48496    .718987    78.56   0.000    55.07577    57.89415
      3    41.90691   .7896567    53.07   0.000    40.35921    43.45461
      4    77.79295   .4312218   180.40   0.000    76.94777    78.63813
      5    63.50646   .9082472    69.92   0.000    61.72633    65.28659
      6    48.92841   1.624056    30.13   0.000    45.74532    52.1115
```

图 7.5 中，后续命令 **marginsplot** 画出了 **margins** 的结果。

```
. marginsplot
```

要想获得任一回归的标准化回归系数(beta 权数)，就加上 **beta** 选项。标准化回归系数是回归中所有变量都转换为均值等于 0 和标准差等于 1 的标准分之后得到的系数。

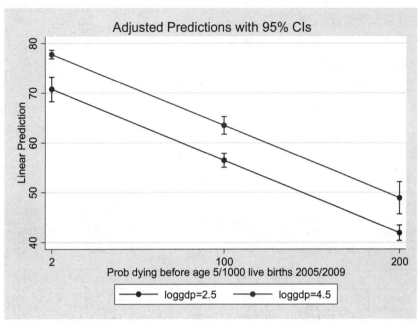

图 7.5

```
. regress life loggdp chldmort, beta

      Source |       SS       df       MS              Number of obs =     178
-------------+------------------------------           F(  2,   175) =  640.33
       Model |  15517.7253     2   7758.86267          Prob > F      =  0.0000
    Residual |  2120.46446   175   12.1169398          R-squared     =  0.8798
-------------+------------------------------           Adj R-squared =  0.8784
       Total |  17638.1898   177   99.6507898          Root MSE      =  3.4809

        life |      Coef.   Std. Err.      t    P>|t|                     Beta
-------------+----------------------------------------------------------------
      loggdp |   3.510749   .7262322     4.83   0.000                  .1974935
     chldmort|  -.1457805   .0076563   -19.04   0.000                 -.7778774
       _cons |   62.28614   3.043627    20.46   0.000                         .
```

标准化的回归方程为：

$$\text{预测的 } life^* = 0.197 loggdp^* - 0.778 chldmort^*$$

其中，$life^*$、$loggdp^*$ 和 $chldmort^*$ 表示这些变量的标准分形式。比如，我们可以按照如下方式来解释 $chldmort$ 的标准化回归系数：

$b_2^* = -0.778$：如果 $loggdp$ 保持不变，儿童死亡率每增加一个标准差，预测的预期寿命将降低 0.778 个标准差。

回归的 F 检验、t 检验、R^2 以及其他方面均保持不变。

7.5 假设检验

regress 输出表中有两种类型的假设检验，与采用其他常见的假设检验一样，它们都始于这样一个假定：手头样本中的观测案例是从一个无限大总体中随机且独立地抽取出来的。

(1) 整体 F 检验：回归表右上方的 F 统计量评价被纳入模型的所有 x 变量的系数在总

体中都等于 0 这一零假设。

(2) 单个 t 检验：回归表的第 3 和第 4 列包含了对单个回归系数的 t 检验。它们评估每个特定 x 变量的系数在总体中等于 0 的零假设。

t 检验概率是双侧的。对于单侧检验，只要将这些 p 值除以 2。

除了这些标准的 F 检验和 t 检验，Stata 也可以对用户设定的假设进行 F 检验。**test** 命令会往回引用诸如 **anova** 或 **regress** 等最近拟合的模型。回到我们 4 个预测变量的回归一例，假设我们想检验 *adfert* 和 *chldmort* 效应同时为零(即联合考虑)的零假设。

```
. regress life school loggdp adfert chldmort

      Source |       SS       df       MS              Number of obs =     178
-------------+------------------------------           F(  4,   173) =  321.24
       Model |  15545.2558     4  3886.31395           Prob > F      =  0.0000
    Residual |  2092.93402   173  12.0978845           R-squared     =  0.8813
-------------+------------------------------           Adj R-squared =  0.8786
       Total |  17638.1898   177  99.6507898           Root MSE      =  3.4782

------------------------------------------------------------------------------
        life |      Coef.   Std. Err.      t    P>|t|     [95% Conf. Interval]
-------------+----------------------------------------------------------------
      school |  -.2339704   .1558288    -1.50   0.135    -.5415407    .0735999
      loggdp |   4.052938   .8133392     4.98   0.000     2.447592    5.658283
      adfert |  -.0004683   .0096839    -0.05   0.961     -.019582    .0186455
     chldmort| -.1511827   .0098966   -15.28   0.000    -.1707163    -.131649
       _cons |    62.2544   3.114434    19.99   0.000     56.10722    68.40158
------------------------------------------------------------------------------

. test adfert chldmort

 ( 1)  adfert = 0
 ( 2)  chldmort = 0

       F(  2,   173) =  158.03
            Prob > F =    0.0000
```

尽管单个的零假设指向相反的方向(*chldmort* 的效应显著，而 *adfert* 的效应不显著)，但是关于 *chldmort* 和 *adfert* 的系数都等于 0 的联合假设却可以被合理地拒绝($p < 0.00005$)。当我们考虑数个概念上有关的预测变量或单个系数的估计值由于多重共线性的原因看似不可靠时，像这样对系数子集进行检验就十分有用。

test 可以再现整体 F 检验：

```
. test school loggdp adfert chldmort

 ( 1)  school = 0
 ( 2)  loggdp = 0
 ( 3)  adfert = 0
 ( 4)  chldmort = 0

       F(  4,   173) =  321.24
            Prob > F =    0.0000
```

test 也可以再现单个系数的检验。比如，对于 *school* 的系数，由 **test** 得到的 F 统计量等于回归表中 t 统计量的平方，即 $2.25 = (-1.50)^2$，并且得到完全相同的 p 值：

```
. test school

 ( 1)  school = 0

       F(  1,   173) =    2.25
            Prob > F =    0.1351
```

test 的应用在下面这样一些高级分析中更为有用(尽管对正在讨论的预期寿命一例来说意义不大)。

(1) 检验一个系数是否等于一个被设定的常数。比如，检验 *school* 的系数等于 1 这一零假设(H_0: β_1 = 1)，而非检验其等于 0 这一常见的零假设(H_0: β_1 = 0)，键入：

. test *school* = 1

(2) 检验两个系数是否相等。比如，下面的命令评价零假设 H_0: β_2 = β_3：

. test *loggdp* = *adfert*

(3) 最后，**test** 还能接受一些代数表达式。我们可以要求检验像如下 H_0: β_2 = (β_3 + β_4)/100 这样的零假设：

. test *school* = (*loggdp* + *adfert*)/100

更多的信息和示例请参考 **help test**。

7.6 虚拟变量

分类变量被表达成一个或更多个被称作虚拟变量(dummy variable)的{0,1}二分类(dichotomies)时，它们便可以成为回归中的预测变量。比如，我们已经看到预期寿命上存在很大的地区差异(见图 7.1)。分类变量 *region* 的取值从 1(Africa)到 5(Oceania)，可以被重新表述为一组共 5 个{0, 1}虚拟变量。当我们纳入 **gen**(generate，即创建)选项时，**tabulate** 命令提供了一种自动的方式来对制表变量(tabulated variable)的每一类别创建一个虚拟变量。下面的例子中，得到的虚拟变量被命名为 *reg1* 到 *reg5*。对于非洲国家，虚拟变量 *reg1* 等于 1，而对于其他洲的国家，则等于 0；对于美洲国家，*reg2* 等于 1，而对于其他洲的国家，则等于 0；依此类推。

```
. tabulate region, gen(reg)

    Region |      Freq.     Percent        Cum.
-----------+-----------------------------------
    Africa |         52       26.80       26.80
  Americas |         35       18.04       44.85
      Asia |         49       25.26       70.10
    Europe |         43       22.16       92.27
   Oceania |         15        7.73      100.00
-----------+-----------------------------------
     Total |        194      100.00

. describe reg*

              storage  display    value
variable name   type   format     label      variable label
-------------------------------------------------------------
region          byte   %8.0g      region     Region
reg1            byte   %8.0g                 region==Africa
reg2            byte   %8.0g                 region==Americas
reg3            byte   %8.0g                 region==Asia
reg4            byte   %8.0g                 region==Europe
reg5            byte   %8.0g                 region==Oceania

. label values reg1 reg1
. label define reg1 0 "others" 1 "Africa"
. tabulate reg1 region
```

region==Af rica	Africa	Americas	Region Asia	Europe	Oceania	Total
others	0	35	49	43	15	142
Africa	52	0	0	0	0	52
Total	52	35	49	43	15	194

life 对虚拟变量 *reg1*(非洲)进行回归,等价于执行 *life* 的均值在 *reg1* 的类别之间是否相同的双样本 t 检验。将非洲与世界其他地区相比,平均预期寿命是否显著不同呢?

```
. ttest life, by(reg1)
```

Two-sample t test with equal variances

Group	Obs	Mean	Std. Err.	Std. Dev.	[95% Conf. Interval]	
others	142	73.21115	.5068244	6.03951	72.20919	74.21311
Africa	52	56.49038	1.185937	8.551912	54.10952	58.87125
combined	194	68.7293	.7219359	10.0554	67.3054	70.15319
diff		16.72077	1.101891		14.5474	18.89413

```
     diff = mean(others) - mean(Africa)                          t =  15.1746
Ho: diff = 0                                    degrees of freedom =      192

    Ha: diff < 0                 Ha: diff != 0                 Ha: diff > 0
 Pr(T < t) = 1.0000         Pr(|T| > |t|) = 0.0000          Pr(T > t) = 0.0000

. regress life reg1
```

Source	SS	df	MS		Number of obs	=	194
Model	10641.4858	1	10641.4858		F(1, 192)	=	230.27
Residual	8872.96636	192	46.2133664		Prob > F	=	0.0000
					R-squared	=	0.5453
					Adj R-squared	=	0.5429
Total	19514.4521	193	101.111151		Root MSE	=	6.798

life	Coef.	Std. Err.	t	P>|t|	[95% Conf. Interval]	
reg1	-16.72077	1.101891	-15.17	0.000	-18.89413	-14.5474
_cons	73.21115	.570479	128.33	0.000	72.08594	74.33636

t 检验的结果确认非洲(56.49)与其他地区(73.21)的平均预期寿命之间,16.72 年的差异是统计显著的($t = -15.17, p = 0.000$)。我们从虚拟变量回归中得到完全一样的结果($t = -15.17, p = 0.000$),其中 *reg1* 的系数($b_1 = -16.72$)表明非洲的平均预期寿命比其他地区($b_0 = 73.21$)低 16.72 岁。

图 7.6 画出了这一虚拟变量回归。所有数据沿着 $reg = 1$(非洲)和 $reg = 0$(其他地区)两条垂直带排列。为了将这些点在视觉上铺陈开来,这一 **graph** 示例应用了 **jitter(5)** 选项,为每个点的位置加上了少量的球型随机噪音(spherical random noise)。这样一来,每个点就并不会刚刚好被画在对方的上方[1]。**jitter()** 并不影响回归线,回归线只是简单地把 $reg1 = 0$ 处的 *life* 均值(73.21)和 $reg1 = 1$ 处的 *life* 均值(56.49)连起来。这两个预测值都被绘成实心方块。这两个均值之间的差值等于回归斜率-16.72 年。注意,此 **graph** 命令中,*reg1* 的取值 0 和 1 在 **xlabel( )** 选项中被重新添加了标签。

```
. predict lifehat
. graph twoway scatter life lifehat reg1, msymbol(oh S) jitter(5)
    || lfit life reg1
```

---

[1] 也就是不会都完全堆叠在一起而完全无法相互区分开来。——译者注

```
   || , legend(off) xlabel(0 "others" 1 "Africa")
   xtitle("Global region") ytitle("Life expectancy in years")
```

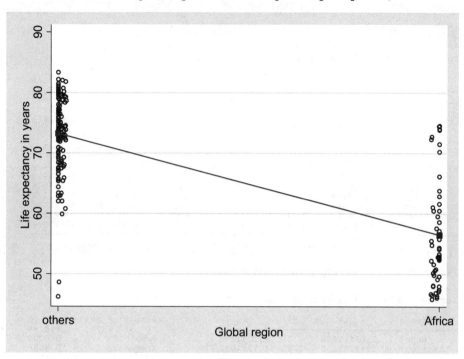

图 7.6

5 个世界区域被重新表达成 5 个虚拟变量，但是不可能在一个回归方程中同时纳入这 5 个虚拟变量，因为多重共线性：任意 4 个虚拟变量的取值都可以完全决定第 5 个虚拟变量的取值。因此，我们可以用 $k-1$ 个虚拟变量来代表一个具有 k 个类别的分类变量的所有信息。比如，我们前面看到人均国内生产总值(以对数形式出现，*loggdp*)和儿童死亡率(*chldmort*)一起解释了预期寿命上大约 88%的变化。纳入表示地区 1-4 的虚拟变量仅仅将解释变化的比例增加到大约 89%($R_a^2 = 0.8872$)。

```
. regress life reg1 reg2 reg3 reg4 loggdp chldmort

    Source |       SS       df       MS              Number of obs =     178
-----------+------------------------------           F(  6,   171) =  233.00
     Model |  15715.8742     6  2619.31237           Prob > F      =  0.0000
  Residual |  1922.31561   171  11.2416118           R-squared     =  0.8910
-----------+------------------------------           Adj R-squared =  0.8872
     Total |  17638.1898   177  99.6507898           Root MSE      =  3.3529

        life |      Coef.   Std. Err.      t    P>|t|    [95% Conf. Interval]
-------------+----------------------------------------------------------------
        reg1 |  -2.150794   1.211918    -1.77   0.078   -4.543041    .2414527
        reg2 |   1.486722   1.176501     1.26   0.208   -.8356127    3.809057
        reg3 |   .9838334   1.129945     0.87   0.385   -1.246603    3.21427
        reg4 |   1.455465   1.199846     1.21   0.227   -.9129513    3.823882
      loggdp |   3.239467   .7342834     4.41   0.000    1.79004     4.688894
    chldmort |  -.1270253   .0086971   -14.61   0.000   -.1441928   -.1098578
       _cons |   62.16206   3.10137    20.04   0.000    56.04016    68.28396
```

当我们将虚拟变量全部纳入并控制 *loggdp* 和 *chldmort* 时，没有任何一个区域虚拟变量有显著的效应。不显著的回归系数表明一个更简单的模型也许可以拟合得同样好，并且可以对那些确实紧要的效应给出更清晰的描述。朝向简化模型迈进的第一步是去除这些预测变量中影响最弱的 reg3。下面的结果拟合得一样好(R_a^2=0.8873)，并得到了其他地区效应的更为精确的估计值(更小的标准误)。reg1 的回归系数现在看上去显著了。

```
. regress life reg1 reg2 reg4 loggdp chldmort

      Source |       SS       df       MS              Number of obs =     178
-------------+------------------------------           F(  5,   172) =  279.84
       Model |  15707.3519     5  3141.47038           Prob > F      =  0.0000
    Residual |  1930.83792   172  11.2258018           R-squared     =  0.8905
-------------+------------------------------           Adj R-squared =  0.8873
       Total |  17638.1898   177  99.6507898           Root MSE      =  3.3505

        life |      Coef.   Std. Err.      t    P>|t|     [95% Conf. Interval]
-------------+----------------------------------------------------------------
        reg1 |  -2.927382   .8199249    -3.57   0.000    -4.545793   -1.308972
        reg2 |   .6920922   .7419319     0.93   0.352    -.7723717    2.156556
        reg4 |   .6487658   .7618415     0.85   0.396    -.8549968    2.152528
      loggdp |   3.273944   .7326922     4.47   0.000     1.827705    4.720184
     chldmort| -.1269767   .0086908   -14.61   0.000    -.1441311   -.1098224
       _cons |   62.82061   3.00561    20.90   0.000     56.88798    68.75324
```

接下来，去除 reg4 并最终去除 reg2，得到了一个简化模型，该模型只用了三个预测变量就解释了预期寿命上89%的变化(R_a^2 = 0.8879)。

```
. regress life reg1 loggdp chldmort

      Source |       SS       df       MS              Number of obs =     178
-------------+------------------------------           F(  3,   174) =  468.34
       Model |  15694.5388     3  5231.51293           Prob > F      =  0.0000
    Residual |  1943.65102   174  11.1704082           R-squared     =  0.8898
-------------+------------------------------           Adj R-squared =  0.8879
       Total |  17638.1898   177  99.6507898           Root MSE      =  3.3422

        life |      Coef.   Std. Err.      t    P>|t|     [95% Conf. Interval]
-------------+----------------------------------------------------------------
        reg1 |  -3.143763   .7901811    -3.98   0.000    -4.703336   -1.584189
      loggdp |   3.414611   .6977087     4.89   0.000     2.037905    4.791672
     chldmort| -.1277141   .0086406   -14.78   0.000    -.144768    -.1106603
       _cons |   62.65707   2.923818   21.43   0.000     56.88636    68.42779
```

根据这一纯统计学考察，我们可以得出结论，世界其他地区之间预期寿命上的差异可主要由财富和儿童死亡率上的差异解释，但是在非洲，则存在一些进一步压低预期寿命的现实环境(比如战争)。

7.7 交互效应

上节介绍了被称为"截距虚拟变量(intercept dummy variables)"的内容，因为它们的系数表示比较组 0 和组 1 时回归方程在 y 截距上的改变。虚拟变量的另一项应用是通过将虚拟变量乘以一个测量变量来构建我们称之为"斜率虚拟变量(slope dummy variables)"的交互项。本节继续使用 Nations2.dta 数据集，但是考虑一些不同的变量：人均碳排放量($co2$)、居住在城市的人口比例(urban)以及被定义为 1 代表欧洲国家、0 代表所有其他国家的虚拟变量 reg4。我们首先为 reg4 添加取值标签并计算 co2 的对数值，因为该变量的严重正偏态。

```
. label values reg4 reg4
. label define reg4 0 "others" 1 "Europe"
. generate logco2 = log10(co2)
```

```
. label variable logco2 "log10(per cap CO2)"
. describe urban reg4 co2 logco2

              storage  display    value
variable name   type   format     label      variable label
urban          float   %9.0g                 Percent population urban
                                               2005/2010
reg4           byte    %8.0g      reg4       region==Europe
co2            float   %9.0g                 Tons of CO2 emitted per cap
                                               2005/2006
logco2         float   %9.0g                 log10(per cap CO2)
```

我们通过将 reg4 与测量变量 urban 相乘来构建名为 urb_reg4 的交互项或斜率虚拟变量。所得变量 urb_reg4 对于欧洲国家来说等于 urban，对于所有其他国家来说等于 0。

```
. generate urb_reg4 = urban * reg4
. label variable urb_reg4 "interaction urban*reg4 (Europe)"
```

logco2 对 urban、reg4 以及交互项 urb_reg4 进行回归，得到一个模型，该模型检验是 logco2 的 y 截距以及联系 logco2 与 urban 的斜率对于欧洲国家和所有其他地区国家来说可能有所不同。

```
. regress logco2 urban reg4 urb_reg4

    Source  |     SS       df       MS              Number of obs =     185
------------+------------------------------         F(  3,   181) =   72.86
     Model  | 55.8882644    3   18.6294215          Prob > F      =  0.0000
  Residual  | 46.2772694  181   .255675521          R-squared     =  0.5470
------------+------------------------------         Adj R-squared =  0.5395
     Total  | 102.165534  184   .555247466          Root MSE      =  .50564

    logco2  |    Coef.   Std. Err.      t    P>|t|     [95% Conf. Interval]
------------+----------------------------------------------------------------
     urban  |  .0217385   .0017762    12.24   0.000     .0182339    .0252431
      reg4  |  1.294163   .462044      2.80   0.006     .3824774    2.205848
  urb_reg4  | -.0133405   .0065573    -2.03   0.043    -.0262791   -.0004019
     _cons  | -.4682452   .1007257    -4.65   0.000    -.6669929   -.2694975
```

交互效应统计上显著($p = 0.043$)，表明对于欧洲国家，城市人口比例与 CO_2 排放量对数之间的关系不同于世界其他地区。urban 的主效应是正的(0.0217)，意味着 logco2 在城市人口比例越高的国家也倾向于更高。而交互项的系数是负的，这就意味着这一向上的斜率对于欧洲国家来说要更小。我们可以将以上模型写成两个独立的方程：

欧洲国家，reg4 = 1：

$$预测的 \ logco2 = -0.4682 + 0.0217urban + 1.2942(1) - 0.0133urban(1)$$
$$= -0.4682 + 1.2942 + (0.0217 - 0.0133)urban$$
$$= 0.826 + 0.0084urban$$

所有其他国家，reg4 = 0：

$$预测的 \ logco2 = -0.4682 + 0.0217urban + 1.2942(0) - 0.0133urban(0)$$
$$= -0.4682 + 0.0217urban$$

回归后命令 **predict** *newvar* 创建一个新变量来保存从最近的回归中得到的预测值。画出本例中的预测值，将我们的交互效应可视化(见图 7.7)。左侧部分(reg4=0)中直线的斜率为 0.0217，y 截距为-0.4682。右侧部分(reg4=1)中直线的斜率更小(0.0084)，而 y 截距更大

(0.826)。没有一个欧洲国家呈现出世界其他国家中所见到的低城市化、低二氧化碳现象；即便是中等城市化水平的欧洲国家，也具有相对高的二氧化碳排放水平。

```
. predict co2hat
. graph twoway scatter logco2 urban, msymbol(Oh)
    || connect co2hat urban, msymbol(+)
    || , by(reg4)
```

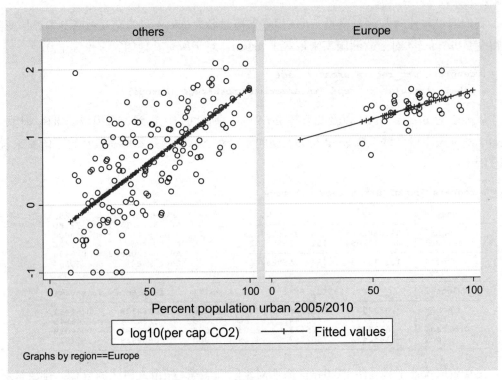

图7.7

第6章中介绍标识变量和连续变量的 **i.**varname 和 **c.**varname 标记符号提供了一种纳入交互项的替代方式。符号#设定两个变量之间的交互，而##则设定多阶交互项并自动包括所涉及变量的所有低阶交互。reg4 是一个标识变量，而 urban 是一个连续变量，因此如下命令可以得到与上面所估计的相同模型：

```
. regress logco2 c.urban i.reg4 c.urban#i.reg4
```

或者等价地使用一个多阶交互项：

```
. regress logco2 c.urban##i.reg4

      Source |       SS       df       MS              Number of obs =     185
-------------+------------------------------           F(  3,   181) =   72.86
       Model |  55.8882644     3  18.6294215           Prob > F      =  0.0000
    Residual |  46.2772694   181  .255675521           R-squared     =  0.5470
-------------+------------------------------           Adj R-squared =  0.5395
       Total |  102.165534   184  .555247466           Root MSE      =  .50564
```

	Coef.	Std. Err.	t	P>|t|	[95% Conf. Interval]	
logco2						
urban	.0217385	.0017762	12.24	0.000	.0182339	.0252431
1.reg4	1.294163	.462044	2.80	0.006	.3824774	2.205848
reg4#c.urban						
1	-.0133405	.0065573	-2.03	0.043	-.0262791	-.0004019
_cons	-.4682452	.1007257	-4.65	0.000	-.6669929	-.2694975

margins 理解#或##交互。数据中城市人口比例在约10%到100%之间，因此我们可以如下所述来画出交互。首先，计算 *urban*(取值为10、40、70或100)与 *reg4*(取值为0或1)若干取值组合处 *logco2* 的预测均值。

```
. margins, at(urban = (10(30)100) reg4 = (0 1)) vsquish

Adjusted predictions                              Number of obs    =       185
Model VCE    : OLS

Expression   : Linear prediction, predict()
1._at        : urban           =          10
               reg4            =           0
2._at        : urban           =          10
               reg4            =           1
3._at        : urban           =          40
               reg4            =           0
4._at        : urban           =          40
               reg4            =           1
5._at        : urban           =          70
               reg4            =           0
6._at        : urban           =          70
               reg4            =           1
7._at        : urban           =         100
               reg4            =           0
8._at        : urban           =         100
               reg4            =           1
```

	Margin	Delta-method Std. Err.	z	P>|z|	[95% Conf. Interval]	
_at						
1	-.2508599	.084864	-2.96	0.003	-.4171903	-.0845296
2	.9098981	.3890654	2.34	0.019	.147344	1.672452
3	.4012958	.046435	8.64	0.000	.3102849	.4923067
4	1.161839	.2080449	5.58	0.000	.7540788	1.5696
5	1.053452	.052811	19.95	0.000	.9499438	1.156959
6	1.413781	.0831383	17.01	0.000	1.250833	1.576729
7	1.705607	.0953954	17.88	0.000	1.518636	1.892579
8	1.665722	.2055716	8.10	0.000	1.262809	2.068635

接下来，使用 **marginsplot** 来画出这些均值。注意，我们使用类似 **twoway** 命令中的选项来为此图的内容添加标签。图7.8将与图7.7相同的模型可视化，但风格有所不同，即呈现预测均值的置信区间而非数据点。下面 **marginsplot** 命令中的选项 **l2**(字母"el"2)设定第二条左边轴的标题。

```
. marginsplot, l2("Log{subscript:10}(CO{subscript:2}
     per capita)") xlabel(10(30)100)
```

交互效应也可以涉及两个测量变量。有一个被称为"对中(centering)"的窍门可以帮助减少这种交互作用带来的多重共线性问题，同时使得变量的主效应更易于解释。对中涉及在定义两个变量的乘积作为交互项之前先分别减去各自的均值。对中变量(centered variable)的均值近似等于0，同时那些低于平均值的为负。下面的命令计算 *urban* 和 *loggdp* 的对中变量，分别被命名为 *urban0* 和 *loggdp0*。于是，交互项 *urb_gdp* 被定义为 *urban0* 乘以 *loggdp0* 的积。

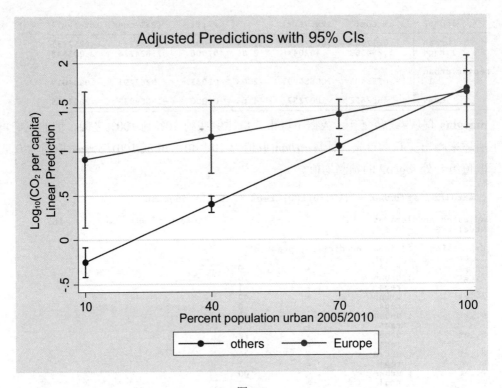

图 7.8

```
. summarize urban loggdp

    Variable |       Obs        Mean    Std. Dev.       Min        Max
       urban |       194    55.43488     23.4391      10.25        100
      loggdp |       179    3.775729    .5632902    2.446848   4.874516

. generate urban0 = urban - 55.4
. label variable urban0 "Percent urban, centered"
. generate loggdp0 = loggdp - 3.78
. label variable loggdp0 "log10(GDP per cap), centered"
. generate urb_gdp = urban0 * loggdp0
. label variable urb_gdp "interaction urban0*loggdp0"
```

更为精确的对中可以采用 **summarize** 返回的均值来进行:

```
. summarize urban
. generate urban00 = urban - r(mean)
```

我们也许还会在获得用于对中的均值之前将回归中任一变量上含有缺失值的观测案例排除掉。

对 *logco2* 就对中的主效应 *loggdp0* 和 *urban0* 以及交互项 *urb_gdp* 进行回归,我们发现交互效应为负且统计显著。

```
. regress logco2 loggdp0 urban0 urb_gdp
```

```
      Source |       SS       df       MS              Number of obs =     175
-------------+------------------------------           F(  3,   171) =  371.66
       Model |  83.4990753     3  27.8330251           Prob > F      =  0.0000
    Residual |   12.806051   171   .074889187          R-squared     =  0.8670
-------------+------------------------------           Adj R-squared =  0.8647
       Total |  96.3051263   174   .553477737          Root MSE      =  .27366

------------------------------------------------------------------------------
      logco2 |      Coef.   Std. Err.      t    P>|t|     [95% Conf. Interval]
-------------+----------------------------------------------------------------
     loggdp0 |   1.116759    .0558107    20.01   0.000     1.006592    1.226925
      urban0 |   .0024787    .0013689     1.81   0.072    -.0002235    .0051809
     urb_gdp |  -.0082808    .0017418    -4.75   0.000    -.011719    -.0048425
       _cons |   .8950411    .0267376    33.47   0.000     .8422628    .9478194
------------------------------------------------------------------------------
```

使用如下三条命令可以进行同样的回归，并且画出连续变量乘连续变量的交互效应(结果未显示)。

```
. regress logco2 c.loggdp0 c.urban0 c.loggdp0#c.urban0
. margins, at(loggdp0 = (-1.3 1.1) urban0 =( -45 45))
. marginsplot
```

在这类进行交互的变量已被对中的回归中，主效应可以被解释为另一变量等于其均值时的效应。因此，当 urban 等于它的均值时，loggdp 每增加 1 个单位，预测的 logco2 会随之升高 1.12。类似地，当 loggdp 等于其均值时，urban 每增加 1 个单位，预测的 logco2 仅随之变化很小，为 0.0025。不过，交互项 urb_gdp 的系数告诉我们，城市化每提升 1 个单位，loggdp 对 logco2 的效应会变弱，下降 0.008。也就是说，二氧化碳排放量会随着财富的增加而增多，但是这种增加在城市化程度更高的国家没那么快。

7.8 方差的稳健估计

与常规回归(诸如 **regress** 或 **anova**)相联系的标准误和假设检验假定误差服从独立同分布(independent and identical distribution)。如果此假定不成立，那么这些标准误可能会低估真实的样本间变异，并产生不切实际的窄置信区间或过小的检验概率。为了处理这一被称为异方差性的普遍问题，**regress** 以及其他的模型拟合命令都有一个选项，可不依赖误差服从独立同分布这一强且有时候不合理的假定来估计标准误。此选项采用 Huber、White 及其他人独立推导出来的一种有时被称为三明治方差估计量(sandwich estimator of variance)的方法。键入 **help vce option** 或参见《Stata 参考手册》中的 vce_option 以了解技术细节。

上节的最后是 logco2 对三个预测变量的回归：loggdp0、urban0 以及它们的乘积 urb_gdp。为了重复同样的回归，但采用稳健标准误，我们仅加上 **vce(robust)** 选项：

```
. regress logco2 loggdp0 urban0 urb_gdp, vce(robust)
Linear regression                               Number of obs =     175
                                                F(  3,   171) =  410.66
                                                Prob > F      =  0.0000
                                                R-squared     =  0.8670
                                                Root MSE      =  .27366
```

	Coef.	Robust Std. Err.	t	P>|t|	[95% Conf. Interval]
logco2					
loggdp0	1.116759	.0525277	21.26	0.000	1.013072 1.220445
urban0	.0024787	.0013123	1.89	0.061	-.0001116 .005069
urb_gdp	-.0082808	.0016976	-4.88	0.000	-.0116317 -.0049298
_cons	.8950411	.0271616	32.95	0.000	.8414258 .9486564

回归的描述信息——系数和 R^2——在使用和不使用稳健标准误两种情形下完全一样。但是，稳健标准误本身以及置信区间、t 检验和 F 检验与前面所见非稳健情形下的对应结果不同。不过，这里的差别很小。本例的基本结果并不取决于假定误差在预测变量取值上独立且同分布。

这些稳健标准误估计值背后的原理在《用户指南》中有解释。简单而言，我们放弃估计诸如以下模型的真实总体参数(β)这一经典目标，

$$y_i = \beta_0 + \beta_1 x_i + \epsilon_i$$

反而，我们追求一个更不雄心勃勃的目标：如果我们抽取了很多个随机样本并重复地应用 OLS 来计算诸如以下模型的 b 值，那么我们简单地估计 b 系数在不同样本之间可能存在的变异：

$$y_i = b_0 + b_1 x_i + e_i$$

我们并未假定这些 b 估计值将会收敛于某个"真实的"总体参数。使用稳健标准误构建的置信区间因此缺少经典解释，即置信区间具有包含真实值 β 的一定概率(重复抽样中)。而是说，稳健置信区间具有包含 b 的一定概率，这里 b 被定义为各个样本 b 估计值所收敛于的那个值。因此，我们以勉强接受一个更不令人印象深刻的结论为代价来放松独立同分布误差假定。

另一个稳健方差选项 **vce(cluster** *clustervar***)** 允许误差在数据的子群体或聚群(cluster)内相关时以有限的方式放松独立误差假定。比如，跨国数据中，我们看到了大量的地区间差异。加上选项 **vce(cluster** *region***)** 会得到由 *region* 变量定义的聚群间的稳健标准误。

```
. regress logco2 loggdp0 urban0 urb_gdp, vce(cluster region)

Linear regression                               Number of obs =      175
                                                F(  3,    4) =   771.01
                                                Prob > F     =   0.0000
                                                R-squared    =   0.8670
                                                Root MSE     =   .27366

                        (Std. Err. adjusted for 5 clusters in region)
```

	Coef.	Robust Std. Err.	t	P>|t|	[95% Conf. Interval]
logco2					
loggdp0	1.116759	.0744462	15.00	0.000	.9100631 1.323454
urban0	.0024787	.0015223	1.63	0.179	-.0017478 .0067052
urb_gdp	-.0082808	.0022161	-3.74	0.020	-.0144336 -.0021279
_cons	.8950411	.0726082	12.33	0.000	.6934485 1.096634

同样，回归系数和 R^2 与先前模型中的完全相同，但是标准误、置信区间和假设检验已经变了。聚群标准误(clustered standard error)明显要比先前模型中的更大，从而导致更小的 t 统计量和更大的概率。先前使用 **vce(robust)** 带来小得多的变化，表明假定误差就模型中预测变量而言是独立同分布的并不会有突出的问题。但是，使用 **vce(cluster** *region***)** 则带来更

大的变化，这表明：正如我们所怀疑的，误差就*region*而言并非独立同分布。因而，使用**vce(cluster region)**所得估计值更合理，如果我们正将这些结果写成研究报告的话，应当报告它们以代替默认的估计值。

7.9 预测值及残差

任一回归分析之后，**predict**命令不仅仅可以得到预测值，还可以得到残差和其他的估计后*案例统计量*(case statistics)——数据中的每一个观测案例都有各自取值的统计量。本节转至一个不同的例子，我们将看看9月份北极海冰的*area*对*year*的简单回归(使用*Arctic9.dta*)。每年平均减少0.76，或者说每年减少大概76 000 km^2，解释了*area*在这些年(1979-2011)间变异的75%。

```
. use C:\data\Arctic9.dta, clear
. describe year area tempN

              storage   display    value
variable name   type    format     label      variable label

year            int     %ty                   Year
area            float   %9.0g                 Sea ice area, million km^2
tempN           float   %9.0g                 Annual air temp anomaly 64N-90N C

. regress area year

    Source |       SS       df       MS              Number of obs =      33
-----------+------------------------------           F(  1,    31) =   99.55
     Model | 17.4995305     1   17.4995305           Prob > F      =  0.0000
  Residual | 5.4491664     31   .175779561           R-squared     =  0.7626
-----------+------------------------------           Adj R-squared =  0.7549
     Total | 22.9486969    32   .717146777           Root MSE      =  .41926

        area |      Coef.   Std. Err.      t    P>|t|     [95% Conf. Interval]
-------------+----------------------------------------------------------------
        year |  -.0764773   .0076648    -9.98   0.000    -.0921098   -.0608447
       _cons |   157.4225   15.29154    10.29   0.000     126.2352    188.6098
```

借助回归后命令**predict**，我们可以创建一个名为*areahat*的新变量来存放从该回归中得到的预测值，同时创建另一个新变量*areares*来存放残差。预测值具有与原始*y*变量相同的均值。残差的均值为0(-1.38e-9 = -1.38 × 10^{-9} ≈ 0)。注意，我们在**summarize**命令中使用了一个通配符：*area**意味着所有以"*area*"开头的变量名称。

```
. predict areahat
. label variable areahat "Area predicted from year"
. predict areares, resid
. label variable areares "Residuals, area predicted from year"
. summarize area*

    Variable |       Obs        Mean    Std. Dev.       Min        Max
-------------+--------------------------------------------------------
        area |        33    4.850303    .8468452       3.09       6.02
     areahat |        33    4.850303    .7395001   3.626667   6.073939
     areares |        33   -1.38e-09    .4126578  -.8425758   1.116174
```

预测值和残差可以像任何其他变量一样被分析。比如，我们可以检验残差的正态性以检查正态误差假定。这个例子中，偏态-峰态检验(**sktest**)表明残差分布没有显著地不同于正态分布(p = 0.45)。

```
. sktest areares

                 Skewness/Kurtosis tests for Normality
                                                       ——— joint ———
   Variable |   Obs   Pr(Skewness)   Pr(Kurtosis)   adj chi2(2)   Prob>chi2

    areares |   33      0.2951         0.5344          1.59         0.4520
```

将预测值对 *year* 画图会勾勒出回归线(见图 7.9)。

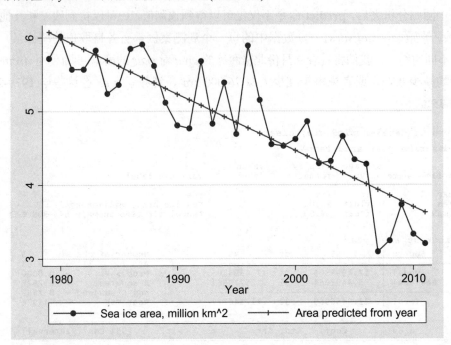

图 7.9

残差包含了模型在哪里拟合欠佳的信息,因而对诊断或故障分析有帮助。这样的分析可能仅从对残差的排序和考察开始。当我们的模型高估了观测值(observed value)时就会出现负的残差。也就是说,某些年份中,海冰面积可能比我们根据总体趋势所预期的更小。为了列出具有 5 个最小残差的年份,键入命令:

```
. sort areares
. list year area areahat areares in 1/5

      year    area    areahat    areares
  1.  2007    3.09   3.932576   -.8425758
  2.  2008    3.24   3.856098   -.6160985
  3.  1984    5.24   5.691553   -.4515528
  4.  2011    3.2    3.626667   -.4266666
  5.  1990    4.81   5.232689   -.4226894
```

5 个最小残差中有 3 个均出现在最近 5 年,表明我们的趋势线高估了近年的海冰面积。当实际 *y* 值高于预测值时会出现正的残差。因为数据已经按 *e* 排序,为了列出 5 个最大残差,我们加上选择条件 **in -5/l**,此选择条件中的"**-5**"表示倒数第 5 个观测案例,而英文字母 l(注意这里不是数字 1)表示最后一个观测案例(last observation)。选择条件 **in -5/-l**、**in 47/1** 或 **in 47/51** 中的每一个都可以完成同样的事情。

```
. list year area areahat areares in -5/l

     year    area    areahat    areares
29.  1994    5.39    4.92678    .4632196
30.  2001    4.86    4.391439   .4685608
31.  2004    4.66    4.162007   .4979923
32.  1992    5.68    5.079735   .600265
33.  1996    5.89    4.773826   1.116174
```

这里又出现一个模式：最大的正残差，或者说是线性预测值低于实际值的年份，出现在 20 世纪 90 年代到 21 世纪初期。继续进行其他分析之前，我们应该键入命令 **sort year1** 来重新排列数据，这样它们又会形成一个有序的时间序列。

残差对预测值的图形，往往也被称为残差对拟合值图或 e 对 yhat 图，提供了一个有用的诊断工具。图 7.10 显示了这样一幅 *areaes* 对 *areahat* 的图，其中在 0 值处画的一条水平线表示残差均值。本章后面，图 7.17 展示了另一种绘制此类图的方式。

```
. graph twoway scatter areares areahat, yline(0)
```

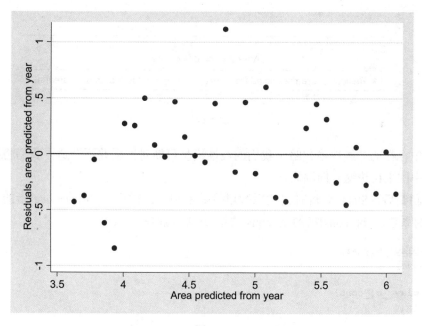

图 7.10

理想状况下，残差对预测值图根本不呈现任何模式，就像密集在中央的一窝蜜蜂(参见诸如 Hamilton(1992a)关于好的和坏的案例的介绍)。但是，在图 7.10 中可以看到一个模式。在早些年间，预测值太高导致基本上都是负的残差；在中间年份太低，导致基本上都是正的残差；而在末期又太高，导致残差又变成负值。这与我们按残差大小排序时注意到的模式是一样的。

残差对预测值图与一条 lowess 曲线一起叠并在图 7.11 中，残差上下波动的模式变得显而易见。lowess(局部加权的散点修匀(**locally weighted scatterplot smoothing**)的简称)回归提供了一种异常有用的方法来探测噪音数据(noisy data)中的模式。第3章中(见图3.26)曾简单介绍过它，第8章中还将会解释它。

```
. graph twoway scatter areares areahat
    || lowess areares areahat || , yline(0)
```

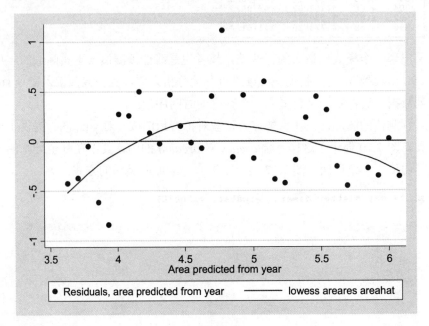

图 7.11

残差中存在的非线性模式暗示我们的线性模型可能对数据并不合适。我们将在下一节和第8章中回来讨论这一问题。

任一回归后，Stata 会暂时记住系数以及其他细节。因而，_b[*varname*]指的是自变量 *varname* 的系数。_b[_cons]指的是_cons 的系数(通常就是 y 截距)。

```
. display _b[year]
-.07647727

. display _b[_cons]
157.42247
```

尽管 **predict** 使计算预测值和残差变得容易，但是我们可以通过一对 **generate** 语句使用_b[ ]系数来定义相同的变量。下面所得名为 *areahat1* 和 *areaes1* 的变量具有与从 **predict** 得到的预测值以及残差完全相同的属性。但是，对某些目的而言，**generate** 方式会给予用户更多的灵活性。

```
. generate areahat1 = _b[_cons] + _b[year]*year
. generate areares1 = area - areahat1
. summarize area*
```

```
    Variable |      Obs        Mean    Std. Dev.       Min        Max
        area |       33    4.850303    .8468452       3.09       6.02
     areahat |       33    4.850303    .7395001   3.626667   6.073939
     areares |       33   -1.38e-09    .4126578  -.8425758   1.116174
    areahat1 |       33    4.850303    .7395001   3.626667   6.073939
    areares1 |       33    7.22e-09    .4126578  -.8425758   1.116174
```

7.10 其他案例统计量

predict 也可以计算很多适合于最近拟合模型的其他案例统计量。下面包括可以在 **regress**(或 **anova**)后使用的 **predict** 选项。用任意新变量名称代替例子中的 *new*。

. predict new	y 的预测值。**predict** *new*, **xb** 意味着做同样的事情(指的是 **xb**, y 预测值的向量)。
. predict new, resid	残差。
. predict new, rstandard	标准化残差。
. predict new, rstudent	学生化(刀切法)残差，测量第 i 个观测案例对 y 截距的影响。
. predict new, stdp	预测的 y 均值的标准误。
. predict new, stdf	个体 y 预测值的标准误，有时叫作预报的标准误或预测的标准误。
. predict new, hat	帽子矩阵(hat matrix)的对角线元素(用 **leverage** 代替 **hat** 也行)。
. predict new, cooksd	Cook 的 D 影响统计量，测量第 i 个观测案例对模型中所有系数的影响(或者等价地，对所有 n 个 y 预测值的影响)。

通过更多的选项可得到预测的概率和期望值；键入 **help regress** 查看清单。

为了示例说明，我们回到北极海冰变化趋势(*Arctic9.dta*)。上节中的残差分析表明图 7.9 中的线性模型对这些数据并不合适。一个被称作二次项回归(*quadratic regression*)的简单替代方法涉及因变量对 *year* 以及 *year* 的平方进行回归。我们从构建一个等于 *year* 平方的新变量开始。

```
. generate year2 = year^2
. regress area year year2

      Source |       SS       df       MS              Number of obs =      33
-------------+------------------------------           F(  2,    30) =   67.73
       Model |  18.7878137     2  9.39390686           Prob > F      =  0.0000
    Residual |  4.16088316    30  .138696105           R-squared     =  0.8187
-------------+------------------------------           Adj R-squared =  0.8066
       Total |  22.9486969    32  .717146777           Root MSE      =  .37242

        area |      Coef.   Std. Err.      t    P>|t|     [95% Conf. Interval]
-------------+----------------------------------------------------------------
        year |   9.658356   3.194155     3.02   0.005     3.135022    16.18169
       year2 |  -.0024398   .0008005    -3.05   0.005    -.0040747   -.0008049
       _cons |  -9552.853   3186.119    -3.00   0.005    -16059.78   -3045.931
```

此二次项回归显示了拟合情况的整体改善：相比于线性模型的 0.7549，$R_a^2 = 0.8066$。此外，正如显著的 *year2* 系数所表明的($p = 0.005$)，此改善统计上显著。散点图(见图 7.12)可视化了这一改善：二次项模型在预测实际的海冰面积时不再像先前的线性模型那样出现系统性地高估-然后低估-再高估的情况。

```
. predict areahat2
. label variable areahat2 "quadratic prediction"
. graph twoway connect area areahat2 year, msymbol(Oh d)
```

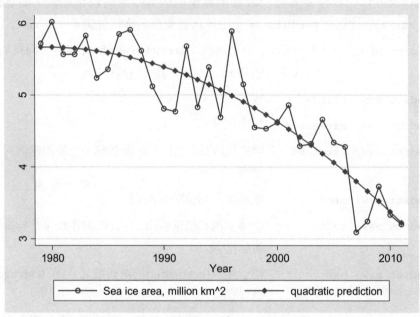

图 7.12[2]

有两种替代方式可以不必在进行相同的二次项回归前构建一个表示 *year* 的平方的新变量，将用到 Stata 的交互(#)标记符号。以下三条命令都用来估计同一模型。为了后续的 **margins** 命令恰当地起作用，必须在两种#形式中选一种使用。

```
. regress area year year2
. regress area year c.year#c.year
. regress area c.year##c.year
```

尽管在图 7.12 中可见的改善令人兴奋，但是二次项回归也会带来或恶化某些统计学问题。杠杆效应就是这样一个问题，它意指具有异常 *x* 取值或异常 *x* 取值组合的观测案例的潜在影响。杠杆统计量，也称为帽子矩阵对角线，可以通过 **predict** 得到。本例中我们就直接将其命名为 *leverage*。

```
. predict leverage, hat
```

图 7.13 再次画出了二次项回归曲线，这一次通过设定分析权数 [aw=*leverage*] 来使得

---

[2] 该图上面的 **graph twoway** 一行命令需要增加 **sort** 选项才能得到与该图相同的图形。——译者注

connect 标记符号的面积与 *leverage* 成比例。这幅图同时还与一幅中位数样条图(**mapline**)叠并，其中样条图画的是一条连接预测值 *areahat2* 的平滑曲线。中位数样条图在绘制曲线关系时通常比直线和连线图做得更好。为了达到这一目的，它通过 **bands( )** 选项设置了很多样条。键入 **help twoway mspline** 以了解这一 **twoway** 图形类型的更多信息。

```
. graph twoway connect area year [aw=leverage], msymbol(Oh)
    || mspline areahat2 year, bands(50) lwidth(medthick)
    || ,note("Data points area proportional to leverage")
    legend(off) xline(1980 1996) xlabel(1980(5)2010, grid) xtitle("")
    ytitle("Sea ice area, million km{superscript:2}")
```

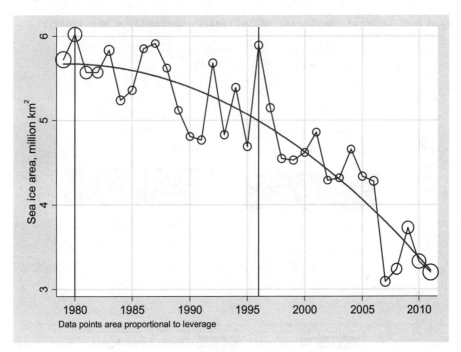

图 7.13

图 7.13 中第一年和最后一年的标记符号最大，因为它们具有最大的杠杆效应。二项式回归倾向于夸大极端 *x* 取值的重要性(其影响通过平方变得甚至更极端)，因此模型非常紧地跟随这些取值。注意，曲线非常好地拟合了第一年和最后一年的情况。

杠杆反映潜在影响。其他统计量直接地测量影响。一种统计量叫作 DFBETAS，它表明：如果将观测案例中的 *i* 个案例从回归中删除，那么 *x1* 的系数将会变化多少个标准误。通过 **predict** *new*, **dfbetas**(*xvarname*)命令可以得到针对单个预测变量的这些值。针对模型中所有预测变量的 DFBETAS 可以更容易地通过 **dfbeta** 命令来获得，这一命令将为每一个预测变量创建一个新变量。我们的例子中有两个预测变量：*year* 和 *year2*。因此，**dfbeta** 命令会定义两个新的影响统计量，分别对应每一预测变量。

```
. dfbeta
. describe _dfbeta*
```

```
              storage   display    value
variable name  type     format     label      variable label
_dfbeta_1      float    %9.0g                 Dfbeta year
_dfbeta_2      float    %9.0g                 Dfbeta year2

. summarize _dfbeta*

    Variable |     Obs        Mean    Std. Dev.       Min        Max
   _dfbeta_1 |      33    .0007181    .1702339   -.3360457    .550404
   _dfbeta_2 |      33   -.0007234    .1702921    -.550294   .3353676
```

图 7.14 中的箱线图呈现了两个 DFBETAS 变量的分布情况,并根据 *year* 为特异值添加了标签。

```
. graph box _dfbeta*, marker(1, mlabel(year)) marker(2, mlabel(year))
```

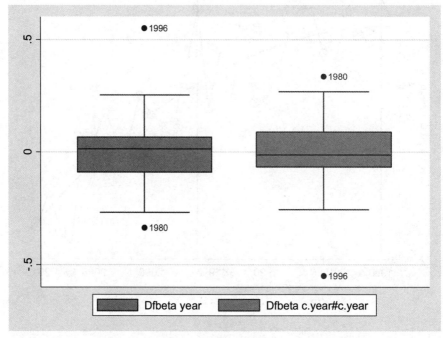

图 7.14

_dfbeta_1 值针对 *year* 测量每一个观测值对回归系数的影响。1996(图 7.13 中作为特别高的一个值)对 *year* 回归系数的影响最大。*_dfbeta_1* =0.55 告诉我们,全样本回归(full-sample regression)中 *year* 的回归系数*要比我们排除 1996 后重新估计模型所得到的约大 0.55 个标准误*。类似地,对于 1980,该值为负,即 *_dfbeta_1* = -0.336,这表明全样本的 *year* 回归系数要比我们排除 1980 后重新估计模型所得到的约小 0.336 个标准误。尽管 1996 使得 *year* 的系数比去除它之后的更大,但是它也使得 *year2* 的系数以相似的数量变小。对于 1980,情况刚好相反。原始数据中(见图 7.13),1980 并非一个明显的特异值,但它具有相对较高的杠杆效应,这使得它比那些同为特异值但杠杆效应低的年份影响更大。

如果我们不确定如何来解读 DFBETAS,我们可以通过先将有影响的观测案例 (influential observation)去除,然后重复该回归来确认我们的解释。为了节省篇幅,**quietly** 在这里会抑制回归结果输出，我们只要求显示 year 和 year2 的系数，并用两个空格隔开以易于阅读。第一个回归采用全样本。第二个回归排除 1996，这使得 year 的系数变小(从 9.658 到 8.067)同时 year2 的系数变大(从-0.0024 到-0.0020)。第三个回归中排除 1980 具有相反的效果：year 的系数变大(从 9.658 到 10.730)而 year2 的系数变小(从-0.0024 到-0.0027)。

```
. quietly regress area year year2
. display _b[year] " " _b[year2]
9.6583565 -.00243981

. quietly regress area year year2 if year!=1996
. display _b[year] " " _b[year2]
8.0666424 -.00204096

. quietly regress area year year2 if year!=1980
. display _b[year] " " _b[year2]
10.730059 -.00270786
```

如果我们改用#来输入平方项，最后一条命令将如下：

```
. quietly regress area year c.year#c.year if year!=1980
. display _b[year] " " _b[c.year#c.year]
10.730059 -.00270786
```

有了杠杆效应，DFBETAS 或任何其他的案例统计量可以被直接用来从某项分析中排除观测案例。比如，下面的前两条命令计算 Cook 的 D，该指标测量每一个观测案例对模型整体的影响，而不是像 DFBETAS 那样测量对单个回归系数的影响。第三条命令重复最初的回归分析，但仅使用那些 Cook 的 D 小于 0.10 的观测案例。

```
. regress area year year2
. predict D, cooksd
. regress area year year2 if D <.10
```

不管使用什么固定标准来定义特异值，我们总是可以在更大的数据中更多地碰到它们。因为这一原因，调整样本规模的分界点(sample-size-adjusted cutoffs)有时被推荐用来找出异常的观测案例。基于 n 个观测案例拟合了一个具有 K 个系数(包括常数)的回归之后，我们可能更仔细地查看这些观测案例来确定以下条件中的哪些得以满足：

杠杆效应 $h > 2K/n$

Cook 的 $D > 4/n$

$DFITS > 2\sqrt{K/n}$

Welsch 的 $W > 3\sqrt{K}$

$DFBETA > 2/\sqrt{n}$

$|COVRATIO - 1| \geq 3K/n$

这些分界点背后的原理以及更一般性的诊断统计量可以在 Cook 和 Weisberg(1982，1994)以及 Belsley、Kuh 和 Welsch(1980)或 Fox(1991)中找到。

7.11 诊断多重共线性和异方差性

多重共线性指的是一个模型中的预测变量或自变量之间存在过强线性关系的问题。如果预测变量之间存在着完全多重共线性(perfect multicollinearity),那么回归方程会缺乏唯一解。Stata 会警告我们,然后删除其中一个引起问题的预测变量。较强但并非完全的多重共线性会导致很多琐碎的问题。当我们加入一个与模型中已有预测变量有很强关联的新解释变量时,带来可能麻烦的征兆包括如下情形:

——明显更大的标准误,与相应更小的 t 统计量

——系数大小或者符号出现出乎意料的变化

——尽管 R^2 较高,但系数不显著

多元回归致力于估计每一个 x 变量的独立影响(independent effect)。但是,如果单个或更多个 x 变量并没有大量独立变异,那么就缺少这样做的信息。上面所列出的征兆会警告我们,系数估计值已变得不可靠,并且可能因数据和模型的细微变化而出现大幅变化。进一步解决问题需要确定多重共线性是否真的成为问题,如果是,那么应当如何对它们进行处理?

相关矩阵通常会作为一个诊断手段来予以使用,但它们对探测多重共线性的价值有限。相关只能揭示变量对之间的共线性(collinearity)或线性关系。但是,多重共线性涉及自变量的任一组合之间的线性关系,它可能未必在相关中体现出来。后估计命令 **estat vif** 提供了对方差膨胀因子(variance inflation factor)的更好诊断工具。

```
. regress area year year2

      Source |       SS       df       MS              Number of obs =      33
-------------+------------------------------           F(  2,    30) =   67.73
       Model |  18.7878137     2  9.39390686           Prob > F      =  0.0000
    Residual |  4.16088316    30  .138696105           R-squared     =  0.8187
-------------+------------------------------           Adj R-squared =  0.8066
       Total |  22.9486969    32  .717146777           Root MSE      =  .37242

------------------------------------------------------------------------------
        area |      Coef.   Std. Err.      t    P>|t|     [95% Conf. Interval]
-------------+----------------------------------------------------------------
        year |   9.658356   3.194155     3.02   0.005     3.135022    16.18169
       year2 |  -.0024398   .0008005    -3.05   0.005    -.0040747   -.0008049
       _cons |  -9552.853   3186.119    -3.00   0.005    -16059.78   -3045.931
------------------------------------------------------------------------------

. estat vif

    Variable |       VIF       1/VIF
-------------+----------------------
        year |  220094.55    0.000005
       year2 |  220094.55    0.000005
-------------+----------------------
    Mean VIF |  220094.55
```

位于 **estat vif** 表中右边的 1/VIF 一列给出了根据每个 x 变量对其他 x 变量进行回归得到的 $1-R^2$ 值。我们的北极海冰一例呈现了一种极端情形:year 的方差中仅有 0.000005 独立于 year2,小于 0.005%(反之亦然)。方差膨胀因子或 VIF 值本身表明,如果两个预测变量都在模型中,它们系数的方差大约是并非两者都在模型中时的 220 000 倍。本章前面所见简单线性模型中,year 的标准误为 0.0076648;而上面的二次项模型中,相应的标准误要大许

多倍，为 3.194155。

这些 VIF 值表明存在严重的共线性。因为这里只有两个预测变量。这种情况下，我们可以仅通过考察它们的相关来确认这一点。year 和 year2 之间几乎是完全相关。

```
. correlate area year year2
(obs=33)

             |    area     year    year2
        area |  1.0000
        year | -0.8732   1.0000
       year2 | -0.8737   1.0000   1.0000
```

共线性或多重共线性可以出现在任何类型的模型中，但在某些预测变量由另外一些预测变量来定义的模型中尤为常见——比如那些包含交互效应的模型或二次项回归。前面对交互项推荐的对中窍门对二次项回归也有帮助。通过减少多重共线性，对中通常得到具有更小标准误的更精确系数估计值。

我们在计算第二个变量之前先通过将一个 x 变量减去其均值来实现对中。这些数据中 year 的均值是 1995，此处称为 year0 的对中形式表示 1995 年之前(负的)和 1995 年之后(正的)的年份。对中的 year0 的均值为 0。第二个新变量 year02 等于 year0 的平方。其取值范围从 256(当 year0 = $-$16 时，即 1979 年)到 0(当 year0 = 0 时，即 1995 年)，然后回到 256(当 year0 = +16 时，即 2011 年)。

```
. gen year0 = year - 1995
. gen year02 = year0 ^2
. summarize year year0 year02

    Variable |    Obs     Mean    Std. Dev.    Min       Max
        year |     33     1995    9.66954     1979      2011
       year0 |     33        0    9.66954      -16        16
      year02 |     33  90.66667  82.23847        0       256
```

对中之后，对中变量的系数和标准误间的差别最容易被注意到。为了看到这一点，我们用海冰的 area 来对 year0 和 year02 进行回归。R^2 和整体 F 检验与 area 对未对中的 year 和 year2 回归中所得的完全一样。预测值和残差也会是一样的。但是，相比于采用原始 year 的未对中回归所得结果，对中情况下 year0 的标准误小得多，置信区间更窄，t 统计量变大，且 t 检验结果"更显著"。

```
. regress area year0 year02

      Source |      SS        df      MS              Number of obs =      33
             |                                        F(  2,    30) =   67.73
       Model | 18.7878137      2   9.39390686         Prob > F      =  0.0000
    Residual |  4.16088316    30   .138696105         R-squared     =  0.8187
             |                                        Adj R-squared =  0.8066
       Total | 22.9486969     32   .717146777         Root MSE      =  .37242

        area |    Coef.    Std. Err.      t     P>|t|    [95% Conf. Interval]
       year0 | -.0764773   .0068085   -11.23   0.000   -.0903821   -.0625725
      year02 | -.0024398   .0008005    -3.05   0.005   -.0040747   -.0008049
       _cons |  5.071512   .0973195    52.11   0.000    4.872759    5.270265
```

尽管 year 和 year2 几乎完全相关，但是对中形式的相关几乎为 0。

```
. correlate year0 year02
(obs=33)

             |    year0    year02
       year0 |   1.0000
      year02 |  -0.0000    1.0000
```

由于这两个预测变量不相关,故没有出现方差膨胀。

```
. estat vif

    Variable |      VIF       1/VIF
       year0 |     1.00    1.000000
      year02 |     1.00    1.000000
    Mean VIF |     1.00
```

estat 命令也会得到其他有用的诊断统计量。比如,**estat hettest** 可以检验常数误差方差假定(assumption of constant error variance)。它通过考察平方后的标准化残差是否与预测值线性相关来进行(有关示例和讨论参见 Cook & Weisberg(1994))。下面将会看到,**estat hettest** 这里没有给出拒绝方差为常数的零假设的理由。也就是说,我们没有看到显著的异方差性。

```
. estat hettest
Breusch-Pagan / Cook-Weisberg test for heteroskedasticity
        Ho: Constant variance
        Variables: fitted values of area

        chi2(1)      =    0.00
        Prob > chi2  =  0.9802
```

但是,如果出现显著的异方差性,则意味着我们的标准误可能是有偏的,且所得假设检验是无效的。

7.12 简单回归中的置信带

本节介绍一些其他图形,它们有助于我们可视化回归模型或诊断可能的问题。继续使用 *Arctic9.dta* 数据集,变量 *tempN* 记录了从北纬 64 度到北纬 90 度整个区域的年均气温异常情况,它根据 NASA 的陆地和海洋表面记录估计得到。气温异常表示区域气温相对于参照年份 1951-1980 年的摄氏温度差值。因而,正向异常表示高于 1951-1980 年的平均气温。

我们已经看到,北极海冰(特别是在 9 月份最少时)的面积、覆盖范围和容量已经在 1979-2011 年的卫星观测期间有所下降。不出所料,北极表面气温在同一时期也变暖了,尽管这不是海冰减少的全部原因。变暖趋势达到每年上升 0.058°C 或每 10 年上升 0.58°C ——这比全球整体情况要快得多。作为对比,并未显示在此的其他 NASA 数据表明这些年间全球变暖的趋势为每 10 年上升仅 0.16°C。

```
. regress tempN year

      Source |       SS       df       MS              Number of obs =      33
-------------+------------------------------           F(  1,    31) =   51.64
       Model |  10.2449886     1  10.2449886           Prob > F      =  0.0000
    Residual |  6.15050844    31  .198403498           R-squared     =  0.6249
-------------+------------------------------           Adj R-squared =  0.6128
       Total |  16.395497     32  .512359282           Root MSE      =  .44543
```

tempN	Coef.	Std. Err.	t	P>|t|	[95% Conf. Interval]
year	.058516	.0081432	7.19	0.000	.0419079 .0751242
_cons	-115.9492	16.24582	-7.14	0.000	-149.0828 -82.81563

图 7.15 画出北极气温异常上的这一上升趋势。依照命令中 **twoway lfitci, stdp** 部分所做设定，实际气温被叠并在含条件均值 95%置信区间的回归线上。其他选项要求画出中粗 (medium-thick)的回归线并对主标题使用中大(medium-large)字体。我们在 y 轴标题中插入了一个温度符号——ASCII 字符码 186(其他 ASCII 字符见第 3 章中的图 3.16)。

```
. graph twoway lfitci tempN year, stdp lwidth(medthick)
    || connect tempN year, msymbol(Th)
    || , ytitle("Annual temperature anomaly,`=char(186)'C")
    legend(off) xlabel(1980(5)2010) yline(0)
    title("Arctic temperature trend with 95% c.i. for
      conditional mean", size(medlarge))
```

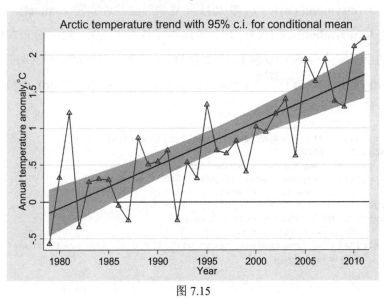

图 7.15

图 7.15 中，很多年度的取值都位于置信区间之外，强调了这些区间指的是条件均值或趋势本身而非单个预测值(individual prediction)的事实。假如我们想对 2012 年计算单个预测值，并找出此预测值的恰当置信区间。完成这一任务的一种方式是使用数据编辑器加上新的第 34 行数据，该行只包括变量 *year* 的取值 2012。或者，以下两条命令可以达到同样的目的：

```
. set obs 34
. replace year = 2012 in 34
```

然后，重复这一回归来得到预测值和预报的标准误(**stdf**)。95%置信区间的下限和上限近似等于预测值减去或加上 2 倍预报的标准误：*tempNhat* 减去或加上 *2*tempNse*。

```
. predict tempNhat
. label variable tempNhat "Predicted temperature"
. predict tempNse, stdf
```

```
. label variable tempNse "Standard error of forecast"
. gen tempNlo = tempNhat - 2*tempNse
. label variable tempNlo "lower confidence limit"
. gen tempNhi = tempNhat + 2*tempNse
. label variable tempNhi "upper confidence limit"
. list year tempN* in -5/l
```

	year	tempN	tempNhat	tempNse	tempNlo	tempNhi
30.	2008	1.37	1.551012	.4643515	.6223085	2.479715
31.	2009	1.29	1.609528	.4662754	.6769768	2.542078
32.	2010	2.11	1.668044	.468333	.7313777	2.60471
33.	2011	2.22	1.72656	.4705225	.7855148	2.667605
34.	2012	.	1.785076	.4728422	.8393915	2.73076

我们现在可以在全距区域图(**twoway rarea**)、全距芒线图(**rspike**)、带帽芒线图(**rcap**)或类似图形中画出 *tempNlo* 和 *tempNhi* 的取值以显示置信区间。图 7.16 使用 **twoway lfitci, stdf range(1979 2012)** 采取了一种更为简单的方式。我们叠并了两幅图，一幅是以空心三角形作为标记符号(**msymbol(Th)**)的 1979-2011 年观测气温的连线图(**connect**)，另一幅是用方形作为标记符号(**msymbol(S)**)的仅有 2012 年预测气温的散点图。附加的文本指明了预测值与置信区间的上下限(从上表中复制的 2012 年的 *tempNhat*、*tempNlo* 和 *tempNhi*)。注意，与图 7.15 中由 **lfit, stdp** 绘制置信带(confidence band)不一样，由 **lfigci, stdf** 绘制的置信带足够宽，可覆盖大约 95%的观测案例。

```
. graph twoway lfitci tempN year, stdf lwidth(medthick)
       range(1979 2012)
    || connect tempN year, msymbol(Th)
    || scatter tempNhat year if year==2012, msymbol(S)
    || , ytitle("Annual temperature anomaly,`=char(186)'C")
    legend(off) xlabel(1980(5)2010) yline(0)
    text(2.8 2007 "2012 predicted temp"
       "1.79 (.84-2.73) `=char(186)'C")
    title("Arctic temperature trend with 95% c.i. for predictions"
      , size(medlarge))
```

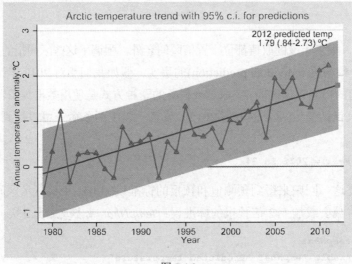

图 7.16

数据集 *Arctic9.dta* 中的气温、海冰面积与其他变量形成了时间序列，这类数据通常会呈现出连续数据取值之间的自相关或序列相关。如果回归误差实际上是自相关的，那么用于计算标准误、置信区间以及统计检验的常用公式——诸如本节中用到的公式——可能会是误导性的。因此，对时间序列数据进行建模的研究者会习惯性地检查残差自相关，并且在出现残差自相关时应用专门的时间序列回归方法。

时间序列回归方法(见第 12 章)要求使用 **tsset** 命令将数据定义为时间序列。下面的命令设定提供时间索引的变量。

```
. tsset year
        time variable:   year, 1979 to 2011
                delta:   1 year
```

对于 **tsset** 数据，有数种方法可用来检查自相关。一种广为人知但信息量最少的方法是 Durbin-Watson 检验。

```
. estat dwatson
Durbin-Watson d-statistic(  2,     33) = 2.091689
```

教科书中通常都有 Durbin-Watson 检验的查询表。对于有 33 个观测案例和 2 个被估参数的情况，计算所得值 2.09 位于 α=0.05 表的上限(1.51)之上。因此，我们无法拒绝不存在一阶、正向自相关这一零假设。这对于图 7.15 和图 7.16 的有效性来说是一条好消息。不过，这并不保证不存在其他滞后诸如 2 年、3 年或 4 年等情况下的自相关。

一种信息量更大的方式使用累积混合检验或 Ljung-Box 统计量来计算诸多滞后情况下的残差自相关系数。这一检验通过对模型残差(此处名为 *tempNres*)应用 **corrgram** 命令来实现。

```
. predict tempNres,
. corrgram tempNres

                                            -1    0    1  -1     0      1
LAG      AC       PAC        Q      Prob>Q  [Autocorrelation]  [Partial Autocor]
 1    -0.0803   -0.0826    .23248   0.6297
 2    -0.0920   -0.1081    .54749   0.7605
 3    -0.0494   -0.0746    .64146   0.8869
 4    -0.0249   -0.0461    .66619   0.9554
 5     0.2623    0.2818   3.5048    0.6227
 6    -0.1982   -0.2320   5.1858    0.5202
 7     0.1972    0.2678   6.9135    0.4379
 8    -0.0025    0.0217   6.9138    0.5460
 9    -0.1696   -0.2945   8.2974    0.5045
10     0.1652    0.3323   9.6677    0.4701
11    -0.2572   -0.5436  13.14      0.2843
12     0.0647   -0.0919  13.37      0.3428
13    -0.2205   -0.4464  16.177     0.2397
14     0.0219   -0.0385  16.206     0.3009
```

这一输出中的 Q 检验并未发现 1 到 14 年任何滞后情况下的统计显著性。因此，**corrgram** 在发现气温模型中残差没有显著自相关这一点上更为令人信服地与 **estat dwatson** 相一致。本节中的检验和置信区间未遭到质疑。

7.13 诊断回归

Stata 提供了很多专门的图形用于在回归之后进行诊断。本节中将介绍其中的一些；键

入 **help regress postestimation** 查看清单。我们这里的例子将是对北极海冰模型的完善，其中 9 月份海冰面积根据 *year* 和 *year*^{2}(*year* 被对中后))以及年度表面气温异常(*tempN*)进行预测。对中的 *year*(*year0*)及其平方(*year02*)在前面已被计算过，但是这里假定它们不再存于内存中，故需要再次创建。这三个预测变量一共解释了海冰面积 82%的变异。

```
. use C:\data\Arctic9.dta, clear
. gen year0 = year -1995
. gen year02 = year0 ^2
. regress area year0 year02 tempN

      Source |       SS       df       MS              Number of obs =      33
-------------+------------------------------           F(  3,    29) =   49.72
       Model |  19.2134599     3  6.40448663           Prob > F      =  0.0000
    Residual |   3.735237    29  .128801276           R-squared     =  0.8372
-------------+------------------------------           Adj R-squared =  0.8204
       Total |  22.9486969    32  .717146777           Root MSE      =  .35889

        area |      Coef.   Std. Err.      t    P>|t|     [95% Conf. Interval]
-------------+----------------------------------------------------------------
       year0 |  -.0601115   .0111399    -5.40   0.000    -.0828951   -.0373279
      year02 |  -.0019336   .0008202    -2.36   0.025    -.0036111   -.0002562
       tempN |  -.2796799   .1538498    -1.82   0.079    -.594338     .0349783
       _cons |   5.24665    .1344514    39.02   0.000     4.971666    5.521634
```

如上一节中所述，对残差自相关做检验是谨慎的。Q 检验发现在 1 至 10 年滞后情况下——也就是说，将每一年的残差和先前 1 至 10 年的残差进行比较——并没有显著的自相关。滞后 10 年以上情况下，确实出现了一定的自相关，但这不可能影响我们的结果。

```
. predict areares2, resid
. corrgram areares2, lag(10)

                                         -1       0       1 -1       0       1
 LAG      AC     PAC      Q    Prob>Q  [Autocorrelation]  [Partial Autocor]
-------------------------------------------------------------------------------
   1    0.1140  0.1141  .46917  0.4934
   2   -0.1826 -0.2003  1.7112  0.4250
   3   -0.3273 -0.2968  5.8358  0.1199
   4   -0.0554 -0.0157  5.9581  0.2023
   5    0.0238 -0.1040  5.9816  0.3080
   6   -0.1620 -0.4049  7.1046  0.3113
   7   -0.1077 -0.1646   7.62   0.3673
   8    0.2332  0.3384 10.132   0.2559
   9    0.3583  0.2410 16.309   0.0607
  10   -0.0160 -0.2435 16.322   0.0908
```

我们可以通过计算的预测值并将 *areaes2* 对这些预测值画图来绘制残差对拟合值图。更快的方式是使用 **rvfplot** 命令。图 7.17 中的例子加入了一条水平线来标识残差的均值 0。它还根据 *year* 来为数据点加标签。这幅图显示，有一个具有较大正残差的异常值(1996)，但是并没有明显的麻烦迹象。

```
. rvfplot, yline(0) mlabel(year)
```

附加变量标绘图是非常有用的诊断工具，它有许多不同的名称，包括偏回归杠杆绘图(partial-regression leverage plot)、调整偏残差标绘图(adjusted partial residual plot)或调整变量标绘图(adjusted variable plot)。它们描绘调整其他 *x* 变量后 *y* 与一个 *x* 变量之间的关系。如果我们就 *y* 对 *x2* 和 *x3* 进行回归，同样就 *x1* 对 *x2* 和 *x3* 进行回归，然后取出每一个回归所得到的残差并将这些残差画成散点图，我们就会得到一幅反映调整了 *x2* 和 *x3* 后，*y* 与 *x1* 之间关系的附加变量标绘图。**avplot** 命令会自动执行必要的计算。比如，我们可以画出预

测变量 *tenmpN* 的附加变量标绘图，只要键入：

```
. avplot tempN
```

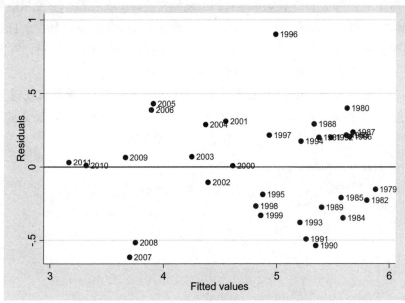

图 7.17

为了进一步加快处理，我们可以键入 **avplot** 来获得一整套小图，其中每一幅小图包含先前回归中的一个预测变量。图 7.18 显示了 *area* 对 *year0*、*year02* 及 *tempN* 进行回归所得的结果。附加变量标绘图中画出的直线所具有的斜率与相应的偏回归系数相等。比如，图 7.18 中左下部直线的斜率等于-0.2797，与我们 3 个预测变量回归中 *tempN* 的系数一模一样。

```
. avplots
```

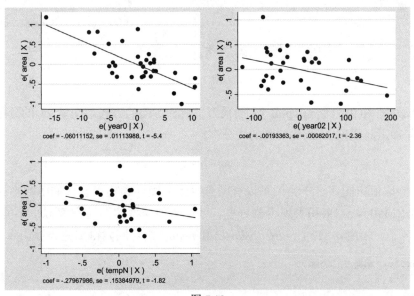

图 7.18

附加变量标绘图有助于我们找出对回归模型施加了不成比例影响的观测案例。在只有一个 x 变量的简单回归中，常规散点图就足以做到这点。但在多元回归中，影响的迹象变得更微妙。即便单个的 x 取值本身并没有一个是异常的，一个在数个 x 变量取值上具有异常组合的观测案例也可能具有高杠杆效应，或者潜在地影响回归。附加变量标绘图中，高杠杆效应观测案例表现为那些在水平方向远离其余数据点的数据点。不过，在图 7.18 中，大部分水平方向的极端点出现的位置看起来与其余数据点一致。

一个高奇异值(high outlier)出现在图 7.18 的右上部，表明它可能具有使得 $year02$ 的系数更陡峭(使其负得更多)的影响。当我们用单个 **avplot** 命令来绘制附加变量标绘图并为数据点添加标签时，1996 作为特异值出现了，参见图 7.19。

```
. avplot year02, mlabel(year)
```

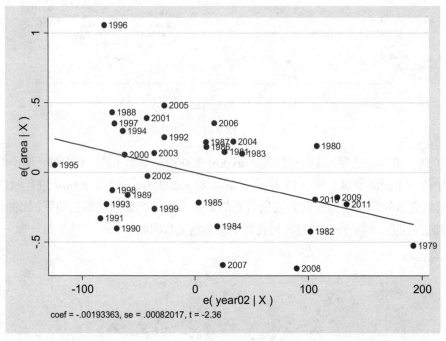

图 7.19

分量加残差图(由命令 **cprplot** 得到)采用了一种不同的方式。变量 $x1$ 的分量加残差图将每一残差加上其根据 $x1$ 预测得到的成分：

$$e_i + b_1 x 1_i$$

对 $x1$ 的取值作图。这一类图可以有助于诊断非线性和建议替代的函数形式。扩展分量加残差图(Mallows, 1986)表现得略好些，尽管两种类型的图通常都似乎不能让人信服。图 7.20 呈现了一幅由 $area$ 对 $year0$、$year02$ 和 $tempN$ 进行回归得到的分量加残差图。

```
. acprplot tempN, lowess
```

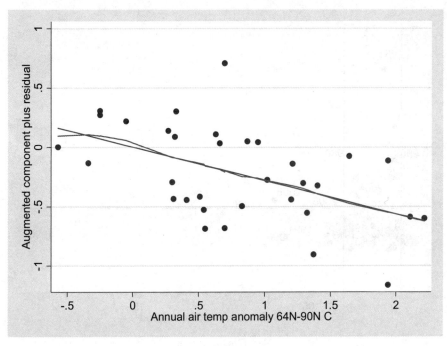

图 7.20

图 7.20 中的直线对应着回归模型。曲线反映了 lowess 修匀的结果，这将告诉我们是否存在很大程度的非线性。曲线最左边的下沉可作为 lowess 人为得到的结果而被忽视，因为只有很少的案例来确定其位置(见第 8 章)。如果曲线的更中间部分显示出系统性地偏离线性回归模型的曲线模式，我们就有理由怀疑模型的恰当性。但是，图 7.20 中，分量加残差的中位数紧跟回归模型。这幅图强化了我们的结论：目前的回归模型恰当地解释了原始数据中所有可见的非线性，而没有将其留在残差中。

顾名思义，杠杆对残差平方图将杠杆效应(帽子矩阵对角线元素)对残差平方作图。图 7.21 展示了 *area* 回归的这样一幅图。为了找出单个的特异值，我们用 *year* 来为标记添加标签。选项 **mlabsize(medsmall)** 要求绘制中小尺寸的标记标签，这比默认的小尺寸略大一点(参见 **help testsizestyle** 查看其他选择的清单)。**mlabpos(11)** 要求把这些标签放在相对于标记符号 11 点钟的位置。大部分年份挤在图 7.21 中的左下角，乱作一团，但 1996 再次凸显出来。

```
. lvr2plot, mlabel(year) mlabsize(medsmall) mlabpos(11)
```

杠杆对残差平方图中的线标识了杠杆效应的均值(水平线)和残差平方的均值(垂直线)。杠杆效应告诉我们，基于 *x* 取值的特定组合，一个观测案例对回归的潜在影响有多大。极端的 *x* 取值和异常的组合会给一个观测案例高的杠杆效应。大的残差平方表明，一个观测案例具有与回归模型预测值大相径庭的 *y* 值。1996 一直具有最大的残差平方，表明模型对该年拟合最欠佳。但是它在 *tempN* 和 *year* 上的取值组合则中规中矩，因此 1996 具有低于平均水平的杠杆效应。

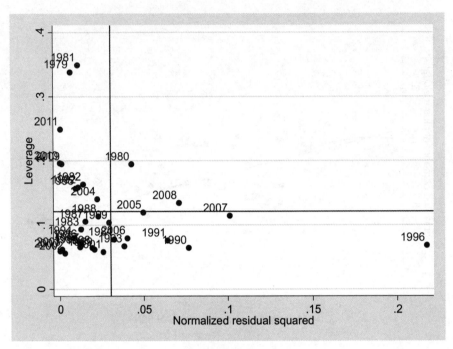

图 7.21

诊断图形和统计量促使我们注意有影响或有潜在影响的观测案例,但它们并未告诉我们是否应当将这些观测案例排除掉。那样做需要在对数据和研究背景仔细评估的基础上做出一个实质性决定。北极海冰一例中,没有实质性理由将 1996 排除掉,不过设想我们仅仅是出于示例说明来尝试这一步。正如由 1996 的低杠杆效应可被预期的那样,忽略这一年实际上对 *area* 回归结果几乎没有影响。*year0* 和 *tempN* 的系数大体上保持不变,同时 *tempN* 的效应现在显著了。*year02* 的系数离 0 更近了一点,但仍然为负且统计显著。随着此不一致年份被排除在外,R_a^2 略微增大,从 0.82 到 0.85。这些差异很小的事实以及我们没有实质性理由去掉 1996,都支持将其保留在分析中。

```
. regress area year0 year02 tempN if year!=1996

      Source |       SS       df       MS              Number of obs =      32
-------------+------------------------------           F(  3,    28) =   61.82
       Model | 18.9699037     3    6.32330125          Prob > F      =  0.0000
    Residual |  2.8640433    28     .102287261         R-squared     =  0.8688
-------------+------------------------------           Adj R-squared =  0.8548
       Total | 21.8339471    31     .704320873         Root MSE      =  .31982

        area |      Coef.   Std. Err.      t    P>|t|     [95% Conf. Interval]
-------------+----------------------------------------------------------------
       year0 |  -.0602946   .0099275    -6.07   0.000    -.0806302   -.0399591
      year02 |  -.0015288   .0007439    -2.05   0.049    -.0030527   -4.87e-06
       tempN |  -.2820721   .1371057    -2.06   0.049    -.5629203   -.0012239
       _cons |   5.182538   .1218136    42.54   0.000     4.933014    5.432062
```

Chambers 等人(1983)以及 Cook 和 Weisberg(1994)提供了关于诊断图以及其他数据分析图形方法的更详细例子和说明。

第 8 章

高级回归

上一章集中介绍了常规最小二乘(OLS)回归。OLS 作为迄今为止应用最广泛的回归方法,有充分的理由。这一章我们将转向一些同样使用广泛、处理 OLS 无法应对的复杂情况的模型。尽管这些高级回归方法的运算量比 OLS 更大,对数学基础的要求也更高,但在 Stata 中应用起来并不太难。

由于涉及的主题太分散,下面各节内容的介绍并没有特定的顺序。每一节都自成一体,读者可以根据需要进行阅读以了解相关内容。本章所用例子尽量基础,但都提供了相关参考资料的索引,方便读者找到更多详细信息。

本章涉及的大多数操作涵盖在下列菜单中。只有非线性回归这个主题需要通过命令进行操作。

Graphics → Twoway graph(scatter,line,etc)	双变量作图
Statistics → Nonparametric analysis > Lowess smoothing Lowess	修匀
Statistics → Linear regression and related > Other > Robust regression	稳健回归
Statistics → Linear regression and related > Quantile regression	分位数回归
Statistics → Linear regression and related > Box-Cox regression Box-Cox	回归
Statistics → SEM(Structural Equation Modeling)	结构方程建模

8.1 命令示范

```
. boxcox y x1 x2 x3, model(lhs)
```

假定 $y^{(\lambda)}$ 是 $x1$、$x2$ 和 $x3$ 以及正态同方差误差项(Gaussian constant variance errors)的线性函数,得到 y 的 Box-Cox 转换参数 λ 的最大似然估计值。其中,**model(lhs)** 选项限定对左手侧变量 y 进行转换。其他选项能对右手侧(x)变量进行转换,或进一步控制模型的细节。键入 **help boxcox** 查看命令及完整的选项清单。《基础参考手册》介绍了技术性细节。

```
. graph twoway mband y x, bands(10) || scatter y x
```

绘制 y 对 x 的散点图,并用线段将 10 个等宽垂直带内的交叉中位点(x 中位数点、y 中位数点)连起来。这是波段回归(band regression)的一种形式。若将此命令中的 **mband** 替换

为 **mspline**，则各个中位点将通过修匀立方样条曲线而不是线段连起来。

```
. graph twoway lowess y x, bwidth(.4) || scatter y x
```

在 y 对 x 的散点图之上绘制一条 lowess 修匀曲线，**bwidth(0.4)** 要求用 0.4 的带宽(40% 的数据)做 lowess 计算。为了将修匀值保存为一个新变量，可使用有关的 **lowess** 命令(见下一个例子)。

```
. lowess y x, bwidth(.3) gen(newvar)
```

在 y 对 x 的散点图之上使用 0.3 的带宽(30%的数据)绘制一条 lowess 修匀曲线。这条曲线的预测值被保存为一个名为 *newvar* 的新变量。**lowess** 命令提供了一个保存预测值的选项，这是 **graph twoway lowess** 所没有的。键入 **help lowess** 查看更多细节。

```
. nl (y1 = {b1=1}*{b2=1}^x)
```

使用迭代非线性最小二乘法(itervative nonlinear least squares)拟合一个两参数指数增长模型，$y = b_1 b_2^x$。b_1、b_2 是需要估计的两个参数，它们与所建议的初始值(1)一起被放在大括号内。除了在命令行中直接写出我们的模型之外，还可以直接调用 Stata 提供的常见模型，或者将模型自定义成一个新程序。这些常见模型中恰好就有两参数指数模型，由一个名为 **exp2** 的现有程序定义。因此，我们可以更简便地完成上述命令所做的事情，只要输入如下命令即可：

```
    nl exp2: y x, init(b1 1 b2 1)
```

运行完 **nl** 后，使用 **predict** 得到预测值或残差。

```
. nl log4: y x, init(b0 5 b1 25 b2 .1 b3 50)
```

拟合一个 4 参数 logistic 增长模型(**log4**)，形式如下：

$$y = b_0 + b_1/(1 + \exp(-b_2(x - b_3)))$$

迭代初始值设定为 b_0=5、b_1=25、b_2=0.1 和 b_3=50。和 **exp2** 一样，**log4** 也是 Stata 提供的非线性模型之一。

```
. sem (y <- x1 x2 x3 x4) (x1 <- x3 x4) (x2 <- x3 x4)
```

拟合一个结构方程模型，其中 $x1$、$x2$、$x3$ 和 $x4$ 影响 y。$x1$ 和 $x2$ 是中介变量，且都受 $x3$ 和 $x4$ 影响。

```
. rreg y x1 x2 x3
```

拟合 y 对三个自变量的稳健回归，使用迭代再加权最小二乘法配合 Huber 及双权数函数(Huber and biweight functions)，最终调整到 95%的高斯效率(Gaussian efficiency)。只要数据处理得当，**rreg** 还可以得到稳健均值、置信区间，进行均值差检验、ANOVA 和 ANCOVA 分析。

```
. rreg y x1 x2 x3, nolog tune(6) genwt(rweight) iterate(10)
```

拟合 y 对三个自变量的稳健回归。以上命令中的选项分别要求 Stata 不打印迭代过程日志、调整量设为 6(比默认值 7 给予特异值的权数更小)、新建一个变量(任意命名为 *rweight*)来保存末次迭代结果中每个观测案例的稳健权数，以及限定最大迭代次数为 10。

```
. qreg y x1 x2 x3
```

执行 y 对 3 个自变量的分位数回归(quantile regression)，也称为最小绝对值(Least Absolute Value，LAV)回归或最小 *L1* 范数回归(minimum *L1*-norm regression)。按默认设定，**qreg** 会将 y 的 0.5 条件分位数(近似于中位数)表达为自变量的线性函数，即进行中位数回归(median regression)。

```
. qreg y x1 x2 x3, quantile(.25)
```

执行 y 对 3 个自变量的分位数回归，将 y 的 0.25 条件分位数(第 1 四分位数)表达为 *x1*、*x2* 和 *x3* 的线性函数。

8.2 lowess 修匀

尽管没有深入解释，lowess 修匀其实已经在本书好几个地方出现过。它是一种非常有用的非参数回归工具。非参数回归通常不会产生一个明确的回归方程，也无需研究者事先设定变量之间的关系函数。相反，它们可以帮助我们更为开放地探索数据规律。因此，这一过程经常可以发现一些意想不到的有意思结果。

lowess 和 **graph twoway lowess** 命令都可以实现 lowess 修匀(locally weighted scatterplot smoothing)。使用 **generate** 选项的 **lowess** 命令可以将预测值保存为新变量。**graph twoway lowess** 具有简洁的优点，并继承了 **graph twoway** 家族熟悉的命令格式与图层叠加性能。作为一个基本的例子，我们用第 2 章介绍过的数据集 *global3.dta* 画出全球气候异常的情况。

```
. use C:\data\global3.dta, clear
. describe

Contains data from c:\data\global3.dta
  obs:         1,584                          Global climate
 vars:             5                          1 Apr 2012 11:35
 size:        20,592
              storage  display     value
variable name   type   format      label      variable label

year            int    %8.0g                  Year
month           byte   %8.0g                  Month
edate           int    %tdMCY                 elapsed date
temp            float  %9.0g                  NCDC global temp anomaly vs
                                                1901-2000, C
mei             float  %9.0g                  Multivariate ENSO Index

Sorted by: year  month
```

1880 到 2011 年全球气候异常呈现大量波动。依据前后月份或前后年份之间的气温变动并不能告诉我们全球气温长期来看是在变暖、变冷还是大体保持稳定。lowess 修匀为我们看到潜藏在月度气温快速波动背后的长期变动趋势提供了可能。图 8.1 绘制了一条气温随日期变化的曲线标绘图(**twoway line** *temp edate*)，然后将其与一条带宽为 0.3 的 lowess 修匀曲线叠并，且使用粗线(thicker line)以突出这条曲线(**lowess** *temp edate*,**bw**(.3) **lwidth**(**thick**))。键入 **help linewidthstyle** 查看线条宽度的其他选择。

```
. graph twoway line temp edate
    || lowess temp edate, bw(.3) lwidth(thick)
    || , legend(position(11) ring(0) rows(2))
```

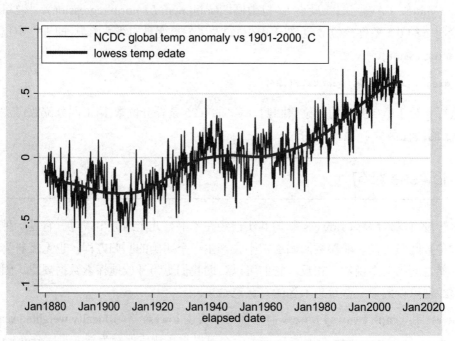

图 8.1

图 8.1 中的 lowess 曲线清楚地显示出全球气候变迁的独特模式由几个阶段构成：20 世纪初期的变暖(特别是 1920 至 1940 年)、中期的变冷以及近期的快速变暖(1970 年之后)。这种阶段性特征同样出现在温尼佩绍基湖冰面融化日期这种地方性数据中，第 3 章的图 3.26 对此做过展示。

lowess 通过 n 个加权回归得到 n 个案例的预测(修匀)y 值。令 k 表示半带宽(half-bandwidth)，取整数。对于每一个 y_i，修匀值(smoothed values)y_i^s 通过只涉及处于 $i = \max(1, i-k)$ 到 $i = \min(i + k, n)$ 区间内的那些观测案例的加权回归得到。该区间中第 j 个案例的权重 w_j 依据三立方函数(tricube function)确定：

$$w_j = (1 - |u_j|^3)^3$$

其中：

$$u_j = (x_i - x_j)/\Delta$$

Δ 表示该区间内相距 x_i 最远的点与 x_i 的距离。当 $x_i = x_j$ 时，权数为 1，靠近区间边界的过程中，权数逐渐下降为 0。关于 lowess 方法的更多讨论和例子可以参看 Chambers 等人 (1983)或 Cleveland(1993)的论文。

lowess 的选项包括以下这些：

mean	进行移动均值修匀。默认采用移动线最小二乘修匀(running-line least squares smoothing)。
noweight	未加权修匀。默认采用克里夫兰三立方加权函数(Cleveland's tricube weighting function)。
bwidth( )	设定带宽。两侧均匀取 bwidth × n 个案例进行修匀，靠近终点时所用案例较少，且修匀点左右两侧宽度不对称。默认值为 **bwidth(.8)**。
logit	将修匀值转换为 logit。
adjust	调整修匀值，使其均值等于原始 y 变量的均值；和 **logit** 一样，**adjust** 在 y 为二分变量时很有用。
gen(_newvar_**)**	创建一个名为 _newvar_ 的变量以保存 y 的修匀值。
nograph	不输出图形。
addplot( )	在产生的图形上叠加其他图形。参见 **help addplot option**。
lineopts( )	对修匀线的样式进行设定。参见 **help cline option**。

由于需要经过 n 个加权回归，lowess 修匀在样本大时运行较慢。

和其他修匀方法(或者说，所有模型)一样，lowess 修匀将数据拆分成两部分：修匀部分(smooth part)，如图 8.1 中的粗曲线，以及从数据中减去修匀部分后剩下的粗糙部分(rough part)。粗糙部分也经常包含有用的信息。为了示范，我们转向另一个跨度达数个世纪的气候数据集，里面有来自于格陵兰冰盖 2(Greeland Ice Sheet 2，GISP2)项目的相关测量信息，Mayewski、Holdsworth 及其同事(1993)以及 Mayewski、Meeker 及其同事(1993)对此有具体介绍。研究人员提取了一个冰心并对其做了化学分析，使之可以反映 10 万多年的气候历史。_Greeland_sulfate.dta_ 仅仅包括这些信息中的一小部分：1500 年以来非海盐硫化物含量以及极地洋流强度指数。

```
. use C:\data\Greenland_sulfate.dta, clear
. describe

Contains data from C:\data\Greenland_sulfate.dta
  obs:           271                          Greenland ice core sulfate &
                                                PCI, 1500-1985 (Mayewski 1993)
  vars:            3                          22 Jun 2012 08:47
  size:        4,878
-------------------------------------------------------------------------------
              storage   display    value
variable name   type    format     label      variable label
-------------------------------------------------------------------------------
year            int     %ty                   Year
sulfate         double  %10.0g                SO4 ion concentration, ppb
PCI             double  %6.0g                 Polar Circulation Intensity
-------------------------------------------------------------------------------
Sorted by: year
```

为了保留这 271 个数据点的时间序列的更多原始信息,进行修匀时,我们选用相对较窄的带宽,样本的 5%。图 8.2 画出了 *sulfate* 的结果。

```
. graph twoway line sulfate year
    || lowess sulfate year, bwidth(.05) lwidth(medthick)
    || , ytitle("SO{subscript:4} ion concentration, ppb")
    legend(label(1 "raw data") label(2 "lowess smoothed")
    position(11) ring(0) rows(2))
```

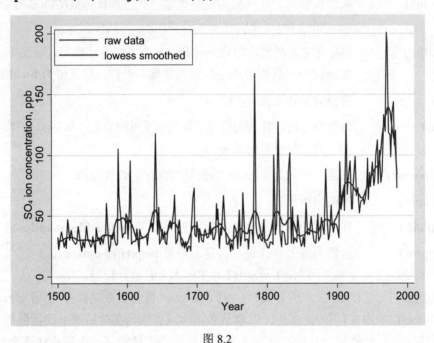

图 8.2

非海盐硫化物(SO_4)主要是火山喷发或诸如煤和石油等矿物燃料燃烧后进入空气,然后到达格陵兰冰原的。图 8.2 中的修匀曲线和未修匀的原始数据都提供信息。修匀曲线从 1500 年到 19 世纪 80 年代初期呈现出围绕略微上升的均值上下波动。1900 年后,矿物燃料使得修匀曲线快速上升,但在 1929 年(大萧条)和 20 世纪 70 年代初期(受 1970 年美国清洁空气法案、1973 年阿拉伯石油禁运及后续石油价格攀升的综合影响)呈暂时下降趋势。而原始数据中绝大多数的极端突起被证明与火山爆发有关,诸如 1970 年冰岛赫克拉(Hekla)火山爆发和 1912 年阿拉斯加卡特迈(Katmai)火山爆发。

修匀时间序列数据后,对修匀数据和粗糙(残差)数据序列分别进行分析往往是有益的。下面,我们使用 **lowess** 命令创建了两个变量:硫酸盐含量的 lowess 修匀值(*smooth*)以及将原始数据减去修匀值之后的残差或粗糙值(*rough*)。

```
. lowess sulfate year, bwidth(.05) gen(smooth)
. label variable smooth "SO4 ion concentration (smoothed)"
. gen rough = sulfate - smooth
. label variable rough "SO4 ion concentration (rough)"
```

图 8.3 用一对子图的方式比较了 *smooth* 和 *rough* 两个时间序列，并且用 **text( )** 选项添加了说明。注意前两个绘图命令中 **saving( )** 选项的使用。这两幅图是通过 **graph combine** 命令合并到一幅图像中的。在合并图中，通过 **b1title("Year")** 设定了共用的 x 轴标题。**b1** 表示第一底部标题。合并图不认 x 和 y 轴标题，而只认底部标题(**b1** 和 **b2**)、左侧标题(**l1** 和 **l2**)或右侧标题(**r1** 和 **r2**)。图 8.3 的 y 轴标题是作为左侧第一标题加上去的，**l1title ("SO{ subscript:4} ion concentration, ppb")**。

```
. graph twoway line smooth year, ylabel(0(50)150) xtitle("")
    lwidth(medthick) lcolor(maroon) ytitle("Smoothed")
    text(20 1540 "Renaissance") text(20 1900 "Industrialization")
    text(90 1860 "Great Depression 1929")
    text(150 1935 "Oil Embargo 1973")
    saving(fig08_03a.gph, replace)

. graph twoway line rough year, ylabel(0(50)150) xtitle("")
    ytitle("Rough") text(75 1630 "Awu 1640",
        orientation(vertical))
    text(120 1770 "Laki 1783", orientation(vertical))
    text(90 1805 "Tambora 1815", orientation(vertical))
    text(65 1902 "Katmai 1912", orientation(vertical))
    text(80 1960 "Hekla 1970", orientation(vertical))
    yline(0) saving(fig08_03b.gph, replace)

. graph combine fig08_03a.gph fig08_03b.gph, rows(2) b1title("Year")
    l1title("SO{subscript:4} ion concentration, ppb")
```

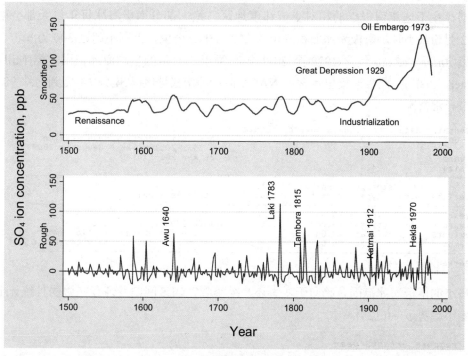

图 8.3

8.3 稳健回归

Stata 的基本 **regress** 和 **anova** 命令可以拟合常规最小二乘回归(OLS)。OLS 回归之所以流行，部分源于其在理想数据情况下的理论优势。如果残差服从正态、独立同分布(normal *i.i.d*)，OLS 比任何其他无偏估计量都要更高效。这一表述的另一面常常被忽视：如果残差不服从正态分布，或者不是独立同分布 *i.i.d*，那么其他无偏估计量可能比 OLS 更出色。事实上，OLS 在面对重尾残差分布(易出现特异值)时，效率会下降得厉害，而这样的分布在很多领域都很常见。

OLS 回归倾向于追随特异值，不惜损失对其他案例的拟合来拟合它们。因此，长远来看，当样本往往包含特异值时，会导致更大的样本间变异或无效率。稳健回归(robust regression)要做的是在面对理想数据时能够达到和 OLS 几乎一样的效率，而当遇到诸如非正态残差这样的非理想数据时效率明显比 OLS 要高。稳健回归包括各种不同的技术，每一种在处理问题数据时都有自己的优势和不足。本节我们将介绍两种稳健回归——**rreg** 和 **qreg**，并将简单与 OLS 做比较(**regress**)。

第 7 章有关 1979 至 2011 年北极最小海冰面积的分析中，我们发现明显比线性更陡峭的下降趋势。南极海冰的情况又怎么样呢？它的地理特征和季节模式非常不同。北极中心是一片被陆地环绕着的海洋，即便近年来有所缩小，这一地区海冰的面积仍然在 300 万平方公里以上，或者夏季最小时的冰面范围(含冰至少 15%的面积)至少也达到 400 万平方公里。但是，南极地区则是被海洋围绕着一块陆地。北极海冰延伸到北极点，而南极海冰则存在于远离南极点的相对更低纬度地区。绝大部分南极海冰每年夏天都会融化。每年 2 月份最小时，南极海冰面积降至约 200 万平方公里，范围不超过 300 万平方公里。数据集 *Antarctic2.dta* 包含 1972 至 2011 年间每年 2 月份的平均海冰范围数据(Milke and Heygster, 2009)。此数据集也包含由 NASA 估计的南极地区(从南纬 64 度到南纬 90 度)年度气温异常情况。

```
Contains data from C:\data\Antarctic2.dta
  obs:            39                          Antarctic February mean sea ice
                                                1973-2011 Milke & Heygster 2009
 vars:             4                          29 Apr 2012 16:49
 size:           429

              storage   display    value
variable name   type    format     label      variable label

year            int     %8.0g                 Year
yeargrp         byte    %9.0g      dec        1972-1999 v. 2000-2011
extentS         float   %9.0g                 SH sea ice extent, million km^2
tempS           float   %9.0g                 Annual air temp anomaly 64S-90S C

Sorted by: year
```

最小的南极海冰范围是趋向于变大还是缩小呢？OLS 回归发现存在微弱且统计上不显著的变小趋势($p = 0.125$)。

```
. regress extentS year
```

```
      Source |       SS       df       MS              Number of obs =      39
-------------+------------------------------           F(  1,    37) =    2.46
       Model |  .480675664     1   .480675664          Prob > F      =  0.1253
    Residual |  7.22814772    37   .195355344          R-squared     =  0.0624
-------------+------------------------------           Adj R-squared =  0.0370
       Total |  7.70882338    38   .202863773          Root MSE      =  .44199

     extentS |      Coef.   Std. Err.      t    P>|t|     [95% Conf. Interval]
-------------+----------------------------------------------------------------
        year |  -.0098642   .0062885    -1.57   0.125    -.022606    .0028776
       _cons |   22.84955   12.52695     1.82   0.076    -2.532471   48.23156
```

前面的图形(图 7.9 或图 7.12)显示北极海冰面积在明显缩小,但反映南极海冰面积的图 8.4 并未呈现出明显的趋势。不过,我们确实看到了潜在的统计问题。卫星观察记录并不详细的 1972 年和 1977 年时较高的 extentS 值可能会影响回归线,使之呈现微弱的负斜率。

```
. predict exthat1
. label variable exthat1 "regress (OLS)"
. graph twoway connect extentS exthat1 year, msymbol(O +)
```

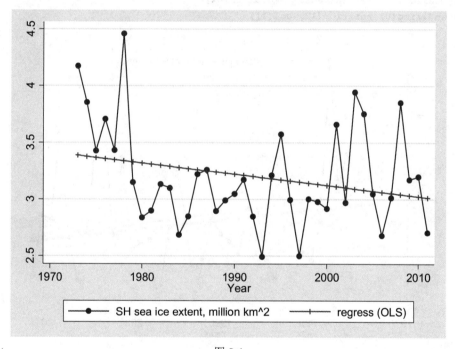

图 8.4

稳健回归可以抵抗特异值对回归线的拉力,从而适合用来快速检查是否存在特异值对 OLS 回归结果的过分影响。命令 **rreg** 可进行稳健回归。应用于南极海冰数据,**rreg** 发现了同样不显著但更为平缓的减弱趋势。

```
. rreg extentS year

    Huber iteration 1:  maximum difference in weights = .61809736
    Huber iteration 2:  maximum difference in weights = .1095464
    Huber iteration 3:  maximum difference in weights = .0319613
 Biweight iteration 4:  maximum difference in weights = .23592582
```

```
Biweight iteration 5: maximum difference in weights = .08565176
Biweight iteration 6: maximum difference in weights = .02170203
Biweight iteration 7: maximum difference in weights = .00318406

Robust regression                                Number of obs =       39
                                                 F(  1,    37) =     1.62
                                                 Prob > F      =   0.2105
```

extentS	Coef.	Std. Err.	t	P>|t|	[95% Conf. Interval]	
year	-.0080677	.0063304	-1.27	0.210	-.0208943	.0047588
_cons	19.21456	12.61029	1.52	0.136	-6.336321	44.76544

与其他情况下一样，在 **rreg** 之后 **predict** 命令可得到预测值。通过画出这些预测值(这里被命名为 *exthat2*)，图 8.5 直观地比较了稳健回归线和 OLS 回归线。

```
. predict exthat2
. label variable exthat2 "rreg (robust)"
. graph twoway connect extentS exthat1 exthat2 year,
  msymbol(O + i) lwidth(medium medium thick)
  legend(ring(0) position(12) col(1))
```

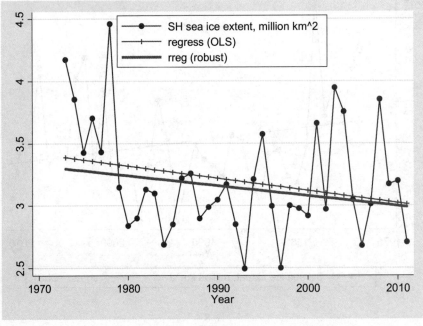

图 8.5

rreg 使用迭代再加权最小二乘(Iteratively Reweighted Least Squares，IRLS)法，第一次 **rreg** 迭代从 OLS 所得结果开始。如果一些观测案例的影响过大，以至于具有大于 1 的 Cook 的 D 值，它们在第一步回归之后就会被自动排除在外。接下来，用 Huber 函数(会给那些残差更大的观测案例更小的权数)计算每个观测案例的权数并进行加权最小二乘回归。经过数次 WLS 迭代，权数函数转变为 Tukey 双权数(Tukey biweight，由 Li(1985)推荐)，估计效率设定为正态残差时的 95%(详细说明见 Hamilton(1992a))。**rreg** 采用不假定正态性的虚拟值法(pseudovalues method)(Street、Carroll and Ruppert，1988)来估计标准误和进行假设检验。

rreg 和 **regress** 都属于 M 估计量(最大似然估计)家族。另一种替代性的序次统计量方案 (order-statistic strategy)叫作 L 估计，拟合 y 的分位数而非其期望或均值。比如，我们可以对 y 的中位数(0.5 分位数)如何随 x 变化进行建模。**qreg** (一种 $L1$ 型估计量)可以实现此种分位数回归。和 **rreg** 一样，**qreg** 也能很好地对抗特异值。但相对于 **rreg**，**qreg** 在多数数据中往往效率更低，或具有更大的标准误。此例中就是如此：**qreg** 得到的斜率更小，但标准误更大。图 8.6 直观地比较了三个线性模型。

```
. qreg extentS year

Iteration  1:  WLS sum of weighted deviations =  12.830409

Iteration  1:  sum of abs. weighted deviations =  14.282429
Iteration  2:  sum of abs. weighted deviations =  12.595795
Iteration  3:  sum of abs. weighted deviations =  12.59334

Median regression                              Number of obs =        39
  Raw sum of deviations 12.99536 (about 3.0977242)
  Min sum of deviations 12.59334                Pseudo R2     =    0.0309

------------------------------------------------------------------------------
    extentS |      Coef.   Std. Err.      t    P>|t|     [95% Conf. Interval]
------------+-----------------------------------------------------------------
       year |  -.0056349   .0076686    -0.73   0.467    -.0211728    .0099031
      _cons |   14.29918     15.276     0.94   0.355    -16.65295     45.2513
------------------------------------------------------------------------------

. predict exthat3
. label variable exthat3 "qreg (quantile)"
. graph twoway connect extentS exthat1 exthat2 exthat3 year,
      msymbol(O + i i) lwidth(medium medium thick medthick)
      lpattern(solid solid solid dash)
      legend(ring(0) position(12) col(1))
```

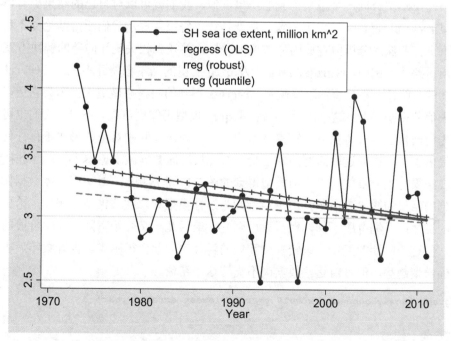

图 8.6

qreg 默认情况下进行中位数回归，但有着更一般的功能。它可以对 y 的任意分位数而不只是中位数(0.5 分位数)拟合线性模型进行建模。比如，下面的命令发现，extentS 的第三四分位数(0.75 分位数)比中位数(0.5 分位数)随时间下降得略微更快些。0.75 分位数的斜率为-0.0149，即每年下降 14 900 平方公里，而 0.5 分位数或中位数处每年仅下降 5600 平方公里。不过，这两种下降趋势统计上都不显著。

```
. qreg extentS year, quant(.75)

Iteration  1: WLS sum of weighted deviations = 12.774128

Iteration  1: sum of abs. weighted deviations = 12.877446
Iteration  2: sum of abs. weighted deviations = 12.702146
Iteration  3: sum of abs. weighted deviations = 12.323326
Iteration  4: sum of abs. weighted deviations = 12.284196

.75 Quantile regression                         Number of obs =       39
  Raw sum of deviations 12.70912 (about 3.4314537)
  Min sum of deviations 12.2842                 Pseudo R2     =   0.0334
```

extentS	Coef.	Std. Err.	t	P>|t|	[95% Conf. Interval]	
year	-.0149048	.0153885	-0.97	0.339	-.0460849	.0162753
_cons	33.15648	30.65445	1.08	0.286	-28.95535	95.2683

假定残差方差恒定，0.25 和 0.75 分位数回归的斜率应该大致相同。因此，**qreg** 可被用来检查是否存在异方差或某些不易察觉的非线性问题。

和 **regress** 一样，**rreg** 和 **qreg** 可被用于转换变量(诸如对数或平方项)，以及设定纳入任意数目的预测变量，包括虚拟变量或交互项。**rreg** 的高效率和易用性使之成为快速、整体检查 **regress** 结果是否受特异值或非正态残差分布影响的好工具，极具使用价值。如果 **rreg** 和 **regress** 拟合同一个模型得到的结果近似，我们就可以对自己的结果更有信心。但是，如果 **rreg** 和 **regress** 结果不一致，那就是黄色警报，提示我们所得结论并不稳定。这种情况下，需要深入分析何种原因导致这种差异，并找到相关统计问题的解决方案。

在南极海冰一例中，**regress**、**rreg** 以及 **qreg** 所得的结果相差并不大。三种方法都认为存在微弱的、统计上不显著的下降趋势。**regress** 得到的斜率略微更大，因为它更多地受到早期较大值的影响。由于这个原因，**rreg** 和 **qreg** 模型可能更可取。不过，我们也可以跳出来，首先问问自己这种情况下线性模型是否合理。lowess 回归对函数形式不作任何特定的假定，提供了一个探究这种问题的好工具。对北极海冰数据做 lowess 回归(此处未呈现)得到的曲线结果与上一章使用二次项模型得到的图 7.12 非常相似。对南极海冰数据做 lowess 回归得到的结果如图 8.7 所示，但是很难归为线性模型和二次项模型。相反，给出的是一种定性的描述：早期有所下降，然后有所回升，最后几年又开始下降。开始阶段的下降比较明显，但这一时期的卫星记录较差，我们的解释也因此变得困难。也许数年后再看，会有清晰的长期趋势，但目前这些数据尚不支持这一结论。

```
. graph twoway connect extentS year || lowess extentS year
```

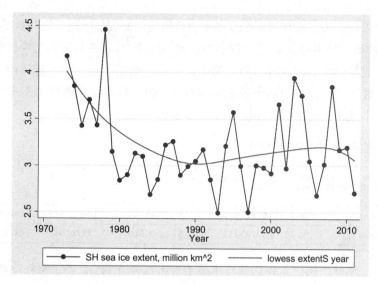

图 8.7

8.4 对 rreg 和 qreg 的更多应用

上一节展示了 **rreg** 和 **qreg** 的基本应用。其实这些命令还有从简单到复杂的很多其他方式的应用。比如，要得到诸如南极气温(*tempS*)这样的单个变量均值的 90%置信区间，我们可以键入常规的置信区间命令 **ci**:

```
. ci tempS, level(90)
```

Variable	Obs	Mean	Std. Err.	[90% Conf. Interval]
tempS	39	.3351282	.065531	.2246459 .4456105

或者，通过一个不含 *x* 变量的回归模型也可以得到完全一样的均值与置信区间，**nohead** 选项要求不显示此处不需要的回归表上方的内容。

```
. regress tempS, nohead level(90)
```

tempS	Coef.	Std. Err.	t	P>|t|	[90% Conf. Interval]
_cons	.3351282	.065531	5.11	0.000	.2246459 .4456105

类似地，我们能够得到一个有 90%置信区间的稳健均值，**nolog** 选项要求不显示迭代日志以节省空间。

```
. rreg tempS, nolog level(90)
```

Robust regression

```
                                Number of obs =      39
                                F(  0,    38) =    0.00
                                Prob > F      =       .
```

tempS	Coef.	Std. Err.	t	P>|t|	[90% Conf. Interval]
_cons	.318898	.0707103	4.51	0.000	.1996837 .4381124

qreg 能够以同样的方式获得一个或多个中位数的近似置信区间，但需要留心的是，**qreg** 得到的 0.5 分位数可能并不恰好等于样本中位数。理论上，0.5 分位数与中位数相同。实际应用中，分位数是根据实际的样本数据值来近似的。然而，当一个子群体包含偶数个观测案例时，中位数通过对最中间两个数求平均得到。因此样本中位数和 0.5 分位数近似，但可能会不同，不过这对模型解释不会产生太多影响。

```
. qreg tempS, nolog level(90)

Median regression                               Number of obs =        39
  Raw sum of deviations    12.63 (about .28)
  Min sum of deviations    12.63               Pseudo R2     =    0.0000

-----------------------------------------------------------------------------
       tempS |      Coef.   Std. Err.      t    P>|t|    [90% Conf. Interval]
-------------+---------------------------------------------------------------
       _cons |        .28   .0785255     3.57   0.001      .1476096   .4123904
-----------------------------------------------------------------------------
```

可以看到，稳健均值比常规均值略小(0.319 相对于 0.335)，而 0.5 分位数(0.28)比两者都小——这意味着有几年气温较高，将均值拉高了。上述命令中，**level( )** 选项设定想要的置信度水平。如果省略这一设定，Stata 将自动呈现 95%置信区间。

要比较两个均值，常规做法是使用双样本 t 检验(**ttest**)或单因素方差分析(**oneway** 或 **anova**)。如前所见，通过将测量变量对一个虚拟变量做回归，可以进行等价的检验(得到完全一样的 t 和 F 统计量)。虚拟变量 *yeargrp* 提供了一个示例说明，它对属于 1972～1999 年的年份取值为 0，而对属于 2000～2011 年的年份取值为 1。图 8.8 画出了这两组年份气温异常的情况。

```
. graph box tempS, over(yeargrp)
```

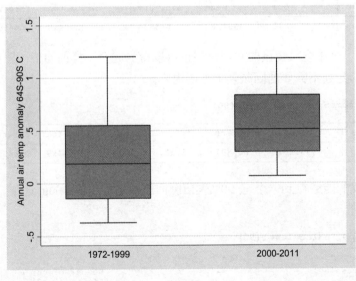

图 8.8

回归分析确认了图 8.8 呈现的直观印象：晚近年份气温显著更高。1992～1999 年，南极气温异常的均值是 0.239℃，而 2000～2011 年比这高 0.312℃(0.239 + 0.312 = 0.551℃)。

应当注意的是，即便温度上升 0.5℃，南极洲也仍然是一个很冷的地方。南极点的气温常年在冰点以下。

```
. regress tempS yeargrp, nohead
```

tempS	Coef.	Std. Err.	t	P>|t|	[95% Conf. Interval]
yeargrp	.3115741	.1344639	2.32	0.026	.0391244 .5840237
_cons	.2392593	.0745871	3.21	0.003	.0881314 .3903871

上述结论是否稳健呢？**rreg** 发现两个时期的稳健均值差别甚至更大，达到 0.329℃。这一差异在统计上也显著($p = 0.023$)。

```
. rreg tempS yeargrp, nolog
```

Robust regression

Number of obs =   39
F(1,   37) =   5.60
Prob > F   = 0.0233

tempS	Coef.	Std. Err.	t	P>|t|	[95% Conf. Interval]
yeargrp	.3290205	.1390096	2.37	0.023	.0473602 .6106807
_cons	.2155881	.0771087	2.80	0.008	.0593511 .3718251

qreg 发现 0.5 分位数相差得还更大，为 0.38℃。但这一差异在统计上不显著($p = 0.082$)。更大的差异反而不显著，这是因为 **qreg** 中的标准误更大而导致 t 统计量更小的缘故。更大的标准误反映出 **qreg** 相对较低的效率。

```
. qreg tempS yeargrp, nolog
```

Median regression
  Raw sum of deviations   12.63 (about .28)
  Min sum of deviations   11.54

Number of obs =   39
Pseudo R2   = 0.0863

tempS	Coef.	Std. Err.	t	P>|t|	[95% Conf. Interval]
yeargrp	.38	.2123914	1.79	0.082	-.0503459 .8103459
_cons	.19	.1178136	1.61	0.115	-.048713 .4287129

采用效应编码以及合适的交互项，**regress** 还能准确地再现 ANOVA。也就是说，运行 **regress** 之后，使用合适的 **test** 命令就可以得到和 **anova** 所得完全一样的 R^2 与 F 检验结果。而由这类回归得到的预测值就等于组均值。**rreg** 可以进行类似的分析，来检验稳健均值而非常规均值之间的差异。类似地，**qreg** 则提供了检验中位数之间差异的第三种方式。它允许我们拟合类似于多因素 ANOVA 或 ANCOVA 的模型，只不过关注的是 0.5 分位数或近似中位数而非常见的均值。

不管残差分布形状如何，OLS 仍是无偏估计量。长期来看，其估计值应当是以真实参数值为中心的。但对绝大多数稳健估计量而言，情况并非如此。除非误差残差是对称的，否则，理论上，**qreg** 拟合的中位线以及 **rreg** 拟合的双权数线(biweight line)与 **regress** 估计的期望 y 值线并不一致。只要残差的偏态仅为其整个分布的一小部分，**rreg** 就可能呈现为几乎没有偏差。但是，当整个分布为偏态时，**rreg** 将会主要降低一侧观测案例的权数，从而导致明显有偏的 y 截距估计值。还好，**rreg** 斜率估计值即便遇到偏态残差分布，也仍是无偏的。因此，遇到偏态残差时使用 **rreg** 或类似的估计量要做些得失权衡：得到的 y 截距估计值可能是有偏的，但仍可以期待无偏和相对精确的其他回归系数估计值。许多应用中，这些系数都在实质上比 y 截距更令人感兴趣，因此这一得失通常是值得的。此外，与 OLS 中不同，稳健 t 检验和 F 检验并不假定误差残差服从正态分布。

8.5 曲线回归 1

借助变量转换，我们可以利用熟悉的线性模型技术拟合一些曲线关系。不过，真正的非线性模型需要一种不同类别的拟合技术。**nl** 命令通过迭代最小二乘法来拟合非线性回归。本节以 *nonlin.dta* 中的虚构例子来进行示例说明：

```
Contains data from c:\data\nonlin.dta
  obs:           100                          Nonlinear model examples
                                                (artificial data)
 vars:             5                          29 Apr 2012 18:22
 size:         1,700

              storage  display   value
variable name   type   format    label    variable label
x             byte     %9.0g              Independent variable
y1            float    %9.0g              y1 = 10 * 1.03^x + e
y2            float    %9.0g              y2 = 10 * (1 - .95^x) + e
y3            float    %9.0g              y3 = 5 + 25/(1+exp(-.1*(x-50))) +
                                            e
y4            float    %9.0g              y4 = 5 + 25*exp(-exp(-.1*(x-50)))
                                            + e

Sorted by:  x
```

nonlin.dta 数据是人为构造的，其中各个 y 变量被定义为 x 的各种非线性函数加上随机高斯误差。比如，$y1$ 代表的是一个指数增长过程：

$$y1 = 10 \times 1.03^x$$

以此数据估计这些参数，**nl** 命令得到的结果是：

$$y1 = 11.20 \times 1.03^x$$

与真实模型很接近。

```
. nl (y1 = {b1=1}*{b2=1}^x)

(obs = 100)

Iteration 0:   residual SS =  419135.4
Iteration 1:   residual SS =  416152.4
Iteration 2:   residual SS =  409107.7
Iteration 3:   residual SS =  348535.9
Iteration 4:   residual SS =  31488.48
Iteration 5:   residual SS =  27849.49
Iteration 6:   residual SS =  26139.18
Iteration 7:   residual SS =  26138.29
Iteration 8:   residual SS =  26138.29
Iteration 9:   residual SS =  26138.29

      Source |       SS       df       MS            Number of obs =     100
-------------+------------------------------         R-squared     =  0.9623
       Model |  667018.255     2   333509.128        Adj R-squared =  0.9615
    Residual |  26138.2933    98   266.717278        Root MSE      = 16.33148
-------------+------------------------------         Res. dev.     = 840.3864
       Total |  693156.549   100   6931.56549

------------------------------------------------------------------------------
          y1 |      Coef.   Std. Err.      t    P>|t|     [95% Conf. Interval]
-------------+----------------------------------------------------------------
         /b1 |   11.20416   1.146683     9.77   0.000     8.928602    13.47971
         /b2 |   1.028838   .0012404   829.41   0.000     1.026376    1.031299
------------------------------------------------------------------------------
```

通过 **predict** 命令可以得到 **nl** 所估计曲线模型的预测值及残差。图 8.9 画出了上述例子中的预测值，可以看到，模型对数据拟合得非常好(R^2=0.96)。

```
. predict yhat1
. graph twoway scatter y1 x
    || line yhat1 x, sort
    || , legend(off) ytitle("y1 = 10 * 1.03^x + e") xtitle("x")
```

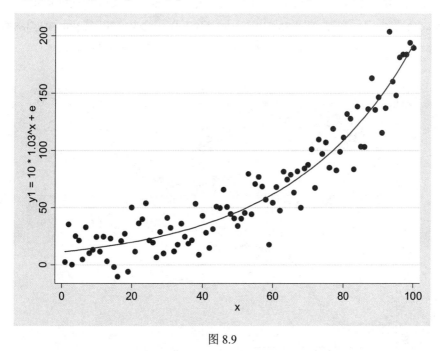

图 8.9

其实不用在 **nl** 命令中写出模型表达式，直接使用下面的命令就可以得到完全相同的结果：

```
. nl exp2: y1 x
```

命令中 **exp2** 将调用一个名为 *nlexp2.ado* 的简单程序，它定义好了两参数指数增长模型。Stata 含有好些这样的程序，包括如下函数：

exp3　　3 参数指数模型：$y = b_0 + b_1 b_2^x$

exp2　　2 参数指数模型：$y = b_1 b_2^x$

exp2a　2 参数负指数模型：$y = b_1(1 - b_2^x)$

log4　　4 参数 logistic 模型；b_0 为起始水平，$(b_0 + b_1)$ 为渐近上限：

$$y = b_0 + b_1/(1 + \exp(-b_2(x - b_3)))$$

log3　　3 参数 logistic 模型；0 为起始水平，b_1 为渐近上限：

$$y = b_1/(1 + \exp(-b_2(x - b_3)))$$

gom4　　4 参数 Gompertz 模型；b_0 为起始水平，$(b_0 + b_1)$ 为渐近上限：

$$y = b_0 + b_1\exp(-\exp(-b_2(x - b_3)))$$

gom3　　　　3 参数 Gompertz 模型；0 为起始水平，b_1 为渐近上限：

$$y = b_1\exp(-\exp(-b_2(x - b_3)))$$

用户可以进一步编写自己的 nl*function* 程序，具体参考 nlexp3.ado、nlgom4.ado 或上述其他例子。键入 **help nl** 可以从 Stata 的帮助文件看到更多模型设定和估计选项。

nonlin.dta 数据中还包括对应 **exp2**(*y1*)、**exp2a**(*y2*)、**log4**(*y3*)以及 **gom4**(*y4*)函数的示例数据。图 8.10 展示了利用 **nl** 拟合这些数据中 *y2*、*y3* 和 *y4* 得到的曲线。

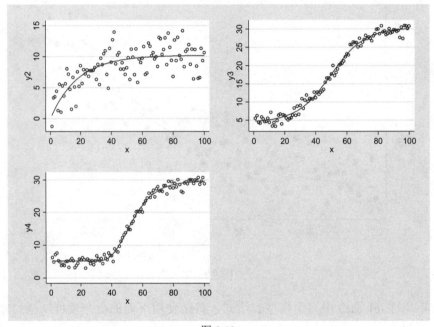

图 8.10

8.6　曲线回归 2

北极 9 月份海冰数据(*Arctic9.dta*)提供了一个真实例子。前面我们看到，海冰面积在 1979～2011 年近地卫星观察期间下降了。不过，诊断图反映出线性模型对数据拟合欠佳，因为下降得一直比线性更快(见图 7.9 和图 7.11)。而二次项模型能够更好地描述直至 2011 年观测中的趋势(见图 7.12)。但是，如果将二次项模型再向前预测若干年，其变化趋势会变得在物理学上并不合理——快速下降为 0 并持续下降至负的面积。物理过程模型(physical-process models)会作出更缓慢下降的预测，当接近于 0 时变平直(Wang and Overland,2009)。与这一物理模型类似的一个简单模型可能是诸如 Gompertz 之类的渐近 S 形曲线，而非陡峭下降的二次项曲线。

下面的命令针对北极海冰数据拟合了一个 3 参数 Gompertz 模型。略微不同的是，我们关注 *extent* 变量(含冰至少 15%的面积)而非前面使用的 *area* 变量(100%都是冰)。从前面的

图 3.14 可知两个变量有着相似的变化。

```
. use C:\data\Arctic9.dta, clear
. nl gom3: extent year, nolog
```

```
(obs = 33)

      Source |       SS       df       MS              Number of obs =      33
-------------+------------------------------            R-squared     =  0.9957
       Model | 1425.43798       3  475.145994           Adj R-squared =  0.9953
    Residual | 6.15941312      30  .205313771           Root MSE      = .4531156
-------------+------------------------------            Res. dev.     = 38.25858
       Total | 1431.5974      33  43.3817393

3-parameter Gompertz function, extent = b1*exp(-exp(-b2*(year - b3)))
------------------------------------------------------------------------------
      extent |      Coef.   Std. Err.      t    P>|t|     [95% Conf. Interval]
-------------+----------------------------------------------------------------
         /b1 |   7.580278    .291652    25.99   0.000     6.984645    8.175911
         /b2 |  -.0995915    .0271646   -3.67   0.001    -.155069    -.044114
         /b3 |   2017.531    2.173212  928.36   0.000     2013.093    2021.969
------------------------------------------------------------------------------
```

可以看到，Gompertz 模型拟合得好，且三个参数都显著。第一个参数 b1 = 7.58，给出了模型的渐近起点 758 万平方公里。第三个参数，b3 = 201 7.53 万平方公里，给出了曲线由凸面向上(增速下降)转为凹面向上(减速下降)的拐点：2017 年内。第二个参数 b2 = −0.0996 控制下降速度的变化。为了直观展示这一模型，图 8.11 画出了用中位数样条(median spline)(修匀曲线)连接的预测值。

```
. predict gomext1
. graph twoway connect extent year
|| mspline gomext1 year, band(50) lwidth(medthick)
legend(label(1 "Observed extent") label(2 "Gompertz prediction"))
```

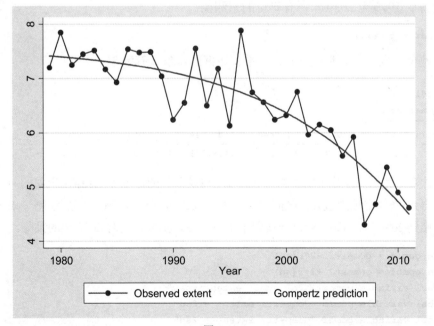

图 8.11

图 8.11 中的 Gompertz 曲线看起来似乎与二次曲线(未显示)差别不大，而且只是拟合得稍

微好一点而已。但它确实没有出现二次曲线中在最早年份出现的不合实际的略微上升。不过，如果我们将此 Gompertz 曲线外推至本数据的观察年份之外，那么实质性差别就会显示出来。

作为一项纯属探索性的如果-那么练习(if-then exercise)，我们可以将分析延长至 2030 年。由于实际数据只到 2011 年，因此我们还需先增加 19 个没有海冰数据而只有年份 year(从 2012 到 2030 年)取值的观测案例。第一条命令将案例数设定为 52(原来是 33)。第二条命令将尚无年份信息的观测案例按照前一年的年份取值加上 1 推算出来。最后，以新的年份重新估计此 Gompertz 模型，得到的结果与前面的完全一样。

```
. set obs 52
. replace year = year[_n-1]+1 if year==.
. sort year
. nl gom3: extent year, nolog
(obs = 33)
```

Source	SS	df	MS		
Model	1425.43798	3	475.145994	Number of obs =	33
Residual	6.15941312	30	.205313771	R-squared =	0.9957
				Adj R-squared =	0.9953
				Root MSE =	.4531156
Total	1431.5974	33	43.3817393	Res. dev. =	38.25858

3-parameter Gompertz function, extent = b1*exp(-exp(-b2*(year - b3)))

extent	Coef.	Std. Err.	t	P>|t|	[95% Conf. Interval]
/b1	7.580278	.291652	25.99	0.000	6.984645 8.175911
/b2	-.0995915	.0271646	-3.67	0.001	-.155069 -.044114
/b3	2017.531	2.173212	928.36	0.000	2013.093 2021.969

尽管海冰面积数据和模型都没有改变，但是扩展之后的数据包含了额外的年份，从而允许我们得到 1979 至 2030 年所有年份的预测值。

```
. predict gomext2
```

与预测值不同，只有那些 extent 变量有数据的年份才有残差。

```
. predict res, resid
. summarize res
```

Variable	Obs	Mean	Std. Dev.	Min	Max
res	33	.0000746	.4387273	-1.039796	1.137713

下面的命令使用海冰范围的预测值 gemext2 以及残差的标准差 **r(sd)**(由上面的 **summarize** 命令计算得到)来界定预测值置信区间的上限和下限约为预测值±2sd。然后绘制一幅更精细的图，将外推到 2030 年的 Gompertz 曲线展示出来，并特别强调它对 2012 年的预测。

```
. gen gomlo = gomext2 -2*r(sd)
. gen gomhi = gomext2 +2*r(sd)
. label variable gomext2 "nl gom3: extent year"
. label variable gomlo "Gompertz extent - 2sd"
. label variable gomhi "Gompertz extent + 2sd"
. graph twoway rarea gomlo gomhi year if year < 2012, color(gs13)
    || mspline gomext2 year if year < 2012, bands(60)
        lwidth(thick) lcolor(maroon)
```

```
    || mspline gomext2 year if year >= 2012, bands(60)
         lwidth(medthick) lcolor(maroon) lpattern(dash)
    || connect extent year, lwidth(medthick) msymbol(O)
         lcolor(navy) mcolor(navy)
    || scatter gomext2 year if year == 2012, msymbol(S)
         mcolor(maroon)
    || if year>1978, xlabel(1980(5)2030, grid)
yline(0, lcolor(black)) yline(1, lcolor(gs11) lwidth(thick))
xtitle("") legend(order(4 2 1) label(2 "Gompertz curve")
label(4 "NSIDC extent") label(1 "`=char(177)' 2sd")
     position(7) ring(0) col(1))
text(4.5 2019 "2012 Gompertz" "prediction"
     "4.3 (3.4`=char(150)'5.1)", color(maroon))
```

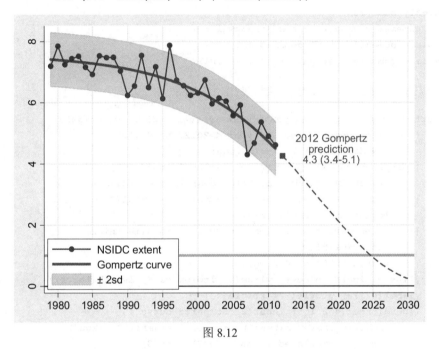

图 8.12

图 8.12 中 2012 年之前的浅灰色(**gs(13)**)置信带作为 **twoway rarea**(全距区域)图被先绘制。接下来，在灰色置信带上叠并了一条浓褐红色的中位数样条曲线(**mspline**)，它顺着 Gompertz 预测值一直延续到 2012 年之前，而 2012 及之后年份的预测值用中粗的虚线(medium-thick dashed curve)表示。然后，*extent* 观测值被作为连线标绘图(**connect**)叠加进来。第 5 层，也是最后一个图层，是只包括 2012 年预测值这一个点的散点图。通过文本设定，为这一点标上对应的取值及置信区间。文字颜色选择了褐红色，以与其所描述的预测值曲线保持一致。图中 100 万平方公里处的一条水平线(**yline(1)**)标出了一个很小的 9 月份海冰面积，可以被认为几乎无冰。

必须强调的是，以这种方式外推曲线并不是一种预测未来的可靠方式。这一模型并未用到诸如什么可能导致海冰减少等的物理学知识。它完全依赖于我们所选的统计模型及其对过往数据的拟合情况。不过，作为统计练习，我们可以将这个幼稚的预测再往前推进一步。图 8.12 中的曲线在 2025 年降至 100 万平方公里直线以下，从而为近乎无冰的北冰洋给出了一个点估计。但是，即使 Gompertz 模型在某种意义上就是真实模型，我们也仍有理由认为实际情况应该围绕着这条曲线波动，正如它在过去年份的表现那样。

假设未来数年内海冰面积围绕曲线的波动服从正态分布，且标准差与过去数年围绕曲线的波动相同。通过从一个标准差等于过去年份残差标准差的正态分布中产生随机数，我们可以通过给预测的修匀曲线加上随机噪音来模拟这一过程。比如，下面的命令得到了一套新的预测值(*gomext3*)，它等于旧的预测值(*gomext2*)加上具有该残差标准差(**summarize res** 后的 **r(sd)**)的随机正态噪音。此外，我们还设定，如果预测值小于 0，则强制令其等于 0，因为海冰范围为负值在物理学上是不可能的。

```
. quietly summ res
. gen gomext3 = gomext2 + r(sd)*rnormal()
. replace gomext3 = 0 if gomext3 < 0
. replace gomext3 = extent if year == 2011
```

以类似图 8.11 的方式，下述命令将画出所得结果。

```
. graph twoway rarea gomlo gomhi year if year < 2012, color(gs13)
    || mspline gomext2 year if year < 2012, bands(60)
        lwidth(thick) lcolor(maroon)
    || mspline gomext2 year if year >= 2012, bands(60)
        lwidth(medthick) lcolor(maroon) lpattern(dash)
    || connect extent year, lwidth(medthick) msymbol(O)
        lcolor(navy) mcolor(navy)
    || line gomext3 year if year >= 2011, lwidth(medthick)
        lcolor(midblue)
    || , xlabel(1980(10)2030, grid)
    yline(0, lcolor(black)) yline(1, lcolor(gs11) lwidth(thick))
    ylabel(0(1)8) ytitle("") xtitle("")
    legend(order(4 2 1 5) label(2 "Gompertz curve")
        label(4 "NSIDC extent") label(1 "`=char(177)' 2sd")
        label(5 "simulated") position(7) ring(0)
        col(1) rowgap(*.3))
```

上面的命令每次运行得到的随机误差都不相同[1]，因而做出来的图看起来会有所不同。图 8.13 将 4 幅这样的图合并到了一起，可以帮助我们进一步理解各年数据变动的不可预测性。海冰面积在各个年份忽上忽下，随机结果几乎不可能与刻画平均趋势的修匀曲线做到完全一致。

有时候，类似图形一旦发布到互联网上，就像有了自己的生命一样，到处流转，超越作者的认知或不受作者控制。因此，很有必要将作者姓名、数据来源以及其他辨识信息放到这些图形上，就像我们通过 **note** 和 **caption** 选项在图 8.13 上所做的一样。而下面的命令

---

1 因为根据设定，*gomext3* 变量中有一部分随机正态噪音，因此每次运行创建 *gomext3* 的命令得到的结果都不一样，所以基于此画出来的图形也会略有差别。如果想让不管谁在任何时候画出来的图都一样，可以在创建变量 *gomext3* 的命令行之前插入一行设定随机数种子的命令，比如 **set seed 12345**。注意，**set seed** 后面跟的数字只作标记用，可任意指定。——译者注

将先前保存的名为 *Gompertz_extent1* 等的 4 幅子图合并成一幅图片。

```
. graph combine Gompertz_extent1.gph Gompertz_extent2.gph
    Gompertz_extent3.gph Gompertz_extent4.gph ,
    title("Gompertz extent simulation: some possible future paths",
        size(medlarge))
    caption("data through 2011: NSIDC")
    note("graph: L Hamilton 6/21/2012") imargin(small) col(2)
    l1title("September sea ice extent, million km`=char(178)'")
```

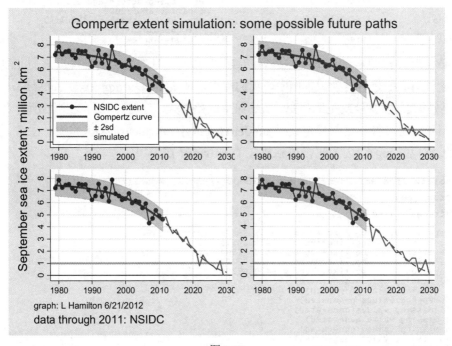

图 8.13

8.7 Box-Cox 回归

离开寒冷地区,本章接下来将使用 *Nations3.dta* 中的联合国人类发展数据。通过诸如图 7.4 那样的散点图,我们已经知道里面有关变量之间的非线性关系很明显。Tukey 的幂转换阶梯(见第 5 章)建议的对数与其他转换为我们将非线性关系变得更接近线性,从而为应用 OLS 回归、稳健回归或其他线性模型提供了简单方便的工具。

选择何种转换呢?这可能需要尝试多种选择并考察每一转换如何影响分布、散点图或残差。不过,Box-Cox 回归提供了一种更为系统的方式来实现这一过程,它通过最大似然估计来选择对特定回归模型最优的 Box-Cox 转换参数。然后将共同的 Box-Cox 转换应用于模型中的所有变量或它们中的一部分。

考虑预期寿命对 6 个其他变量的回归,这 6 个其他变量中包括一个由 **tabulate** 创建的标识非洲国家的虚拟变量 *reg1*。

```
. use C:\data\Nations3.dta, clear
. describe life adfert urban gdp chldmort school reg1
```

variable name	storage type	display format	value label	variable label
life	float	%9.0g		Life expectancy at birth 2005/2010
adfert	float	%8.0g		Adolescent fertility: births/1000 fem 15-19, 2010
urban	float	%9.0g		Percent population urban 2005/2010
gdp	float	%9.0g		Gross domestic product per cap 2005$, 2006/2009
chldmort	float	%9.0g		Prob dying before age 5/1000 live births 2005/2009
school	float	%9.0g		Mean years schooling (adults) 2005/2010
reg1	byte	%8.0g		region==Africa

没必要对 *reg1* 这样的二分变量进行转换，但其他变量的散点图呈现出来的非线性模式意味着应该对它们进行转换。本例中，我们用 *life* 对 *adfert*、*urban*、*gdp*、*chldmort*、*school* 和 *reg1* 做回归。因变量或左手侧变量 *life* 保持原始形式，但对除 *reg1* 之外的所有右手侧变量寻找某种合适转换。这些设定通过 **model(rhsonly) notrans(*reg1*)** 来完成。注意，开始的变量列表不包括 *reg1*，因为它被单独放在了 **notrans( )** 选项中。

```
. boxcox life adfert urban gdp chldmort school, model(rhsonly)
  notrans(reg1)
 Fitting full model

 Iteration 0:   log likelihood = -455.39883  (not concave)
 Iteration 1:   log likelihood = -430.26519
 Iteration 2:   log likelihood = -429.92904
 Iteration 3:   log likelihood = -429.92798
 Iteration 4:   log likelihood = -429.92798
 (15 missing values generated)
 (1 missing value generated)
 (6 missing values generated)
 (15 missing values generated)
 (1 missing value generated)
 (6 missing values generated)
 (15 missing values generated)
 (1 missing value generated)
 (6 missing values generated)
```

                                                Number of obs =   178
                                                LR chi2(7)   =   463.38
 Log likelihood = -429.92798   Prob > chi2   =   0.000

life	Coef.	Std. Err.	z	P>|z|	[95% Conf. Interval]	
/lambda	.4867359	.0513717	9.47	0.000	.3860492	.5874226

Estimates of scale-variant parameters

	Coef.
Notrans	
reg1	-2.863907
_cons	86.17721
Trans	
adfert	-.0383667
urban	.2065436
gdp	.000283
chldmort	-1.42784
school	-1.601755
/sigma	2.708479

```
     Test      Restricted       LR statistic      P-value
     H0:       log likelihood      chi2          Prob > chi2

  lambda = -1    -524.20312       188.55          0.000
  lambda =  0    -476.81642        93.78          0.000
  lambda =  1    -455.39883        50.94          0.000
```

此输出结果中的λ值，λ = 0.4867359 被选取出来作为以下一般形式 Box-Cox 转换的参数：

$$x^{(\lambda)} = \{x^{\lambda} - 1\} / \lambda$$

上述 Box-Cox 输出结果中呈现的回归系数就是以采用这一形式做转换后的变量进行常规回归后得到的。通过创建这些变量的转换形式，然后使用 **regress** 命令，我们可以再现 Box-Cox 回归结果。

```
. gen bc2adf = (adfert^.4867359-1)/.4867359
. gen bc2urb = (urban^.4867359-1)/.4867359
. gen bc2school = (school^.4867359-1)/.4867359
. gen bc2gdp = (gdp^.4867359-1)/.4867359
. gen bc2chld = (chldmort^.4867359-1)/.4867359
. regress life bc2* reg1

      Source |       SS       df       MS              Number of obs =     178
-------------+------------------------------           F(  6,   171) =  356.47
       Model |  16332.407        6  2722.06783         Prob > F      =  0.0000
    Residual |  1305.78282      171  7.63615682         R-squared     =  0.9260
-------------+------------------------------           Adj R-squared =  0.9234
       Total |  17638.1898      177  99.6507898         Root MSE      =  2.7634

        life |      Coef.   Std. Err.      t    P>|t|     [95% Conf. Interval]
-------------+----------------------------------------------------------------
      bc2adf |  -.0383667   .0598489    -0.64   0.522    -.1565045    .0797711
      bc2urb |   .2065437   .0955322     2.16   0.032     .0179693    .395118
   bc2school |  -1.601755   .3209716    -4.99   0.000    -2.235331   -.9681777
      bc2gdp |   .000283    .0035913     0.08   0.937    -.006806    .0073721
     bc2chld |  -1.42784    .0792446   -18.02   0.000    -1.584263   -1.271416
        reg1 |  -2.863907   .674814     -4.24   0.000    -4.195945   -1.531869
       _cons |   86.17721   1.909628    45.13   0.000    82.40773    89.94669
```

Box-Cox 回归找到了一个在最大似然估计标准上最优的转换参数λ。但是，满足这一标准未必意味着变量之间的关系就已经被线性化了。要达到线性化目标，基于图形的直观检查和判断可能更有效，有时候甚至需要对不同的变量进行不同的转换。

8.8 缺失值的多重填补

Nations3.dta 数据集包含 194 个国家和地区的信息，但由于存在缺失值，我们只能将前面几节中的分析限定于其中在所有被关注变量上有完整信息的 178 个国家。排除不完整信息观测案例的列删除(*listwise deletion*)处理方式并非非做不可，但确实是常见的做法。大家都知道这种做法会导致观测案例和统计功效的损失。如果带有缺失值的观测案例系统性地有别于其他观测案例，列删除还会使得系数估计值有偏。

有时，数据集里会有与含缺失值的变量统计上相关的其他变量。此时，可以通过回归来对这些缺失值进行预测，然后用预测值替代缺失值做进一步的其他统计分析。对缺失值的这种*回归填补*(regression imputation)能够保留观测案例和表面上的统计功效,同时减小有偏系数的可能性。不过,填补值通常比对应变量中其他非缺失值具有更小的方差,从而导致标准误估计值有偏地趋向于 0。换句话说,回归填补可能导致我们高估结果的精度或统计显著性。

缺失值的*多重填补*(multiple imputation)始于回归填补这一核心理念,但增加了额外的步骤以获得对标准误或不确定性的更合乎实际的估计值。这一过程先会产生多套人工数据集,其中缺失值都会被替代为回归预测值和随机噪音之和。最后,通过汇总多个填补结果的信息来估计回归模型以及给出对应的标准误和统计检验。

Stata 的多重填补命令家族 **mi** 支持多种数据结构、估计方法和建模技术,包括针对分类变量的 logit 类型模型。《Stata 多重填补参考手册》(*Stata Multiple-Imputation Reference Manual*)对这些选择进行了长达 365 页的介绍,还有一本含有更多示例的姐妹篇做了很好的补充。

作为一个基本的例子,我们回到预期寿命回归模型。

```
. use C:\data\Nations3.dta, clear
. regress life adfert urban loggdp chldmort school reg1

      Source |       SS       df       MS              Number of obs =     178
-------------+------------------------------           F(  6,   171) =  246.57
       Model |  15810.6966     6   2635.1161           Prob > F      =  0.0000
    Residual |  1827.49317   171  10.6870946           R-squared     =  0.8964
-------------+------------------------------           Adj R-squared =  0.8928
       Total |  17638.1898   177   99.6507898          Root MSE      =  3.2691

        life |      Coef.   Std. Err.      t    P>|t|     [95% Conf. Interval]
-------------+----------------------------------------------------------------
      adfert |  -.0039441   .0091498    -0.43   0.667    -.0220053    .014117
       urban |   .0397506   .016287      2.44   0.016     .0076012    .0718999
      loggdp |   2.90728    .9196223     3.16   0.002     1.092007    4.722554
    chldmort |  -.1314439   .0102063   -12.88   0.000    -.1515905   -.1112972
      school |  -.3322321   .1480558    -2.24   0.026    -.6244844   -.0399798
        reg1 |  -3.56938    .7845902    -4.55   0.000    -5.118109   -2.02065
       _cons |   65.3779    3.124978    20.92   0.000     59.2094    71.5464
```

这一分析中的三个变量——*loggdp*、*chldmort* 和 *school*——存在缺失值,合起来使可用的样本从 194 减少到 178 个观测案例。

```
. summarize life adfert urban loggdp chldmort school reg1

    Variable |       Obs        Mean    Std. Dev.       Min        Max
-------------+--------------------------------------------------------
        life |       194     68.7293     10.0554      45.85    82.76666
      adfert |       194    51.81443    44.06612          1      207.1
       urban |       194    55.43488     23.4391      10.25        100
      loggdp |       179    3.775729    .5632902   2.446848   4.874516
    chldmort |       193    47.65026     52.8094       2.25        209
      school |       188     7.45922    2.959589       1.15       12.7
        reg1 |       194    .2680412    .4440852          0          1
```

misstable summarize 命令能清点三类观测案例的数量,以反映三种不同的缺失值状况:

obs=.   Stata 的默认缺失值,被称为"软缺失"(soft missing)

obs>.   显示为.a、.b、.c 等的缺失值编码,可带有取值标签,被称为"硬缺失"(hard missing)

obs<.   非缺失值

Stata 只可以填补软缺失值，而无法填补硬缺失值。*Nations3.dta* 数据集中的所有缺失值都是软缺失，因此情形相对简单。第 9 章将会遇到一个含有硬缺失值的抽样调查数据例子。

```
. misstable summarize life adfert urban loggdp chldmort school reg1
```

					Obs<.	
				Unique		
Variable	Obs=.	Obs>.	Obs<.	values	Min	Max
loggdp	15		179	179	2.446848	4.874516
chldmort	1		193	144	2.25	209
school	6		188	165	1.15	12.7

多重填补的第一步是使用 **mi set** 命令对数据进行定义，即设定填补值(imputed values)如何被组织。参考手册[2]中介绍了 4 种可能的样式。对于本例，我们选择内存效率较高的样式 **mlong**，将新观测案例或行添加到数据集中[3]。

```
. mi set mlong
```

多重填补标记符号中，初始包含缺失值的未经填补数据以标记 $m = 0$ 表示。缺失值已被填补值替代的数据被标记 $m = 1$、$m = 2$、$m = 3$ 等。m 标识做了多少次填补。进一步操作之前，需要先将所关注的变量登记为如下三种类型之一：

imputed   有缺失值待被填补

passive   作为填补变量(imputed variables)或其他被动变量(passive variables)的函数的变量。它在初始数据($m = 0$)中可能就有缺失值，同时在每次填补($m = 1$、$m = 2$ 等)中取值都会有所不同。

regular   既不被填补也不是被动变量的变量，它对于所有的 m 具有相同取值(缺失或不缺失)。

本例中，*loggdp*、*chldmort* 和 *school* 存在缺失值，因此我们将它们登记为 **imputed**。

```
. mi register imputed loggdp chldmort school
```

其他变量 *life*、*adfert*、*urban* 和 *reg1* 不含缺失值，因此应被登记为 **regular**。

```
. mi register regular life adfert urban reg1
```

下一步实际进行填补。*loggdp*、*chldmort* 和 *school*(**mi register imputed** 变量)的缺失值被通过基于 **mi register regular** 变量 *life*、*adfert*、*urban* 和 *reg1* 的回归进行填补。填补时，使用多元正态(**mvn**)回归方法。程序共进行了 50 次独立填补，分别用 $m = 0$(带有缺失值的原始数据)、$m = 1$ 一直到 $m = 50$ 加以标识，每次都包含针对原来含有缺失值的 16 个观测案例的填补。因此，$50 \times 16 = 800$ 个观测案例将会被添加到该数据集中，总观测案例数变为 $194 + 800 = 964$ 个。

```
. mi impute mvn loggdp chldmort school = adfert urban reg1,
  add(50) rseed(12345)
```

---

2 即前面提到的《Stata 多重填补参考手册》。——译者注
3 即在已有数据的后面添加相应数目的行数。——译者注

```
Performing EM optimization:
  observed log likelihood = -780.80745 at iteration 6

Performing MCMC data augmentation ...

Multivariate imputation              Imputations =      50
Multivariate normal regression           added =       50
Imputed: m=1 through m=50               updated =        0

Prior: uniform                       Iterations =    5000
                                        burn-in =     100
                                        between =     100

                        Observations per m
                ┌─────────────────────────────────────────┐
       Variable │  Complete   Incomplete   Imputed │ Total
                ├─────────────────────────────────────────┤
         loggdp │      179           15        15  │  194
        chldmort│      193            1         1  │  194
         school │      188            6         6  │  194

(complete + incomplete = total; imputed is the minimum across m
 of the number of filled-in observations.)
```

有了这 50 套替换了缺失值的填补结果,就为我们后面汇合这些数据进行回归时估计样本间变异提供了基础。**mi impute** 命令中的 **rseed(12345)** 选项为 Stata 的随机数发生器设定了一个任意的种子。使用 **rseed( )** 选项可以使得当前的例子能够被复制出来,这在进行示范操作时有一定必要。否则 Stata 会自动选择随机数种子,造成下次运行同一命令时得到的结果略为不同。

最后一步是用这些填补来做预期寿命对 6 个自变量的回归。理论上,填补后得到的估计结果会比前面我们删除所有缺失值观测案例的回归结果更为高效(更小的标准误)且偏差更小。

```
. mi estimate, dots: regress life adfert urban loggdp chldmort
    school reg1

Imputations (50):
.........10.........20.........30.........40.........50 done

Multiple-imputation estimates         Imputations =         50
Linear regression                     Number of obs =       194
                                      Average RVI =       0.0365
                                      Largest FMI =       0.1167
                                      Complete DF =         187
DF adjustment:   Small sample         DF:    min =       156.85
                                             avg =       172.10
                                             max =       184.02
Model F test:       Equal FMI         F(  6,  184.7) =    240.19
Within VCE type:          OLS         Prob > F     =      0.0000

─────────────────────────────────────────────────────────────────
    life │    Coef.   Std. Err.     t    P>|t|   [95% Conf. Interval]
─────────┼───────────────────────────────────────────────────────
  adfert │  -.0044855   .0091363   -0.49  0.624  -.0225124   .0135414
   urban │   .047157    .0163199    2.89  0.004   .014945    .079369
  loggdp │  2.704804    .9755022    2.77  0.006   .7779876   4.63162
 chldmort│  -.1305611   .0102536  -12.73  0.000  -.1507939  -.1103283
  school │  -.3317234   .1527427   -2.17  0.031  -.6332567  -.0301902
    reg1 │ -3.814368    .8011135   -4.76  0.000 -5.394917  -2.23382
   _cons │ 65.78153    3.297027   19.95  0.000  59.27041   72.29265
─────────────────────────────────────────────────────────────────
```

这些 **mi estimate** 结果与此前常规回归所得结果极其相似。简单方法和复杂方法所得结果一致是最好的情形:说明研究发现相当稳定。研究报告中,我们可以只汇报其中任何一种结果,同时在脚注中说明我们用另一种方式进行了检验并且得到了同样的结果。

在第 9 章,我们将呈现另一个多重填补的例子,使用的是调查数据与 logistic 回归,而非线性回归模型。有关这一主题的更多内容，可以参看 **help mi** 和《Stata 多重填补参考手册》。

8.9　结构方程建模

以上回归模型将青少年生育率、城市人口比例以及国家的其他特征作为预期寿命的预测变量，但未必主张这些因素是预期寿命的原因。这些预测变量中，儿童死亡率与预期寿命具有明显的因果联系。不过，儿童死亡率反过来又非常像预期寿命那样，受到国家其他特征的影响，从而让整个因果关系图变得复杂。比如，如果青少年生育率影响儿童死亡率，而儿童死亡率影响预期寿命，那么不管青少年生育率对预期寿命是否具有直接效应，它都对预期寿命具有间接效应。用因果术语讲，儿童死亡率是中介变量(intervening variable)或居间变量(mediating variable)。

结构方程建模为分析此种间接效应及其他种类因果关系提供了一种系统化的方式。它的一个特色工具是路径图(path diagram)，它可以直观地呈现我们关于因果次序和因果联系的想法。变量间的因果次序非常重要。结构方程建模无法证明因果性，而只是假定了某种特定的因果结构。然后利用统计技术来填补细节，完善某些设定。但是，我们必须依靠外在的知识或理论来设定基本的因果次序。如果这些知识本身不牢靠，那么接下来的统计分析也不可能牢靠。不过，绘制路径图是很有用的一步，即使是在因果秩序尚未确定时。路径图常常可以帮助我们厘清一些模棱两可的思考，或者更好地表达我们的想法。

基于结构方程建模的方法在很多研究领域已经变得举足轻重。自 20 世纪 60 年代早期被应用以来，结构方程模型特别受社会科学家的喜欢，因为它们承诺将理论和数据联系起来。对结构方程模型进行介绍的书非常多，内容涉及估计方法、测量模型、误差结构与互为因果等各个方面(比如：Kline, 2010; Skrondel and Rabe-Hesketh, 2004)。在第 12 版中，Stata 增加了自己的结构方程建模命令。引用《结构方程建模参考手册》(*Structural Equation Modeling Reference Manual*)中的话来说：

"SEM 不仅是估计某种特定模型的方法，如 Stata 中的 **regress** 和 **probit** 命令，甚至 **stcox** 和 **xtmixed**。SEM 更是一种思考方式、写作方式、估计方式。"

本节我们通过简单扩展前面的预期寿命回归模型来介绍 Stata 的结构方程建模命令 **sem**。我们已经知道预期寿命可以通过国家的其他特征来进行预测。下面的普通回归中，从回归结果可以看到，t 统计量与 beta 权数或标准化回归系数(右边一列)都反映出儿童死亡率在其中具有最强的影响。

```
. use C:\data\Nations3.dta, clear
. regress life adfert urban loggdp chldmort school reg1, beta
```

Source	SS	df	MS
Model	15810.6966	6	2635.1161
Residual	1827.49317	171	10.6870946
Total	17638.1898	177	99.6507898

Number of obs = 178
F(6,   171) = 246.57
Prob > F   = 0.0000
R-squared   = 0.8964
Adj R-squared = 0.8928
Root MSE   = 3.2691

	Coef.	Std. Err.	t	P>|t|	Beta
life					
adfert	-.0039441	.0091498	-0.43	0.667	-.0176989
urban	.0397506	.016287	2.44	0.016	.0906915
loggdp	2.90728	.9196223	3.16	0.002	.163546
chldmort	-.1314439	.0102063	-12.88	0.000	-.7013779
school	-.3322321	.1480558	-2.24	0.026	-.0990496
reg1	-3.56938	.7845902	-4.55	0.000	-.1611557
_cons	65.3779	3.124978	20.92	0.000	.

用 **sem** 命令，我们可以拟合相同的模型，如下所示：

```
. sem (life <- adfert urban loggdp chldmort school reg1), standard

(16 observations with missing values excluded;
 specify option 'method(mlmv)' to use all observations)

Endogenous variables

Observed:  life

Exogenous variables

Observed:  adfert urban loggdp chldmort school reg1

Fitting target model:

Iteration 0:   log likelihood = -3455.5273
Iteration 1:   log likelihood = -3455.5273

Structural equation model           Number of obs    =      178
Estimation method  = ml
Log likelihood     = -3455.5273
```

Standardized		OIM				
	Coef.	Std. Err.	z	P>|z|	[95% Conf. Interval]	
Structural						
life <-						
adfert	-.0176989	.0402413	-0.44	0.660	-.0965704	.0611725
urban	.0906915	.0363517	2.49	0.013	.0194434	.1619395
loggdp	.163546	.0505432	3.24	0.001	.0644831	.262609
chldmort	-.7013779	.050479	-13.89	0.000	-.8003149	-.6024408
school	-.0990496	.0431943	-2.29	0.022	-.1837089	-.0143903
reg1	-.1611557	.0344906	-4.67	0.000	-.228756	-.0935554
_cons	6.56771	.3476428	18.89	0.000	5.886343	7.249077
Variance						
e.life	.10361	.0109235			.0842675	.1273923

```
LR test of model vs. saturated: chi2(0) =    0.00, Prob > chi2 =      .
```

sem 输出结果中的标准化系数等于 **regress** 分析中的 beta 权数。不同于 **regress**，**sem** 报告的是标准化系数的标准误。这导致输出的 z 统计量与 **regress** 结果中的 t 统计量相同，但概率值略有差异，因为它参照的是标准正态分布而非 t 分布。而 **sem** 命令的括号中的标记符号(*life <- adfert urbna loggdp chldmort school* **reg1**)设定因果路径从 *adfert*、*urban* 等变量指向 *life*。

作为预期寿命最强的预测变量，儿童死亡率可被诸多同样的国家特征预测。青少年生育率在 **regress** 模型或上面的单方程 **sem** 输出结果中对预期寿命都没有显著影响，但却是对儿童死亡率预测效果最强变量。

```
. regress chldmort adfert urban loggdp school reg1, beta
```

```
      Source |       SS       df       MS              Number of obs =     178
-------------+------------------------------           F(  5,   172) =  133.99
       Model | 399607.346      5   79921.4693          Prob > F      =  0.0000
    Residual | 102593.515    172   596.473922          R-squared     =  0.7957
-------------+------------------------------           Adj R-squared =  0.7898
       Total | 502200.861    177    2837.293           Root MSE      =  24.423

------------------------------------------------------------------------------
    chldmort |      Coef.   Std. Err.      t    P>|t|                    Beta
-------------+----------------------------------------------------------------
      adfert |   .4319515   .0598983     7.21   0.000                .3632622
       urban |  -.1123517   .1213743    -0.93   0.356               -.0480386
      loggdp |  -19.27752   6.711211    -2.87   0.005               -.2032322
      school |  -3.180865   1.079173    -2.95   0.004               -.1777234
        reg1 |   31.53801   5.345499     5.90   0.000                .2668552
       _cons |   118.4609   21.52788     5.50   0.000                       .
------------------------------------------------------------------------------
```

图 8.14 呈现了一张路径图，其中，儿童死亡率作为一个中介变量受到青少年生育率以及其他背景特征的影响，而其自身也是预期寿命的预测变量。从概念上讲，图中的因果关系是从左向右传递的。间接效应可以通过连接 *chldmort* 与背景变量的任一路径，然后经过 *chldmort* 到达 *life* 变量。模型中的矩形代表观测变量，关于潜变量或未被观察变量的话题，稍后将会在第 12 章提及。

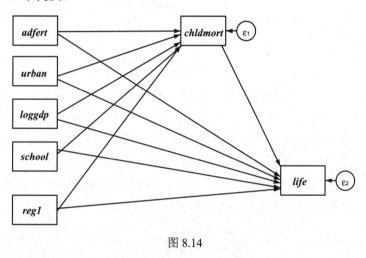

图 8.14

图 8.14 中的路径图是通过名为 SEM 创建器的图形用户界面(GUI)绘制的。激活这一 GUI 只需键入下面的命令：

. **sembuilder**

或者通过菜单进行选择：

Statistics → SEM (structural equation modeling) → Model building and estimation

键入 **help sembuilder** 获取相关介绍信息。图 8.14 中最基本的要素是观测变量。首先通过 SEM 创建器的左侧工具栏中的 Add Observed Variable 工具向路径图中添加空白矩形。然后，用 **Select** 工具选中对应矩形，通过下拉 Variable 菜单往其中添加变量的方式逐个添加变量名。通过 Add Path 工具可以在图中绘制路径，将变量连起来：先单击原因变量或外生变量，然后拖动路径箭头，直到连上结果变量或内生变量。

接下来，通过在顶部菜单栏选择 Estimation → Estimate 可以估计得到模型的系数及其他统计量。图 8.15 展示了图 8.14 的默认估计结果。每一条路径都出现了一个非标准化的路径系数或回归系数，如 *adfert* 对 *chldmort* 的效应为 0.43(可以与上面回归表中的结果对比一下)。

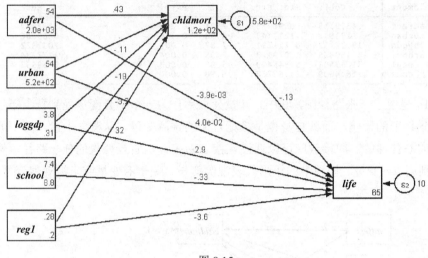

图 8.15

图 8.15 中每一个外生变量的矩形中都提供了该变量的均值及其方差。进入分析的 178 个国家中，*adfert* 的均值近似为 54，方差近似为 2.0e + 03 = 2000。内生变量的矩形中给出了它们的 *y* 截距，例如 *chldmort* 的 *y* 截距是 1.2e+02 = 120；与前面回归分析结果基本一致。最后，图 8.15 给出了误差项ε1(*chldmort*)和ε2(*life*)的残差方差。

只含有标准化路径系数和标准化残差方差的简洁版路径图呈现在图 8.16 中。这个简洁版是通过 SEM 创建器的顶部菜单的一系列操作得到的：

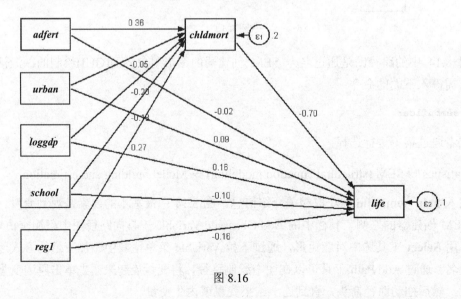

图 8.16

Settings → Variables → All ... → Results → Exogenous variables → None → OK

Settings → Variables → All ... → Results → Endogenous variables → None → OK

Settings → Variables → Error ... → Results → Error std. variance → OK

Settings → Connections → Paths → Results → Std. parameter → OK

Settings → Connections → All → Results → Result 1 → Format %3.2f → OK → OK

Estimation → Estimate → OK

图 8.16 对应着下面的 **sem** 命令，其中 *life* 和 *chldmort* 各有一个方程。

```
. sem (life <- adfert urban loggdp chldmort school reg1)
(chldmort <- adfert urban loggdp school reg1), standardized
(16 observations with missing values excluded;
 specify option 'method(mlmv)' to use all observations)
Endogenous variables

Observed:  life chldmort

Exogenous variables

Observed:  adfert urban loggdp school reg1

Fitting target model:

Iteration 0:   log likelihood = -3455.5273
Iteration 1:   log likelihood = -3455.5273

Structural equation model              Number of obs   =        178
Estimation method  = ml
Log likelihood     = -3455.5273
```

		OIM				
Standardized	Coef.	Std. Err.	z	P>|z|	[95% Conf. Interval]	
Structural life <-						
chldmort	-.7013779	.0510955	-13.73	0.000	-.8015233	-.6012325
adfert	-.0176989	.0402432	-0.44	0.660	-.0965741	.0611762
urban	.0906915	.0364057	2.49	0.013	.0193376	.1620454
loggdp	.163546	.0506695	3.23	0.001	.0642356	.2628564
school	-.0990496	.0432485	-2.29	0.022	-.1838151	-.014284
reg1	-.1611557	.03467	-4.65	0.000	-.2291076	-.0932038
_cons	6.56771	.376114	17.46	0.000	5.83054	7.30488
chldm~t <-						
adfert	.3632622	.0478018	7.60	0.000	.2695725	.456952
urban	-.0480386	.0509857	-0.94	0.346	-.1479688	.0518915
loggdp	-.2032322	.0691733	-2.94	0.003	-.3388094	-.0676551
school	-.1777234	.0589333	-3.02	0.003	-.2932306	-.0622162
reg1	.2668552	.0434367	6.14	0.000	.1817208	.3519895
_cons	2.230213	.3963617	5.63	0.000	1.453359	3.007068
Variance						
e.life	.10361	.0118253			.0828423	.129584
e.chldmort	.2042878	.0211978			.1666933	.2503611

```
LR test of model vs. saturated: chi2(0)   =     0.00, Prob > chi2 =       .
```

间接效应和总效应很容易通过手工计算出来。间接效应等于彼此相连的因果路径上各个系数的乘积。总效应等于两个变量间所有直接效应和间接效应之和。依据图 8.16 提供的标准化系数，青少年生育率对预期寿命具有的效应如下：

直接效应：   −0.02

间接效应：   0.36 × (−0.70) = −0.25

总效应：   −0.02 − 0.25 = −0.27

换句话说，这个模型预测，在其他条件相同的情况下，青少年生育率提高一个标准差，通过直接及间接效应，估计的预期寿命将下降 0.27 个标准差。*adfert* 的直接效应接近于 0，但通过儿童死亡率的间接效应使其在因果上变得重要。

通过类似的计算，可以看到非洲地区变量(代表这一地区尚未被模型中其他变量刻画的特征)的影响超过变量 *reg1* 的直接效应的两倍。

直接效应： -0.16
间接效应： $0.27 \times (-0.70) = -0.19$
总效应： $-0.16 - 0.19 = -0.35$

第 12 章中，我们将在因子分析情境下再次涉及结构方程建模。

第 9 章

logistic 回归

第 7 章和第 8 章中介绍的回归和方差分析方法通常要求测量型因变量(measured dependent variable)。Stata 还提供了一整套对分类、序次以及删截因变量进行建模的方法。下面列出了一些有关命令的清单。如需具体命令更为详细的说明，可键入 **help** *command*。Long 和 Freese(2006)提供了 Stata 分析受限因变量(limited dependent variables)主要方法的极佳介绍；也可参见 Hosmer 和 Lemeshow(2000)。

asclogit	选项别条件 logit 回归(alternative-specific conditional logit，即 McFadden 的选项模型)。
asmprobit	选项别多分类 probit 回归(alternative-specific multinomial probit regression)。
asroprobit	选项别秩序 probit 回归(alternative-specific rank-ordered probit regression)。
biprobit	双变量 probit 回归(bivariate probit regression)。
binreg	二项回归(binomial regression，为一般化线性模型)。
blogit	使用分组(或分块(blocked))数据的 logit 估计(logit estimation)。
bprobit	使用分组(或分块)数据的 probit 估计(probit estimation)。
clogit	条件固定效应 logistic 回归(conditional fixed-effects logistic regression)。
cloglog	互补双对数估计(complementary log-log estimation)。
constraint	定义、列出和取消线性约束条件。
exlogistic	精确 logistic 回归(exact logistic regression)。
glm	一般化线性模型(generalized linear models)，包括对 logistic、probit 或互补双对数等连接进行建模的选项。允许因变量为二分变量或分组数据时表示比例的变量。
glogit	针对分组数据的 logit 回归。
gprobit	针对分组数据的 probit 回归。
heckprob	含选择的 probit 估计(probit estimation with selection)。
hetprob	异方差性的 probit 估计(heteroskedastic probit estimation)。
intreg	区间回归(interval regression)，其中 y 是点数据、区间数据、左删截或右删截数据。
ivprobit	带有连续型外生解释变量(continuous exogenous regressors)的 probit 回归。

logistic	logistic 回归(logistic regression)，输出优势比(odds ratios)结果。
logit	logistic 回归，与 **logistic** 类似，但输出回归系数而非优势比。
mlogit	多项 logistic 回归(multinomial logistic regression)，用于多分类的 y 变量。
nlogit	嵌套的 logit 估计(nested logit estimation)。
ologit	针对序次 y 变量的 logistic 回归(logistic regression with ordinal y variable)。
oprobit	针对序次 y 变量的 probit 回归(probit regression with ordinal y variable)。
probit	针对二分类 y 变量的 probit 回归。
rologit	针对排序(rankings)的等级排序的 logit 模型(rank-ordered logit model，也称作 Plackett-Luce 模型、分解式 logit 模型(exploded logit model)或基于选择的联合分析(choice-based conjoint analysis))。
scobit	偏态 probit 估计(skewed probit estimation)。
slogit	构型 logistic 回归(stereotype logistic regression)。
svy: logit	使用调查数据的 logistic 回归。还有用于对调查数据进行分析的许多其他分类变量建模命令，参见 **help svy estimation**。
tobit	tobit 回归(tobit regression)，它假定 y 服从高斯分布但在已知固定点处被删截(对于更一般的情况，参见 **help cnreg**)。
xtmelogit	含固定和随机效应的二分 logit 混合或多层模型。对第 13 章中将要介绍的这一强大的新命令的更多内容，请键入 **help xtmelogit** 进行查询。更多其他面板数据(panel-data)命令，请键入 **help xt** 查看有关清单。

在绝大多数模型拟合命令之后，都可以用 **predict** 来计算预测值或概率。**predict** 还可以取得适当的诊断统计量，比如那些由 Hosmer 和 Lemeshow(2000)介绍的适用于 logistic 回归的诊断统计量。**predict** 的具体选项取决于刚刚拟合的模型类型。还有一个不同的拟合后续命令 **predictnl**，它能取得非线性预测值及其置信区间(参见 **help predictnl**)。此外，**margins** 和 **marginsplot** 命令也非常有用。

下一节将对其中的若干命令进行示范。针对分类或受限因变量进行建模的不同方法可在下述不同菜单中找到：

Statistics → Binary outcomes	二分类结果
Statistics → Ordinal outcomes	序次结果
Statistics → Categorical outcomes	分类结果
Statistics → Generalized linear models	一般化线性模型
Statistics → Longitudinal/panel data	纵贯及面板数据
Statistics → Linear regression and related	线性回归及有关模型
Statistics → Multilevel mixed-effects models	多层混合效应模型

在命令示范这一节之后，本章其余部分集中介绍 logit 或 logistic 回归这一族重要方法。我们将逐步对适用于二分因变量、序次因变量和多分类因变量的基本 logit 模型进行介绍。第 13 章会介绍 logit 混合效应建模。

9.1 命令示范

    . logistic y x1 x2 x3

对{0, 1}编码变量 *y* 执行 logistic 回归，自变量为 *x1*、*x2* 和 *x3*。自变量的影响是以优势比(odds ratio)形式输出的。一个紧密相关联的命令 **logit** 执行基本相同的分析，但输出的是对数发生比(log-odds)的回归系数。**logistic** 和 **logit** 所拟合的模型实际上是一样的，因此后续得到的预测值或诊断检验是一致的。

    . estat gof

提供所拟合 logistic 模型的皮尔逊卡方拟合优度检验(Pearson chi-squared goodness-of-fit test)：用 *y* = 1 情况下的观测频数相比于期望频数，按协变量(covariate，即 *x* 变量)的模式定义交互单元。当 *x* 的模式数目很大时，我们可能想要根据其估计概率将它们分组。命令 **estat gof, group(10)** 将按 10 个大致等规模分组进行检验。

    . estat classification

提供分类统计量和分类表。当分析重点在于分类时，命令 **estat classification**、**lroc**、**lsens** 尤为有用。这些命令都引用前面刚刚拟合的 logistic 模型。

    . lroc

画出受试者工作特征(Receiver Operating Characteristic，ROC)曲线，并计算此曲线下的面积。

    . lsens

分别绘制敏感性(sensitivity)和特异性(specificity)对概率分割点(probability cutoff)的图形。

    . predict phat

创建一个新变量(这里任意命名为 *phat*)，等于最近一次所拟合 **logistic** 模型上 *y* = 1 的预测概率。

    . predict dX2, dx2

创建一个新变量(任意命名为 *dX2*)，以保存测量最近一次 **logistic** 分析皮尔逊卡方变化量的诊断统计量。

    . mlogit y x1 x2 x3, base(3) rrr nolog

将多分类变量 *y* 与 3 个 *x* 变量做多项 logistic 回归。选项 **base(3)** 指定 *y* = 3 这一类作为比较的基准类别；选项 **rrr** 要求输出相对风险比(relative risk ratios)而非回归系数；**nolog** 取消显示每次迭代过程中的对数似然值。

    . svy: mlogit y x1 x2 x3, base(3) rrr nolog

调查加权的多项 logit 回归，要求数据已经事先被 **svyset**(见第 4 章)。也有针对调查数据的 **logit**、**ologit** 和其他建模命令，具有与其非针对调查数据的相应命令类似的语句形式。

```
. predict P2, outcome(2)
```

基于最近的 **mlogit** 分析，新建一个变量(任意命名为 *P2*)，表示 $y=2$ 的预测概率。

```
. glm success x1 x2 x3, family(binomial trials) eform
```

通过一般化线性模型来执行 logistic 回归，并且使用的是列表数据(tabulated data)而非个体观测数据。变量 *success* 给出所关注结果发生的次数，而 *trials* 给出预测变量 *x1*、*x2* 和 *x3* 每一取值组合下全部结果发生的次数。也就是说，*success/trials* 就是某一结果(比如"患者痊愈")发生次数所占的比例。选项 **eform** 要求输出优势比("取了指数后的形式")，而不是 logit 系数。

9.2 航天飞机数据

本章的第一个例子是美国航天飞机前 25 次飞行的数据 *shuttle.dta*。这些数据包含的迹象表明，如果它们早些得到适当的分析，就可能说服美国航天署官员在 1985 年停止挑战者号的最后一次致命飞行(即它的第 25 次航天飞行，派遣号为 STS 51-L)。这些数据来自于《总统委员会对航天飞机挑战者号事故的报告》(*Report of the Presidential Commission on the Space Shuttle Challenger Accident*)(1986)以及 Tufte(1997)。Tufte 的书中包括了对数据与分析问题的卓越讨论。他关于航天飞行细节的评论也作为字符串变量包括在这些数据中。

```
. use C:\data\shuttle.dta, clear
. describe

Contains data from C:\data\shuttle.dta
  obs:            25                          First 25 space shuttle flights
 vars:             8                          29 May 2012 08:29
 size:         1,575
-------------------------------------------------------------------------------
              storage  display     value
variable name   type   format      label       variable label
-------------------------------------------------------------------------------
flight          byte   %8.0g       flbl        Flight
month           byte   %8.0g                   Month of launch
day             byte   %8.0g                   Day of launch
year            int    %8.0g                   Year of launch
distress        byte   %8.0g       dlbl        Thermal distress incidents
temp            byte   %8.0g                   Joint temperature, degrees F
damage          byte   %9.0g                   Damage severity index, Tufte 1997
comments        str55  %55s                    Comments, Tufte 1997
-------------------------------------------------------------------------------
Sorted by: flight

. list flight-temp, sepby(year)
```

	flight	month	day	year	distress	temp
1.	STS-1	4	12	1981	none	66
2.	STS-2	11	12	1981	1 or 2	70
3.	STS-3	3	22	1982	none	69
4.	STS-4	6	27	1982	.	80
5.	STS-5	11	11	1982	none	68

6.	STS-6	4	4	1983	1 or 2	67
7.	STS-7	6	18	1983	none	72
8.	STS-8	8	30	1983	none	73
9.	STS-9	11	28	1983	none	70
10.	STS_41-B	2	3	1984	1 or 2	57
11.	STS_41-C	4	6	1984	3 plus	63
12.	STS_41-D	8	30	1984	3 plus	70
13.	STS_41-G	10	5	1984	none	78
14.	STS_51-A	11	8	1984	none	67
15.	STS_51-C	1	24	1985	3 plus	53
16.	STS_51-D	4	12	1985	3 plus	67
17.	STS_51-B	4	29	1985	3 plus	75
18.	STS_51-G	6	17	1985	3 plus	70
19.	STS_51-F	7	29	1985	1 or 2	81
20.	STS_51-I	8	27	1985	1 or 2	76
21.	STS_51-J	10	3	1985	none	79
22.	STS_61-A	10	30	1985	3 plus	75
23.	STS_61-B	11	26	1985	1 or 2	76
24.	STS_61-C	1	12	1986	3 plus	58
25.	STS_51-L	1	28	1986	.	31

本章考察了 *shuttle.dta* 数据集中的 3 个变量：

distress　　"热损事件"(thermal distress incidents)的数量，这些事件是因为热气泄漏或烧坏了这次航天飞行的助推火箭的结点密封。助推结点密封的烧穿使挑战者号陷入灾难。许多以前的航天飞行也经历过不太严重的损坏，所以早就知道结点密封是危险的可能来源。

temp　　在发射时间计算得到的结点温度，以华氏度为单位。温度在很大程度上受天气影响。橡胶的 O 型环密封的助推火箭结点在很冷时会变得僵硬。

date　　日期，以自 1960 年 1 月 1 日来消逝的天数进行测量。*date* 是用 **mdy** 函数根据发射的月、日、年(month-day-year)转换成的消逝天数(参见 **help dates**)：

```
. generate date = mdy(month, day, year)
. format %td date
. label variable date "Date (days since 1/1/60)"
```

发射日期很重要，因为航天项目进程中的几个变化可能造成较大风险。助推火箭外层很薄以减少重量、增加有效载荷，于是结点密封就得能经受高压测试。此外，航天飞机回收再用也导致其各部件的老化。所以我们也许会问，助推结点损坏(一处或多处受损事件)的可能性是否随发射日期而增加？

distress 是一个包含取值标签的数值型变量：

```
. tabulate distress

 Thermal
 distress
incidents     Freq.     Percent        Cum.

    none          9       39.13       39.13
  1 or 2          6       26.09       65.22
  3 plus          8       34.78      100.00

   Total         23      100.00
```

通常，**tabulate** 会显示标签，但是选项 **nolabel** 揭示这些取值标签背后的数字编码为 0 = "无"，1 = "1 次或 2 次"，2 = "3 次及以上"。

```
. tabulate distress, nolabel
```

Thermal distress incidents	Freq.	Percent	Cum.
0	9	39.13	39.13
1	6	26.09	65.22
2	8	34.78	100.00
Total	23	100.00	

我们可以用这些编码来新建一个虚拟变量 any，用 0 代表无损坏，用 1 代表有 1 处或多处损坏事件：

```
. generate any = distress
. replace any = 1 if distress == 2
. label variable any "Any thermal distress"
```

为检查这些 **generate** 和 **replace** 命令都做了些什么，并确认缺失值得到了正确处理，使用如下命令语句：

```
. tabulate distress any, miss
```

Thermal distress incidents	Any thermal distress			Total
	0	1	.	
none	9	0	0	9
1 or 2	0	6	0	6
3 plus	0	8	0	8
.	0	0	2	2
Total	9	14	2	25

logistic 回归就诸如 any 这种{0, 1}二分因变量如何取决于一个或更多个 x 变量进行建模。**logit** 的语法与 **regress** 及绝大多数其他模型拟合命令相类似，都将因变量列为第一个变量。

```
. logit any date

Iteration 0:   log likelihood = -15.394543
Iteration 1:   log likelihood = -12.997472
Iteration 2:   log likelihood = -12.991097
Iteration 3:   log likelihood = -12.991096

Logistic regression                           Number of obs   =       23
                                              LR chi2(1)      =     4.81
                                              Prob > chi2     =   0.0283
Log likelihood = -12.991096                   Pseudo R2       =   0.1561
```

any	Coef.	Std. Err.	z	P>|z|	[95% Conf. Interval]
date	.0020907	.0010703	1.95	0.051	-6.94e-06 .0041884
_cons	-18.13116	9.517253	-1.91	0.057	-36.78463 .5223142

logit 迭代估计程序将对数似然函数最大化，如输出表上方所示。在初始迭代(Iteration 0)处，对数似然值(log likelihood)反映了模型中只有截距时的拟合状况。而最后一个对数似然值则描述了最终模型的拟合：

$$L = -18.13116 + 0.0020907 date \qquad [9.1]$$

其中 L 代表损坏事件的 logit 预测值或对数发生比(log odds)：

$$L = \ln[P(any=1)/P(any=0)] \qquad [9.2]$$

输出表右上方的整体卡方检验(overall χ^2 test)对模型中除了截距外的所有系数都等于 0 这一零假设进行评价[1]：

$$\chi^2 = -2(\ln \mathcal{L}_i - \ln \mathcal{L}_f) \qquad [9.3]$$

其中，$\ln \mathcal{L}_i$ 为初始迭代或迭代 0 次时(即截距模型)的对数似然值，而 $\ln \mathcal{L}_f$ 为最后一次迭代的对数似然值。这里：

$$\chi^2 = -2[-15.394543 - (-12.991096)]$$
$$= 4.81$$

一个更大的卡方值在对应 1 个自由度(即初始模型与最终模型的复杂性差别)时的概率已经足够小(0.0283)，以至于本例的虚无假设遭到拒绝。结果表明，date 的确有显著的影响。

logit 输出结果中还提供了渐近 z(标准正态)统计量，这种检验虽很方便，但更不准确。在只有一个预测变量时，该预测变量的 z 统计量与模型整体卡方统计量检验的是等价的假设，这类似于简单 OLS 回归情况下常见 t 检验和 F 检验的关系。与 OLS 不同的是，logit 的 z 近似和卡方检验有时并不一致(这里就不同)。卡方检验具有更一般的有效性。

与 Stata 其他最大似然估计程序一样，**logit** 的输出结果中提供了一个伪 R^2(pseudo R^2)：

$$伪 R^2 = 1 - \ln \mathcal{L}_f / \ln \mathcal{L}_i \qquad [9.4]$$

对于本例：

$$伪 R^2 = 1 - (-12.991096)/(-15.394543)$$
$$= 0.1561$$

尽管提供了一种便捷方式来描述或比较针对同一因变量的不同模型的拟合状况，但伪 R^2 统计量缺乏 OLS 回归中真 R^2 那样直接明了的被解释掉方差的意义。

logit 之后，**predict** 命令(不加任何选项)将取得预测概率：

$$Phat = 1/(1 + e^{-L}) \qquad [9.5]$$

对 date 作图，这些概率呈一条 S 形的 logistic 曲线。因为我们前面在定义变量 date 后设定了 **format %td** *date*，其数值被恰当地标注在图 9.1 中的横轴或时间轴上。

```
. predict Phat
. label variable Phat "Predicted P(distress >= 1)"
. graph twoway connect Phat date, xtitle("Launch date") sort
```

此 **logit** 例子中的系数(0.0020907)描述了 date 对热损事件发生的 logit[2]或对数发生比的影响。每一天的增加会使预测的热损事件对数发生比提高 0.0020907。等价地，我们也可以说，每增加一天就会使预测的热损发生比是前一天的 $e^{0.0020907}$ = 1.0020929 倍，那么每 100 天热损发生比的变化倍数为$(e^{0.0020907})^{100}$ = 1.23 倍(自然对数的底数 $e \approx 2.71828$)。Stata 也可

---

1 该输出表中将整体似然比卡方标注为 LR chi2(1)，括号中的数字为卡方分布的自由度。——译者注
2 logit 为 **logistic probability unit** 的缩写，意为 logistic 概率单位。——译者注

以进行这些计算,只需要调用每次估计之后保存的 _b[*varname*]系数:

```
. display exp(_b[date])
1.0020929

. display exp(_b[date])^100
1.2325358
```

我们也可以简单地在 **logit** 命令行中加上选项 **or**(表示优势比(odds ratio))。另一种替代方法是应用下一节要讲到的 **logistic** 命令来取得优势比。**logistic** 命令与 **logit** 在拟合模型上完全一样,但是其默认输出表提供优势比而不是系数。

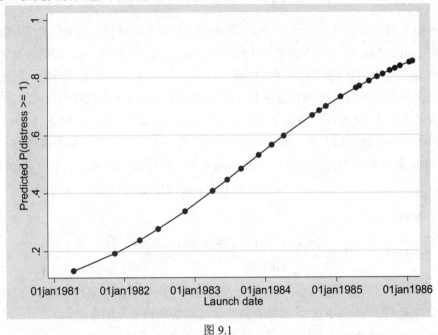

图 9.1

9.3 使用 logistic 回归

这里我们用 **logistic** 命令来拟合前面用 **logit** 估计的同一回归模型:

```
. logistic any date

Logistic regression                               Number of obs   =         23
                                                  LR chi2(1)      =       4.81
                                                  Prob > chi2     =     0.0283
Log likelihood = -12.991096                       Pseudo R2       =     0.1561

------------------------------------------------------------------------------
         any |  Odds Ratio   Std. Err.      z    P>|z|     [95% Conf. Interval]
-------------+----------------------------------------------------------------
        date |   1.002093    .0010725     1.95   0.051     .9999931    1.004197
       _cons |   1.34e-08    1.27e-07    -1.91   0.057     1.06e-16    1.685925
------------------------------------------------------------------------------
```

注意,对数似然值和卡方统计量都与前面的完全相同。**logistic** 不再提供系数(b),而是提供优势比(e^b)。**logistic** 输出结果的 Odds Ratio 一栏中的数字表示:该自变量每增加一个单位时,事件($y=1$)的发生比的变化倍数(假定其他自变量的取值保持不变)。

在拟合一个模型以后,我们能通过命令来取得分类表及有关的统计量:

```
. estat class

Logistic model for any
              ------ True ------
Classified  |    D        ~D    |   Total
    +       |   12         4    |    16
    -       |    2         5    |     7
  Total     |   14         9    |    23

Classified + if predicted Pr(D) >= .5
True D defined as any != 0

Sensitivity                     Pr( +| D)    85.71%
Specificity                     Pr( -|~D)    55.56%
Positive predictive value       Pr( D| +)    75.00%
Negative predictive value       Pr(~D| -)    71.43%

False + rate for true ~D        Pr( +|~D)    44.44%
False - rate for true  D        Pr( -| D)    14.29%
False + rate for classified +   Pr(~D| +)    25.00%
False - rate for classified -   Pr( D| -)    28.57%

Correctly classified                         73.91%
```

默认状态下,**estat class** 应用 0.5 的概率作为分割点(尽管我们可以加入 **cutoff( )** 选项来更改这一设置)。分类表中的符号具有如下含义:

D　　该观测确实发生所关注的事件(即 $y=1$)。本例中,D 表示热损发生了。

~D　　该观测没有发生所关注的事件(即 $y=0$)。本例中,~D 表示未发生热损的航天飞行。

+　　模型的预测概率大于等于分割点。由于我们使用了默认的分割点,这里的 + 表示模型预测的发生热损概率为 0.5 或更高。

-　　预测概率小于分割点。这里,-表示预测的热损概率小于 0.5。

于是,按照模型预测热损概率至少在 0.5 以上的标准,有 12 次航天飞行的分类是准确的,即损坏的确实际上发生了。另外 5 次航天飞行,模型预测概率小于 0.5,并且损坏并没有发生。因此总的分类正确率为 12 + 5 = 17 再除以 23,即 73.91%。这个表还提供了一些条件概率,比如敏感性(sensitivity),或在热损发生的情况下,预测概率大于等于 0.5 的案例所占的百分比(14 次中的 12 次,即 85.71%)。

在执行 **logistic** 或 **logit** 后,后估计命令 **predict** 可以计算各种预测和诊断统计量。有关诊断统计量的介绍请参见 Hosmer 和 Lemeshow(2000)。

predict *newvar*	预测 $y=1$ 的概率
predict *newvar*, **xb**	线性预测(即预测的 $y=1$ 的对数发生比)
predict *newvar*, **stdp**	线性预测的标准误
predict *newvar*, **dbeta**	ΔB 影响统计量,类似于 Cook 的 D 统计量
predict *newvar*, **deviance**	第 j 个 x 模式的偏差度残差 d_j
predict *newvar*, **dx2**	皮尔逊卡方变化量,记为 $\Delta\chi^2$ 或 $\Delta\chi^2_P$
predict *newvar*, **ddeviance**	偏差度 χ^2 的变化,记为 ΔD 或 $\Delta\chi^2_D$
predict *newvar*, **hat**	第 j 个 x 模式的杠杆作用 h_j

predict *newvar*, **number**	第 j 个 x 模式的分配数字，$j = 1,2,3 ... J$
predict *newvar*, **resid**	第 j 个 x 模式的皮尔逊残差 r_j
predict *newvar*, **rstandard**	标准化皮尔逊残差
predict *newvar*, **score**	对数似然函数对 Xb 的一阶导数

用 **dbeta**、**dx2**、**ddeviance** 和 **hat** 等选项取得的统计量并不是测量个别观测案例的影响的，这与常规回归的相应情形是一样的。不过，这些统计量测量了协变模式(covariate patterns)的影响，即如果将有 x 取值特定组合的所有案例排除后的影响。有关详细讨论参见 Hosmer 和 Lemeshow(2000)。本章的后面将会在使用中示范这些统计量。

助推结点温度是否也会影响损坏事件的概率呢？我们可以将 *temp* 作为第 2 个预测变量加入模型来对此进行研究。

```
. logistic any date temp

Logistic regression                               Number of obs   =         23
                                                  LR chi2(2)      =       8.09
                                                  Prob > chi2     =     0.0175
Log likelihood = -11.350748                       Pseudo R2       =     0.2627

------------------------------------------------------------------------------
         any | Odds Ratio   Std. Err.      z    P>|z|     [95% Conf. Interval]
-------------+----------------------------------------------------------------
        date |   1.00297    .0013675     2.17   0.030     1.000293    1.005653
        temp |  .8408309    .0987887    -1.48   0.140     .6678848    1.058561
       _cons |  1.19e-06    .0000121    -1.34   0.182     2.40e-15    587.9723
------------------------------------------------------------------------------
```

纳入温度作为预测变量略微将正确分类的比率提高到了 78.26%。

```
. estat class

Logistic model for any

              -------- True --------
Classified |         D            ~D  |      Total
-----------+--------------------------+-----------
     +     |        12             3  |         15
     -     |         2             6  |          8
-----------+--------------------------+-----------
   Total   |        14             9  |         23

Classified + if predicted Pr(D) >= .5
True D defined as any != 0
--------------------------------------------------
Sensitivity                     Pr( +| D)   85.71%
Specificity                     Pr( -|~D)   66.67%
Positive predictive value       Pr( D| +)   80.00%
Negative predictive value       Pr(~D| -)   75.00%
--------------------------------------------------
False + rate for true ~D        Pr( +|~D)   33.33%
False - rate for true D         Pr( -| D)   14.29%
False + rate for classified +   Pr(~D| +)   20.00%
False - rate for classified -   Pr( D| -)   25.00%
--------------------------------------------------
Correctly classified                        78.26%
```

根据这个拟合模型，结点温度每 1 度的增高将使助推结点损坏发生比乘以 0.84。换句话说，温度每提高 1 度减少损坏发生比 16%。尽管这种影响看起来很大，值得关注，渐进 z 检验却表明它在统计上并不显著($z = -1.476, p = 0.140$)。然而，一个更具确定性的检验是进行似然比卡方检验。命令 **lrtest** 根据最大似然估计值来比较嵌套的模型。首先，估计出包括所有自变量的完全模型(full model)，就像前面用 **logistic** *any date temp* 命令所做的那样。然后，再键入 **estimates store** 命令，并指定一个名称(比如 *full*)来识别这第一个模型：

```
. estimates store full
```

现在再估计一个简化模型(reduced model)，只包括完全模型中自变量的一部分(这种简化模型常被称为"嵌套的模型")。最后，用命令 **lrtest** *full* 将此嵌套模型跟以前保存的 *full* 模型进行检验。比如(采用 **quietly** 前缀来取消输出，因为已经看到过这一输出了)：

```
. quietly logistic any date
. lrtest full

Likelihood-ratio test                            LR chi2(1) =      3.28
(Assumption: . nested in full)                   Prob > chi2 =    0.0701
```

这个 **lrtest** 命令将最近的(即嵌套的)模型跟以前由 **estimates store** 命令保存的模型进行检验。它应用一个适用于嵌套最大似然模型的一般性检验统计量：

$$\chi^2 = -2(\ln \mathcal{L}_1 - \ln \mathcal{L}_0) \quad [9.6]$$

其中，$\ln \mathcal{L}_0$ 是第一个模型(含所有 x 变量)的对数似然值，而 $\ln \mathcal{L}_1$ 为第二个模型(含那些 x 变量的子集)的对数似然值。比较相应模型 0 和模型 1 得到的统计量，服从卡方分布，自由度为这两个模型在复杂性上的差别(即被排除的 x 变量数)。键入 **help lrtest** 可以得到关于这个命令的更多说明，它其实还可以用于任何 Stata 的最大似然估计程序(**logit**、**mlogit**、**stcox** 或许多其他程序)。这个整体卡方统计量在 **logit** 或 **logistic** 时为例行输出(见式[9.3])，是式[9.6]的一个特例。

先前的 **lrtest** 例子完成了这个计算：

$$\chi^2 = -2[-12.991096 - (-11.350748)]$$
$$= 3.28$$

有 1 个自由度，相应的概率 $p = 0.0701$，表明 *temp* 的影响在 $\alpha = 0.10$ 水平处是显著的。由于样本规模很小以及事关航天飞船安全的第二类错误的致命性后果，$\alpha = 0.10$ 似乎是一个比常规 $\alpha = 0.05$ 更谨慎的临界点。

9.4 边际或条件效应标绘图

边际或条件效应标绘图有助于理解 logistic 模型在概率方面意味着什么。比如，我们可以分别画出 *date* 在较小(早期)和较大(晚期)取值时热损事件发生的概率与 *temp* 之间的函数关系图。

```
. summarize date temp

    Variable |     Obs        Mean    Std. Dev.       Min        Max
        date |      25     8905.88    517.6033        7772       9524
        temp |      25       68.44    10.52806          31         81
```

date 的最小值为 7772(即航天飞机的第一次发射日期 1981 年 4 月 12 日)，最大值为 9524(即最后一次发射日期 1986 年 1 月 21 日)。*temp* 的取值范围为 31℉ 到 81℉。可以通过 **margins** 计算，并由 **marginsplot** 画出航天飞机第一次发射和最后一次发射时热损事件发生的 **logistic** 模型预测概率与 *temp* 变化(间隔为 10℉)之间的关系图。

```
. quietly logistic any date temp
. margins, at(temp = (30(10)80) date = (7772 9524)) vsquish

Adjusted predictions                              Number of obs   =         23
Model VCE       : OIM

Expression   : Pr(any), predict()
1._at        : date            =         7772
               temp            =           30
2._at        : date            =         7772
               temp            =           40
3._at        : date            =         7772
               temp            =           50
4._at        : date            =         7772
               temp            =           60
5._at        : date            =         7772
               temp            =           70
6._at        : date            =         7772
               temp            =           80
7._at        : date            =         9524
               temp            =           30
8._at        : date            =         9524
               temp            =           40
9._at        : date            =         9524
               temp            =           50
10._at       : date            =         9524
               temp            =           60
11._at       : date            =         9524
               temp            =           70
12._at       : date            =         9524
               temp            =           80
```

	Margin	Delta-method Std. Err.	z	P>|z|	[95% Conf.	Interval]
_at						
1	.985239	.0624661	15.77	0.000	.8628077	1.10767
2	.9218137	.2310152	3.99	0.000	.4690321	1.374595
3	.6755951	.4831333	1.40	0.162	-.2713288	1.622519
4	.2689325	.291999	0.92	0.357	-.3033749	.84124
5	.0610143	.0871295	0.70	0.484	-.1097563	.2317849
6	.0113476	.0255353	0.44	0.657	-.0387006	.0613958
7	.9999169	.0004545	2200.25	0.000	.9990262	1.000808
8	.99953	.0020277	492.94	0.000	.9955558	1.003504
9	.9973449	.0084046	118.67	0.000	.9808722	1.013818
10	.9851528	.0302581	32.56	0.000	.9258479	1.044458
11	.9213867	.0808455	11.40	0.000	.7629324	1.079841
12	.6742985	.2166156	3.11	0.002	.2497398	1.098857

```
. marginsplot
```

图 9.2 为 **marginsplot** 输出的默认图形，只是提供了基本信息，但并不详细。为符合发

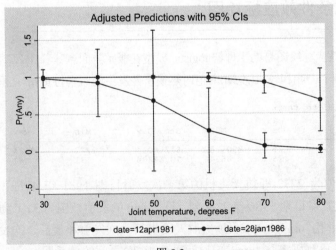

图 9.2

表要求，我们可以取消图形中的置信区间(**noci**)，重新放置图例(legend)，通过 **plot#opts( )** 将两条曲线直观地区分开，以及添加标题。首先，我们需要将温度的增量改为 1 度，再次运行 **margins**，这样可以得到更为平滑的曲线。

根据 logisitc 回归模型，第一次飞行时(图 9.3 中的虚线)热损概率从约 80°F 时的接近于 0 上升为 40°F 时的接近为 1。然而，在挑战者号飞行时(图 9.3 中的实线)热损事件的概率甚至在很暖和的天气时就超过了 0.6，在 70°F 以下飞行时热损概率攀升到接近于 1。注意，挑战者号的起飞实际温度为 31°F，这将使它处于图 9.3 左上方位置。

```
. quietly margins, at(temp = (30(1)80) date = (8000 9500))
. marginsplot, noci legend(position(7) ring(0) rows(2))
  plot1opts(msymbol(i) lpattern(dash) lwidth(medthick))
  plot2opts(msymbol(i) lpattern(solid) lwidth(medthich))
  title("Predicted probability of booster O-ring damage")
```

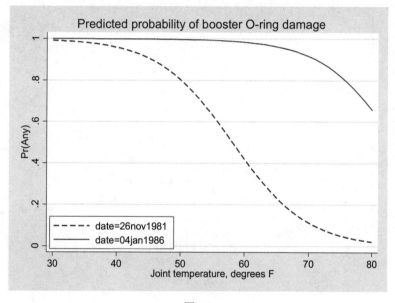

图 9.3

9.5　诊断统计量与标绘图

如前所述，用 **predict** 取得的 logistic 回归的影响及诊断统计量并不是针对个别观测案例的，这与第 7 章中所讲的 OLS 回归诊断的情况不同。相反，logistic 诊断是针对 x 模式而言。然而，在航天飞机数据中，每一种 x 模式都是唯一的，即并不存在两次飞行具有同样的 *date* 和 *temp* 的情况(这是理所自然的，因为也不会有两驾航天飞机在同一天起飞)。在使用 **predict** 之前，我们悄悄地重新拟合最近的模型：

```
. quietly logistic any date temp
. predict Phat3
. label variable Phat3 "Predicted probability"
```

```
. predict dX2, dx2
. label variable dX2 "Change in Pearson chi-squared"
. predict dB, dbeta
. label variable dB "Influence"
. predict dD, ddeviance
. label variable dD "Change in deviance"
```

Hosmer 和 Lemeshow(2000)推荐了有助于理解这些诊断统计量的标绘图。要画出皮尔逊卡方变化对损坏事件概率(见图 9.4)的图形，键入：

```
. graph twoway scatter dX2 Phat3
```

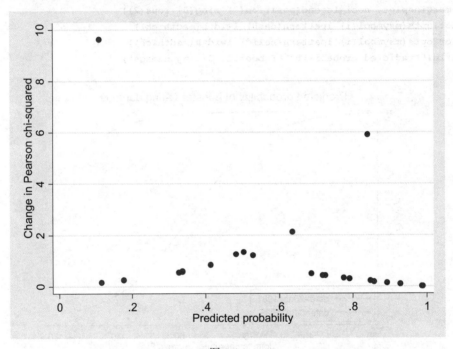

图 9.4

在图 9.4 的右上方和左上方，两个拟合欠佳的 x 模式突现出来。我们可以通过对散点添加标记标签(本例中,标签名称为该航班的飞行派遣号 *flight*)来直观地区分出这些具有很大 *dX2* 取值的飞行。图 9.4 中，通过添加又一幅叠并的散点图，只有 *dX2* > 2 的那些飞行才被添加标签(但如果我们对每个数据点都添加标签的话，图的底部看起来将非常混乱)。

```
. graph twoway scatter dX2 Phat3
    || scatter dX2 Phat3 if dX2 > 2, mlabel(flight)
       mlabsize(medsmall)
    || , legend(off)
```

尽管起飞稍晚且温度较低，航班 STS 51-A 并没有发生热损(见图 9.2)。模型预测这次航班的损坏概率为 0.84。在图 9.5 中，所有沿着右升曲线散布的观测点都没有发生热损事件($any = 0$)。在左升曲线(any=1)的上头,尽管属于较早航班并且起飞时天气略微暖和,但航班 STS-2 还是发生了热损事件。模型预测其损坏概率只有 0.109。由于 Stata 将缺失值视为很大的数字,所以在那些 $dX2 > 2$ 的航班中,列出了两个缺失值航班,其中就包括挑战者号。

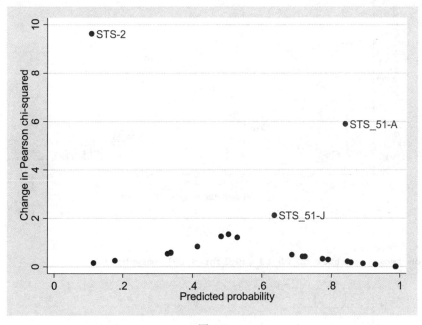

图 9.5

```
. list flight any date temp dX2 Phat3 if dX2 > 2
```

	flight	any	date	temp	dX2	Phat3
2.	STS-2	1	12nov1981	70	9.630337	.1091805
4.	STS-4	.	27jun1982	80	.	.0407113
14.	STS_51-A	0	08nov1984	67	5.899742	.8400974
21.	STS_51-J	0	03oct1985	79	2.124642	.6350927
25.	STS_51-L	.	28jan1986	31	.	.9999012

类似的发现还可以从 dD 与预测概率的标绘图中得到,如图 9.6 所示。同样,航班 STS-2(左上方)和航班 STS 51-A(右上方)因为拟合欠佳而被突现出来。图 9.6 示范了带标签散点图的一个变体。它没有像图 9.5 那样将航班号置于相应散点记号附近,而是不显示散点记号(**msymbol(i)**),并将标签置于原先散点所在的位置(**mlabposition(0)**)。

```
. graph twoway scatter dD Phat3, msymbol(i) mlabposition(0)
    mlabel(flight) mlabsize(small)
```

dB 测量了某一 x 模式在 logistic 回归中的影响。虽然与图 9.6 类似,但图 9.7 使标记符号的大小与其影响成比例。可以看出,两个拟合最差的观测案例同时也是最具影响的观测案例。

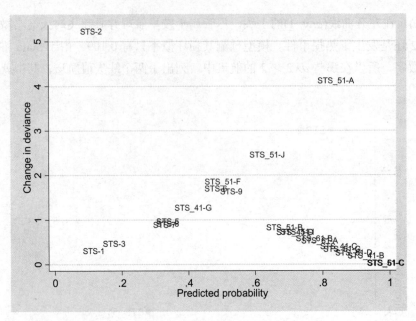

图 9.6

```
. graph twoway scatter dD Phat3 [aweight = dB], msymbol(oh)
```

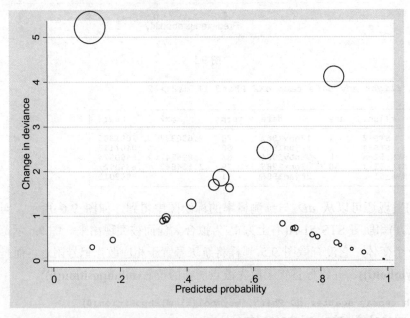

图 9.7

  拟合欠佳而又有影响的观测案例最值得特别关注,因为它们既与数据的主要模式矛盾,又将模型估计拉向与其相反的方向。当然,简单排除这些特异值可以取得对剩下数据的"更好拟合",但这是一种循环推理。思考得更缜密的反应也许是对这些特异值为什么会不同寻常进行研究。为什么是航班 STS-2 而不是航班 STS 51-A 发生了助推结点损坏?寻求答案也许会让研究人员考虑以前忽视的变量。

9.6 对序次 y 的 logistic 回归

logit 和 **logistic** 只能对被编码成 0 和 1 的两类结果的变量拟合模型。因此，我们需要其他的方法来拟合那些适用于 y 取值超过两个的模型。两个重要的可能选择就是序次和多项 logistic 回归。

ologit 序次 logistic 回归(ordered logistic regression)，其中 y 是序次变量。代表各类别的数值型取值并没有实质含义，更大的取值只是代表程度上的"更加"。比如，y 的类别可能是 {1 = "差"，2 = "中"，3 = "好"}。

mlogit 多项 logistic 回归(multinomial logistic regression)，其中 y 含有多个但并无序次的类别。比如，{1 = "民主党"，2 = "共和党"，3 = "其他"}。

如果 y 为{0, 1}，那么 **logit**、**ologit** 和 **mlogit** 都会得到基本上一样的估计值。

前面我们曾将三类结果的序次变量 *distress* 简化为二分变量 *any*，因为 **logit** 和 **logistic** 都要求{0, 1}因变量。但是，**ologit** 就是设计出来对包含多于两个类别的序次变量进行分析的。回顾一下，*distress* 的结果分为 0 = "无"，1 = "1 次或 2 次"，2 = "3 次及以上"助推结点受损事件。

序次 logistic 回归表明，*date* 和 *temp* 都影响 *distress*，并且与我们在前面二分 logit 分析中看到的结果具有同样的符号(即 *date* 为正，*temp* 为负)：

```
. ologit distress date temp, nolog

Ordered logistic regression                 Number of obs   =         23
                                            LR chi2(2)      =      12.32
                                            Prob > chi2     =     0.0021
Log likelihood = -18.79706                  Pseudo R2       =     0.2468

    distress |      Coef.   Std. Err.      z    P>|z|     [95% Conf. Interval]
        date |   .003286   .0012662     2.60   0.009     .0008043    .0057677
        temp |  -.1733752  .0834475    -2.08   0.038    -.3369293   -.0098212
       /cut1 |  16.42813   9.554822                     -2.298978    35.15524
       /cut2 |  18.12227   9.722302                      -.933092    37.17763
```

似然比检验要比输出的渐近 z 检验更为准确。首先，我们用 **estimates store** 将刚刚所估计完整模型(包含两个预测变量)的结果保存到内存中。我们可以给这个模型指定任意具有说明性的名称，比如 *data_temp*。

```
. estimates store date_temp
```

接着，再拟合一个不含 *temp* 的更简化模型，将其结果以名称 *notemp* 保存起来，最后要求对简化模型 *notemp* 的拟合是否显著地有别于完整模型 *data_temp* 进行似然比检验：

```
. quietly ologit distress date
. estimates store notemp
. lrtest notemp date_temp

Likelihood-ratio test                           LR chi2(1)  =       6.12
(Assumption: notemp nested in date_temp)        Prob > chi2 =     0.0133
```

lrtest 输出结果中注明了它的假定：模型 *notemp* 嵌套于模型 *data_temp* 中，意味着模型 *notemp* 中所估计的参数只是模型 *data_temp* 中所估计参数的一个子集，并且两个模型都是以相同的观测案例集进行估计的(当数据包含缺失值时，情况可能有点微妙)。似然比检验表明，*notemp* 的拟合显著地更差。因为模型 *data_temp* 只是多了 *temp* 这个预测变量，所以似然比检验告诉我们，*temp* 的贡献是显著的。用类似的步骤也可以看到 *date* 也有显著影响。

```
. quietly ologit distress temp
. estimates store nodate
. lrtest nodate date_temp;

Likelihood-ratio test                          LR chi2(1) =     10.33
(Assumption: nodate nested in date_temp)       Prob > chi2 =    0.0013
```

estimates store 和 **lrtest** 命令提供了比较嵌套的最大似然模型的灵活工具。键入 **help lrtest** 和 **help estimates** 查看详细内容及选项。

序次 logit 模型对每个观测案例估计一个作为 *date* 和 *temp* 的线性函数的得分 S：

$$S = 0.003286 date - 0.1733752 temp$$

预测概率取决于 S 的值和相对于估计的分割点(在 **logit** 的输出结果中被显示为 cut1、cut2 等)的服从 logistic 分布的扰动 u：

$$P(distress=\text{"none"}) = P(S + u \leq cut1)$$
$$= (1 + \exp(-cut1 + S))^{-1}$$
$$P(distress=\text{"1 or 2"}) = P(cut1 < S + u \leq cut2)$$
$$= (1 + \exp(-cut2 + S))^{-1} - (1 + \exp(-cut1 + S))^{-1}$$
$$P(distress=\text{"3 plus"}) = P(cut2 < S + u)$$
$$= 1 - (1 + \exp(-cut2 + S))^{-1}$$

在执行 **ologit** 以后，**predict** 为因变量的每个类别计算预测概率。我们给 **predict** 提供了这些概率的命名。比如，用 *none* 来表示无损坏事件发生(*distress* 的第一个类别)的概率，用 *onetwo* 来注明 1 或 2 次损坏事件发生(*distress* 的第二个类别)的概率，用 *threeplus* 来注明 3 次及以上损坏事件发生(*distress* 的第三个，也是最后一个类别)的概率：

```
. quietly ologit distress date temp
. predict none onetwo threeplus
```

这就新建了三个变量：

```
. describe none onetwo threeplus

              storage  display    value
variable name type     format     label     variable label

none          float    %9.0g                Pr(distress==0)
onetwo        float    %9.0g                Pr(distress==1)
threeplus     float    %9.0g                Pr(distress==2)
```

挑战者号最后一次航班(即这些数据中的第 25 个)的预测概率令人不安：

```
. list flight none onetwo threeplus if flight == 25

        flight    none    onetwo    threep~s
  25.  STS_51-L  .0000754  .0003346  .99959
```

基于对 23 个在挑战者号之前航班的分析,我们的模型预测挑战者号几乎不可能无助推结点损坏事件(p = 0.000075),发生 1 处或 2 处损坏的概率只稍微大一点(p = 0.0003),但是发生 3 处及以上损坏事件实际上是确定的(p = 0.9996)。

对序次 logistic 回归以及相关技术的更多讨论,请参见 Long(1997)或者 Hosmer 和 Lemeshow(2000)。《基础参考手册》对 Stata 操作进行了说明。Long 和 Freese(2006)提供了集中于 Stata 的更多讨论,并将诸如 Brant 检验等一些有用的解释和事后估计命令做成了可获取的 ado 文件。如果想从网页上安装这些非官方的免费 ado 文件,请键入 **findt brant** 命令,并单击网页资源(Web resources)下的链接。

9.7 多项 logistic 回归

当因变量的类别并没有天然的顺序关系时,多项 logit 回归(multinomial logit regression,也称为多类别 logit 回归(polytomous logit regression))提供了恰当的工具。当 y 仅有两个类别时,**mlogit** 拟合的模型与 **logistic** 模型相同。然而,**mlogit** 模型实际上更为复杂。

调查数据中经常出现多分类因变量。新罕布什尔州民意调查(Granite State Poll)提供了一个很好的例子。

```
. use C:\data\Granite2011_6.dta, clear
. describe age sex educ party warmop2 warmice

              storage   display    value
variable name  type     format     label      variable label
age            byte     %9.0g      age        Age of respondent
sex            byte     %9.0g      sex2       Gender
educ           byte     %14.0g     educ       Highest degree completed
party          byte     %11.0g     party      Political party identification
warmop2        byte     %9.0g      yesno      Believe happening now/human
warmice        byte     %9.0g      warmice2   Arctic ice vs. 30 years ago
```

第 4 章中我们已经看到该民意调查共涉及诸如 *warmice* 这样的 3 个有关气候变化的事实性问题,比如:

你认为下面的三个陈述中哪一个更准确?

在过去的几年中,夏末北冰洋的冰…

　比 30 年前所覆盖的区域要小。

　缩小过,但接着重新覆盖了与 30 年前大致相同的区域。

　比 30 年前覆盖的区域要大。

这些数据已经被 **svyset**(见第 4 章)界定了有关抽样和权数的信息。使用 **svy:** 前缀的命令将会自动应用该信息。比如,*warmice* 的加权应答百分比以如下方式得到:

```
. svy: tab warmice, percent
(running tabulate on estimation sample)

Number of strata    =        1              Number of obs     =        516
Number of PSUs      =      516              Population size   = 515.57392
                                            Design df         =        515
```

Arctic ice vs. 30 years ago	percentages
Less	70.91
Recovere	10.43
More	6.916
DK/NA	11.75
Total	100

Key: percentages = cell percentages

大约有71%的被调查者正确地答出了北极海冰面积一直在减少；只有12%的被调查者说他们不知道或未给出回答。

所关注的另一个变量表明被调查者本人是否认为目前正在发生主要由人类活动导致的气候变化(warmop2)。大约55%的被调查者做出了肯定回答。

```
. svy: tab warmop2, percent
(running tabulate on estimation sample)

Number of strata    =        1              Number of obs     =        516
Number of PSUs      =      516              Population size   = 515.57392
                                            Design df         =        515
```

Believe happening now/human	percentages
No	45.11
Yes	54.89
Total	100

Key: percentages = cell percentages

从以下二维表的列变量 warmop2 百分比分布可以看出，对 warmice 问题的回答与气候变化看法(warmop2)相关。那些认为气候变化主要由人类活动导致的被调查者，对 warmice 问题做出正确回答的比例为83%，而不认为气候变化由人类活动导致的被调查者回答正确的比例仅为56%。不认为气候变化由人类活动导致的被调查者认为夏末北极海冰面积已经恢复的比例，是认为气候变化由人类活动导致的被调查者的4倍多，并且这种差异统计性显著($p \approx 0.0000$)。

```
. svy: tab warmop2 warmice, row percent
(running tabulate on estimation sample)

Number of strata    =        1              Number of obs     =        516
Number of PSUs      =      516              Population size   = 515.57392
                                            Design df         =        515
```

Believe happening now/human	Arctic ice vs. 30 years ago				
	Less	Recovere	More	DK/NA	Total

```
        No       56.07      17.81      6.951     19.17     100
       Yes        83.1      4.354      6.887     5.654     100

     Total       70.91      10.43      6.916     11.75     100

  Key: row percentages

Pearson:
  Uncorrected    chi2(3)            =    55.2306
  Design-based   F(3.00, 1544.45)=       14.6772     P = 0.0000
```

第 4 章介绍了 **catplot** 命令，它有助画出分类变量的分布。**catplot** 并不由 Stata 提供，但可以通过键入 **findit catplot** 进行查找。用 **catplot**，我们可以绘制对应以上二维表的条形图。将概率权数变量 *censuswt* 作为分析权数([aw=censuswt])得到与 **svy: tab** 所得百分比相一致的条形。

与百分比表和 *F* 检验一样，图 9.8 呈现了气候变化看法(*warmop2*)和气候变化事实(*warmice*)之间的关系。也可以利用该民意调查中另外两个有关气候变化的事实性问题 *warmco2*(CO_2 的趋势)和 *warmgre*(温室效应)来检查气候变化看法和气候变化事实的这种关系模式是否存在。对于上述关系模式的传统解释是知识影响信念，或者，本例中表现为知晓气候变化的相关事实会影响到人们是否相信人类活动是气候变化的主要原因。然而，近来的社会科学研究已经发现反向因果关系的证据。一些人会基于他们的更一般性信念来接受或拒绝具体的事实。

```
. catplot hbar warmice [aw=censuswt], over(warmop2) percent(warmop2)
    blabel(bar, format(%2.0f)) ytitle("Weighted percent")
    title("Arctic sea ice by humans changing climate")
```

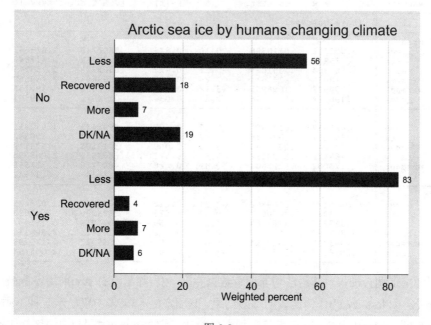

图 9.8

为了检验该假设(被称为"有偏见的同化"(biased assimilation))，我们可以将 *warmice* 作为因变量进行分析。可能的预测变量包括年龄、性别、教育以及政治面貌，它们在以往研究中一直被认为与环境看法相关。该民意调查数据中，age 就是以年为单位的年龄，sex 被编码为 1 表示男性、0 表示女性，educ 的取值从表示高中及以下教育程度的 1 到表示研究生毕业的 4，而 party 被编码为 1 表示民主党、2 表示无党派和 3 表示共和党。

```
. describe age sex educ party warmop2 warmice

              storage  display     value
variable name  type    format      label      variable label
age            byte    %9.0g       age        Age of respondent
sex            byte    %9.0g       sex2       Gender
educ           byte    %14.0g      educ       Highest degree completed
party          byte    %11.0g      party      Political party identification
warmop2        byte    %9.0g       yesno      Believe happening now/human
warmice        byte    %9.0g       warmice2   Arctic ice vs. 30 years ago
```

这些背景因素如何影响人们对 warmice 问题的回答呢？一旦我们控制了教育和政治因素，气候变化看法是否依然会对 warmice 问题的回答造成影响？以下 **mlogit** 所得结果提供了一些答案。

```
. svy: mlogit warmice age sex educ party warmop2, rrr base(1)

(running mlogit on estimation sample)

Survey: Multinomial logistic regression

Number of strata  =       1             Number of obs    =        486
Number of PSUs    =     486             Population size  =  485.77734
                                        Design df        =        485
                                        F(  15,    471)  =       4.54
                                        Prob > F         =     0.0000
```

warmice	RRR	Linearized Std. Err.	t	P>|t|	[95% Conf. Interval]	
Less	(base outcome)					
Recovered						
age	1.001732	.0110398	0.16	0.875	.9802738	1.023661
sex	.6975992	.2518093	-1.00	0.319	.3432281	1.417846
educ	.8860304	.1491035	-0.72	0.472	.6365725	1.233245
party	1.718036	.4143614	2.24	0.025	1.069604	2.759569
warmop2	.239992	.1098955	-3.12	0.002	.097599	.590131
_cons	.1196324	.1170444	-2.17	0.030	.0174976	.8179363
More						
age	1.023417	.0147491	1.61	0.109	.9948431	1.052811
sex	.5854667	.2578116	-1.22	0.225	.2464541	1.390812
educ	.5378248	.0936788	-3.56	0.000	.3819503	.7573119
party	1.169189	.3220132	0.57	0.571	.6805561	2.008656
warmop2	1.270082	.6225808	0.49	0.626	.4847726	3.327558
_cons	.0833092	.0846524	-2.45	0.015	.0113137	.6134542
DK_NA						
age	.9866127	.0109802	-1.21	0.226	.9652723	1.008425
sex	1.253388	.4430697	0.64	0.523	.625799	2.51036
educ	.8338215	.1369808	-1.11	0.269	.6037919	1.151487
party	1.707791	.3624779	2.52	0.012	1.125423	2.591516
warmop2	.2443751	.1004212	-3.43	0.001	.1089927	.5479193
_cons	.2678258	.2778029	-1.27	0.205	.0348926	2.055758

本例使用了调查加权。其语法与非调查数据完全一样(除了没有 **svy:** 前缀)。**base(1)** 设定类别 1(*warmice* = "less area")作为比较的基准结果，因此输出结果表中仅显示三种不同错误回答的各预测变量。**mlogit** 中的 **rrr** 要求呈现相对风险比，它与 **logistic** 回归中的优势比类似。

一般来说，y 为结果 j 和预测变量 x 的相对风险比，是指在其他变量不变的条件下，x_k 每增加 1 个单位，$y = j$ 优势比(相比于 y = base)的增加幅度。也就是说，相对风险比 rrr_{jk} 就

是指在仅有 x_k 发生变化时的乘数(multiplier)：

$$rrr_{jk} \times \frac{P(y=j|x_k)}{P(y=base|x_k)} = \frac{P(y=j|x_k+1)}{P(y=base|x_k+1)}$$

上述例子中的相对风险比描述了各自变量对于被调查者选择 *warmice* 某一错误回答类别而不选择正确回答(参照类)这一优势比的乘数效应(multiplicative effect)。我们发现共和党更倾向于认为海冰面积已经恢复到 30 年前水平(p = 0.025)，而认为气候变化主要由人类导致的被调查者则更不倾向于这样认为(p = 0.002)。在其他变量相同的情况下，共和党认为海冰面积已经恢复到 30 年前水平的优势比要比无党派高 72%(乘数为 1.72)，比民主党高 196%(乘数为 1.72^2=2.96)。认为气候变化主要由人类导致的被调查者选择冰层面积已经恢复的优势比，要比不认为气候变化由人类导致的被调查者低 76%(乘数为 0.24)。

mlogit 输出结果表中的第 2 个和第 3 个子表给出了另外两个错误选项的相对风险比。仅教育程度较低的被调查者倾向于认为海冰面积比 30 年前有所增加。在其他变量相同的情况下，受教育程度每增加 1 个单位，选择该答案的优势比就会降低 46%(乘数为 0.54)。这一定程度上表明，不同气候变化看法(*warmop2*)和不同政治派别(*party*)选择海冰面积已经恢复到 30 年前水平的优势比之所以存在显著差异，很可能与倾向于选择该错误答案的人群缺乏相关的气候变化知识有关。回答"不知道"或"无答案"的被调查者也存在显著的气候变化信仰和政治派别差异，这也许反映了对该问题拒绝回答的不同群体的情况。

margins 和 **marginsplot** 命令可以将 **mlogit** 模型的输出结果可视化。以下命令可以得到一幅粗略的图(见图 9.9)。该命令基于刚刚运行过的 **mlogit** 模型，并将 *warmice*= "less area"作为气候变化看法(*warmop2*)和政党派别的函数。通过在 **margins** 命令中设定 **predict (outcome(1))**，我们聚焦于因变量的第 1 个结果，即 "less area"。

```
. margins, at(party = (1 2 3) warmop2 = (1 0))
      vsquish predict(outcome(1))

Predictive margins                                Number of obs     =        486
Model VCE    : Linearized

Expression   : Pr(warmice==Less), predict(outcome(1))
1._at        : party           =           1
               warmop2         =           1
2._at        : party           =           1
               warmop2         =           0
3._at        : party           =           2
               warmop2         =           1
4._at        : party           =           2
               warmop2         =           0
5._at        : party           =           3
               warmop2         =           1
6._at        : party           =           3
               warmop2         =           0

------------------------------------------------------------------------------
             |            Delta-method
             |     Margin   Std. Err.      z    P>|z|     [95% Conf. Interval]
-------------+----------------------------------------------------------------
         _at |
          1  |   .8607879   .0250921    34.31   0.000     .8116084    .9099675
          2  |   .7289992   .0544082    13.40   0.000      .622361    .8356373
          3  |   .8143384   .0286563    28.42   0.000     .7581732    .8705037
          4  |    .626633   .0416184    15.06   0.000     .5450624    .7082036
          5  |   .7500431   .0495879    15.13   0.000     .6528526    .8472336
          6  |   .5072642   .0445321    11.39   0.000      .419983    .5945455
```

```
. marginsplot
```

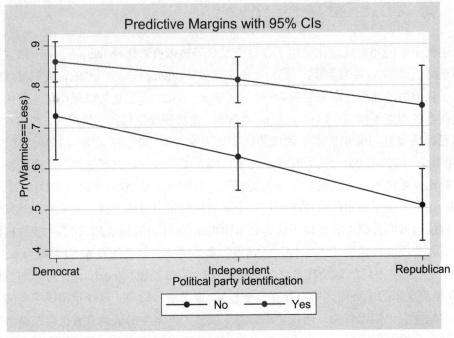

图 9.9

想要画出因变量第 2 个结果 *warmice* = "recovered" 的预测概率，我们只需重复 **margins** 命令但使用 **predict(outcome(2))** 即可。结果如图 9.10 所示。

```
. margins, at(party = (1 2 3) warmop2 = (1 0))
        vsquish predict(outcome(2))

Predictive margins                                Number of obs   =        486
Model VCE    : Linearized

Expression   : Pr(warmice==Recovered), predict(outcome(2))
1._at        : party           =           1
               warmop2         =           1
2._at        : party           =           1
               warmop2         =           0
3._at        : party           =           2
               warmop2         =           1
4._at        : party           =           2
               warmop2         =           0
5._at        : party           =           3
               warmop2         =           1
6._at        : party           =           3
               warmop2         =           0
```

	Margin	Delta-method Std. Err.	z	P>|z|	[95% Conf. Interval]	
_at						
1	.0290269	.0112526	2.58	0.010	.0069723	.0510815
2	.1023611	.0404401	2.53	0.011	.0231001	.1816222
3	.0470891	.0156777	3.00	0.003	.0163614	.0778168
4	.1507864	.0329816	4.57	0.000	.0861437	.2154292
5	.0743527	.0306377	2.43	0.015	.014304	.1344015
6	.2091542	.0372832	5.61	0.000	.1360805	.282228

```
. marginsplot
```

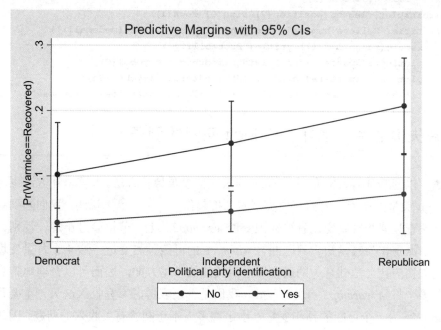

图 9.10

图 9.11 为图 9.9 的改进版，示例说明了一些 **marginsplot** 选项的使用。我们首先用 **quietly** 对因变量第 1 个结果(less area)重复 **margins** 命令，然后执行一个新的 **marginsplot** 命令，以对标签添加、图例和线条的属性进行控制。对 x 轴的范围进行了适当加宽，从默认的 1 到 3 调整为 1 到 3.1，以便在右下角容纳下标签"Republication"。

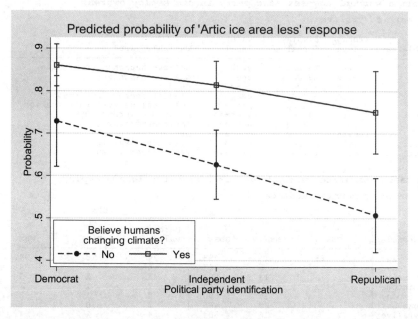

图 9.11

```
. quietly margins, at(party = (1 2 3) warmop2 = (1 0))
    predict(outcome(1))
. marginsplot, legend(position(7) ring(0) rows(1)
    title("Believe humans" "changing climate?", size(medsmall)))
    xscale(range(1 3.1)) ytitle("Probability")
    plot1opts(lpattern(dash) lwidth(medthick) msymbol(O))
    plot2opts(lpattern(solid) lwidth(medthick) msymbol(Sh))
    title("Predicted probability of 'Artic ice area less' response")
```

9.8 缺失值的多重填补——logit 回归的例子

第 8 章以回归分析为例介绍了 Stata 的缺失值多重填补方法。多重填补方法也对包括本章介绍 logit 类型的模型在内的其他类型的分析起作用。作为示例说明，我们回到新罕布什尔州民意调查数据和气候变化看法标识变量 *warmop2*。上一节检验过年龄、性别、受教育程度和政治派别作为气候知识问题回答 *warmice* 的可能预测变量。这 4 个背景变量同时也是与环境关切的社会基础有关的研究所重点关注的常见方面，因而可以合理地猜测其中的某个或更多个将与 *warmop2* 有关。此外，我们是否还应考虑家庭收入这另一重要背景变量对 *warmop2* 作为一个可能的预测变量？由于许多人不想回答有关收入的问题，因此社会调查中的收入变量一般存在很多缺失值。

本次分析中将用到 *Granite2011_06.dta* 中的 10 个变量。其中的 4 个变量(*emply*、*ownrent*、*married* 和 *yrslive*)就气候变化看法 *warmop2* 而言并非理论关注所在，但可以有助于填补 *income* 的缺失值。

```
. use C:\data\Granite2011_6.dta, clear
. describe warmop2 age sex educ party income employ ownrent
    married yrslive

              storage   display    value
variable name   type    format     label       variable label
warmop2         byte    %9.0g      yesno       Believe happening now/human
age             byte    %9.0g      age         Age of respondent
sex             byte    %9.0g      sex2        Gender
educ            byte    %14.0g     educ        Highest degree completed
party           byte    %11.0g     party       Political party identification
income          byte    %9.0g      income3     Household income 2009
employ          byte    %13.0g     employ      Employment status
ownrent         byte    %13.0g     ownrent     Own or rent home
married         byte    %9.0g      yesno       Respondent married
yrslive         byte    %8.0g      yrslive     Years lived in NH

. misstable summarize warmop2 age sex educ party income employ
    ownrent married yrslive
```

					Obs<.	
				Unique		
Variable	Obs=.	Obs>.	Obs<.	values	Min	Max
age	23		493	74	18	94
educ		5	511	4	1	4
party		13	503	3	1	3
income	171		345	7	1	7
employ		16	500	8	1	8
ownrent		20	496	2	0	1
yrslive		12	504	4	1	4

尽管我们将 warmop2、sex 和 married 列在了 **misstable** 命令中，但是 Stata 探测到它们不含缺失值，故输出结果中并未显示它们。然而，516 个观测案例中，收入变量 income 在其中 171 个上出现缺失值。如果直接将二分变量 warmop2 对 income 和其他常见方面进行回归的话，我们的估计样本(estimation sample)就会只包括 340 个观测案例。

```
. svy: logit warmop2 age sex educ party income
(running logit on estimation sample)

Survey: Logistic regression

Number of strata =        1          Number of obs    =        340
Number of PSUs   =      340          Population size  =  336.84437
                                     Design df        =        339
                                     F(   5,    335)  =      13.47
                                     Prob > F         =     0.0000

------------------------------------------------------------------------
             |             Linearized
     warmop2 |    Coef.   Std. Err.      t    P>|t|   [95% Conf. Interval]
-------------+----------------------------------------------------------
         age | -.014292   .0092398   -1.55   0.123   -.0324666   .0038826
         sex |  .4762698  .2829395    1.68   0.093   -.0802685   1.032808
        educ |  .2508435  .1525283    1.64   0.101   -.0491775   .5508646
       party | -1.176907  .1547857   -7.60   0.000   -1.481369  -.8724461
      income |  .0366035  .0768294    0.48   0.634   -.114519    .1877259
       _cons |  2.252896  .7778417    2.90   0.004    .7228924   3.7829
------------------------------------------------------------------------
```

可以看到，只有政治派别看上去具有显著的效应。如果能不排除这么多观测案例进行这一分析，我们会得到相同的结论吗？多重填补提供了回答该问题的一种方式。

作为填补的第一步，我们删去在除 income 外的任一关注变量上存在缺失值的 42 个观测案例。这样一来，我们就得到一个包含 516 – 42 = 474 个观测案例的数据集，其中包括 137 个 income 存在缺失值的观测案例。

```
. keep if !missing(warmop2, age, sex, educ, party, employ,
      ownrent, married, yrslive)
(42 observations deleted)

. misstable summarize warmop2 age sex educ party income employ
      ownrent married yrslive

                                              Obs<.
                                         +------------------------------
             |                           | Unique
    Variable |   Obs=.    Obs>.    Obs<. | values    Min      Max
-------------+--------------------------------------------------
      income |    137              337   |    7       1        7
```

接着，我们将多重填补数据格式设置为 **mlong**，这样有助于高效地利用内存。income 被登记为 **imputed**，表示我们将要对其缺失值进行填补。其他变量被登记为 **regular**，故将不会对它们进行填补。

```
. mi set mlong

. mi register imputed income
(137 m=0 obs. now marked as incomplete)

. mi register regular warmop2 sex educ party employ ownrent
      married yrslive
```

这 137 个观测案例的 income 缺失值被以 employ、ownrent、married 和 yrslive 为自变量

的多元回归预测值进行填补。这个过程共产生了 50 套填补值，其中的每一套都包括 137 个预测值及其随机噪音(random noise)。然后将这 50 套填补值汇合到一起来估计一个新的 logit 回归模型。

```
. mi impute regress income employ ownrent married yrslive,
    add(50) rseed(12345)

Univariate imputation                  Imputations  =      50
Linear regression                          added    =      50
Imputed: m=1 through m=50               updated     =       0

                        Observations per m
  Variable      Complete   Incomplete   Imputed      Total
    income         337         137        137         474

(complete + incomplete = total; imputed is the minimum across m
 of the number of filled-in observations.)

. mi estimate: svy: logit warmop2 age sex educ party income

Multiple-imputation estimates          Imputations    =       50
Survey: Logistic regression            Number of obs  =      474

Number of strata   =        1          Population size = 472.04182
Number of PSUs     =      474
                                       Average RVI    =   0.0298
                                       Largest FMI    =   0.1511
                                       Complete DF    =      473
DF adjustment:    Small sample         DF:    min     =   338.55
                                              avg     =   443.42
                                              max     =   470.18
Model F test:       Equal FMI          F(  5, 469.8)  =    16.88
Within VCE type:    Linearized         Prob > F       =   0.0000

     warmop2 |      Coef.   Std. Err.     t    P>|t|   [95% Conf. Interval]
         age | -.0188856   .0075324   -2.51   0.013   -.033687   -.0040842
         sex |  .4338802   .2372722    1.83   0.068   -.0323649   .9001254
        educ |  .2489546   .1262441    1.97   0.049    .0008665   .4970427
       party | -1.154414   .1318129   -8.76   0.000   -1.41343   -.8953988
      income |  .0134369   .0681875    0.20   0.844   -.1206877   .1475614
       _cons |  2.669003   .6581604    4.06   0.000    1.375593   3.962413
```

基于多重填补，*party* 的 logit 系数基本保持不变(-1.15 相比于之前的-1.18)，且仍统计显著。其他结果呈现出更大的变化，包括系数上的改变，而且通常标准误更小，这说明使用填补完善的数据得到的估计值更为精确。如此一来，*age*(为负)和 *edu*(为正)的系数现在也统计显著，这与以往关于气候变化看法的研究结果相一致。然而，无论在填补前还是填补后的模型中，*income* 都显示出几乎没有影响。因此，我们在最终模型中就可以去除 *income*，而将分析的关注点放在其他更为重要且更不棘手的预测变量上。

第 10 章

生存模型与事件计数模型

本章介绍的是分析事件数据(event data)的方法。生存分析(survival analysis)包括数种研究所关注事件在什么时间发生的相关技术。尽管事件有好、有坏,但是按照惯例我们都称之为"失败"(failure)。失败发生以前的时间为"生存时间"(survival time)。生存分析在生物医学研究中十分重要,但它同样可以应用于工程学、社会科学等其他众多领域——例如,对一名失业者用多长时间重新找到工作或一个人何时结婚进行生存分析建模。Stata 提供了一系列的生存分析程序,本章示范的只是其中的几种。

我们还会简要讨论泊松回归(Poisson regression)及其有关方法。这些方法并不关注生存时间,而是关注特定时间段内事件的发生率或发生数。事件计数方法(event-count methods)包括泊松回归和负二项回归(negative binomial regression)。这些模型既可以用专门的命令来拟合,也可以通过用途更广泛的一般化线性模型(Generalized Linear Models,GLM)来拟合。

想了解 Stata 的更多有关功能,请参阅《生存分析与流行病学表格分析参考手册》(*Survival Analsysis and Epidemiological Tables Reference Manual*)。在 Stata 命令窗口中键入 **help st** 也能得到在线概览。Selvin(2004,2008)提供了很好的生存分析和泊松回归示范和介绍。经过允许,本书也借用了好几个他的例子。其他对生存分析的精彩介绍还包括:Cleves 等人(2010)基于 Stata 软件的一本书,Rosner(1995)书中的一章,Hosmer、Lemeshow 和 May(2008)以及 Lee(1992)的综合性介绍。McCullagh 和 Nelder(1989)的书介绍了一般化线性模型。Long(1997)的著作中有一章对计数数据回归模型(包括泊松回归和负二项回归)做了介绍,还提供了一些一般化线性模型的资料。在 Hardin 和 Hilbe(2012)的书中则可以找到对一般化线性模型更深入和更新近的讨论。

Stata 菜单中与本章最相关的包括:

Statistics → Survival analysis	生存分析
Graphics → Survival analysis graphs	生存分析作图
Statistics → Count outcomes	计数结果
Statistics → Generalized linear models	一般化线性模型

本章不涉及流行病学表格分析,更多信息可通过键入 **help epitab** 获得,或者通过以下菜单进行探索:

Statistics → Epidemiology and related   流行病学相关分析

10.1 命令示范

Stata 中的大多数生存分析(**st***)命令都要求事先用 **stset** 命令将数据设置为生存时间(survival-time)数据。**stset** 只需要运行一次，设置即被保存。

. **stset** *timevar,* **failure(***failvar***)**

设定单一记录的(single-recorded)生存时间数据。变量 *timevar* 提供了特定事件(称为"失败"(failure))发生或观察期结束时(称为"删截"(censoring))已消逝的时间长度。变量 *failvar* 表明相应 *timevar* 是以失败而结束(*failvar* = 1)还是以删截而结束(*failvar* = 0)。这种数据集中，每个个体只有一条记录。在使用任何 **st***命令之前，数据必须先进行 **stset** 处理。如果我们随后 **save** 数据集，**stset** 设定会同时被保存下来。**stset** 会创建新变量 _st、_d、_t 以及 _t0，它们包含着随后执行的 **st***命令所必需的信息。

. **stset** *timevar,* **failure(***failvar***) id(***patient***) enter(time** *start***)**

设定多记录(multiple-recorded)生存时间数据。此例中，变量 *timevar* 提供的是事件发生或观察删截时已消逝的时间。变量 *failvar* 标识案例是以失败(1)结束还是以删截(0)结束。*patient* 是案例识别码。此数据集中，同一个体可以有一条以上记录，但相应的记录都有统一的识别码。*start* 则记录了每一个体进入观察的起始时间。

. **stdescribe**

对生存时间数据进行描述，列出 **stset** 设定以及数据的其他特征。

. **stsum**

获得概要统计量：总涉险时间(total time at risk)、发生率(incidence rate)、个体数量以及生存时间的百分位数。

. **ctset** *time nfail ncensor nenter,* **by(***ethnic sex***)**

设定为计数时间数据(count-time data)。变量 *time* 是时间的测量；*nfail* 则是发生在 *time* 处的失败次数。示例中还设定了 *ncensor*(即在 *time* 处被删截的观测案例数)和 *nenter*(即在 *time* 处进入的观测案例数)，但这些都属于可选项。其中 *ethnic* 和 *sex* 是这些数据中描述案例特征的分类变量。

. **cttost**

将前面用 **ctset** 命令设定的计数时间数据转换为生存时间数据，以便可以用 **st***命令进行分析。

. **sts graph**

画出 Kaplan-Meier 存活函数(Kaplan-Meier survivor function)。如果要直观地比较两个或

多个存活函数，比如针对分类变量 *sex* 的每一取值的存活函数，可以给此命令加上 **by()** 选项，比如 **sts graph, by(*sex*)**。想要借助 Cox 回归对诸如 *age*(年龄)这样的连续自变量的影响进行控制，可使用 **adjustfor( )** 选项，比如 **sts graph, by(*sex*) adjustfor(*age*)**。类似地，选项 **by( )** 和 **adjustfor( )** 对 **sts list** 和 **sts generate** 命令同样起作用。

```
. sts list
```

列出估计的 Kaplan-Meier 存活(或失败)函数。

```
. sts test sex
```

对 *sex* 各类别的 Kaplan-Meier 存活函数是否相同进行检验。

```
. sts generate survfunc = S
```

创建一个人为命名为 *survfunc* 的新变量，用以存放估计的 Kaplan-Meier 存活函数。

```
. stcox x1 x2 x3
```

拟合一个 Cox 比例风险模型(Cox proportional hazard model)，将失败时间(time-to-failure)对连续或虚拟自变量 *x1*、*x2* 和 *x3* 进行回归。

```
. stcox x1 x2 x3, strata(x4) vce(robust)
. predict hazard, basechazard
```

拟合一个以 *x4* 分层的 Cox 比例风险模型。**vce(robust)** 选项要求输出稳健标准误估计值。关于稳健标准误参见第 8 章，如果需要更深入的解释，可以参阅《用户指南》。**predict** 则将分组的基准累计风险函数(baseline cumulative hazard function)保存成一个名为 *hazard* 的新变量；键入 **help stcox postestimation** 查看更多的选项。

```
. stphplot, by(sex)
```

根据刚拟合的 **stcox** 模型为分类变量 *sex* 的每个类别画出-ln(-ln(survival))对 ln(analysis time)的标绘图。如果得到了大致平行的曲线，即表明 Cox 模型关于风险比率不随时间变化的假定得到了支持。对 Cox 模型其他假定的检验可以使用命令 **stcoxkm**(比较 Cox 模型预测曲线和观测的 Kaplan-Meier 存活曲线)和 **estat phtest**(执行基于 Schoenfeld 残差的检验)。有关命令语法和选项的说明，见 **help stcox diagnostics**。

```
. streg x1 x2, dist(weibull)
```

拟合 Weibull 分布模型(Weibull-distribution model)，用失败时间对连续或虚拟自变量 *x1* 和 *x2* 进行回归。

```
. streg x1 x2 x3 x4, dist(exponential) vce(robust)
```

拟合指数分布(exponential distribution)模型，用失败时间对连续或虚拟自变量 *x1* 至 *x4* 进行回归，且设定取得调整了异方差性的稳健标准误。除 Weibull 和指数分布外，**streg** 中其他的 **dist( )** 分布选项还包括对数正态分布(lognormal)、对数 logistic 分布(log-logistic)、Gompertz

分布、一般化伽玛分布(generalized gamma)等。键入 **help streg** 查阅更多信息。

. **stcurve, survival**

执行 **streg** 以后，画出当所有 *x* 变量取均值时此模型估计的生存函数。

. **stcurve, cumhaz at(*x3*=50, *x4*=0)**

执行 **streg** 以后，画出 *x1* 和 *x2* 取均值而 *x3* 和 *x4* 分别等于 50 和 0 时，模型估计的累计风险函数。

. **poisson** *count x1 x2 x3*, **irr exposure**(*x4*)

将事件计数变量 *count*(假定其服从泊松分布)对连续或虚拟自变量 *x1*、*x2*、*x3* 做泊松回归。自变量的效应将被报告成发生率之比(incidence rate ratio，**irr**)。如果所有案例的暴露期并不相同，**exposure( )**选项可以设定测量暴露期的变量。注意：泊松模型假定事件发生概率始终不变，而不管每个观测案例发生多少次事件。如果事件概率并不固定，我们就应该考虑换用 **nbreg**(负二项回归)或 **gnbreg**(一般化负二项回归)。

. **glm** *count x1 x2 x3*, **link**(log) **family**(poisson) **exposure**(*x4*) **eform**

进行与上例 **poisson** 回归设定相同的回归，但这里是作为一般化线性模型来拟合。根据选项 **link( )**(链接函数)和 **family( )**(分布族)中的设定，**glm** 可以拟合泊松模型、负二项模型、logit 模型以及许多其他类型的模型。

10.2 生存时间数据

生存时间数据至少包括一个测量每一观测案例在特定事件发生前所经历时间的变量。文献中常常将所关注的事件称为"失败"，而不管其实际意涵为何。若一个观测案例在数据收集结束时还未发生过事件，就称该观测案例被"删截"了。命令 **stset** 为生存时间分析设置数据集，指明哪个变量测量时间以及(必要时)哪个{0, 1}标识变量表明该观测案例是失败了还是被删截了。数据集也可以包括任意数量的其他数值变量或分类变量，一个观测对象(比如医学中的患者)可以有多条观测记录。

为了示范 **stset** 的使用，我们以 Selvin(1995:453)书中的 51 位被诊断为 HIV 病毒携带者的数据作为例子。这一数据最开始存储在如下样式的原始数据文件(*aids.raw*)中：

```
     1      1    1    34
     2     17    1    42
     3     37    0    47
        (第4-50行被省略)
    51     81    0    29
```

第 1 列取值为案例号(1, 2, 3, …, 51)。第 2 列为该患者确诊到出现 AIDS 症状或研究结束时所经历的月数(1, 17, 37, …)。若患者出现了 AIDS 症状(即失败)，第 3 列就取值 1；若患者在研究结束时尚未出现症状(即删截)，第 3 列就取值 0。最后一列为患者确诊时的年龄。

我们可以用 **infile** 将上述原始数据读入内存，并给变量和数据加上标签：

```
. infile case time aids age using C:\data\aids.raw, clear
. label variable case "Case ID number"
. label variable time "Months since HIV diagnosis"
. label variable aids "Developed AIDS symptoms"
. label variable age "Age in years"
. label data "AIDS (Selvin 1995:453)"
. compress
```

下一步是找出哪个变量测量时间、哪个变量表示失败或删截。我们也设定了每个案例的识别码(**id( )**)，尽管针对这种单一记录数据(single-record data)并无必要。在 **stset** 命令中，第一个被指定的变量为测量时间的变量。然后，我们用 **failure( )** 来指定代表观测是失败(1)还是被删截(0)的虚拟变量。使用 **stset** 后，我们以 Stata 格式将数据存盘以保留这些信息。

```
. stset time, failure(aids) id(case)

               id:  case
    failure event:  aids != 0 & aids < .
obs. time interval: (time[_n-1], time]
 exit on or before: failure

       51  total obs.
        0  exclusions

       51  obs. remaining, representing
       51  subjects
       25  failures in single failure-per-subject data
     3164  total analysis time at risk, at risk from t =         0
                               earliest observed entry t =         0
                                    last observed exit t =        97

. save aids.dta, replace
```

stdescribe 可以得到生存时间数据结构的简要描述。此例中，每个个体只有一条记录，因此输出信息中的一些并无必要。

```
. stdescribe

          failure _d:  aids
    analysis time _t:  time
                 id:  case

                                         |------------ per subject ------------|
Category                  total          mean         min       median         max

no. of subjects              51
no. of records               51             1           1            1           1

(first) entry time                          0           0            0           0
(final) exit time                    62.03922           1           67          97

subjects with gap             0
time on gap if gap            0             .           .            .           .
time at risk               3164      62.03922           1           67          97

failures                     25      .4901961           0            0           1
```

stsum 命令可以得到概要统计结果。可以看到，在 3164 个人月(person-month)记录中有 25 个失败，因此发生率(incidence rate)为 25/3164＝0.0079014。结果中还给出了由 Kaplan-Meier 存活函数(Kaplan-Meier survivor function)(见下一节)推导出的存活时间的百分位数。该函数估计出，患者确诊后 41 个月内有 25%的可能性出现 AIDS 症状，81 个月内有 50%的可能性出现 AIDS 症状。整个数据观测期内(共计 97 个月)出现 AIDS 症状的概率不到 75%，所以第 75 百分位数无法给出。

```
. stsum

        failure _d:  aids
   analysis time _t: time
                id:  case

              |                  incidence      no. of   |------ Survival time ------
              | time at risk     rate           subjects     25%       50%       75%
        total |         3164     .0079014             51      41        81         .
```

如果这个数据恰巧包括诸如 *sex* 这样的分组或分类变量，那么我们就可用以下命令为每一类别取得一个关于生存时间的概要统计结果：

```
. stsum, by(sex)
```

后续各节会介绍比较两个或两个以上分组的生存时间的更规范方法。

10.3 计数时间数据

像 *aids.dta* 这样的生存时间(**st**)数据集包含着每一个体或对象何时经历失败或被删截的变量信息。还有一种被称为计数时间(count-time，**ct**)的不同类型的数据集，它包含汇总数据(aggregate data)，即其中有一些变量记录了时间 *t* 时经历失败或被删截的个体数。例如，*diskdriv.dta* 中包含了 25 个磁盘驱动器的模拟检测数据。在检测进行到 1200 小时结束时，除 5 个外，其他驱动器都失败了。

```
. use C:\data\diskdriv.dta, clear
. describe

Contains data from C:\data\diskdriv.dta
  obs:             6                          Count-time data on disk drives
 vars:             3                          30 Jun 2012 10:19
 size:            24

              storage   display    value
variable name   type    format     label      variable label
hours           int     %8.0g                 Hours of continuous operation
failures        byte    %8.0g                 Number of failures observed
censored        byte    %9.0g                 Number still working

Sorted by:

. list

     hours    failures    censored
 1.    200           2           0
 2.    400           3           0
 3.    600           4           0
 4.    800           8           0
 5.   1000           3           0
 6.   1200           0           5
```

为设置计数时间数据，我们按照顺序依次设定时间变量、失败数变量(number-of-fails

variable)和删截数变量(number-of-censored variable)。在 **ctset** 命令之后，**cttost** 命令可以自动地将计数时间数据转换为生存时间数据格式。

```
. ctset hours failures censored

    dataset name:  C:\data\diskdriv.dta
          time:   hours
       no. fail:  failures
       no. lost:  censored
       no. enter: --                    (meaning all enter at time 0)

. cttost

       failure event:  failures != 0 & failures < .
   obs. time interval: (0, hours]
   exit on or before:  failure
              weight:  [fweight=w]

    ────────────────────────────────────────────────────────
         6   total obs.
         0   exclusions
    ────────────────────────────────────────────────────────
         6   physical obs. remaining, equal to
        25   weighted obs., representing
        20   failures in single record/single failure data
     19400   total analysis time at risk, at risk from t =         0
                               earliest observed entry t =         0
                                  last observed exit t =        1200

. list

     ┌─────────────────────────────────────────────────────────┐
     │ hours  failures  censored   w   _st   _d    _t    _t0  │
     ├─────────────────────────────────────────────────────────┤
  1. │  200      1         0       2    1    1    200     0   │
  2. │  400      1         0       3    1    1    400     0   │
  3. │  600      1         0       4    1    1    600     0   │
  4. │  800      1         0       8    1    1    800     0   │
  5. │ 1000      1         0       3    1    1   1000     0   │
  6. │ 1200      0         5       5    1    0   1200     0   │
     └─────────────────────────────────────────────────────────┘

. stdescribe

        failure _d:   failures
      analysis time _t: hours
            weight:   [fweight=w]

                                           |------------- per subject -------------|
                           unweighted   unweighted              unweighted
      Category              total          mean        min       median        max
      ─────────────────────────────────────────────────────────────────────────────
      no. of subjects          6
      no. of records           6            1           1          1            1

      (first) entry time                    0           0          0            0
      (final) exit time                   700         200        700         1200

      subjects with gap        0
      time on gap if gap       0
      time at risk          4200          700         200        700         1200

      failures                 5         .8333333       0          1            1
```

cttost 命令会在产生的 **st** 格式(st-format)数据集中定义一套频数权数 w。**st*** 命令在任何生存时间分析中都能够自动识别并使用这些权数，因此，这一数据现在被视为包括 25 个案例(25 个硬盘驱动器)而不再是上面列出的 6 个(6 个时间段)。

```
. stsum
```

```
       failure _d:  failures
     analysis time _t:  hours
           weight:  [fweight=w]

                                                    |------ Survival time ------
              |  time at risk    incidence    no. of  |   25%       50%      75%
              |                     rate     subjects |
        total |     19400       .0010309        25    |   600       800     1000
```

10.4　Kaplan-Meier 存活函数

令 n_t 表示在时期 t 开始时尚未失败和被删截的观测案例数，d_t 表示时期 t 内这些观测案例发生的失败数。存活过时间 t 的 Kaplan-Meier 估计量为时期 t 和此前各时期的存活概率(survival probability)的连乘积：

$$S(t) = \prod_{j=t0}^{t} \{(n_j - d_j)/n_j\} \qquad [10.1]$$

例如，在前文见过的 AIDS 数据中，51 位患者中有一位在确诊一月后出现了症状。这一阶段尚未出现观测案例被删截的情况，因此"存活"(意即未发展成 AIDS 症状)过 $time = 1$ 个月的概率为：

$$S(1) = (51 - 1)/51 = 0.9804$$

第二位发展成 AIDS 症状的患者出现在 $time = 2$ 个月时，第三位出现在 $time = 9$ 个月时，于是有：

$$S(2) = 0.9804 \times (50 - 1)/50 = 0.9608$$
$$S(9) = 0.9608 \times (49 - 1)/49 = 0.9412$$

将 $S(t)$ 对 t 画图，便得到一条如图 10.1 所示的 Kaplan-Meier 存活曲线。Stata 中用 **sts graph** 命令可以自动画出这样的图形。例如：

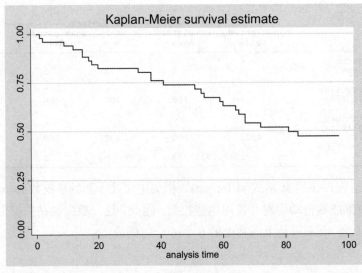

图 10.1

```
. use C:\data\aids, clear
. sts graph
```

对于存活函数的第二个例子，我们改用 *smoking1.dta* 数据，它改编自 Rosner(1995)。该数据记录了 234 名吸烟者试图戒烟的过程。他们中的大多数都没有成功。变量 *days* 记录了开始戒烟到恢复吸烟之间经历的天数。此研究持续了一年，变量 *smoking* 记录了本研究结束前个体是(*smoking* = 1,"失败")否(*smoking* = 0,"被删截")再次吸烟。使用新数据时，我们应当首先使用 **stset** 将该数据设定为生存时间分析所需的格式：

```
. use C:\data\smoking1.dta, clear
. describe

Contains data from C:\data\smoking1.dta
  obs:           234                        Smoking (Rosner 1995:607)
 vars:             8                        30 Jun 2012 10:19
 size:         2,808
─────────────────────────────────────────────────────────────────────
              storage   display    value
variable name   type    format     label      variable label
─────────────────────────────────────────────────────────────────────
id              int     %9.0g                 Case ID number
days            int     %9.0g                 Days abstinent
smoking         byte    %9.0g                 Resumed smoking
age             byte    %9.0g                 Age in years
sex             byte    %9.0g      sex        Sex (female)
cigs            byte    %9.0g                 Cigarettes per day
co              int     %9.0g                 Carbon monoxide x 10
minutes         int     %9.0g                 Minutes elapsed since last cig
─────────────────────────────────────────────────────────────────────
Sorted by:

. stset days, failure(smoking)

    failure event:    smoking != 0 & smoking < .
obs. time interval:   (0, days]
 exit on or before:   failure
─────────────────────────────────────────────────────────────────────
      234  total obs.
        0  exclusions
─────────────────────────────────────────────────────────────────────
      234  obs. remaining, representing
      201  failures in single record/single failure data
    18946  total analysis time at risk, at risk from t =         0
                              earliest observed entry t =         0
                                   last observed exit t =       366
```

此研究涉及 110 名男性和 124 名女性。两种性别的事件发生率看起来很接近：

```
. stsum, by(sex)

      failure _d:  smoking
 analysis time _t:  days

                                                ┌──── Survival time ────┐
  sex      time at risk   incidence    no. of
                            rate       subjects    25%      50%      75%
  ──────────────────────────────────────────────────────────────────────
  Male          8813      .0105526        110       4       15       68
Female         10133      .0106582        124       4       15       83
  ──────────────────────────────────────────────────────────────────────
 total         18946      .0106091        234       4       15       73
```

图 10.2 确认了这一相似性，可以看到男女的存活函数几乎没有什么差别。也就是说，男性和女性戒烟者以大致相同的速度恢复吸烟。不吸烟者坚持下来的概率在戒烟头 30 天中下降非常迅速。不管哪一性别，一整年坚持下来不吸烟的可能性都不到 15%。

```
. sts graph, by(sex) plot1opt(lwidth(medium)) plot2opt(lwidth(thick))
```

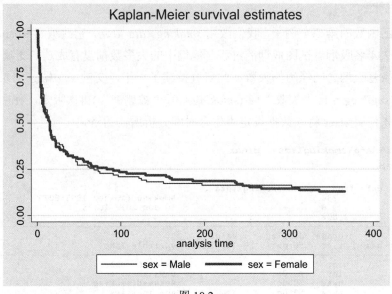

图 10.2

我们也可以使用对数秩检验(log-rank test)来正式检验两个存活函数是否相等。不出所料，此检验并没有发现男女戒烟者在复吸上有显著差别($p = 0.6772$)。

```
. sts test sex

        failure _d:  smoking
   analysis time _t: days

Log-rank test for equality of survivor functions

              Events         Events
sex          observed       expected
Male             93           95.88
Female          108          105.12

Total           201          201.00

             chi2(1) =       0.17
             Pr>chi2 =       0.6772
```

10.5 Cox 比例风险模型

回归方法可以在生存分析中进一步考察多个连续或分类预测变量的影响。一个广为应用的方法就是应用比例风险模型(proportional hazard model)的 Cox 回归。其中，时间 t 上的失败风险率(hazard rate for failure at time t)定义为那些存活过时间 t 的个体在时间 t 时的失败率(rate of failure)：

$$h(t) = \frac{\text{在时间 } t \text{ 和 } t+\Delta t \text{ 之间的失败概率}}{(\Delta t)\,(\text{时间 } t \text{ 以后的失败概率})} \qquad [10.2]$$

可将这个风险率作为时间 t 的基准风险(baseline hazard)(h_0)同一个或多个 x 变量效应的

函数进行建模：

$$h(t) = h_0(t) \exp(\beta_1 x_1 + \beta_2 x_2 + \cdots + \beta_k x_k) \quad [10.3a]$$

或者，等价地：

$$\ln[h(t)] = \ln[h_0(t)] + \beta_1 x_1 + \beta_2 x_2 + \cdots + \beta_k x_k \quad [10.3b]$$

所谓"基准风险"，是指所有 x 变量都等于 0 的观测案例的风险。Cox 回归以非参数方式来估计该风险，同时得到等式[10.3]中各 β 参数的最大似然估计值。Stata 的 **stcox** 程序通常会报告风险比(hazard ratio)，即 $\exp(\beta)$ 的估计值。它们表示相对于基准风险率的比例变化。

年龄会不会影响 AIDS 症状的发生呢？数据集 *aids.dta* 包含的信息可以回答这个问题。注意，与大多数其他 Stata 模型拟合命令不同，**stcox** 命令只需要设定自变量。生存分析的因变量，即时间变量和删截变量，都会被从 **stset** 数据中自动提取。

```
. stcox age, nolog

         failure _d:  aids
   analysis time _t:  time
                 id:  case

Cox regression -- Breslow method for ties

No. of subjects =          51                Number of obs   =        51
No. of failures =          25
Time at risk    =        3164
                                             LR chi2(1)      =      5.00
Log likelihood  =   -86.576295               Prob > chi2     =    0.0254

------------------------------------------------------------------------------
          _t | Haz. Ratio   Std. Err.      z    P>|z|     [95% Conf. Interval]
-------------+----------------------------------------------------------------
         age |   1.084557    .0378623     2.33   0.020     1.01283    1.161363
------------------------------------------------------------------------------
```

我们可以用年龄分别为 a 岁和 $a + 1$ 岁的两名 HIV 阳性个体为例来解释估计的风险比 1.084557。它表明，年龄大 1 岁的患者在近期发生 AIDS 症状的风险高 8.5%(即两人各自风险的比值为 1.084557)。这个比值统计上显著($p = 0.02$)区别于 1。如果想要表述年龄差 5 岁的结果，求得这一风险比的 5 次方即可：

```
. display exp(_b[age])^5
1.5005865
```

可以看到，如果第二个人比第一个人的年龄大 5 岁，那么其 AIDS 症状出现的风险会比前者高出 50%。换一种方式，也可以取得同样的结果(同时还估计得到了置信区间)：首先创建一个以 5 岁为单位的新版 *age* 变量，然后以其替换原 *age* 变量重新做一次回归即可。以下命令中的 **nolog noshow** 选项设定不显示迭代过程日志和 **st** 数据集描述。

```
. generate age5 = age/5
. label variable age5 "age in 5-year units"
. stcox age5, nolog noshow

Cox regression -- Breslow method for ties

No. of subjects =          51                Number of obs   =        51
No. of failures =          25
Time at risk    =        3164
                                             LR chi2(1)      =      5.00
Log likelihood  =   -86.576295               Prob > chi2     =    0.0254
```

```
        _t | Haz. Ratio   Std. Err.      z    P>|z|     [95% Conf. Interval]
      age5 |   1.500587   .2619305     2.33   0.020     1.065815    2.112711
```

与常规回归类似，Cox 模型也可以设置多个自变量。数据集 *heart.dta* 包含的生存时间数据取自于 Selvin(1995)对 35 位胆固醇水平极高的患者所做的一项研究。变量 *time* 提供了每一位患者的被观察天数。*coronary* 则代表观察期结束时冠心病是否发作(*coronary* = 1 为"是"，*coronary* = 0 为"否")。数据中还包括了胆固醇水平及其他被认为会影响心脏病的因素。文件 *heart.dta* 此前已经通过 **stset time, failure(*coronary*)** 命令设置成了生存时间分析所需的格式，因此，我们可以直接开始 **st** 分析。

```
. describe patient - ab

              storage  display    value
variable name   type   format     label      variable label

patient         byte   %9.0g                 Patient ID number
time            int    %9.0g                 Time in days
coronary        byte   %9.0g                 Coronary event (1) or none (0)
weight          int    %9.0g                 Weight in pounds
sbp             int    %9.0g                 Systolic blood pressure
chol            int    %9.0g                 Cholesterol level
cigs            byte   %9.0g                 Cigarettes smoked per day
ab              byte   %9.0g                 Type A (1) or B (0) personality

. stdescribe

        failure _d:  coronary
   analysis time _t: time

                                        |------------ per subject ------------|
Category                    total          mean         min      median        max

no. of subjects                35
no. of records                 35             1           1           1          1

(first) entry time                            0           0           0          0
(final) exit time                      2580.629         773        2875       3141

subjects with gap               0
time on gap if gap              0
time at risk                90322      2580.629         773        2875       3141

failures                        8      .2285714           0           0          1
```

Cox 回归发现，胆固醇水平和吸烟都显著地提高了冠心病发作的风险。与直觉相悖的是，体重似乎可以降低风险。而收缩压和 A/B 型人格都没有显著的净效应(net effect)。

```
. stcox weight sbp chol cigs ab, noshow nolog

Cox regression -- no ties

No. of subjects =         35                    Number of obs   =        35
No. of failures =          8
Time at risk    =      90322
                                                LR chi2(5)      =     13.97
Log likelihood  =  -17.263231                   Prob > chi2     =    0.0158

        _t | Haz. Ratio   Std. Err.      z    P>|z|     [95% Conf. Interval]
    weight |   .9349336   .0305184    -2.06   0.039     .8769919    .9967034
       sbp |   1.012947   .0338061     0.39   0.700     .9488087    1.081421
      chol |   1.032142   .0139984     2.33   0.020     1.005067    1.059947
      cigs |   1.203335   .1071031     2.08   0.038     1.010707    1.432676
        ab |   3.04969    2.985616     1.14   0.255     .4476492    20.77655
```

估计模型之后，我们可以通过 **predict** 创建新变量以保存估计的基准累计风险(baseline

cumulative hazard)和存活函数(survivor functions)。不过，由于"基准"是指所有 x 变量取值等于 0 的情形，因此我们首先需要将部分变量进行对中，以使 0 值具有意义。因为一个体重为 0 磅或者血压为 0 的患者无法提供有意义的比较。参照数据中有关变量的最小值，我们可以进行有关的变量改造，以使得 weight 的 0 代表 120 磅、sbp 的 0 值代表 105 以及 chol 的 0 代表 340：

```
. summarize patient - ab

    Variable |      Obs        Mean    Std. Dev.       Min        Max
    ---------+--------------------------------------------------------
     patient |       35          18    10.24695          1         35
        time |       35    2580.629    616.0796        773       3141
    coronary |       35    .2285714     .426043          0          1
      weight |       35    170.0857    23.55516        120        225
         sbp |       35    129.7143    14.28403        104        154

        chol |       35    369.2857    51.32284        343        645
        cigs |       35    17.14286    13.07702          0         40
          ab |       35    .5142857    .5070926          0          1

. replace weight = weight - 120
. replace sbp = sbp - 105
. replace chol = chol - 340
. summarize patient - ab

    Variable |      Obs        Mean    Std. Dev.       Min        Max
    ---------+--------------------------------------------------------
     patient |       35          18    10.24695          1         35
        time |       35    2580.629    616.0796        773       3141
    coronary |       35    .2285714     .426043          0          1
      weight |       35    50.08571    23.55516          0        105
         sbp |       35    24.71429    14.28403         -1         49

        chol |       35    29.28571    51.32284          3        305
        cigs |       35    17.14286    13.07702          0         40
          ab |       35    .5142857    .5070926          0          1
```

现在，所有 x 变量的 0 值都有实际意义了。为创建两个新变量来分别存储基准存活概率和累计风险函数估计值，我们只需重做该回归，然后跟着执行两个 **predict** 命令即可：

```
. stcox weight sbp chol cigs ab, noshow nolog
. predict hazard, basechazard
. predict survivor, basesurv

Cox regression -- no ties

No. of subjects =           35              Number of obs    =         35
No. of failures =            8
Time at risk    =        90322
                                            LR chi2(5)       =      13.97
Log likelihood  =   -17.263231              Prob > chi2      =     0.0158

-----------------------------------------------------------------------------
          _t | Haz. Ratio   Std. Err.      z     P>|z|   [95% Conf. Interval]
-------------+---------------------------------------------------------------
      weight |  .9349336   .0305184    -2.06    0.039    .8769919    .9967034
         sbp |  1.012947   .0338061     0.39    0.700    .9488087    1.081421
        chol |  1.032142   .0139984     2.33    0.020    1.005067    1.059947
        cigs |  1.203335   .1071031     2.08    0.038    1.010707    1.432676
          ab |  3.04969    2.985616     1.14    0.255    .4476492    20.77655
-----------------------------------------------------------------------------
```

可以看到对中 3 个 x 变量并不会影响风险比、标准误等统计结果。通过 **predict** 命令创建的两个新变量，我们任意将其命名成了 survivor 和 hazard。为画出基准存活函数，我们以 survivor 对 time 作图，并将数据点做阶梯状连接，结果如图 10.3 所示。

```
. graph twoway line survivor time, connect(stairstep) sort
```

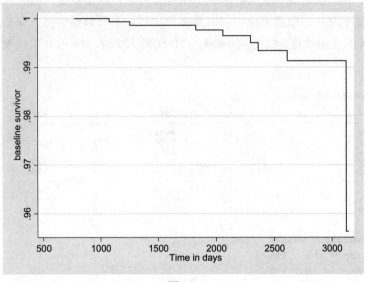

图 10.3

基准存活函数——描绘"0"体重(120 磅)、"0"血压(105)、"0"胆固醇水平值(340)、每天吸"0"支香烟的 B 型人格患者的存活概率——随时间下降。这一概率在最右侧时看起来迅速下降了,但要注意其实只是从 1 下降到大约 0.96 而已。当然,如果预测变量取值更糟糕,存活概率会下降得更快些。

基准存活函数图其实可以不用 **stcox** 就能取得。替换方法如图 10.4 所示,采用 **sts graph** 命令加上 **adjustfor( )** 选项,将预测变量放入该选项内即可:

```
. sts graph, adjustfor(weight sbp chol cigs ab)
```

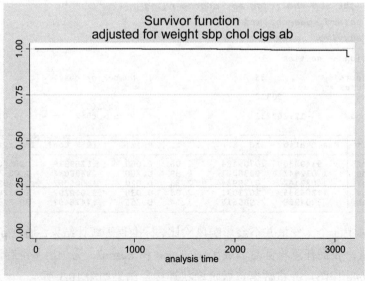

图 10.4

与图 10.3 不同，图 10.4 沿用了存活函数通常的刻度惯例，纵坐标取值区间是从 0 到 1。除刻度不同外，图 10.3 和图 10.4 其实一模一样。

图 10.5 用前面通过 **stcox** 命令得到的变量(*hazard*)，画出了估计的基准累计风险随时间变化的情况。此图表明基准累计风险分 8 步(因为有 8 名患者"失败"或者出现了冠状动脉事件)从接近于 0 的地方上升至 0.033。

```
. graph twoway connected hazard time, connect(stairstep) sort
    msymbol(Oh)
```

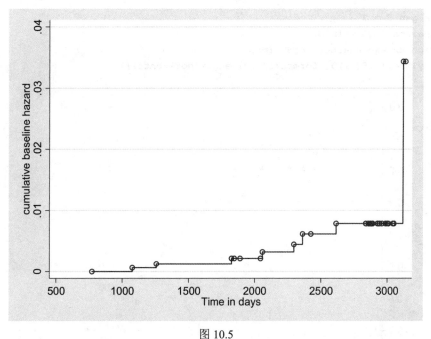

图 10.5

10.6 指数回归与 Weibull 回归

Cox 回归按照经验数据的实际情况来估计基准存活函数，没有参照任何理论分布。其他几种"参数"模型则假定存活时间服从某种已知的理论分布。供选择的分布类型包括指数分布、Weibull 分布、对数正态分布、对数 logistic(log-logistic)分布、Gompertz 分布以及一般化伽玛分布(generalized gamma distribution)等。**streg** 命令可以拟合基于任意一种分布的模型。这些模型都和 Cox 回归有着相同的一般形式(参见式[10.2]和[10.3])，只是对基准风险 $h_0(t)$ 界定不同而已。本节展示两个例子。

如果失败以恒定风险(constant hazard)独立地发生，那么存活时间就服从指数分布，可以用*指数回归*(exponential regression)进行分析。恒定风险意味着被研究的个体不会"老化"，也就是说他们在观察期晚期的失败风险不会比观察期早期更高或更低。对于机械和生物而言，长期来看，这一假定似乎都不合理，但是如果观察期仅为其寿命中相对较短的一小段时间，该假定可能大致成立。指数模型意味着存活函数的对数 $\ln S(t)$ 线性地与 t 有关。

第二种常用的参数方法是 Weibull 回归(Weibull regression)，它的基础是更为一般的 Weibull 分布。这种方法不要求失败率保持不变，而是允许其随时间均匀地增大或减小。Weibull 模型意味着 $\ln(-\ln(S(t)))$ 是 $\ln(t)$ 的线性函数。

通过作图可以判断指数模型或 Weibull 模型是否合适。回到数据 *aids.dta*，我们可以先得到存活函数 $S(t)$ 的 Kaplan-Meier 估计值，然后绘制 $\ln S(t)$ 相对于时间的图形(见图 10.6)。图 10.6 中的 y 轴标签被设定为固定的两位整数、一位小数显示格式(%2.1f)，且水平放置以提高易读性。

```
. sts gen S = S
. generate logS = ln(S)
. graph twoway scatter logS time,
    ylabel(-.8(.1)0, format(%2.1f) angle(horizontal))
```

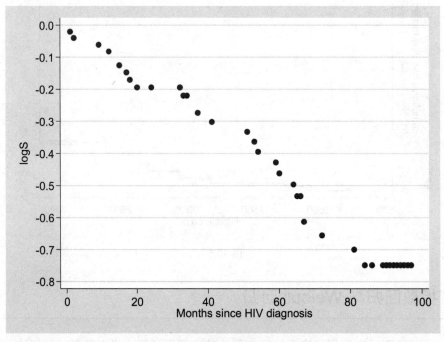

图 10.6

图 10.6 中的模式大致是线性的，这告诉我们指数回归值得试一下：

```
. streg age, dist(exponential) nolog noshow

Exponential regression -- log relative-hazard form

No. of subjects =          51              Number of obs   =         51
No. of failures =          25
Time at risk    =        3164
                                           LR chi2(1)      =       4.34
Log likelihood  =  -59.996976              Prob > chi2     =     0.0372
```

_t	Haz. Ratio	Std. Err.	z	P>|z|	[95% Conf. Interval]
age	1.074414	.0349626	2.21	0.027	1.008028 1.145172
_cons	.0006811	.0007954	-6.24	0.000	.000069 .0067191

指数回归得到的风险比(1.074)和标准误(0.035)与此前用 Cox 回归得到的结果(1.085 和 0.038)相比并无太大差别。这种相似性反映出经验风险函数和指数模型所假定的稳定风险模式很接近。根据这一指数模型，HIV 阳性患者发展成 AIDS 的风险每增加一岁便提高 7.4%。

执行 **streg** 命令后，**stcurve** 命令可以画出这一模型的累计风险函数、存活函数或风险函数。默认状态下，**stcurve** 画出的是模型中所有 x 变量都取其均值时的曲线图。通过 **at( )** 选项可以设定 x 变量取其他值。*aids.dta* 中，患者的年龄处于 26 到 50 岁之间。因此，我们可以通过如下命令来画出 *age* = 26 岁时的存活函数曲线：

. stcurve, surviv at(*age* = 26)

使用 **at1( )** 和 **at2( )** 选项还可以同时显示出在不同 x 取值条件下的存活函数曲线，比如最低年龄和最高年龄时的情况：

. stcurve, *survival* at1(*age* = 26) at2(*age* = 50) lpattern(dash solid)

图 10.7 显示预测的存活曲线(从确诊 HIV 到发展成 AIDS 症状)在年龄更大的患者中下降更快。我们的指数回归输出表中 *age* 的风险比显著大于 1 表达的是同一意思，但使用 **stcurve** 加上 **at1( )** 和 **at2( )** 选项更直观地解释了这一效应。这些选项在所有 **stcurve** 图形中以相同方式起作用：

stcurve, survival	存活函数
stcurve, hazard	风险函数
stcurve, cumhaz	累计风险函数

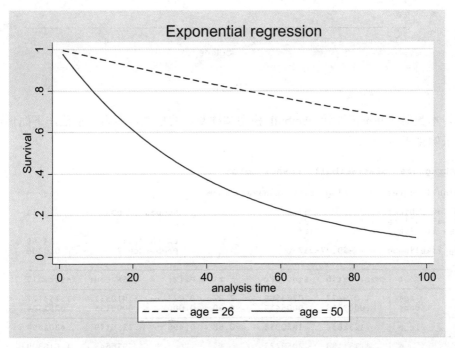

图 10.7

除了指数分布以外，**streg** 还可以拟合基于 Weibull 分布的生存模型。Weibull 分布在 $\ln(S(t))$ 相对于 t 的分布图中看起来更曲线化，但在 $\ln(-\ln(S(t)))$ 对 $\ln(t)$ 的图示中是线性的，如图 10.8 所示。相反，指数分布在这两种图形中都将显示为直线，并且在 $\ln(-\ln(S(t)))$ 对 $\ln(t)$ 的图示中的斜率等于 1。实际上，图 10.8 中的数据点距离斜率为 1 的直线并不远，这意味着我们前面的指数模型是合适的。

```
. generate loglogS = ln(-ln(S))
. generate logtime = ln(time)
. graph twoway scatter loglogS logtime, ylabel(,angle(horizontal))
```

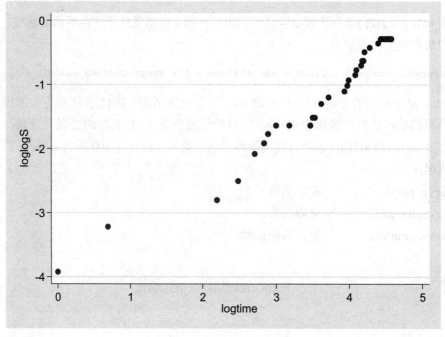

图 10.8

尽管本数据集并不需要像 Weibull 模型那样复杂的模型，但为了示范，下面仍提供了结果以示例说明。

```
. streg age, dist(weibull) noshow nolog

Weibull regression -- log relative-hazard form

No. of subjects =          51                  Number of obs   =         51
No. of failures =          25
Time at risk    =        3164
                                               LR chi2(1)      =       4.68
Log likelihood  =  -59.778257                  Prob > chi2     =     0.0306

------------------------------------------------------------------------------
          _t | Haz. Ratio   Std. Err.      z    P>|z|     [95% Conf. Interval]
-------------+----------------------------------------------------------------
         age |   1.079477   .0363509     2.27   0.023     1.010531    1.153127
       _cons |   .0003313   .0005415    -4.90   0.000     .0000135    .0081564
-------------+----------------------------------------------------------------
       /ln_p |   .1232638   .1820858     0.68   0.498    -.2336179    .4801454
-------------+----------------------------------------------------------------
           p |   1.131183   .2059723                      .7916643    1.616309
         1/p |   .8840305   .1609694                      .6186934    1.263162
------------------------------------------------------------------------------
```

可以看到 Weibull 回归估计的风险比(1.079)介于 Cox 回归和指数回归之间。它与前面两个模型最明显的差别是在输出表下部新出现的 3 行结果。它们指的是 Weibull 分布形状参数 p。$p = 1$ 对应指数模型，即风险不随时间变化。$p > 1$ 表示风险随时间增大；$p < 1$ 表示风险随时间减小。p 的 95%置信区间为 0.79 到 1.62，这意味着此处我们没有理由拒绝指数模型($p = 1$)。Weibull 模型的参数化所关注的 $\ln(p)$、p 或 $1/p$ 三个指标尽管看起来不同，但在数学上是等价的，所以 Stata 同时提供了三者。在执行 **streg, dist(weibull)**后，**stcurve** 可以绘出存活函数、风险函数以及累计风险函数，就像在 **streg, dist(exponential)**或其他 **streg** 模型后一样。

当存活时间确实服从指数分布或 Weibull 分布时，指数回归或 Weibull 回归会比 Cox 回归更可取。但在存活时间并不服从对应分布时，强用两种模型属于模型设定错误，可能导致误导性的结果。Cox 回归由于不需要对分布形状做*先验*假定，因此适用范围更广。

除指数模型和 Weibull 模型外，**streg** 还能拟合很多模型，如 Gompertz 模型、对数正态模型、对数 logistic 模型或一般化伽玛分布模型。在 Stata 中键入 **help streg** 或参考《生存分析与流行病学表格分析参考手册》以了解有关命令及众多选项。

10.7 泊松回归

当事件独立发生且发生率不变时，那么在给定时段事件发生的次数就服从泊松分布。令 r_j 表示发生率(incidence rate)：

$$r_j = \frac{事件计数}{可能发生的事件数} \qquad [10.4]$$

式[10.4]中分母的专业术语为"暴露"(exposure)，其测量经常使用人年(person-year)这样的单位。可以将发生率的对数作为一个或多个预测变量 x 的线性函数进行建模：

$$\ln(r_t) = \beta_0 + \beta_1 x_1 + \beta_2 x_2 + \ldots + \beta_k x_k \qquad [10.5a]$$

等价地，模型描述了期望事件数的对数：

$$\ln(期望计数) = \ln(暴露) + \beta_0 + \beta_1 x_1 + \beta_2 x_2 + \ldots + \beta_k x_k \qquad [10.5b]$$

假定所关注的事件服从泊松过程，泊松回归就会找出这些β系数的最大似然估计值。

奥克雷奇国家实验室(Oak Ridge National Laboratory)员工辐射暴露和癌症死亡数据提供了一个例子。数据集 *oakridge.dta* 里的 56 个观测案例，代表 56 个年龄/辐射暴露的类别(7 个年龄组×8 个辐射类别)。对于每一种组合，我们知道相应的死亡数和暴露的人年数。

```
. use C:\data\oakridge.dta, clear
. describe

Contains data from C:\data\oakridge.dta
  obs:            56                    Radiation (Selvin 1995:474)
 vars:             4                    30 Jun 2012 10:19
 size:           392
```

```
variable name   storage   display    value
                type      format     label      variable label

age             byte      %9.0g      ageg       Age group
rad             byte      %9.0g                 Radiation exposure level
deaths          byte      %9.0g                 Number of deaths
pyears          float     %9.0g                 Person-years

Sorted by:
```

```
. summarize

    Variable |     Obs        Mean    Std. Dev.       Min        Max
-------------+--------------------------------------------------------
         age |      56           4      2.0181         1          7
         rad |      56         4.5    2.312024         1          8
      deaths |      56    1.839286    3.178203         0         16
      pyears |      56    3807.679    10455.91        23      71382
```

```
. list in 1/6

     age      rad   deaths   pyears
1.   < 45      1      0      29901
2.   45-49     1      1       6251
3.   50-54     1      4       5251
4.   55-59     1      3       4126
5.   60-64     1      3       2778
6.   65-69     1      1       1607
```

那么死亡率是不是随辐射暴露而增加呢？泊松回归发现了一个统计上显著的效应：

```
. poisson deaths rad, nolog exposure(pyears) irr

Poisson regression                                Number of obs  =        56
                                                  LR chi2(1)     =     14.87
                                                  Prob > chi2    =    0.0001
Log likelihood = -169.7364                        Pseudo R2      =    0.0420

------------------------------------------------------------------------------
     deaths |       IRR   Std. Err.      z    P>|z|     [95% Conf. Interval]
------------+-----------------------------------------------------------------
        rad |  1.236469   .0603551     4.35   0.000     1.123657    1.360606
      _cons |   .000288   .0000483   -48.65   0.000     .0002074       .0004
 ln(pyears) |         1  (exposure)
------------------------------------------------------------------------------
```

上述回归中，我们设定事件计数(deaths)为因变量，辐射(rad)为自变量。泊松回归的暴露变量是 pyears，即 rad 各个类别的人年数。选项 **irr** 要求输出发生率比而非常规回归系数，即直接输出 exp(β) 而非 β 的估计值。发生率比(incidence rate ratio，输出表中为 IRR 列)结果表明，辐射每提升一个类别，死亡率就是原来的 1.236 倍(即提高 23.6%)。尽管该比值统计检验显著，模型拟合得并不很好，伪 R^2(见式[9.4])仅为 0.042。

想进行拟合优度检验，对比泊松模型的预测结果和观测频数，可以使用模型后续命令 **estat gof**：

```
. estat gof

         Prob > chi2(54)          =   0.0000
         Pearson goodness-of-fit  = 419.0209

         Prob > chi2(54)          =   0.0000
         Deviance goodness-of-fit = 254.5475
```

上述拟合优度检验结果($\chi^2 = 254.5$, $p < 0.00005$)表明，模型预测结果与实际观察数显著不同，再次说明模型拟合得不好。

当我们将年龄 age 作为第二个自变量纳入模型后,结果就好多了。伪 R^2 提高到了 0.5966,且拟合优度检验也不再拒绝模型了。

```
. poisson deaths rad age, nolog exposure(pyears) irr

Poisson regression                              Number of obs   =         56
                                                LR chi2(2)      =     211.41
                                                Prob > chi2     =     0.0000
Log likelihood =   -71.4653                     Pseudo R2       =     0.5966
```

deaths	IRR	Std. Err.	z	P>|z|	[95% Conf. Interval]	
rad	1.176673	.0593446	3.23	0.001	1.065924	1.298929
age	1.960034	.0997536	13.22	0.000	1.773955	2.165631
_cons	.0000297	9.05e-06	-34.18	0.000	.0000163	.0000539
ln(pyears)	1	(exposure)				

```
. poisgof

         Deviance goodness-of-fit =   58.00534
         Prob > chi2(53)          =     0.2960

         Pearson goodness-of-fit  =   51.91816
         Prob > chi2(53)          =     0.5163
```

出于简洁,这里我们将 rad 和 age 作为连续变量使用了,并且假定它们对对数死亡率的影响是线性的。实际上,这两个自变量都只是序次测量。比如,rad = 1 代表辐射暴露为 0,rad = 2 代表 0～19 毫西弗特,rad = 3 代表 20～39 毫西弗特,如此等等。当我们试图追寻非线性关系时,可以通过 Stata 的因素变量标记符号(factor-variable notation)将暴露类别作为一套虚拟变量纳入模型。下面模型的预测变量除了 age 外,还有通过 i.rad 设定得到的 rad 的各个类别对应的{0, 1}虚拟变量。其中 rad = 1 作为参照类别被自动排除在模型外。

```
. poisson deaths i.rad age, nolog exposure(pyears) irr

Poisson regression                              Number of obs   =         56
                                                LR chi2(8)      =     215.44
                                                Prob > chi2     =     0.0000
Log likelihood = -69.451814                     Pseudo R2       =     0.6080
```

deaths	IRR	Std. Err.	z	P>|z|	[95% Conf. Interval]	
rad						
2	1.473591	.426898	1.34	0.181	.8351884	2.599975
3	1.630688	.6659257	1.20	0.231	.732428	3.630587
4	2.375967	1.088835	1.89	0.059	.9677429	5.833389
5	.7278113	.7518255	-0.31	0.758	.0961018	5.511957
6	1.168477	1.20691	0.15	0.880	.1543195	8.847472
7	4.433729	3.337738	1.98	0.048	1.013863	19.38915
8	3.89188	1.640978	3.22	0.001	1.703168	8.893267
age	1.961907	.1000652	13.21	0.000	1.775267	2.168169
_cons	.0000295	.0000106	-29.03	0.000	.0000146	.0000597
ln(pyears)	1	(exposure)				

这一更复杂的虚拟变量模型的拟合度并没有太大改进,但确实增进了我们的认识。可以看到,辐射对死亡率的影响主要来自最高的两类辐射水平(rad=7 和 rad=8,分别对应100～119 和 120 及以上毫西弗特)。这两个辐射水平组的死亡率是无辐射水平组的 4 倍左右。

而且辐射水平 7 类和 8 类的效应相近,可以考虑将它们合并成一类以简化模型。首先,检验它们的系数是否显著不同,结果显示差异确实不大:

```
. test 7.rad = 8.rad
```

```
( 1)  [deaths]7.rad - [deaths]8.rad = 0

           chi2(  1) =      0.03
         Prob > chi2 =    0.8676
```

下一步，创建一个新的虚拟变量 rad78，当 rad 取值为 7 或 8 时，它就等于 1。用这个新变量取代 rad = 7 和 rad = 8 的虚拟变量。下面的命令展示了如何在分类变量标识符中完成这一设定。

```
. generate rad78 = (7.rad | 8.rad)
. poisson deaths i(1/6).rad rad78 age, irr ex(pyears) nolog

Poisson regression                          Number of obs   =         56
                                            LR chi2(7)      =     215.41
                                            Prob > chi2     =     0.0000
Log likelihood = -69.465332                 Pseudo R2       =     0.6079

------------------------------------------------------------------------
      deaths |     IRR    Std. Err.      z    P>|z|   [95% Conf. Interval]
-------------+----------------------------------------------------------
         rad |
           2 | 1.473602   .4269013    1.34   0.181   .8351949   2.599996
           3 | 1.630718   .6659381    1.20   0.231   .7324415   3.630655
           4 | 2.376065   1.08888     1.89   0.059   .9677823   5.833629
           5 | .7278387   .7518538   -0.31   0.758   .0961055   5.512165
           6 | 1.168507   1.206942    0.15   0.880   .1543236   8.847704
       rad78 | 3.980326   1.580024    3.48   0.001   1.828214   8.665833
         age | 1.961722   .100043    13.21   0.000   1.775122   2.167937
       _cons | .0000296   .0000106  -29.03   0.000   .0000146   .0000598
   ln(pyears)|       1   (exposure)
------------------------------------------------------------------------
```

依照这种方式还可继续简化模型。其中，**test** 可以提前帮助我们评估将两个虚拟变量合并是否合理。

10.8　一般化线性模型

一般化线性模型(GLM)的形式如下：

$$g[E(y)] = \beta_0 + \beta_1 x_1 + \beta_2 x_2 + \ldots + \beta_k x_k, \qquad y \sim F \qquad [10.6]$$

其中 g[ ] 是*链接函数*(link function)，F 代表分布族。这一通用公式包含了许多具体模型。比如，如果 g[ ] 是恒等函数且 y 服从于正态(高斯)分布，就得到线性回归模型：

$$E(y) = \beta_0 + \beta_1 x_1 + \beta_2 x_2 + \ldots + \beta_k x_k, \qquad y \sim \text{Normal} \qquad [10.7]$$

如果 g[ ] 是 logit 函数且 y 服从于贝努里(Bernoulli)分布，就得到 logit 回归模型：

$$\text{logit}[E(y)] = \beta_0 + \beta_1 x_1 + \beta_2 x_2 + \ldots + \beta_k x_k, \qquad y \sim \text{Bernoulli} \qquad [10.8]$$

由于应用广泛，GLM 在本书中曾多次被介绍。之所以出现在本章，是因为它同样可以拟合事件模型。比如，泊松回归只要求 g[ ] 是自然对数函数且 y 服从泊松分布：

$$\ln[E(y)] = \beta_0 + \beta_1 x_1 + \beta_2 x_2 + \ldots + \beta_k x_k, \qquad y \sim \text{Poisson} \qquad [10.9]$$

以此灵活的方法，可以想象，Stata 的 **glm** 命令允许设置众多不同选项。用户不仅可以设定分布族和链接函数，还可以设定方差估计方法、拟合程序、输出内容与格式以及暴露期等细节。这些选项使得 **glm** 命令成为超好用的备选命令,即便很多模型已经有专门命令(诸如 **regress**、**logistic** 或 **poisson**)。

一个通用的 **glm** 命令如下所示:

```
. glm y x1 x2 x3, family(familyname) link(linkname)
    exposure(expvar) eform vce(jackknife)
```

其中,**family( )** 设定 y 分布族,**link( )** 设定连接函数,**exposure( )** 设定像泊松回归所需的暴露变量(exposure variable)。选项 **eform** 设定输出指数形式的回归系数 $\exp(\beta)$ 而不是 β。而 **vce** 选项设定标准误通过刀切法(jackknife)来估计。

GLM 模型中可用的分布族有:

family(gaussian)	高斯分布或正态分布(默认设定)
family(igaussian)	逆高斯分布
family(binomial)	贝努里二项分布
family(poisson)	泊松分布
family(nbinomial)	负二项分布
family(gamma)	伽玛分布

要指定一个数字或变量表示二项分布的分母 N(试验次数),或者用一个数字表示负二项方差和偏差度函数(deviance function),在 **family( )** 选项中加以声明即可:

family(binomial #)

family(binomial *varname***)**

family(nbinomial #)

可选链接函数有:

link(identity)	恒等函数(默认设定)
link(log)	对数函数
link(logit)	logit 函数
link(probit)	probit 函数
link(cloglog)	互补双对数函数(complementary log-log)
link(opower #)	发生比幂函数(odds power)
link(power #)	幂函数
link(nbinomial)	负二项函数
link(loglog)	双对数函数
link(logc)	对数余角函数

系数的方差或标准误可以通过多种方法估计。以下列出部分 **glm** 方差估计选项:

opg	Berndt、Hall、Hall 和 Hausman 的 B-H-立方方差估计量
oim	观测信息矩阵方差估计量
robust	Huber/White/三明治方差估计量
unbiased	无偏三明治方差估计量

nwest	异方差性和自相关一致性方差估计量
jackknife	刀切法方差估计值
jackknife1	一步刀切法方差估计值
boostrap	自助法方差估计值。默认为 199 次重复，指定其他数字时可加 **bsrep(#)**选项

要想知道全部可选项及有关技术细节，请查询《基础参考手册》中的 **glm**。对 GLM 的详细介绍可以参阅 Hardin 和 Hilbe(2012)。

第 7 章开篇用 188 个国家和地区的预期寿命对平均受教育年限做了一个简单回归：

```
. use C:\data\Nations2.dta, clear
. regress life school

    Source |       SS       df       MS              Number of obs =     188
-----------+------------------------------           F(  1,   186) =  206.34
     Model |  9846.65406     1   9846.65406          Prob > F      =  0.0000
  Residual |  8875.86926   186   47.7197272          R-squared     =  0.5259
-----------+------------------------------           Adj R-squared =  0.5234
     Total |  18722.5233   187   100.120446          Root MSE      =  6.9079

      life |      Coef.   Std. Err.      t    P>|t|     [95% Conf. Interval]
-----------+----------------------------------------------------------------
    school |    2.45184   .1706856    14.36   0.000     2.115112    2.788569
     _cons |   50.35941   1.36924     36.78   0.000     47.65817    53.06065
```

通过 **glm** 命令，我们可以拟合同一个模型，得到完全一样的估计值：

```
. glm life school, link(identity) family(gaussian)

Iteration 0:   log likelihood = -629.09751

Generalized linear models                          No. of obs      =      188
Optimization     : ML                              Residual df     =      186
                                                   Scale parameter =  47.71973
Deviance         =  8875.869256                    (1/df) Deviance =  47.71973
Pearson          =  8875.869256                    (1/df) Pearson  =  47.71973

Variance function: V(u) = 1                        [Gaussian]
Link function    : g(u) = u                        [Identity]

                                                   AIC             = 6.713803
Log likelihood   = -629.0975058                    BIC             = 7901.891

             |                 OIM
        life |      Coef.   Std. Err.      z    P>|z|     [95% Conf. Interval]
-------------+----------------------------------------------------------------
      school |    2.45184   .1706856    14.36   0.000     2.117303    2.786378
       _cons |   50.35941   1.36924     36.78   0.000     47.67575    53.04307
```

因为 **link(identity)** 和 **family(gaussian)** 都是默认选项，在 **glm** 命令中其实可以省略它们。我们还可以拟合同一个 OLS 模型，但要求输出自助法标准误：

```
. glm life school, link(identity) family(gaussian) vce(bootstrap)
(running glm on estimation sample)

Bootstrap replications (50)
----+--- 1 ---+--- 2 ---+--- 3 ---+--- 4 ---+--- 5
..................................................    50

Generalized linear models                          No. of obs      =      188
Optimization     : ML                              Residual df     =      186
                                                   Scale parameter =  47.71973
```

```
Deviance         =  8875.869256                  (1/df) Deviance =  47.71973
Pearson          =  8875.869256                  (1/df) Pearson  =  47.71973

Variance function: V(u) = 1                      [Gaussian]
Link function    : g(u) = u                      [Identity]

                                                 AIC            =  6.713803
Log likelihood   = -629.0975058                  BIC            =  7901.891
```

	Observed Coef.	Bootstrap Std. Err.	z	P>|z|	Normal-based [95% Conf. Interval]	
school	2.45184	.1385655	17.69	0.000	2.180257	2.723424
_cons	50.35941	1.230463	40.93	0.000	47.94775	52.77108

自助法标准误反映通过在 $n = 188$ 的原始数据中所做 50 次 $n = 188$ 的回置随机抽样样本估计所得系数观测到的变异(observed variation)。本例中，自助法标准误小于相应的理论标准误，因此所得置信区间更窄。

类似地，用 **glm** 也可以重复第 9 章开篇基于航天飞机数据的 **logistic** 回归。这里，我们要求输出刀切法标准误和优势比系数或指数形式(**eform**)系数：

```
. use C:\data\shuttle0.dta, clear
. glm any date, link(logit) family(bernoulli) eform vce(jackknife)
(running glm on estimation sample)

Jackknife replications (23)
————+——— 1 ———+——— 2 ———+——— 3 ———+——— 4 ———+——— 5
.......................

Generalized linear models                        No. of obs     =         23
Optimization     : ML                            Residual df    =         21
                                                 Scale parameter=          1
Deviance         =  25.98219269                  (1/df) Deviance =  1.237247
Pearson          =  22.8885488                   (1/df) Pearson  =  1.089931

Variance function: V(u) = u*(1-u/1)              [Binomial]
Link function    : g(u) = ln(u/(1-u))            [Logit]

                                                 AIC            =  1.303574
Log likelihood   = -12.99109634                  BIC            = -39.86319
```

		Jackknife				
any	Odds Ratio	Std. Err.	t	P>|t|	[95% Conf. Interval]	
date	1.002093	.0015797	1.33	0.198	.9988222	1.005374
_cons	1.34e-08	1.89e-07	-1.28	0.214	2.32e-21	76840.52

而本章前面展示的有标识变量的 **poisson** 回归：

```
. use C:\data\oakridge.dta, clear
. poisson deaths i.rad age, nolog exposure(pyears) irr
```

对应着以下 **glm** 模型：

```
. glm deaths i.rad age, link(log) family(poisson) exposure(pyears) eform

Iteration 0:   log likelihood = -75.68551
Iteration 1:   log likelihood = -69.595462
Iteration 2:   log likelihood = -69.452909
Iteration 3:   log likelihood = -69.451814
Iteration 4:   log likelihood = -69.451814

Generalized linear models                        No. of obs     =         56
Optimization     : ML                            Residual df    =         47
                                                 Scale parameter=          1
Deviance         =  53.97836926                  (1/df) Deviance =  1.148476
Pearson          =  53.59824023                  (1/df) Pearson  =  1.140388
```

```
Variance function: V(u) = u                    [Poisson]
Link function   : g(u) = ln(u)                 [Log]

                                               AIC         = 2.801851
Log likelihood   =   -69.451814                BIC         = -135.2132

                          OIM
     deaths  |     IRR    Std. Err.      z    P>|z|    [95% Conf. Interval]
        rad  |
          2  |  1.473591    .426898    1.34   0.181    .8351884    2.599975
          3  |  1.630688    .6659257   1.20   0.231    .732428     3.630587
          4  |  2.375967   1.088835    1.89   0.059    .9677429    5.833389
          5  |  .7278114    .7518256  -0.31   0.758    .0961019    5.511958
          6  |  1.168477   1.20691     0.15   0.880    .1543196    8.847472
          7  |  4.433727   3.337737    1.98   0.048    1.013862   19.38915
          8  |  3.89188    1.640978    3.22   0.001    1.703168    8.893267
        age  |  1.961907    .1000652  13.21   0.000    1.775267    2.168169
      _cons  |  .0000295    .0000106 -29.03   0.000    .0000146    .0000597
  ln(pyears) |         1  (exposure)
```

尽管 **glm** 能够复制出许多专门命令可拟合的模型，还添加了一些新功能，但那些专门命令仍有自己的优势，包括运行速度更快，用户可选设定更多。**glm** 独特之处在于它能拟合 Stata 并无专门命令的某些模型。

第 11 章

主成分分析、因子分析和聚类分析

主成分(principal components)分析和因子分析(factor analysis)提供了适用于简化(simplification)的方法,将许多相关的变量合并成少数几个潜在维度(underlying dimensions)。为了达到简化的目的,分析人员必须从诸多不同种类的备选方法中进行选择。如果数据的确反映了不同的潜在维度,那么不同方法可能会收敛于类似的结果上。但是,不存在不同的潜在维度的情况下,不同选项得到的结果往往会出现分歧。对这些选项的试验能够告诉我们一个特定结果的稳定性如何,或者它在多大程度上取决于特定分析技术的人为选择。

Stata 以 5 条基本命令来完成主成分分析和因子分析:

pca	主成分分析(principle components analysis)。
factor	提取若干不同类型的因子。
screeplot	根据最近的 **pca** 或 **factor** 构建碎石图(scree graph,即特征值标绘图)。
rotate	在执行 **factor** 后,进行正交(即相互独立的因子)或斜交(即因子不相互独立)的旋转。
predict	在执行 **pca**、**factor** 或 **rotate** 之后,创建因子分(factor scores,即复合变量(composite variables))和其他的案例统计量。

由 **predict** 创建的因子分或复合变量随后可被像任何其他 Stata 变量一样加以保存、列出、制图和分析。新的一节以一个调查数据的例子示范了此类分析。

对于那些采用加总其他变量的老方法而不是用因子分析来创建复合变量的用户,可以通过计算α信度系数(reliability coefficient)来对所得结果进行评价:

alpha   Cronbach 的α信度。

聚类分析(cluster analysis)并非要对变量加以合并,而是通过找到非重叠的、基于经验得到的数个类型或组别来将观测案例加以合并。聚类分析方法甚至比因子分析更为多样化。Stata 的 **cluster** 命令可以进行聚类分析、结果制图以及形成标识观测案例在聚类后所属组别的新变量。主成分分析、因子分析、聚类分析和有关的命令在 Stata 的《多元统计参考手册》(*Multivariate Statistics Reference Manual*)中有详细说明。

本章最后将 Stata 的结构方程建模(structural equation modeling,**sem**)应用于测量模型(measurement models)或包含测量模型成分的模型,再次考察其潜在能力。

本章所描述的方法可以通过以下菜单方式来操作:

Statistics → Multivariate analysis　　　　多元分析
Graphics → Multivariate analysis graphs　　多元分析图形
Statistics → SEM (structural equation modeling)　结构方程建模

11.1　命令示范

```
. pca x1-x20
```

得到变量 x1 到 x20 的主成分。

```
. pca x1-x20, mineigen(1)
```

得到变量 x1 到 x20 的主成分。保留特征值大于 1 的成分。

```
. factor x1-x20, ml factor(5)
```

采用最大似然法对变量 x1 到 x20 进行因子分析。只保留前 5 个因子。

```
. screeplot
```

画出由最近的 **factor** 命令得到的特征值对因子或成分数目的碎石图。

```
. rotate, varimax factors(2)
```

对由最近的 **factor** 命令得到的前两个因子进行正交(用方差最大法 varimax)旋转。

```
. rotate, promax factors(3)
```

对由最近的 **factor** 命令得到的前 3 个因子进行斜交(用幂方法 promax)旋转。

```
. predict f1 f2 f3
```

基于最近的 **factor** 和 **rotate** 命令，创建 3 个新的名为 *f1*、*f2* 和 *f3* 的因子分变量(factor score variables)。

```
. alpha x1-x10
```

计算作为 x1 到 x10 总和的复合变量的 Cronbach 的 α 信度系数。以负值方式输入的项的含义通常是反向的。可以通过一些选项来取消这一默认设置，或者以原始变量的合计或以其标准化变量的合计来构成复合变量。

```
. cluster centroidlinkage x y z w, measure(L2) name(L2cent)
```

使用变量 x、y 和 z 以重心法(centroid linkage)进行凝聚式(agglomerative)聚类分析。欧氏距离(Euclidean distance)(L2)测量了观测案例之间的相异性(dissimilarity)。这一聚类分析的结果被以 *L2cent* 的名称加以保存。

```
. cluster dendrogram, ylabel(0(.5)3) cutnumber(20)
    xlabel(, angle(vertical))
```

画出前次聚类分析结果的树状图(tree graph)或系统树图(dendrogram)。**cutnumber(20)** 设定将一些最为相似的观测案例聚合之后，图形中只保留 20 个聚类。标签以紧凑的垂直方式显示在图形的下面。

```
. cluster generate ctype = groups(3), name(L2cent)
```

创建一个新变量 *ctype*(取值为 1、2 或 3)，通过该变量将每条观测案例按名为 *L2cent* 的聚类分析结果归类到前 3 个组别中。

11.2 主成分分析和主成分因子法

我们将使用描述太阳系 9 颗主要行星的一个小型数据集 *planets.dta*(取自 Beatty et al., 1981)来举例说明主成分分析和因子分析。该数据集包含了以原始数据及其自然对数形式保存的几个变量。这里，采用对数是为了消除偏态和将变量之间的关系线性化。

```
. use C:\data\planets.dta, clear
. describe

Contains data from C:\data\planets.dta
  obs:             9                          Solar system data
 vars:            12                          12 Jun 2012 11:34
 size:           405

              storage  display    value
variable name   type   format     label       variable label
-----------------------------------------------------------------
planet          str7   %9s                    Planet
dsun            float  %9.0g                  Mean dist. sun, km*10^6
radius          float  %9.0g                  Equatorial radius in km
rings           byte   %8.0g      ringlbl     Has rings?
moons           byte   %8.0g                  Number of known moons
mass            float  %9.0g                  Mass in kilograms
density         float  %9.0g                  Mean density, g/cm^3
logdsun         float  %9.0g                  natural log dsun
lograd          float  %9.0g                  natural log radius
logmoons        float  %9.0g                  natural log (moons + 1)
logmass         float  %9.0g                  natural log mass
logdense        float  %9.0g                  natural log dense

Sorted by:  dsun
```

主成分分析会找出最大程度地解释了观测变量(observed variables)之间方差的线性组合(linear combination)——被称作"第一主成分"(first principal component)。它还会找出最大程度地解释了剩下方差的另一正交(不相关)的线性组合("第二主成分")，依此类推，直至所有的方差都被解释。从 k 个变量我们会提取出 k 个主成分，它们解释了全部的方差。主成分分析属于数据简化技术(data reduction technique)，因为不到 k 个成分往往就会解释大部分观测到的方差(observed variance)。如果进一步的工作集中于那些主成分，那么分析便可得以简化。应用于描述行星的 6 个变量，我们会得到解释了全部方差的 6 个主成分：

```
. pca rings logdsun - logdense

Principal components/correlation              Number of obs    =        9
                                              Number of comp.  =        6
                                              Trace            =        6
    Rotation: (unrotated = principal)         Rho              =   1.0000
```

Component	Eigenvalue	Difference	Proportion	Cumulative
Comp1	4.62365	3.45469	0.7706	0.7706
Comp2	1.16896	1.05664	0.1948	0.9654
Comp3	.112323	.0539515	0.0187	0.9842
Comp4	.0583717	.0217421	0.0097	0.9939
Comp5	.0366296	.0365651	0.0061	1.0000
Comp6	.00006454	.	0.0000	1.0000

Principal components (eigenvectors)

Variable	Comp1	Comp2	Comp3	Comp4	Comp5	Comp6
rings	0.4554	0.0714	0.2912	0.0351	-0.8370	0.0301
logdsun	0.3121	-0.6576	0.5930	-0.1418	0.3135	-0.0156
lograd	0.4292	0.3455	-0.0390	-0.3216	0.2619	0.7231
logmoons	0.4541	0.0003	-0.1567	0.8466	0.2286	0.0156
logmass	0.3878	0.5037	0.1374	-0.2427	0.2675	-0.6682
logdense	-0.3930	0.4352	0.7201	0.3157	0.0932	0.1708

Variable	Unexplained
rings	0
logdsun	0
lograd	0
logmoons	0
logmass	0
logdense	0

pca 输出结果告诉我们，前两个成分一共解释了所有 6 个变量累计方差的 96%还多。特征值相当于被每一成分所解释的标准化方差(standardized variance)。就 6 个变量而言，总的标准化方差是 6。其中，我们看到成分 1 解释了 4.62365，占总计的 4.62365/6 = 0.7706 或约 77%。成分 2 解释了 1.16896/6 = 0.1948 或另外的约 19%。特征值小于 1.0 的主成分的解释力还不如一个原变量，这使得它们无助于数据简化。分析人员通常排除较小的成分而关注那些特征值至少为 1.0 的成分。

继续此数据简化的一种好方式是使用 **factor** 命令，它提供主成分因子法(principal component factoring)作为其选项之一。若想得到主成分因子(principal component factors)，键入：

```
. factor rings logdsun - logdense, pcf
(obs=9)
```

Factor analysis/correlation   Number of obs   =   9
    Method: principal-component factors   Retained factors =   2
    Rotation: (unrotated)   Number of params =   11

Factor	Eigenvalue	Difference	Proportion	Cumulative
Factor1	4.62365	3.45469	0.7706	0.7706
Factor2	1.16896	1.05664	0.1948	0.9654
Factor3	0.11232	0.05395	0.0187	0.9842
Factor4	0.05837	0.02174	0.0097	0.9939
Factor5	0.03663	0.03657	0.0061	1.0000
Factor6	0.00006		0.0000	1.0000

LR test: independent vs. saturated: chi2(15) = 100.49 Prob>chi2 = 0.0000

Factor loadings (pattern matrix) and unique variances

Variable	Factor1	Factor2	Uniqueness
rings	0.9792	0.0772	0.0353
logdsun	0.6710	-0.7109	0.0443
lograd	0.9229	0.3736	0.0088
logmoons	0.9765	0.0003	0.0465
logmass	0.8338	0.5446	0.0082
logdense	-0.8451	0.4705	0.0644

主成分因子法首先提取主成分，然后只保留那些满足重要性标准的主成分——默认情况下，是那些特征值大于 1.0 的成分。正如我们在前面 **pca** 例子中所看到的，这里只有前两个成分满足该标准，它们一共解释了此 6 个变量组合方差(combined variance)的 96%还多。不重要的第 3 到第 6 个主成分可以被放心地忽略掉。

两个 **factor** 选项可用于控制被提取因子的数目：

factors(#)   这里的#设定因子数目
mineigen(#)   这里的#设定被保留因子的最小特征值

主成分因子法会自动删除那些特征值小于 1 的因子，因此：

`. factor rings logdsun - logdense, pcf`

等价于：

`. factor rings logdsun - logdense, pcf mineigen(1)`

在本例中，如果键入以下命令的话，我们也将得到同样的结果：

`. factor rings logdsun - logdense, pcf factors(2)`

想在任一 **factor** 之后查看碎石图(特征值对主成分或因子数目的标绘图)，可使用 **screeplot** 命令。图 11.1 中位于特征值等于 1 处的水平线标识了保留主成分的常用标准，同时再次强调了本例中的成分 3 到 6 并不重要。

`. screeplot, yline(1)`

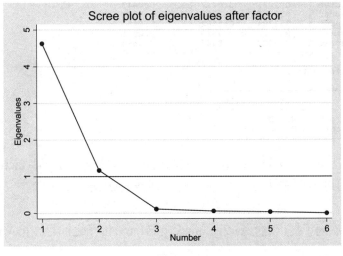

图 11.1

11.3 旋转

旋转(rotation)会进一步简化因子结构。在提取因子之后，键入 **rotate** 命令以及以下设定旋转类型的选项之一。两种常见类型为：

varimax　　最大方差正交旋转，得到相互独立的因子或成分(默认选项)。

promax( )　　promax 斜交旋转，允许因子或成分之间相关。选择一个小于等于 4 的数(promax 势(promax power))；数越大，因子间的相关程度越高。**promax(3)** 为默认设定。

键入 **help rotate** 查看旋转方法和其他选项的完整清单。比如：

factors( )　　这一选项与和 **factor** 搭配时一样，也是设定要保留多少个因子。

entropy　　最小信息熵(minimum entropy)正交旋转。

如后面所见，可在任一因子分析后进行旋转，而不仅是在主成分因子法中。本节一直沿用我们前面的 **factor, pcf** 一例。要对行星数据中发现的前两个成分做正交旋转(默认设定)，我们只要简单键入 **rotate**。

```
. rotate

Factor analysis/correlation                Number of obs    =        9
    Method: principal-component factors    Retained factors =        2
    Rotation: orthogonal varimax (Kaiser off)  Number of params =       11

    Factor   |  Variance   Difference    Proportion   Cumulative
    ---------+--------------------------------------------------
    Factor1  |   3.36900     0.94539        0.5615       0.5615
    Factor2  |   2.42361        .           0.4039       0.9654

    LR test: independent vs. saturated:  chi2(15) =   100.49 Prob>chi2 = 0.0000

Rotated factor loadings (pattern matrix) and unique variances

    Variable |  Factor1    Factor2    Uniqueness
    ---------+---------------------------------
       rings |  0.8279     0.5285      0.0353
     logdsun |  0.1071     0.9717      0.0443
      lograd |  0.9616     0.2580      0.0088
    logmoons |  0.7794     0.5882      0.0465
     logmass |  0.9936     0.0678      0.0082
    logdense | -0.3909    -0.8848      0.0644

Factor rotation matrix

             |  Factor1    Factor2
    ---------+-------------------
     Factor1 |  0.7980
     Factor2 |  0.6026    -0.7980
```

上例采纳了所有的默认设定：最大方差法旋转和保留与最近一次 **factor** 同样的因子数目。我们可以明确地要求进行同样的旋转，通过增加选项到命令中：**rotate, varimax factors(2)**。

对于最近一次因子提出进行斜交 promax 旋转(允许因子之间存在相关)，键入：

```
. rotate, promax

Factor analysis/correlation                Number of obs    =        9
    Method: principal-component factors    Retained factors =        2
    Rotation: oblique promax (Kaiser off)  Number of params =       11

    Factor   |  Variance    Proportion   Rotated factors are correlated
    ---------+---------------------------------------------------------
    Factor1  |  4.12467       0.6874
    Factor2  |  3.32370       0.5539

    LR test: independent vs. saturated:  chi2(15) =   100.49 Prob>chi2 = 0.0000
```

```
Rotated factor loadings (pattern matrix) and unique variances

  Variable |  Factor1   Factor2 | Uniqueness
     rings |   0.7626    0.3466 |    0.0353
    logdsun|  -0.1727    1.0520 |    0.0443
    lograd |   0.9926    0.0060 |    0.0088
   logmoons|   0.6907    0.4275 |    0.0465
    logmass|   1.0853   -0.2154 |    0.0082
   logdense|  -0.1692   -0.8719 |    0.0644

Factor rotation matrix

         | Factor1   Factor2
 Factor1 | 0.9250    0.7898
 Factor2 | 0.3800   -0.6134
```

默认设定下，本例使用的 promax 势(promax power)为 3。我们可以明确设定 promax 势和期望的因子数：

. rotate, promax(3) factors(2)

promax(4)将允许对负载矩阵(loading matrix)作进一步简化，但是将以更强的因子间相关和更低的总方差解释比例作为代价。

进行 promax 旋转之后，*rings*、*lograd*、*logmoons* 和 *logmass* 在因子 1 上的负载最高。这看起来是一个"大规模/多卫星"维度。*logdsun* 和 *logdense* 在因子 2 上的负载更高，构成了一个"远距离/低密度"维度。一个后因子分析(post-factor-analysis)的制图命令 **loadingplot** 有助于将其可视化(见图 11.2)。

. loadingplot, factors(2) yline(0) xline(0)

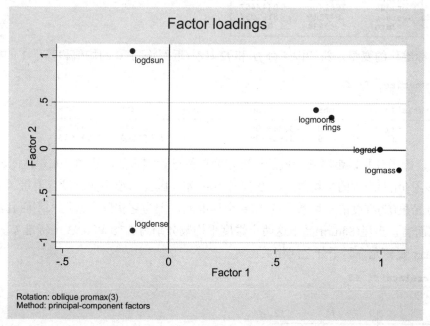

图 11.2

11.4 因子分

因子分(factor scores)是通过将每个变量标准化为平均数等于 0 和方差等于 1,然后以因子分系数进行加权合计为每个因子构成的线性组合(linear composites)。使用最近的 **rotate** 或 **factor** 结果,**predict** 会自动进行这些计算。在 **predict** 命令中,我们提供了新变量的名称,比如 *f1* 和 *f2*。

```
. predict f1 f2
(regression scoring assumed)
Scoring coefficients (method = regression; based on promax(3) rotated
factors)

     variable    Factor1    Factor2
        rings    0.22099    0.12674
      logdsun   -0.09689    0.48769
       lograd    0.30608   -0.03840
     logmoons    0.19543    0.16664
      logmass    0.34386   -0.14338
     logdense   -0.01609   -0.39127

. label variable f1 "Large size/many satellites"
. label variable f2 "Far out/low density". List planet f1 f2

        planet          f1          f2
  1.   Mercury   -.9172388   -1.256881
  2.     Venus   -.5160229   -1.188757
  3.     Earth   -.3939372   -1.035242
  4.      Mars   -.6799535   -.5970106
  5.   Jupiter    1.342658    .3841085
  6.    Saturn    1.184475    .9259058
  7.    Uranus    .7682409    .9347457
  8.   Neptune     .647119    .8161058
  9.     Pluto    -1.43534    1.017025
```

作为标准化的变量,新的因子分 *f1* 和 *f2* 具有(近似)等于 0 的均值和等于 1 的标准差:

```
. summarize f1 f2

    Variable |    Obs        Mean   Std. Dev.        Min         Max
          f1 |      9    -3.31e-09          1   -1.43534    1.342658
          f2 |      9     9.93e-09          1  -1.256881    1.017025
```

因此,因子分是以距离其均值的标准差为单位进行测量的。比如,水星(Mercury)低于大规模/多卫星(*f1*)维度的平均数大约 0.92 个标准差,因为它很小而且没有卫星。水星低于远距离/低密度(*f2*)维度的平均数大约 1.26 个标准差,因为它实际上接近太阳而且具有高密度。相比而言,土星(Saturn)高于这两个维度平均数分别为 1.18 和 0.93 个标准差。

promax 旋转允许因子分之间相关:

```
. correlate f1 f2
(obs=9)
              |       f1         f2
           f1 |   1.0000
           f2 |   0.4974     1.0000
```

因子 1 上的得分与因子 2 上的得分之间中度正相关。也就是说，远距离/低密度行星也更可能是具有许多卫星的更大行星。

另一个后因子分析制图命令 **scoreplot** 可绘出这些观测案例的因子分的散点图。若与主成分因子一起使用的话，这类图有助于识别多元特异值，或由远离大多数观测案例的那些形成的聚类。图 11.3 显示了 3 个不同类型的行星。

```
. scoreplot, mlabel(planet) yline(0) xline(0)
```

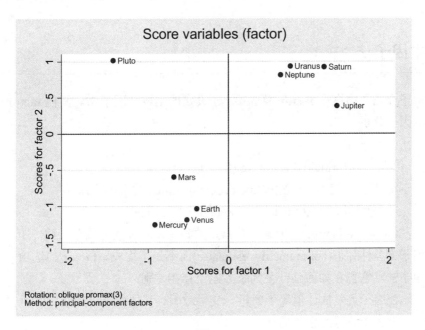

图 11.3

内层的那些岩质行星(比如水星，在因子 1 "远距离/低密度" 上得分低；在因子 2 "大规模/多卫星" 上得分也低)聚集在图 11.3 中的左下角。外层的气体巨星则具有相反的特征，并聚集在图 11.3 中的右上角。冥王星(Pluto)在行星中是独一无二的，物理上类似于一些外层体系的卫星，在 "远距离/低密度" 维度上得分很高，但在 "大规模/多卫星" 维度上得分很低。我们的因子分析因此将冥王星看作与两个行星主群体的任何一个都不一致的不同种类物体。由于认识到冥王星其实是个例外，国际天文学联盟 2006 年投票决定将它从作为真正的行星重新划归为诸多已知的 "侏儒行星" 之一，这使得我们只有 8 个真正的行星。

如果采用最大方差而不是 promax 旋转的话，我们将得到相互独立的因子分：

```
. quietly factor rings logdsun - logdense, pcf
. quietly rotate
. quietly predict varimax1 varimax2
. correlate varimax1 varimax2
(obs=9)
```

	varimax1	varimax2
varimax1	1.0000	
varimax2	0.0000	1.0000

一旦由 **predict** 创建得到，因子分就能像任何其他 Stata 变量那样对其进行列出、计算相关、画图等操作。如本章后面示例说明的，因子分在社会和行为科学中常常用来将许多测验或问卷项合并成复合变量或指数。未旋转情况下采用主成分得到的因子分常用于分析来自气候学和遥感等自然科学领域的大型数据集。在这些应用中，主成分被称作"经验正交函数"(empirical orthogonal functions)。第一个经验正交函数，即 EOF1 等于第一个未旋转的主成分因子分。第二个经验正交函数，即 EOF2 则是第二个未旋转的主成分因子分，如此等等。

11.5 主因子法

以上例子介绍了由命令 **factor** 及选项 **pcf** 设定的主成分因子法。其他 **factor** 选项执行不同种类的因子分析。

- **pcf**   主成分因子法
- **pf**   主因子法(principal factoring)(默认选项)
- **ipf**   使用迭代公因子方差(iterated communalities)的主因子法
- **ml**   最大似然因子法(maximum-likelihood factoring)

主因子法(principal factoring)根据一个修正的相关矩阵提取主成分，这一矩阵中的主对角线由公因子方差估计值(communality estimates)而不是 1 构成。**factor** 的选项 **pf** 和 **ipf** 都会执行主因子法。它们在如何估计公因子方差上存在差别：

- **pf**   公因子方差估计值等于就每一变量对所有其他变量进行回归时所得到的 R^2。
- **ipf**   公因子方差的迭代估计。

尽管主成分分析聚焦于对变量的方差进行解释，但主因子法则是对变量之间的相关进行解释。

我们对行星数据应用使用迭代公因子方差的主因子法(**ipf**)：

```
. factor rings logdsun - logdense, ipf
(obs=9)

Factor analysis/correlation                Number of obs    =        9
    Method: iterated principal factors     Retained factors =        5
    Rotation: (unrotated)                  Number of params =       15

    Beware: solution is a Heywood case
            (i.e., invalid or boundary values of uniqueness)

    --------------------------------------------------------------------
        Factor  |   Eigenvalue   Difference      Proportion   Cumulative
    ------------+-------------------------------------------------------
        Factor1 |      4.59663      3.46817          0.7903       0.7903
        Factor2 |      1.12846      1.05107          0.1940       0.9843
        Factor3 |      0.07739      0.06438          0.0133       0.9976
        Factor4 |      0.01301      0.01176          0.0022       0.9998
        Factor5 |      0.00125      0.00137          0.0002       1.0000
        Factor6 |     -0.00012            .         -0.0000       1.0000
    --------------------------------------------------------------------
    LR test: independent vs. saturated:  chi2(15) =  100.49 Prob>chi2 = 0.0000

Factor loadings (pattern matrix) and unique variances
```

Variable	Factor1	Factor2	Factor3	Factor4	Factor5
rings	0.9760	0.0665	0.1137	-0.0206	-0.0223
logdsun	0.6571	-0.6705	0.1411	0.0447	0.0082
lograd	0.9267	0.3700	-0.0450	0.0486	0.0166
logmoons	0.9674	-0.0107	0.0078	-0.0859	0.0160
logmass	0.8378	0.5458	0.0056	0.0282	-0.0071
logdense	-0.8460	0.4894	0.2059	-0.0061	0.0100

Variable	Uniqueness
rings	0.0292
logdsun	0.0966
lograd	-0.0004
logmoons	0.0564
logmass	-0.0007
logdense	0.0022

本例中，Stata 给出了一个不妙的警告："Beware: solution is a Heywood case"。单击突出显示的 Heywood case 警告可得到对问题的解释，在这里，该问题反映出我们的样本量异常小（$n = 9$）。出于简洁性的考虑，我们将继续这一分析，但在实际研究时，这类警告意味着给出了重新考虑所作分析的理由。

只有前两个因子具有大于 1 的特征值。采用 **pcf** 或 **pf** 方法，我们可以简单地忽略那些次要的因子。但是，在使用 **ipf** 时，我们必须决定要保留多少个因子，然后重复分析以准确地寻找那些因子。这里，我们将保留两个因子：

```
. factor rings logdsun - logdense, ipf factor(2)
(obs=9)

Factor analysis/correlation              Number of obs    =        9
    Method: iterated principal factors   Retained factors =        2
    Rotation: (unrotated)                Number of params =       11

    Beware: solution is a Heywood case
            (i.e., invalid or boundary values of uniqueness)
```

Factor	Eigenvalue	Difference	Proportion	Cumulative
Factor1	4.57495	3.47412	0.8061	0.8061
Factor2	1.10083	1.07631	0.1940	1.0000
Factor3	0.02452	0.02013	0.0043	1.0043
Factor4	0.00439	0.00795	0.0008	1.0051
Factor5	-0.00356	0.02182	-0.0006	1.0045
Factor6	-0.02537	.	-0.0045	1.0000

```
LR test: independent vs. saturated:  chi2(15) =   100.49 Prob>chi2 = 0.0000
Factor loadings (pattern matrix) and unique variances
```

Variable	Factor1	Factor2	Uniqueness
rings	0.9747	0.0537	0.0470
logdsun	0.6533	-0.6731	0.1202
lograd	0.9282	0.3605	0.0086
logmoons	0.9685	-0.0228	0.0614
logmass	0.8430	0.5462	-0.0089
logdense	-0.8294	0.4649	0.0960

在 **ipf** 因子分析后，我们可以和以前一样使用 **rotate** 和 **predict** 来创建复合变量。由于出现了 Heywood 情形的问题，这里的 **ipf** 因子分比我们之前 **pcf** 的结果更不合理。作为一种研究策略，使用不同的方法常常有助于重复因子分析，通过比较这些结果以得到稳定的结论。

11.6 最大似然因子法

和 Stata 的其他 **factor** 选项不同，最大似然因子法提供了正规的假设检验，该检验有助于确定合适的因子数目。为了得到适合于行星数据的一个单一的最大似然因子，键入：

```
. factor rings logdsun - logdense, ml nolog factor(1)
(obs=9)
Factor analysis/correlation              Number of obs    =        9
    Method: maximum likelihood           Retained factors =        1
    Rotation: (unrotated)                Number of params =        6
                                         Schwarz's BIC    =  97.8244
Log likelihood = -42.32054               (Akaike's) AIC   =  96.6411

    Factor    |  Eigenvalue   Difference    Proportion   Cumulative
    Factor1   |    4.47258           .          1.0000       1.0000

LR test: independent vs. saturated:  chi2(15) = 100.49 Prob>chi2 = 0.0000
LR test:    1 factor vs. saturated:  chi2(9)  =  51.73 Prob>chi2 = 0.0000

Factor loadings (pattern matrix) and unique variances

    Variable  |  Factor1    Uniqueness
    rings     |   0.9873      0.0254
    logdsun   |   0.5922      0.6493
    lograd    |   0.9365      0.1229
    logmoons  |   0.9589      0.0805
    logmass   |   0.8692      0.2445
    logdense  |  -0.7715      0.4049
```

ml 输出结果包括两个似然比卡方检验：

1) 似然比检验：独立模型对饱和模型(LR test: independence vs saturated)

这检验一个无因子(独立)模型对观测相关矩阵(observed correlation matrix)的拟合是否显著地比一个饱和或完美拟合模型(perfect-fit model)更差。较小的概率值(这里为 0.0000，意味着 $p < 0.00005$)表明无因子模型过于简单。

2) 似然比检验：单因子模型对饱和模型(LR test: 1 factor vs saturated)

这检验当前的单因子模型拟合得是否显著地比饱和模型(saturated model)更差。这里较小的 p 值表明一个因子也过于简单。

也许一个双因子模型会更好一些：

```
. factor rings logdsun - logdense, ml nolog factor(2)
(obs=9)
Factor analysis/correlation              Number of obs    =        9
    Method: maximum likelihood           Retained factors =        2
    Rotation: (unrotated)                Number of params =       11
                                         Schwarz's BIC    =  36.6881
Log likelihood = -6.259338               (Akaike's) AIC   =  34.5187

Beware: solution is a Heywood case
        (i.e., invalid or boundary values of uniqueness)

    Factor    |  Eigenvalue   Difference    Proportion   Cumulative
    Factor1   |    3.64200     1.67115         0.6489       0.6489
    Factor2   |    1.97085           .         0.3511       1.0000

LR test: independent vs. saturated:  chi2(15) = 100.49 Prob>chi2 = 0.0000
LR test:   2 factors vs. saturated:  chi2(4)  =   6.72 Prob>chi2 = 0.1513
```

```
(tests formally not valid because a Heywood case was encountered)
Factor loadings (pattern matrix) and unique variances

    Variable    Factor1    Factor2    Uniqueness
       rings     0.8655    -0.4154       0.0783
     logdsun     0.2092    -0.8559       0.2236
      lograd     0.9844    -0.1753       0.0003
    logmoons     0.8156    -0.4998       0.0850
     logmass     0.9997     0.0264       0.0000
    logdense    -0.4643     0.8857       0.0000
```

我们现在得到了以下结果：

1) 似然比检验：独立模型对饱和模型(LR test: independence vs saturated)

第一个检验没有变化；无因子模型过于简单。

2) 似然比检验：双因子模型对饱和模型(LR test: 2 factors vs saturated)

双因子模型并不显著地比完美拟合模型更差($p = 0.1513$)。

这些检验表明两个因子提供了一个恰当的模型。

执行最大似然因子分析的计算程序常常产生 Heywood 解，即得出了负的方差或零独特性(zero uniqueness)等不切实际的结果。当出现这一现象时(正如我们的两因子 **ml** 一例中出现的那样)，卡方检验缺乏正规合理性。但仅从描述来看，该检验仍能提供恰当的因子数目的非正规指引。

11.7 聚类分析 -1

基于观测案例在许多变量上的相异性(dissimilarities)，聚类分析(cluster analysis)包含多种将它们划分成不同组(groups)或聚类(clusters)的方法。通常只是用它来做建立经验性类型的探索，而不是用它来检验事先所定的假设。实际上，对于普通的聚类方法而言，几乎没有什么指导假设检验的正规理论。分析中每一步可用选择的数量都多得惊人，而它们又很有可能导致许多不同的结果。本节只是提供了进行聚类分析的一个起点。我们先回顾一些基本思路，再通过一个简单的例子加以示范。下一节中，我们将考虑一个略微更大一些的例子。Stata 的《多元统计参考手册》介绍并详细说明了全部可用的选择。Everitt 等人(2001)更详细地讨论了这一主题，包括许多聚类分析方法之间的有用比较。

所有聚类方法都从相异性(或相似性)的某一定义入手。相异性指标反映了两个观测案例在所设定的一组变量上的差异或距离。一般地，此类指标在两个相同的观测案例上测量的相异性为 0，而两个最大差别的观测案例具有的相异性为 1。相似性指标正好相反，因此相同观测案例的相似性为 1。Stata 的 **cluster** 选项提供了相异性或相似性测量的许多选择。出于计算的目的，Stata 内在地将相似性转换成相异性：

相异性 = 1 - 相似性

平均联结法、最长联结法、最短联结法及加权平均联结法的默认相异性测量指标是欧氏距离(Euclidean distance)，即选项 **measure(L2)**。它将观测案例 i 和 j 之间的距离定义为：

$$\{ \sum_k (x_{ki} - x_{kj})^2 \}^{1/2}$$

其中，x_{ki} 是观测案例 i 在变量 x_k 上的取值，x_{kj} 是观测案例 j 在变量 x_k 上的取值，加和针对所有被考虑的 x 变量来进行。其他基于连续变量测量观测案例之间相似(异)性的可用选择还包括欧氏距离的平方(**L2squared**，重心联结法、中位数联结法及 Ward 的联结法的默认设定)、绝对值距离(**L1**)、最大值距离(**Linfinity**)和相关系数相似性测量(**correlation**)。针对二分变量(binary variables)的选择包括简单匹配(**matching**)、Jaccard 二分类相似系数(**Jaccard**)以及其他。**gower** 选项可用于连续变量和二分变量混合在一起的情况。键入 **help meansure option** 查看完整清单和对相异性测量选项的解释。

聚类方法分成两个宽泛的类别：*划分法*(partition)和*层次法*(hierarchical)。划分法将观测案例划分到一系列事先设定的不重合的分组中。我们有两种方式做到这点：

1) cluster kmeans　　　　　Kmeans 聚类分析

用户设定将要创建的聚类的数目(K)。Stata 然后通过迭代过程将观测案例分配到具有最接近均值的组，从而找出这些聚类。

2) cluster kmedians　　　　Kmedian 聚类分析

类似于 Kmeans 方法，但是采用中位数作为聚类标准。

划分法在计算上往往比层次法更简单且速度更快。但是，对于探索性工作而言，事先必须指定聚类的确切数目这一要求却又是个缺点。

层次法涉及使小群体逐渐融合形成大群体的一个过程。Stata 在层次聚类分析中采用一种聚集方式(agglomerative approach)：它从将每一个观测案例视为各自独立的组开始。最接近的两个组被合并，这一过程会不断进行，直到一个设定的停止点，或者是将全部观测案例归属于一个组。一种被称作系统树图或树状图的图形展示能将层次聚类结果可视化。有数种联结方法(linkage methods)，它们设定在包含多于一个观测案例的组之间应当进行比较的内容：

1) cluster singlelinkage　　最短联结法(single linkage)聚类分析

将两个组之间最接近的一对观测案例之间的相异性(dissimilarity)作为这两个组之间的相异性来加以计算。尽管简单，但是这一方法很容易受到特异值或测量误差的影响。观测案例是一次性聚类，往往形成非平衡的、不断加大的组，且这些组中的成员很少具有共性，可是又通过中间观测案例联结起来——一个被称作*链接*(chaining)的问题。

2) cluster averagelinkage　　平均联结法(average linkage)聚类分析

使用两个组中观测案例的平均相异性，得到的属性居于最短联结法和最长联结法之间。模拟研究报告表明，这一方法在许多情况下都表现很好，并且合理地稳健(见 Everitt 等人，2001，以及他们所引用的文献)。这种方法常用于考古学中。

3) cluster completelinkage　　最长联结法(complete linkage)聚类分析

使用两个组中最不相似的一对观测案例。该方法对特异值没有最短联结法那么敏感，但具有相反的倾向，即容易将许多观测案例聚集成空间紧密的聚类。

4) cluster waveragelinkage　　加权平均联结法(weighted-average linkage)聚类分析
5) cluster medianlinkage　　中位数联结法(median linkage)聚类分析

加权平均联结法和中位数联结法分别是平均联结法和重心联结法的变种。在这两种情形中，差异在于不等规模的组在合并时是如何处理的。对于平均联结法和重心联结法来说，每一组元素的数量被分解到计算中，并对更大的组相应地赋予更大的影响(因为每一观测案例具有相同的权数)。对于加权平均联结法和中位数联结法而言，不管每组中有多少观测案例，两个组都被赋予相同的权数。同重心联结法一样，中位数联结法也很容易受到逆转的影响。

6) cluster centroidlinkage　　重心联结法(centroid average linkage)聚类分析

重心联结法合并那些均值最为接近的组(与基于两组元素之间平均距离的平均联结法不同)。这一方法容易发生逆转(reversals)，即某次聚合的点比前面聚合的相异性水平更低。逆转是聚类结构不稳定的迹象，它难以解释，并且不能用 **cluster dendrogram** 画出来。

7) cluster wardslinkage　　Ward 的联结法(Ward's linkage)聚类分析

合并能使误差平方和(error sum of squares)增加最少的两个组。尽管可以适当地处理那些多元正态和相似规模的组，但是在聚类具有不相等的观测案例数时表现较差。

在本章的前面，*planets.dta* 中变量的主成分分析(见图 11.3)区分出 3 种类型的行星：内层的坚硬行星、外层的气体巨星和自成一类的冥王星(Pluto)。聚类分析提供了回答行星类型问题的一种替代方法。因为诸如卫星数量(*moons*)和以千克测量的质量(*mass*)等这些变量都是以不可比的单位进行测量，具有极为不同的方差，因此我们应当以某种方式进行标准化以避免结果受到具有最大方差的项的影响。一个常用的但不是自动的选择就是做平均数为零和标准差为 1 的标准化。这可以通过 **egen** 命令来实现(出于和前面讨论中相同的理由，使用对数形式的变量)。**summarize** 确认新的 z 变量具如下特征：有均值(近似)为零、标准差为 1。

```
. egen zrings = std(rings)
. egen zlogdsun = std(logdsun)
. egen zlograd = std(lograd)
. egen zlogmoon = std(logmoons)
. egen zlogmass = std(logmass)
. egen zlogdens = std(logdense)
. summ z*
```

Variable	Obs	Mean	Std. Dev.	Min	Max
zrings	9	-1.99e-08	1	-.8432741	1.054093
zlogdsun	9	-1.16e-08	1	-1.393821	1.288216
zlograd	9	-3.31e-09	1	-1.3471	1.372751
zlogmoon	9	0	1	-1.207296	1.175849
zlogmass	9	-4.14e-09	1	-1.74466	1.365167
zlogdens	9	-1.32e-08	1	-1.453143	1.128901

主成分分析表明存在"三种类型"的结论是稳健的，这也能通过聚类分析得到。比如，我们可以使用欧氏距离(**L2**)作为相异性测量，并采用平均联结法进行层次聚类分析。选项 **name(*L2avg*)** 赋予得自这一特定分析结果的一个变量名，因此我们能够在随后的命令中引用

它们。当我们需要尝试大量的聚类分析并对其结果进行比较时，能对结果进行命名的特点就提供了方便。

```
. cluster averagelinkage zrings zlogdsun zlograd zlogmoon zlogmass
    zlogdens, measure(L2) name(L2avg)
```

似乎什么都没有发生，尽管我们可能注意到我们的数据集现在包含 3 个具有基于 *L2avg* 的名称的新变量。这些新的 *L2avg** 变量并不是我们所直接关注的，但是可以用 **cluster dendrogram** 命令画出聚类分析树状图或系统树图，将最近的层次聚类分析结果可视化(见图 11.4)。这里的 **label(***planet***)** 选项使得行星名称(即 *planet* 的取值)在下面的树状图中作为标签显示。

```
. cluster dendrogram, label(planet) ylabel(0(1)5)
```

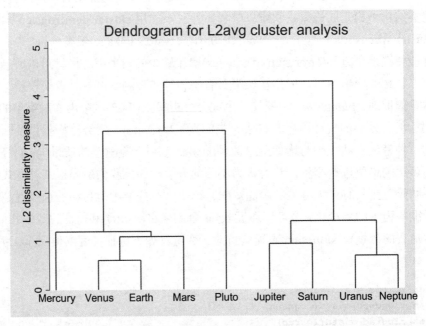

图 11.4

像图 11.4 这样的系统树图提供了层次聚类分析的主要解释工具。我们能够从底部追溯每条观测案例作为自身的聚类到顶部的所有观测案例聚合成一个聚类的聚集过程。金星(Venus)和地球(Earth)以及天王星(Uranus)和海王星(Neptune)都是最少差异或最为相似的对(pairs)。它们首先聚合，在高度(即相异性，dissimilarity)低于 1 处形成了最早的两个多观测案例聚类。木星(Jupiter)和土星(Saturn)，然后是金星-地球和火星，然后是金星-地球-火星和水星，最后是木星-土星和天王星-海王星接二连三地都在相异性为 1 左右的位置聚合。在这点，图 11.3 已经建议了与主成分分析同样的 3 个组：内层坚硬的行星、气体巨星和冥王星。这 3 个聚类在更高相异性处(大于 3)仍然保持稳定，直到冥王星和内层坚硬的行星聚合在一起。在相异性超过 4 的水平处，最后的两个聚类聚合了。

那么，到底有多少行星类型呢？图 11.4 表明，答案是"视情况而定"。也就是说，看我们想接受每一类型内多大的相异性？图 11.4 中上部的三聚类阶段和二聚类阶段之间长长的垂线表明我们有 3 种相当不同的类型。我们也可以将此减少到两类，仅需通过聚合与其同组中的其他行星极不相似的观测案例(冥王星)。我们还可以扩展到 5 种类型，只需要画出这些行星组(比如水星-火星与地球-金星)之间的差别，但是按太阳系的标准，它们之间的差别并不太大。因此，这个系统树图提供了一个三类型方案的例子。

命令 **cluster generate** 创建一个新变量，用以标识每一观测案例所属类型或组。在本例中，**group(3)** 要求的是 3 个组。**name(L2avg)** 选项设定了我们命名为 *L2avg* 的特定结果。当我们这一段操作中包含了多个聚类分析时，这一选项就非常有用了。

```
. cluster generate plantype = groups(3), name(L2avg)
. label variable plantype "Planet type"
. list planet plantype

     +----------------------+
     |  planet    plantype  |
     |----------------------|
  1. | Mercury           1  |
  2. |   Venus           1  |
  3. |   Earth           1  |
  4. |    Mars           1  |
  5. | Jupiter           3  |
     |----------------------|
  6. |  Saturn           3  |
  7. |  Uranus           3  |
  8. | Neptune           3  |
  9. |   Pluto           2  |
     +----------------------+
```

内层坚硬的行星已被编码成 *plantype* = 1，气体巨星被编码成 *plantype* = 3，而比其他行星更像外层系统卫星的冥王星被单独编码成 *plantype* = 2。组别分配为 1、2 和 3，是按照系统树图(见图 11.4)中最终聚类从左到右的排序。一旦数据被保存，我们的新类型在随后的分析中就可以像任何其他分类变量那样加以使用。

这些行星数据具有一种很强的自然分组模式，这就是为什么诸如聚类分析和主成分分析这些不同的技术都得到类似结果的原因所在。我们还可以对这个例子选择其他的相异性测量和联结法，仍然会得到极为相似的结果。但是，用复杂或缺乏模式的数据时，由于所用方法的细微差别，常常导致极为不同的结果。由一种方法得到的聚类可能并不能被其他方法再次得到，甚或分析中一些略微不同的设定也会影响到最终结果。

11.8 聚类分析 -2

发现一种简单、稳健地描述 9 颗行星的类型较为简单。作为一个更具挑战性的例子，我们来考虑 *Nations2.dta* 中的跨国数据。联合国的这些人类发展变量可被用来提出国家的经验类型(empirical typology of nations)。

```
. use C:\data\Nations2.dta, clear
. describe

Contains data from c:\data\Nations2.dta
  obs:           194                         UN Human Development Indicators
  vars:           13                         12 Jun 2012 12:43
  size:       12,804
```

```
                storage   display    value
variable name   type      format     label      variable label

country         str21     %21s                  Country
region          byte      %8.0g      region     Region
gdp             float     %9.0g                 Gross domestic product per cap
                                                   2005$, 2006/2009
school          float     %9.0g                 Mean years schooling (adults)
                                                   2005/2010
adfert          float     %8.0g                 Adolescent fertility: births/1000
                                                   fem 15-19, 2010
chldmort        float     %9.0g                 Prob dying before age 5/1000 live
                                                   births 2005/2009
life            float     %9.0g                 Life expectancy at birth
                                                   2005/2010
pop             float     %9.0g                 Population 2005/2010
urban           float     %9.0g                 Percent population urban
                                                   2005/2010
femlab          float     %9.0g                 Female/male ratio in labor force
                                                   2005/2010
literacy        float     %9.0g                 Adult literacy rate 2005/2009
co2             float     %9.0g                 Tons of CO2 emitted per cap
                                                   2005/2006
gini            float     %9.0g                 Gini coef income inequality
                                                   2005/2009

Sorted by: region country
```

使用这一相同数据做分析的第 7 章中,我们看到诸如取对数等非线性转换有助于将分布加以正态化以及将一些变量之间的关系加以线性化。非线性转换的类似思路也可以应用于聚类分析,不过为了使我们的例子保持简洁,这里不再继续使用。但是,用某种形式的线性转换以标准化变量仍然是必要的。否则,取值范围从约 280 美元到 74,906 美元(标准差为 13,942 美元)的变量 *gdp* 将会淹没像取值范围从约 46 岁到 83 岁(标准差为 11 岁)的 *life* 等其他变量。上一节中,我们通过减去每一变量的均值,然后除以它们的标准差来标准化行星数据,因此作为结果的所有 z 分的标准差全都为 1。本节中,我们将采用一种不同的方法——全距标准化(range standardization),这种方法对聚类分析也能起很好的作用。

全距标准化对每个变量除以自己的全距。Stata 中没有相应的直接命令,但是我们能很容易地临时准备一个。为此,我们利用 Stata 在 **summarize** 后悄悄保存下来的结果。回想一下,我们可以键入命令 **return list** 来查看 **summarize** 后所保存结果的完整清单(在诸如 **regress** 或 **factor** 等建模程序之后,可使用命令 **ereturn list**)。本例中,我们先看看 **summarize** *pop* 之后所保存的结果,然后使用最大值和最小值(被保存为 Stata 将其命名为 r(max) 和 r(min) 的标量来计算新的全距标准化形式的人口数。

```
. summarize gdp

    Variable |       Obs        Mean    Std. Dev.       Min        Max
    ---------+------------------------------------------------------------
         gdp |       179    12118.74    13942.34       279.8      74906

. return list

scalars:
                  r(N) =  179
              r(sum_w) =  179
               r(mean) =  12118.73919336756
                r(Var) =  194388878.6050418
                 r(sd) =  13942.34121677711
                r(min) =  279.7999877929688
                r(max) =  74906
                r(sum) =  2169254.315612793

. generate rgdp = gdp/(r(max) - r(min))
. label variable rgdp "Range-standardized GDP"
```

用类似的命令再创建其他的生活条件变量的全距标准化形式:

```
. quietly summ school
. generate rschool = school/(r(max) - r(min))
. label variable rschool "Range-standardized schooling"
. quietly summ adfert
. generate radfert = adfert/(r(max) - r(min))
. label variable radfert "Range-standardized adolescent fertility"
```

依此类推,就定义了如下所列的 8 个新变量:

```
. describe rgdp - rfemlab
```

variable name	storage type	display format	value label	variable label
rgdp	float	%9.0g		Range-standardized GDP
rschool	float	%9.0g		Range-standardized schooling
radfert	float	%9.0g		Range-standardized adolescent fertility
rchldmort	float	%9.0g		Range-standardized child mortality
rlife	float	%9.0g		Range-standardized life expectancy
rpop	float	%9.0g		Range-standardized population
rurban	float	%9.0g		Range-standardized percent urban
rfemlab	float	%9.0g		Range-standardized female labor ratio

如果 **generate** 命令被正确执行的话,这些新的全距标准化变量都具有等于 1 的全距。**tabstat** 确认了它们的确如此。

```
. tabstat rgdp - rfemlab, statistics(range)
```

stats	rgdp	rschool	radfert	rchldm~t	rlife	rpop
range	1	.9999999	1	1	1	1

stats	rurban	rfemlab
range	.9999999	1

一旦所关注变量得以标准化,我们就可以继续进行聚类分析。尽管我们将 100 多个国家区分成不同的类型,但是我们没有理由假定每个类型将包含同样多的国家。和其他方法一样,平均联结法(就是我们在行星例子中所采用的)赋予每个观测案例同样的权数。随着聚集的进行,这往往会使得更大的聚类具有更大的影响。但是,加权平均法和中位数联结法则是赋予每一聚类同等权数,而不管它包含多少个观测案例。因此,此类方法往往对探测不等规模的聚类具有更好的效果。如同重心联结一样,中位数联结也容易受到逆转的影响(在这些数据中将会发生),因此下面的例子采用加权平均联结法。绝对值距离(**measure(L1)**)提供了相异性的测量。

```
. cluster waveragelinkage rgdp - rfemlab, measure(L1) name(L1wav)
```

完整的因子分析提供的树状图被证明大得难以处理:

```
. cluster dendrogram
too many leaves; consider using the cutvalue() or cutnumber() options
r(198);
```

根据错误信息提示，在起初出现少数聚合之后，图 11.5 就采用 **cutnumber(100)** 选项形成了从只有 100 个组开始的系统树图。

```
. cluster dendrogram, ylabel(0(.5)3) cutnumber(100)
```

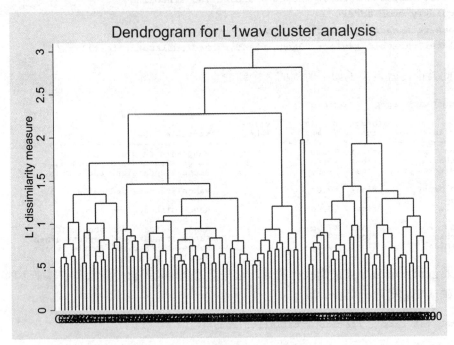

图 11.5

图 11.5 中底部的标签根本没法看，但是我们能够追溯这一聚类过程的一般流程。大部分聚合都发生在相异性低于 1 水平。恰好在系统树图中心的两个国家不寻常；它们直到大约 2 水平才聚合，然后形成一个完全不同于所有其他组的稳定的两国之组。这是 4 个相异性仍然大于 2 的聚类中的一个。这 4 个最终聚类(从左到右)中的第 1 个和第 4 个表现出异质性，它们经过大量略微不同于大多数子群的连续聚合而形成。相比而言，第二个聚类显得更同质。它合并了在相异性低于 1 处聚合成两个子群的许多国家，然后在略微高于 1 处聚合成一个组。

图 11.6 给出了此分析的另一观察，这次使用 **cutvalue(1.2)** 选项，以只显示那些相异性高于 1.2 的聚类，注意大多数聚合发生在该水平处。**showcount** 选项要求给出表明每组中观测案例数目的底部标签($n = 13$，$n = 11$，等等)。我们看到，不同于其他组，组 8、9 和 12 都分别仅由单个国家构成。

```
. cluster dendrogram, ylabel(0(.5)3) cutvalue(1.2) showcount
```

正如图 11.6 显示的那样，在相异性大于 1.2 处仍然有 15 个组。出于示范目的，我们将只考虑顶部相异性高于 2 的 4 个组。**cluster generate** 将根据上述我们称为 *L1wav* 的聚类分析的最后 4 个组创建一个分类变量。

```
. cluster generate ctype = groups(4), name(L1wav)
. label variable ctype "Country type"
```

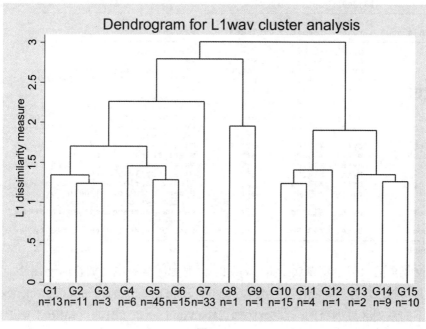

图 11.6

通过键入以下命令,我们接下来考察每个国家属于哪一组:

```
. sort cype
. by ctype: list country
```

此处并未给出呈现结果的长长的清单,但是其中我们注意到图 11.5 中的一个包含两个国家的聚类是类型 3,中国和印度。图 11.5 中相对同质的第二聚类现在被归类为类型 4,包括一大群主要在非洲的最贫穷国家。相对多样性的类型 2 包括那些更富裕的国家,有美国、欧洲和日本。同样具有多样性的类型 1 包括那些中等生活水平的国家。这一或某个其他类型是否有意义其实是一个实质问题而非统计问题,并且取决于该类型的真正用途。在聚类分析的步骤中,选取不同的选项可能得到不同的结果。通过尝试不同的合理选择,我们就可以取得一种关于哪些结果最为稳定的理解。

11.9 因子分在回归中的使用

主成分分析和因子分析经常有助于定义进一步分析的新复合变量。比如,由 **predict** 计算的因子分可成为后续回归分析的自变量或因变量。为了说明这一过程,我们转向调查数据集 *PNWsurvey2_11.dta*。

```
. use C:\data\PNWsurvey2_11.dta, clear
. describe
```

```
Contains data from c:\data\PNWsurvey2_11.dta
  obs:           734                          Pacific NW CERA survey
                                                (February 2011)
 vars:            16                          13 Jun 2012 16:11
 size:        13,946
-------------------------------------------------------------------------------
              storage  display    value
variable name   type   format     label      variable label
-------------------------------------------------------------------------------
age             byte   %8.0g      age        Age in years
sex             byte   %8.0g      sex        Gender
educ            byte   %14.0g     degree     Highest degree completed
party           byte   %11.0g     party      Political party identification
newcomer        byte   %9.0g      yesno      Moved here within past 5 years
surveywt        float  %9.0g                 CERA survey
                                               wt--adults/age/race/sex/county
forest          byte   %13.0g     eff        Loss of forestry jobs or income
cutting         byte   %13.0g     eff        Overharvesting or heavy cutting
                                               of timber
losfish         byte   %13.0g     eff        Loss of fishing jobs or income
overfish        byte   %13.0g     eff        Overfishing in the ocean
water1          byte   %13.0g     eff        Water quality or pollution issues
water2          byte   %13.0g     eff        Water supply problems
warming         byte   %13.0g     eff        Global warming or climate change
sprawl          byte   %13.0g     eff        Urban sprawl/development of
                                               countryside
weather         byte   %13.0g     eff        Unusual/extreme weather-related
                                               events
losscen         byte   %13.0g     eff        Loss of scenic natural beauty
-------------------------------------------------------------------------------
sorted by:
```

此数据集里的 16 个变量属于太平洋西北沿海地区居民电话调查的一部分。此调查于 2011 年 2 月实施，作为美国农村与环境(Community and Environment in Rural America，CERA) 改善计划下的系列区域调查的一部分(例如，Hamilton et al.,2010b；Safford and Hamilton, 2010)。

本例通过从 *forest* 到 *losscen* 这 10 个问题询问了特定的环境问题是否对当地有影响。这些问题如下：

*我将读出一组在一些农村地区可能是问题的环境问题。就**你**所居住的地方而言，对于每一个问题，我想知道你认为它在**过去 5 年内对你家庭或社区**毫无影响、有轻微影响还是有很大影响？*

林业工作或收入减少？

树木乱砍滥伐？

渔业工作或收入减少？

海洋过度捕捞？

水质和污染问题？

水供应问题？

全球变暖或气候变化？

城市蔓延或乡村快速发展？

异常或极端天气事件？

景区自然美减少？

对于每一问题，被调查者可以说该问题对其家庭或社区毫无影响、有轻微影响或有很大影响。

```
. svy: tab forest
```

```
(running tabulate on estimation sample)

Number of strata    =         1          Number of obs    =        734
Number of PSUs      =       734          Population size  =  725.97798
                                         Design df        =        733

-------------------------------------
Loss of
forestry
jobs or
income       proportions
-------------------------------------
    None         .2084
   Minor         .2108
   Major         .5808

   Total             1
-------------------------------------
   Key: proportions = cell proportions
```

许多被调查者都报告了林业或渔业工作的减少有很大影响。水供应、城市蔓延和景区自然美减少对他们的地区而言是更不太直接的关注，如图 11.7 所示。此概述图形的创建首先以由 *surveywt* 变量给定的信息为分析性权数(**[aw = *surveywt*]**，见第 4 章)，用 **catplot** 绘制出 10 幅简单条形图，然后用 **graph combine** 将它们合并成一幅单一图像。

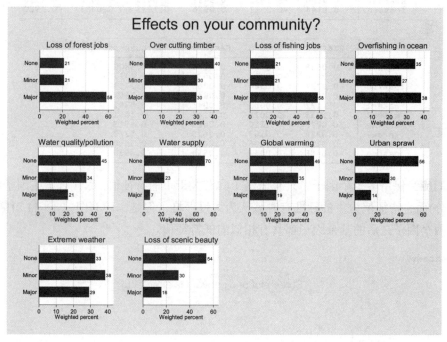

图 11.7

对这 10 个环境问题的关注是否反映更少量的潜在维度？使用迭代公因子方差的主因子法(**ipf**)会找出最佳地解释了变量间相关模式的潜在维度。

```
. factor forest cutting losfish overfish water1 water2
      warming sprawl weather losscen, ipf

(obs=734)

Factor analysis/correlation                   Number of obs    =     734
    Method: iterated principal factors        Retained factors =       9
    Rotation: (unrotated)                     Number of params =      45
```

Factor	Eigenvalue	Difference	Proportion	Cumulative
Factor1	3.34457	2.18016	0.5886	0.5886
Factor2	1.16440	0.78239	0.2049	0.7936
Factor3	0.38201	0.06367	0.0672	0.8608
Factor4	0.31834	0.09420	0.0560	0.9168
Factor5	0.22413	0.06330	0.0394	0.9563
Factor6	0.16083	0.11590	0.0283	0.9846
Factor7	0.04494	0.00940	0.0079	0.9925
Factor8	0.03554	0.02822	0.0063	0.9988
Factor9	0.00732	0.00757	0.0013	1.0000
Factor10	−0.00025	.	−0.0000	1.0000

LR test: independent vs. saturated: chi2(45) = 2030.48 Prob>chi2 = 0.0000

Factor loadings (pattern matrix) and unique variances

Variable	Factor1	Factor2	Factor3	Factor4	Factor5	Factor6
forest	0.3408	0.6168	0.0569	0.3357	−0.0288	0.0285
cutting	0.6254	0.1541	0.0641	−0.0126	−0.3822	−0.0466
losfish	0.4637	0.6746	−0.0195	−0.0834	0.2061	0.0068
overfish	0.6568	0.2032	−0.0637	−0.3887	−0.0030	−0.0670
water1	0.6410	−0.1694	−0.2377	0.0438	−0.0795	0.2092
water2	0.6181	−0.2101	−0.3671	0.1051	0.0989	0.0258
warming	0.6393	−0.2047	0.2271	−0.0950	0.0374	0.1280
sprawl	0.6046	−0.2189	−0.0078	0.1117	0.0683	−0.1921
weather	0.4960	−0.1952	0.3432	0.0485	0.1012	0.1310
losscen	0.6144	−0.2511	0.0976	0.1033	0.0483	−0.1960

Variable	Factor7	Factor8	Factor9	Uniqueness
forest	0.0608	0.0347	0.0045	0.3809
cutting	0.0004	−0.0223	−0.0035	0.4321
losfish	−0.0727	−0.0585	−0.0069	0.2713
overfish	0.0416	0.0818	0.0049	0.3593
water1	−0.1172	0.0083	0.0041	0.4381
water2	0.1055	0.0078	−0.0146	0.4061
warming	0.0772	−0.1150	0.0029	0.4518
sprawl	−0.0294	−0.0163	0.0625	0.5273
weather	−0.0129	0.1005	0.0029	0.5580
losscen	−0.0486	−0.0017	−0.0554	0.4930

我们应当保留多少个因子？只有前两个具有大于 1 的特征值，尽管对于主因子法(不同于主成分)而言特征值为 1 的标准有时被认为太过严格。但是，碎石图(见图 11.8)直观地确认了前两个因子之后的其余因子都具有相似的低特征值。

. **screeplot**

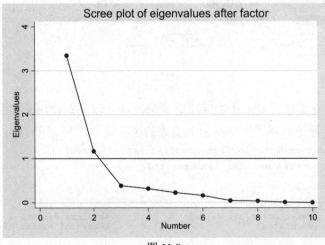

图 11.8

进一步尝试保留并旋转两个、三个或更多个因子(未呈现)后,似乎两个因子提供了最可解释的结果——一个重要的考量。一旦我们决定以两个因子继续做后续分析,接下来第一步(因为我们正使用主因子法)涉及以 **factor(2)** 为限定条件重复所做的分析。

```
. factor forest cutting losfish overfish water1 water2
    warming sprawl weather losscen, ipf factor(2)

(obs=734)

Factor analysis/correlation              Number of obs    =    734
    Method: iterated principal factors   Retained factors =      2
    Rotation: (unrotated)                Number of params =     19

    --------------------------------------------------------------
     Factor   |  Eigenvalue   Difference    Proportion   Cumulative
    ----------+---------------------------------------------------
     Factor1  |    3.20673      2.14023        0.7504       0.7504
     Factor2  |    1.06650      0.85629        0.2496       1.0000
     Factor3  |    0.21021      0.08664        0.0492       1.0492
     Factor4  |    0.12357      0.03148        0.0289       1.0781
     Factor5  |    0.09209      0.06060        0.0215       1.0997
     Factor6  |    0.03149      0.08506        0.0074       1.1070
     Factor7  |   -0.05357      0.05634       -0.0125       1.0945
     Factor8  |   -0.10991      0.00827       -0.0257       1.0688
     Factor9  |   -0.11817      0.05758       -0.0277       1.0411
     Factor10 |   -0.17575         .          -0.0411       1.0000
    --------------------------------------------------------------
    LR test: independent vs. saturated:  chi2(45) = 2030.48 Prob>chi2 = 0.0000

Factor loadings (pattern matrix) and unique variances

    ---------------------------------------------------
     Variable |   Factor1    Factor2    Uniqueness
    ----------+----------------------------------------
       forest |   0.3217     0.5026       0.6439
      cutting |   0.6020     0.1239       0.6223
      losfish |   0.4788     0.7268       0.2425
     overfish |   0.6289     0.1824       0.5713
       water1 |   0.6249    -0.1549       0.5855
       water2 |   0.5916    -0.1811       0.6172
      warming |   0.6305    -0.1924       0.5654
       sprawl |   0.6074    -0.2205       0.5824
      weather |   0.4799    -0.1770       0.7384
      losscen |   0.6155    -0.2515       0.5579
    ---------------------------------------------------
```

promax(斜交)旋转会简化因子模式而允许因子之间存在一定程度的相关。相关的因子从统计学上讲更不简约,因为它们有重叠的方差(overlapping variance)。但是,如果我们将这些因子视为反映着环境关注的基本且未必不相关的维度,那么它们可能更符合实际情况。

```
. rotate, promax

Factor analysis/correlation              Number of obs    =    734
    Method: iterated principal factors   Retained factors =      2
    Rotation: oblique promax (Kaiser off)    Number of params =   19

    --------------------------------------------------------------
     Factor   |   Variance    Proportion    Rotated factors are correlated
    ----------+---------------------------------------------------
     Factor1  |    3.06450       0.7171
     Factor2  |    1.86514       0.4365
    --------------------------------------------------------------
    LR test: independent vs. saturated:  chi2(45) = 2030.48 Prob>chi2 = 0.0000

Rotated factor loadings (pattern matrix) and unique variances

    ---------------------------------------------------
     Variable |   Factor1    Factor2    Uniqueness
    ----------+----------------------------------------
       forest |  -0.0567     0.6164       0.6439
      cutting |   0.4346     0.2980       0.6223
      losfish |  -0.0703     0.8951       0.2425
     overfish |   0.4190     0.3668       0.5713
```

```
                water1      0.6389      0.0124         0.5855
                water2      0.6277     -0.0244         0.6172
               warming      0.6686     -0.0253         0.5654
                sprawl      0.6674     -0.0612         0.5824
               weather      0.5291     -0.0513         0.7384
               losscen      0.6949     -0.0915         0.5579

Factor rotation matrix

                     Factor1    Factor2

            Factor1   0.9662     0.6109
            Factor2  -0.2578     0.7917
```

关于水质量或供应问题、全球变暖、极端天气、城市蔓延及景区自然美减少的当地效应的调查问题都在因子 1 上负载更大。对林业或渔业工作减少的关注则在因子 2 上负载更大。同时涉及资源过度使用和工作的两项——*cutting* 和 *overfish*，在两个因子上具有大致相似的负载。基于这些模式，我们可以将因子 1 解释为表示一般性环境关注，而因子 2 解释为表示资源工作关注。**predict** 计算因子分，它们是由以各自的因子分系数为权数的变量标准分的加权和所定义的复合变量。这两个新的复合变量被命名为 *enviro* 和 *resjobs*。

```
. predict enviro resjobs
(regression scoring assumed)

Scoring coefficients (method = regression; based on promax(3) rotated
factors)

           Variable    Factor1    Factor2

             forest    0.00448    0.15784
            cutting    0.12496    0.14577
            losfish    0.01218    0.68645
           overfish    0.13504    0.09935
             water1    0.18799    0.02717
             water2    0.16724    0.00984
            warming    0.20531    0.00398
             sprawl    0.19251   -0.00430
            weather    0.11661    0.00008
            losscen    0.21054   -0.01245

. label variable enviro "Pollution, sprawl and scenic effects"
. label variable resjobs "Resource job loss effects"
. summ enviro resjobs

    Variable |    Obs        Mean    Std. Dev.       Min        Max

      enviro |    734   -1.38e-09    .9112633   -1.307359   2.209436
     resjobs |    734    9.40e-11    .9039373   -1.912148    .9766908
```

构建新复合变量的社会科学家需要找出它们的效度(validity)证据，或者与它们所测量内容之间的关系。本例中，一种效度——表面效度(face validity)，由因子负载的可解释模式所支持。另一种效度——校标效度(criterion validity)，可通过检验新变量与其他变量之间相关是否如理论或以往研究所预测的那样进行探究。比如，近年来针对美国的环境关注的调查研究得到的最为稳健的一个发现，一直是意识形态或政党路线效应(political party-line effects)的普遍存在。呈现一般性环境关注因子上的得分(*enviro*)在被调查者政治 *party* 上分布的箱线图明显与此期望的模式相一致。图 11.9 中的水平线标明了总中位数(overall median)，它来自于以调查抽样权数为分析性权数执行 **summarize, detail** 得到的 **r(p50)**。自认为是共和党的被调查者中，那些有高 *enviro* 得分的表现为特异值。

```
. quietly summ enviro, detail
. graph box enviro [aw = surveywt], over(party) yline(`r(p50)')
```

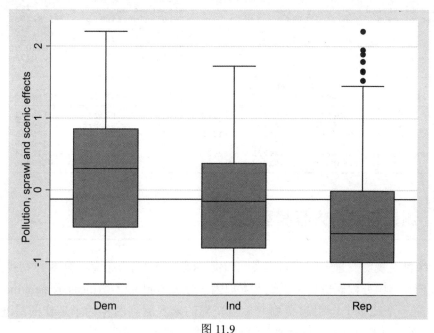

图 11.9

以往研究所报告的其他常见发现包括来自年龄、性别和教育的效应。CERA 研究人员也关心农村地区新来者的环境知觉(environmental perception)是否有别于那些长期居民。以下回归分析发现了显著的教育、党派和新来者效应。那些具有更高教育、民主党派或无党派及居住本地区 5 年以上的被调查者,往往更多地感觉到这些环境问题对当地的影响。

```
. svy: regress enviro age-newcomer
(running regress on estimation sample)

Survey: Linear regression

Number of strata   =        1          Number of obs    =        734
Number of PSUs     =      734          Population size  =  725.97798
                                       Design df        =        733
                                       F(   5,    729)  =      15.64
                                       Prob > F         =     0.0000
                                       R-squared        =     0.1275

------------------------------------------------------------------------------
             |             Linearized
      enviro |      Coef.   Std. Err.      t    P>|t|     [95% Conf. Interval]
-------------+----------------------------------------------------------------
         age |  -.0008836   .0027041    -0.33   0.744    -.0061923    .004425
         sex |   .1037294   .0807127     1.29   0.199    -.0547262    .2621849
        educ |   .1037535   .0383315     2.71   0.007     .0285008    .1790062
       party |  -.2949115   .0430073    -6.86   0.000    -.3793436   -.2104794
    newcomer |  -.2197846   .1089288    -2.02   0.044    -.4336341   -.005935
       _cons |   .2841083   .2264291     1.25   0.210    -.1604185    .7286351
------------------------------------------------------------------------------
```

用我们的资源-工作关注因子 *resjobs* 所做的类似回归,发现它很少受到教育或政治的影响。反而年龄和新来者身份是最强的预测变量。越年轻的被调查者和那些过去 5 年内搬入本地区的往往更少地感觉到来自渔业和林业工作减少的影响。

```
. svy: regress resjobs age-newcomer
```

```
(running regress on estimation sample)
Survey: Linear regression

Number of strata   =        1          Number of obs    =       734
Number of PSUs     =      734          Population size  = 725.97798
                                       Design df        =       733
                                       F(   5,    729)  =      6.02
                                       Prob > F         =    0.0000
                                       R-squared        =    0.0792
```

		Linearized				
resjobs	Coef.	Std. Err.	t	P>|t|	[95% Conf.	Interval]
age	.008514	.0031023	2.74	0.006	.0024235	.0146045
sex	.0826771	.0883132	0.94	0.349	-.0906998	.2560541
educ	.0613762	.0414013	1.48	0.139	-.0199031	.1426555
party	-.0835506	.0479571	-1.74	0.082	-.1777002	.010599
newcomer	-.3624841	.1330725	-2.72	0.007	-.6237327	-.1012354
_cons	-.488574	.2391453	-2.04	0.041	-.9580654	-.0190826

11.10 测量与结构方程模型

以一个涉及观测变量之间关系的类回归例子(见图 8.15)为起点,第 8 章初步介绍过结构方程建模。结构方程模型也可以纳入类似因子分析的测量模型(measurement models)。测量模型假定一个或多个会引起观测变量上变异的未观测到的像因子那样的潜变量(latent variable)。图 11.10 用太平洋西北地区的 CERA 调查来示例说明。

```
. use C:\data\PNWsurvey2_11.dta, clear
```

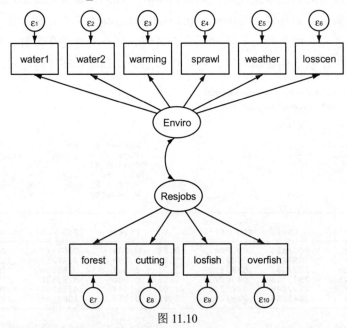

图 11.10

图 11.10 中有两个未观测到的潜变量,名为 *Enviro* 和 *Resjobs*。它们的名称有意地重复上一节中赋予因子分的名称,但是我们重新开始这里的分析。不存在具有这些名称的变量。结构方程建模中,Stata(默认地)遵循潜变量的名称以大写字母开头的惯例。潜变量 *Enviro*

被描述为引起 6 个观测变量上的部分变异，这 6 个变量就是上一节主要负载在因子 1 上的那些。潜变量 *Resjobs* 解释 4 个其他观测变量上的变异，这 4 个变量主要或部分地负载在因子 2 上。注意一条图示规则：潜变量为椭圆外形，观测变量为长方形外形。弯双向箭头表示 *Enviro* 和 *Resjobs* 之间的非因果相关。

图 11.10 用 Stata 的 SEM 生成器(SEM Builder)通过以下步骤绘制而成：

Statistics → SEM(structural equation modeling) → Modeling building and estimation

从弹出界面的左侧边距内选取 Add measurement Component(M)工具，并将它放在绘图区(plot place)内希望潜变量所在的位置。以大写字母开头给潜变量指定一个名称，比如 *Enviro*。通过在列表中选择它们的名称来选取被此潜变量解释的 Measurement variables。选择 Measurement direction，比如 UP。单击 OK，然后以 Measurement direction ... Down 在一个不同位置对第二个潜变量(如 *Resjobs*)重复上述过程。再次单击 OK。最后，使用界面左侧边距内的 Add covariance(C)工具为潜变量之间的相关或协方差放置弯双向箭头。

图 11.11 呈现了估计后的相同测量模型。从潜变量到观测变量的路径上的那些系数是类似于因子负载的标准化回归系数(standardized regression coefficients)。每一观测变量还有其各自的独特方差(unique variance)，由该路径模型中的 ε(epsilon)项给出。*Enviro* 和 *Resjobs* 的相关为 0.62。

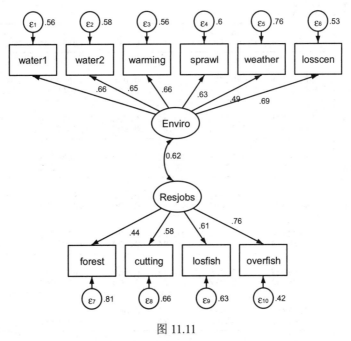

图 11.11

一旦已绘制好如图 11.10 所示的路径图，只需单击 Estimate 便会以统计结果填充该图。默认情况下，Stata 会呈现大量信息。但是，就某些目的而言，比如发表，我们或许想让其变得简单些。图 11.11 仅呈现经抽样权数加权的标准化回归系数或方差，全部以小数点后保留两位的固定格式显示。通过以下菜单选择进行精简：

Settings → Variables → All … → Results → Exogenous variables → None → OK
Settings → Variables → All … → Results → Endogenous variables → None → OK
Settings → Variables → Error … → Results → Error std. variance → OK
Settings → Connections → Paths → Results → Std. parameter → OK
Settings → Connections → All → Results → Result 1 → Format %3.2f → OK → OK
Estimation → Estimate → Weights → Sampling weights … (选择权数变量，比如 surveywt) → OK

相同的模型也可以直接用 **sem** 命令进行估计，而无须借助 SEM 生成器。以下命令中，注意前置代号 **svy:**，它会像对 **regress** 和许多其他 Stata 程序一样将调查权数(survey weighting)应用于 **sem**。这一输出结果中的标准化系数对应着图 11.11 中的路径系数(path coefficient)。观测变量的独特方差和潜变量之间的标准化协方差(即相关系数)同样对应着图 11.11 中所示的值。

```
. svy: sem (Enviro -> water1 water2 warming sprawl weather losscen)
     (Resjobs -> forest cutting losfish overfish), standard

Survey: Structural equation model

Number of strata   =       1            Number of obs     =        734
Number of PSUs     =     734            Population size   =  725.97798
                                        Design df         =        733

 ( 1)  [water1]Enviro = 1
 ( 2)  [forest]Resjobs = 1
```

Standardized	Coef.	Linearized Std. Err.	t	P>|t|	[95% Conf. Interval]	
Measurement						
water1 <-						
Enviro	.6617216	.0305711	21.65	0.000	.6017043	.7217389
_cons	.9865716	.0405518	24.33	0.000	.9069601	1.066183
water2 <-						
Enviro	.6474885	.033683	19.22	0.000	.5813618	.7136151
_cons	.6092422	.0301459	20.21	0.000	.5500596	.6684249
warming <-						
Enviro	.6604354	.0295415	22.36	0.000	.6024393	.7184315
_cons	.9570574	.0398204	24.03	0.000	.8788818	1.035233
sprawl <-						
Enviro	.6331502	.0394133	16.06	0.000	.5557738	.7105265
_cons	.8070991	.0351607	22.95	0.000	.7380715	.8761267
weather <-						
Enviro	.4872326	.0408934	11.91	0.000	.4069505	.5675148
_cons	1.229424	.0493018	24.94	0.000	1.132634	1.326213
losscen <-						
Enviro	.6868967	.0336976	20.38	0.000	.6207413	.7530521
_cons	.8308351	.0357022	23.27	0.000	.7607443	.9009259
forest <-						
Resjobs	.4351381	.0782853	5.56	0.000	.2814481	.5888282
_cons	1.701551	.0851467	19.98	0.000	1.534391	1.868712
cutting <-						
Resjobs	.5800483	.0483413	12.00	0.000	.4851445	.6749521
_cons	1.086461	.0455767	23.84	0.000	.9969847	1.175938
losfish <-						
Resjobs	.611518	.0646856	9.45	0.000	.4845268	.7385092
_cons	1.699434	.0899735	18.89	0.000	1.522798	1.876071
overf~h <-						
Resjobs	.7640356	.0396915	19.25	0.000	.686113	.8419582
_cons	1.211127	.0531622	22.78	0.000	1.106759	1.315495

```
              Variance
              e.water1    .5621246    .0404591                      .4880516    .6474398
              e.water2    .5807587    .0436187                      .5011403    .6730265
             e.warming     .563825    .0390206                      .4921959    .6458784
              e.sprawl    .5991209     .049909                      .5087318    .7055699
             e.weather    .7626044    .0398492                      .6882511    .8449901
             e.losscen    .5281729    .0462936                      .4446786    .6273445
              e.forest    .8106548    .0681298                      .6873535    .9560745
              e.cutting    .663544    .0560805                      .5620954    .7833023
             e.losfish    .6260458    .0791129                      .4884978    .8023236
            e.overfish    .4162496    .0606515                      .3126948    .5540985
                Enviro           1           .                             .           .
               Resjobs           1           .                             .           .

  Covariance
      Enviro
     Resjobs    .6194808    .0603082    10.27    0.000    .5010833    .7378782
```

图 11.12 呈现了一个将测量模型与回归模型结合起来的例子,其中,测量模型中以潜变量 *Enviro* 解释 6 个观测变量 *water1* 到 *losscen* 上的变异,而回归模型中是 *Enviro* 自己由 5 个观测到的背景变量 *age* 到 *newcomer* 加以解释。概念上,图 11.12 类似于我们上一节所做的分析,即以因子分 *enviro* 作为对 *age* 到 *newcomer* 进行回归的因变量。结构方程方法形式上是将因子分析和回归的特性合并到一个模型中。它支持对诸如误差相关(error correlation)及涉及其他观测变量和潜变量关系等的许多替代设置进行估计和检验。

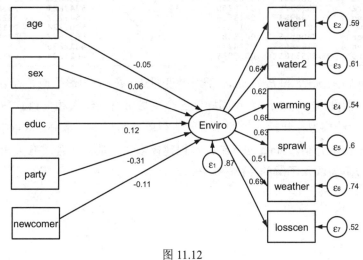

图 11.12

以下命令估计图 11.12 中所见的相同模型,并提供内容更丰富的输出结果。

```
. svy: sem (Enviro -> water1 water2 warming sprawl weather losscen)
        (age sex educ party newcomer -> Enviro), standard

(running sem on estimation sample)

Survey: Structural equation model

Number of strata   =       1              Number of obs     =        734
Number of PSUs     =     734              Population size   =  725.97798
                                          Design df         =        733

 ( 1)  [water1]Enviro = 1

                            Linearized
    Standardized    Coef.    Std. Err.       t    P>|t|    [95% Conf. Interval]

 Structural
    Enviro <-
```

	Coef.	Std. Err.	z	P>|z|	[95% Conf.	Interval]
age	-.049816	.057598	-0.86	0.387	-.1628926	.0632606
sex	.0613271	.0510951	1.20	0.230	-.0389831	.1616373
educ	.120357	.0491608	2.45	0.015	.0238443	.2168696
party	-.312801	.0500496	-6.25	0.000	-.4110587	-.2145434
newcomer	-.1093371	.0540814	-2.02	0.044	-.2155101	-.0031642
Measurement						
water1 <-						
Enviro	.6428945	.0331035	19.42	0.000	.5779054	.7078836
_cons	1.310624	.1795705	7.30	0.000	.9580899	1.663157
water2 <-						
Enviro	.6245495	.0376486	16.59	0.000	.5506375	.6984616
_cons	.9240446	.1715634	5.39	0.000	.5872303	1.260859
warming <-						
Enviro	.6783102	.0304816	22.25	0.000	.6184686	.7381518
_cons	1.298958	.1864989	6.96	0.000	.9328226	1.665094
sprawl <-						
Enviro	.6309669	.0405904	15.54	0.000	.5512797	.7106542
_cons	1.125136	.1758646	6.40	0.000	.779878	1.470395
weather <-						
Enviro	.5098348	.0405605	12.57	0.000	.4302061	.5894634
_cons	1.486405	.146774	10.13	0.000	1.198257	1.774552
losscen <-						
Enviro	.6949895	.034121	20.37	0.000	.6280029	.7619762
_cons	1.181143	.1923892	6.14	0.000	.8034435	1.558843
Variance						
e.water1	.5866867	.0425642			.5088026	.6764927
e.water2	.6099379	.0470269			.5242621	.7096149
e.warming	.5398953	.0413519			.4645217	.627499
e.sprawl	.6018807	.0512223			.5092724	.7113294
e.weather	.7400685	.0413583			.6631692	.8258849
e.losscen	.5169895	.0474275			.4317826	.619011
e.Enviro	.8653105	.0330935			.8027204	.932781

我们发现 *educ*、*party* 和 *newcomer* 都对潜变量 *Enviro* 有显著影响,而 *age* 和 *sex* 并没有。这些结果与前面因子分 *enviro* 对同样这 5 个变量所得的结果相一致。

用 Stata 进行结构方程建模的主题本身就值得单独写至少一本书。本章中的例子和第 8 章中的那些只是初步介绍。Stata 的《结构方程建模参考手册》包含对有关命令的完整介绍以及引导读者做更为深入了解的 26 个例子。

第 12 章

时间序列分析

长达 700 页篇幅的《时间序列参考手册》对 Stata 的时间序列数据处理功能进行了说明。本章只提供简要的介绍,从两个基本分析工具开始:时间标绘图和修匀。然后,我们将示范相关图、ARIMA 和 ARMAX 建模以及对平稳性和白噪声的检验。更多的应用,包括周期图和灵活的 ARCH 模型族将留给读者自行探究。

有关时间序列主题的全面技术处理可以参见 Hamilton(1994)。其他参考文献包括 Box、Jenkins 和 Reinsel(1994)、Chatfield(2004)、Diggle(1990)、Enders(2004)以及 Shumway(1988)。

时间序列的操作菜单如下:

Statistics → Time series	时间序列
Statistics → Multivariate time series	多元时间序列
Statistics → Cross-sectional time series	截面时间序列
Graphics → Time series graphs	时间序列图形

12.1 命令示范

`. ac y, lags(8) level(95) generate(newvar)`

画出变量 *y* 的滞后 1 到 8 期的自相关图,并带 95%置信区间(默认)。将自相关作为新变量 *newvar* 的前 8 个取值加以保存。

`. arch D.y, arch(1/3) ar(1) ma(1)`

为 *y* 的一阶差分拟合一个 ARCH 模型(AutoRegressive Conditional Heteroskedasticity model,自回归条件异方差模型),包含 ARCH 的一阶至三阶项,以及一阶的 AR 和 MA 扰动项。

`. arima y, arima(1,1,1)`

拟合一个简单的 ARIMA(1, 1, 1)模型,包含一阶差分以及一阶的 AR 和 MA 项。可能的选项包括设定替代的估计策略、线性约束以及方差的稳健估计值。

`. arima y, arima(1,0,2) sarima(1,0,1,12)`

拟合一个 ARIMA(1, 0, 2) × (1, 0, 1)$_{12}$ 模型,内含一阶 AR 项、一阶和二阶 MA 项以及一个按 12 个时期划分的季节乘数分量。

. **arima** *y x1 x2 x3*, **arima(2,0,1)**

执行 *y* 对 3 个预测变量的 ARMAX(AutoRegressive Moving Average with eXogenous variables,即含外生变量的自回归移动平均数)回归。误差被作为二阶自回归和一阶移动平均数过程进行建模。

. **arima** *D.y x1 L1.x1 x2*, **ar(1) ma(1 12)**

拟合一个 ARMAX 模型,将 *y* 的一阶差分对 *x1*、*x1* 的时滞 1 取值(lag-1 values)以及 *x2* 做回归,其中还包括 AR(1)、MA(1)和 MA(12)扰动项。

. **corrgram** *y*, **lags(8)**

得到自相关、偏自相关以及滞后 1 至 8 期的 Q 检验。

. **dfuller** *y*

对平稳性(stationarity)进行 Dickey-Fuller 单位根检验。

. **estat dwatson**

对时间序列数据执行 **regress** 以后,计算检验一阶自相关的 Durbin-Watson 统计量。

. **egen** *newvar* = **ma(***y***)**, **nomiss t(7)**

创建新变量 *newvar*,等于 *y* 的跨距 7 的移动平均数,用更短、未对中的平均数取代起点值和终点值。

. **generate** *date* = **mdy(***month,day,year***)**

创建变量 *date*,其值为根据月(*month*)、日(*day*)、年(*year*)3 个变量计算的自 1960 年 1 月 1 日以来的消逝天数。

. **generate** *date* = **date(***str_date***, "mdy")**

根据字符串变量 *str_date* 创建变量 *date*,其中的字符串变量 *str_date* 包含月、日、年形式的日期信息,比如 "11/19/2001"、"4/18/98" 或 "June 12, 1948"。键入 **help dates** 查看更多其他的日期函数和选项。

. **generate** *newvar* = **L3.***y*

创建新变量 *newvar*,等于滞后 3 期的 *y* 的数值。

. **pac** *y*, **lags(8) yline(0) ciopts(bstyle(outline))**

画出滞后 1 到 8 期的带置信区间和残差方差的偏自相关图。图中在 0 值处添加了一条水平线,将置信区间显示为轮廓而不是(默认的)阴影区域。

. **pergram** *y*, **generate**(*newvar*)

画出变量 *y* 的样本周期图(sample periodogram)(谱密度函数)并创建变量 *newvar* 等于周期图的粗值。

. **smooth 73** *y*, **generate**(*newvar*)

创建变量 *newvar*，等于跨距为 7 的 *y* 移动中位数(running median)，再按跨距 3 的移动中位数做修匀。诸如 "3RSSH" 或 "4253h, twice" 等的复合校平器也是可能的。键入 **help smooth** 或 **help tssmooth** 查看其他修匀方法和过滤器。

. **tsset** *date*, **format**(%td)

将数据集定义为时间序列。时间用变量 *date* 来标识，时期单位为每天(daily)。对于面板数据(panel data)，即许多不同单位(比如城市)的平行时间序列，**tsset** *city year* 同时指定了面板变量和时间变量。本章的大多数命令都要求数据被 **tsset** 过。

. **tssmooth ma** *newvar* = *y*, **window**(2 1 2)

将移动平均数过滤器应用于 *y* 来创建变量 *newvar*。选项 **window**(2 1 2)通过在每一修匀点的计算中用 2 个时滞值、当前观测和 2 个前导值求出跨距为 5 的移动平均数。键入 **help tssmooth** 查看其他可用的过滤器，包括加权移动平均数、指数或双指数、Holt-Winters 以及非线性等过滤器。

. **tssmooth nl** *newvar* = *y*, **smoother**(4253h,twice)

将非线性修匀过滤器应用于 *y* 来创建 *newvar*。选项 **smoother**(4253h, twice)迭代求出跨距为 4、2、5、3 的移动中位数，接着应用 Hanning 加权函数，然后对残差重复这个过程。**tssmooth nl** 与其他 **tssmooth** 程序不同，它对缺失值不起作用。

. **wntestq** *y*, **lags**(15)

对白噪声进行 Ljung-Box 混合 *Q* 检验(**corrgram** 也可提供此检验)。

. **xcorr** *x y*, **lags**(8) **xline**(0)

画出输入变量(*x*)和输出变量(*y*)之间时滞为 1 到 8 的交互相关图。**xcorr** *x y*, **table** 给出包括实际相关的文本形式输出结果。其中，如果将 **generate**(*newvar*)选项加入到 **xcorr** 命令中，就会将时滞为−8 到+8 所对应的相关作为一个变量保存到数据的前 17 行中。

12.2 修匀

许多时间序列都会呈现出高频率的波动，以至于很难辨别基本的模式。修匀(smoothing)这样的序列会将数据分解为两部分，一部分为逐渐的变化，另一部分为包含剩下的迅速变化的"粗糙"部分：

数据＝修匀部分+粗糙部分

为了示例说明修匀方法，我们对新罕布什尔州米尔福镇 1983 年前 7 个月的日常用水量数据进行考察(*MILwater.dta*，取自 Hamilton,1985)。米尔福镇用水量的惯常模式在该时期中期时被警告消息中断。

```
Contains data from C:\data\MILwater.dta
  obs:           212                         Milford daily water use, 1/1/83
                                               - 7/31/83
  vars:            4                          22 Jun 2012 08:05
  size:        1,272
              storage  display    value
variable name  type    format     label       variable label
month          byte    %9.0g                  Month
day            byte    %9.0g                  Date
year           int     %9.0g                  Year
water          int     %9.0g                  Water use in 1000 gallons
Sorted by:
```

做进一步分析之前，我们需要将月、日、年信息转换成单一的数值型时间指标。Stata 的 **mdy( )** 函数可以做这件事，创建一个消逝天数变量(这里命名为 *date*)，表示自 1960 年 1 月 1 日以来的天数。

```
. generate date = mdy(month,day,year)
. list in 1/5

     month  day  year  water  date
  1.    1    1   1983   520   8401
  2.    1    2   1983   600   8402
  3.    1    3   1983   610   8403
  4.    1    4   1983   590   8404
  5.    1    5   1983   620   8405
```

作为参照日期的 1960 年 1 月 1 日是任意选取的，但它是固定的。通过使用命令 **tsset** (意为时间序列设定，**time series set**)将 *date* 指定为时间指标变量并设定该变量的显示格式为 **%td**(其中 **d** 代表每天(**daily**))，可以为 *date* 提供更可理解的格式化，并设定好我们的数据以便后续分析。

```
. tsset date, format(%td)
        time variable:  date, 01jan1983 to 31jul1983
                delta:  1 day

. list in 1/5

     month  day  year  water    date
  1.    1    1   1983   520   01jan1983
  2.    1    2   1983   600   02jan1983
  3.    1    3   1983   610   03jan1983
  4.    1    4   1983   590   04jan1983
  5.    1    5   1983   620   05jan1983
```

诸如 "05jan1983" 这样的新变量 *date* 的日期格式，比诸如 "8405"(即自 1960 年 1 月 1 日以来的天数)这样的隐含数值的可读性更强。如果需要，我们也可以用 **%td** 格式化得到其他格式，比如 "05 Jan 1983" 或 "01/05/83"。Stata 提供了很多的变量定义、显示格式和数据集格式特性，这些对时间序列分析很重要。其中有许多涉及日期的输入、转换和显示方式。日期函数的完整描述请参见《数据管理参考手册》和《用户指南》，或者在 Stata 内键入 **help dates** 加以探究。

图 12.1 使用 **twoway line** 绘制了一幅简单的 *water* 对 *date* 的时间标绘图。该图呈现出一个逐日变化模式以及夏季到来时用水量增加的趋势。日期格式变量的取值(01jan1983 等)被自动标注在 *x*(或 *t*)轴上作为标签，但此处 Stata 的默认选择导致令人不满意的堆叠结果。

```
. graph twoway line water date
```

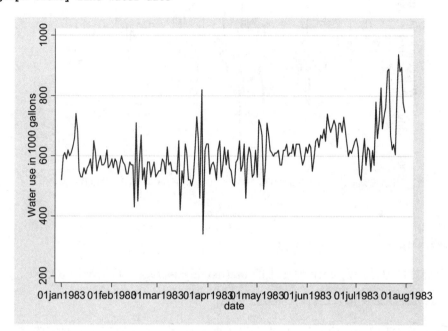

图 12.1

当 *x* 轴为日期变量时，绘制时间标绘图的一个更好办法是使用专门的时间序列命令 **tsline**。此命令允许我们以日期形式来描述 *x* 轴，而不必引用其后的数值型消逝天数。比如，我们可以绘制一幅类似于图 12.1 的时间标绘图，但时间轴标签的堆叠并不那么严重，如图 12.2 所示。注意，**tsline** 命令并不接受 *x* 变量而只接受一个或多个 *y* 变量。因为使用 **tsset** 过的数据时，时间维度已经被定义好了。选项 **tlabel( )** 和 **ttick( )** 在 **tsline** 标绘图中的作用恰好与 **xlabel( )** 和 **xtick( )** 在任何其他 **twoway** 标绘图中的一样，除了它们理解 01jan1983 这样的日期表示符号之外。在图 12.2 中，我们还以选项 **ttitle(" ")** 略去了 *x* 轴(时间或 *t* 轴)的标题，因为"Date"这个词在标注了 01jan1983、01mar1983 等的数轴下面似乎是多余的。

```
. tsline water, ylabel(300(100)900) ttitle("")
    tlabel(01jan1983 01mar1983 01may1983 01jul1983, grid)
    ttick(01feb1983 01apr1983 01jun1983 01aug1983)
```

肉眼查看在时间序列分析中起着重要的作用。修匀常常能够帮助我们看到潜藏在不规则波动起伏的序列背后的模式。最简单的修匀方法是基于 *y* 目前、过去和以后的取值来计算每一数据点上的移动平均数。比如，一个"跨距为 3 的移动平均数"(moving average of span

3)是指 y_{t-1}、y_t 和 y_{t+1} 的均值。我们可以用 Stata 的明确下标来 **generate** 此变量：

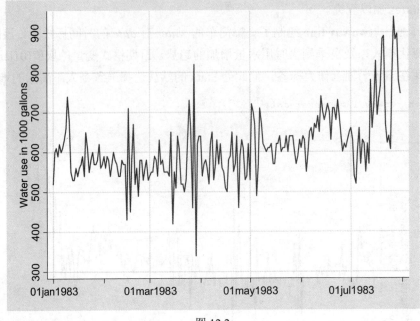

图 12.2

```
. generate water3a = (water[_n-1] + water[_n] + water[_n+1])/3
```

一个更好的办法涉及 **egen** 命令中的 **ma**(moving average，移动平均数)函数：

```
. egen water3b = ma(water), nomiss t(3)
```

此 **egen** 命令中的 **nomiss** 选项要求在序列两端计算更短跨距以及未对中的移动平均数，否则新变量 *water3* 的第一个和最后一个值将为缺失值。选项 **t(3)** 要求按跨距为 3 来计算移动平均数。跨距可以设定为任何大于等于 3 的奇数。

对于时间序列(**tsset**)数据，**tssmooth** 命令提供了强大的修匀工具。**tssmooth nl** 之外的所有修匀工具都能处理缺失值。

tssmooth ma	移动平均数过滤器，未加权的或加权的
tssmooth exponential	单指数过滤器
tssmooth dexponential	双指数过滤器
tssmooth hwinters	非季节性的 Holt-Winters 修匀
tssmooth shwinters	季节性的 Holt-Winters 修匀
tssmooth nl	非线性过滤器

比如，**tssmooth ma** 可以计算跨距为 3 的移动平均数，所得结果与我们前面的 **egen** 命令相同：

```
. tssmooth ma water3c = water, window(1 1 1)
The smoother applied was
    (1/3)*[x(t-1) + 1*x(t) + x(t+1)]; x(t)= water
```

键入 **help tssmooth exponential**、**help tssmooth hwinters** 等以查看每一命令的语法。

图 12.3 画出了米尔福镇用水量的 5 天移动平均数(*water5*)及原始数据(*water*)。这一 **graph twoway** 命令将修匀的 *water5* 值的时间标绘图叠并在原始 *water* 值的另一时间标绘图(细线)之上。和图 12.2 中一样，*t* 轴标签标识了日期。不过，在图 12.3 中，我们设定了一种更简单的日期显示格式，只给出了月和日，即 **format(%tdmd)**。更简短的格式为对图中每一月份的开端添加标签留出了空间，这与图 12.2 中每隔一个月的标签添加方式不同。

```
. tssmooth ma water5 = water, window(2 1 2)
  The smoother applied was
        (1/5)*[x(t-2) + x(t-1) + 1*x(t) + x(t+1) + x(t+2)]; x(t)= water

. tsline water, clwidth(medium)
    || tsline water5, clwidth(medthick)
    || , ylabel(300(100)900) ytitle("Water use in 1000 gallons")
    ttitle("") tlabel(01jan1983 01feb1983 01mar1983 01apr1983
    01may1983 01jun1983 01jul1983 01aug1983, grid format(%tdmd))
    legend(position(4) ring(0) rows(2)
        label(1 "daily water use") label(2 "5-day average"))
```

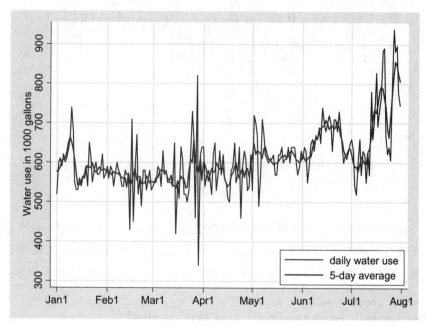

图 12.3

移动平均数也有其他以平均数为基础的统计量的共同缺点：它们对特异值没有抵抗力。由于特异值在用水量时间序列中形成了许多突出的芒尖，因此我们可能尝试一种更有抵抗力的修匀方法。命令 **tssmooth nl** 执行对特异值有抵抗力的非线性修匀，有关方法应用和术语的介绍可参见 Velleman 和 Hoaglin(1981)以及 Velleman(1982)。比如：

```
. tssmooth nl water5r = water, smoother(5)
```

这会创建一个名为 *water5r* 的新变量，保存按跨距为 5 的移动中位数对 *water* 修匀后的取值。可以用 Velleman 的原初标识法来设定复合校平器(compound smoother): 使用不同跨距的移动中位数,结合"Hanning 加权函数"(即跨距为 3 的以 ¼、½、¼ 加权的移动平均数)和其他技术。有一种被称作"4253h, twice"的复合校平器对变化迅速的数据似乎特别有用。将之用于 *water*,我们计算出修匀变量(smoothed variable)*water4r*:

```
. tssmooth nl water4r = water, smoother(4253h,twice)
```

图 12.4 画出了这些新的修匀值 *water4r*。比较图 12.4 与图 12.3 就会看出"4253h, twice"修匀相对于跨距为 5 的移动平均数修匀的效果。尽管两个校平器有相似的跨距,但是"4253h,twice"修匀在减少不规则波动起伏的变异上做得更多。

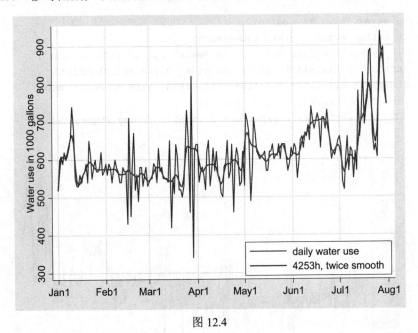

图 12.4

有时,我们修匀的目标是在修匀的标绘图中寻找模式。然而,就这些特定数据而言,粗糙部分或残差在修匀之后实际上更有意思。我们可以计算出原始数据与修匀数据之间的差作为其粗糙部分,然后将这些残差绘制成单独的时间标绘图,如图 12.5 所示。

```
. generate rough = water - water4r
. label variable rough "Residuals from 4253h, twice"
. tsline rough, ttitle("")
    tlabel(01jan1983 01feb1983 01mar1983 01apr1983
    01may1983 01jun1983 01jul1983 01aug1983, grid format(%tdmd))
```

图 12.5 中最剧烈的波动发生在 3 月 27 日至 29 日附近。用水量突然急剧下降,又重新升高,然后下降得更低并在恢复到更常见水平之前反弹得甚至更高。就在这些日子里,当地报纸报道说,供应本地用水的其中一口水井中发现了有害的化学废料。最初的报道让居民惊恐,用水量也出人意料地下降。作为对事态新进展的反应或对推迟使用的补偿,随后数天内的用水量在高峰和低谷之间来回波动。事态在问题水井被清理之后得以平息下来。

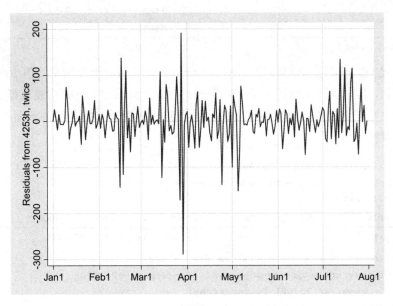

图 12.5

12.3 时间标绘图的更多例子

数据集 *Greenland_temperature.dta* 包含了一个著名的气温估计值时间序列，它根据格陵兰中部的 GISP2[1]冰心重新建构得到，涵盖时间从大约 50 000 年前直至 1885 年(Alley，2004)。基于这些数据的科学发表中，时间一直由变量 *age* 表示，以现在之前的数千年为单位。"现在"一直被冰研究人员习惯性地定义为 1950 年。数据中 *age* 最近的值为 0.095，或 95 年之前——换言之，1855 年。最近年份的冰雪还并未固结到足以应用气温重建方法(temperature reconstruction method)。但是，为了使我们的例子对非古气候学家更便于理解，创建一个新的时间变量 *year*。*year* 可被理解为从-48 000 到 1999 的"日历年份"。变量 *gisptemp* 包含根据 GIPS2 冰心重建的气温。*shutemp* 包含科学家在 1987~1999 年期间在格陵兰相同位置直接测得的平均年度气温(Shuman et al.，2001)。

```
. use C:\data\Greenland_temperature.dta, clear
. describe
Contains data from C:\data\Greenland_temperature.dta
  obs:         1,646                       Greenland ice core temp 48,000
                                            years ago to 1855 (Alley 2004)
  vars:            4                       23 Jun 2012 09:11
  size:       26,336
                storage  display   value
variable name    type    format    label    variable label

year             float   %5.0f              'Calendar' year
age              float   %8.0g              Age, 1,000s of years before 1950
gisptemp         float   %8.0g              GISP2 ice core Central Greenland
```

---

1 亦作 GISP II，全名 Greenland Ice Sheet Project Two，中文译为格陵兰冰盖第二计划，为美国于 1991 年夏季在格陵兰岛冰盖的顶部开始的宏伟冰心钻探计划，定名为 GISP2。它与欧共体的 GRIP 计划旨在通过在格陵兰岛冰盖最深部钻取两个冰心所获得的宝贵数据来揭示最近几千年来的气候变化情况。——译者注

```
shutemp           float   %9.0g                    temp -48,000 to 1855, C
                                                   Shuman (2001) Summit temp 1987 to
                                                   1999, C
Sorted by:  year
```

图 12.6 是 GISP2 气温数据的芒线图(spike plot)。芒尖从等于长期平均值(longterm mean)的基线处绘制,其中以淡红色芒尖表明高于平均气温,而以浅蓝色芒尖表明低于平均气温。因为近些年的数据更密集,所以整个序列的恰当基线根据千年期的平均数而不是单个测量的平均数计算得到。

```
. gen millennium = int(year/1000)
. collapse (mean) gisptemp, by(millennium)
. summ gisptemp

    Variable |      Obs        Mean    Std. Dev.       Min        Max

    gisptemp |       50   -42.75702    6.798864  -51.48554  -30.02251

. use C:\data\Greenland_temperature.dta, clear
. graph twoway spike gisptemp year if gisptemp > -42.75702,
        base(-42.75702) lcolor(erose)
    || spike gisptemp year if gisptemp <= -42.75702,
        base(-42.75702) lcolor(eltblue)
    || lowess gisptemp year, bwidth(.05) lwidth(medthick)
        lcolor(black)
    || , ytitle("Central Greenland temperature, `=char(176)'C")
        legend(off)
```

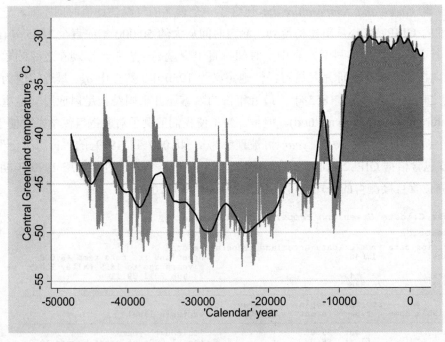

图 12.6

这幅图清楚地呈现了从冰川时代到温暖环境的转变。重建的格陵兰岛气温从低于-50℃到大约-30℃,上升了约 20℃。但是,这一转变为发生在距离现在约 12 900 年前到 11 500

年前之间(即我们图中的日历年份-10 900 到-9500,最后那个冲下的芒尖),被称作新仙女木期(the Younger Dryas)[2]的近冰期环境(near-Ice Age conditions)所打断。新仙女木期每一次发生和结束都在几十年或更短,激起了有关气候突变的可能原因和未来潜能的新研究(比如,White et al., 2010)。

当观测的时间间隔相等且大量变异出现在相对短的时间范围内时,上一节介绍的移动平均数或非线性修匀技术效果最好。但是,GISP2 冰心测量的间隔并不均匀,因为随着下到更深(更古老)且更为压缩的冰层,时间间隔变得越来越大。对于不均匀间隔的时间序列或长跨度修匀而言,诸如图 12.6 中曲线那样的 lowess 回归提供了一种实用的替代性方法。

图 12.7 画出了图 12.6 中数据的最近一段,仅描绘过去 11 000 年的 GISP2 温度。与此特定时间标绘图非常像的图形一直是引起巨大困惑的来源。

```
. graph twoway line gisptemp year if year > -9000, lwidth(medthick)
    xlabel(-9000(1000)2000, grid gmax gmin)
    title("Greenland ice core only")
    ytitle("Central Greenland temperature, `=char(176)'C")
```

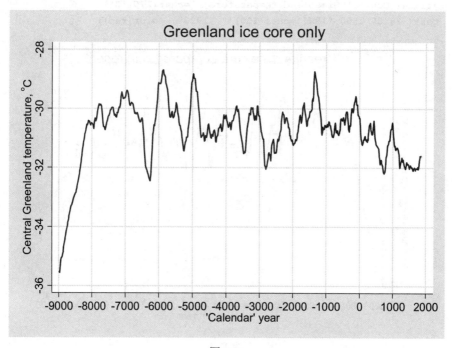

图 12.7

可以在互联网上找到图 12.7 的具有欺骗性的许多形式,其中最后的数据点(实际上是 1885 年)被暗示或明示为是"现在"(present)。如果那确实是现在的气温,那么我们可能会认

---

2 12 900 年前,地球上发生了一场大规模的灾变,北美洲的猛犸象、剑齿虎和许多大型哺乳动物走向灭绝,古代北美洲的克洛维斯文化也在此期间湮灭。这个灾变的时期被称作新仙女木期。它是在一个温度较高的间冰期突然爆发的、持续了 1300 年的冰期。大量动植物因为无法适应突如其来的寒冷环境而死亡。
——译者注

为格陵兰岛相比于过去 10 000 年仍比平均气温下更冷,并且最近的变暖一直微不足道——这正是此类图形如此绘制所要传达的观点。某些形式使用类似图 12.6 的基线标绘图方法得到,但是以根据 1885 年作为终点界定的基线会使得"现在很冷"(cold now)的信息在视觉上更引人注目。其他形式隐藏了这些是格陵兰岛中部的气温这一事实,而意味着它们代表着全球。

但是,格陵兰岛在 1885 年几乎并没有从被称作小冰川时期的寒冷时期变暖起来。最近的气温一直在变暖,导致冰盖物质的下降以及海岸周围海冰的减少。甚至在 20 世纪 90 年代,来自冰盖顶峰的直接测量曾报告-29.26℃的平均年度气温(Shuman et al., 2001)。图 12.8 重画了图 12.7,但是以最后一个数据点显示 1987 至 1999 年的气温并作为散点图叠并。位于 y 坐标-28.80、x 坐标 1500 处的两行文字给出了散点图标记的标签,且它们与标记本身具有同样的颜色。

```
. graph twoway line gisptemp year, lwidth(medthick)
    || scatter shutemp year, msymbol(S) mcolor(red)
    || if year > -9000, xlabel(-9000(1000)2000, grid gmax gmin)
    title("Greenland ice core compared with recent") legend(off)
    ytitle("Central Greenland temperature, `=char(176)'C")
    text(-28.80 1500 "1987`=char(150)'" "1999", color(red))
```

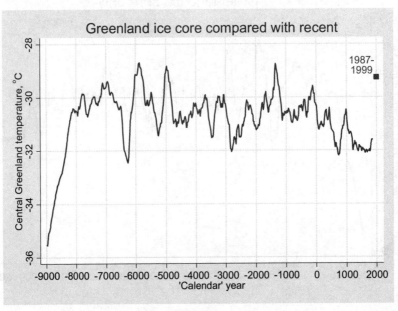

图 12.8

相比于图 12.7,图 12.8 给人以不同的印象,尽管两幅图中的冰心数据是一样的。

12.4 最近的气候变化

将尺度由数千年转到仅有的过去三十年,本章的剩下部分考察最近气候如何变化。数据集 *Climate.dta* 包含估计 1980 年到 2010 年每月全球气温的三个时间序列,以及导致气温变化的 4 个可能因素。其中的两个温度指数根据地表温度测量(NCDC 和 NASA)得到，而另一个则根据卫星数据(UAH)独立地估计对流层下部的温度。有关取自不同来源的所有这些变量的信息，见附录。

```
. use C:\data\Climate.dta, clear
. describe
Contains data from C:\data\Climate.dta
  obs:           372                    Global temperature & drivers
                                          1980-2010
  vars:           11                    1 Jul 2012 12:51
  size:       13,764

              storage  display   value
variable name   type   format    label    variable label

year            int    %9.0g              Year
month           byte   %9.0g              Month
myear           int    %tmmCY             Month, year
ncdctemp        float  %9.0g              NCDC global temp anomaly
                                            v.1901-2000, C
nasatemp        float  %8.0g              NASA global temp anomaly
                                            v.1951-1980, C
uahtemp         float  %9.0g              UAH global temp anomaly
                                            v.1981-2010, C
aod             float  %8.0g              Aerosol Optical Depth at 550nm
tsi1            float  %8.0g              Total Solar Irradiance, W/m2
mei             float  %9.0g              Multivariate ENSO Index
co2globe        float  %8.0g              Global average marine surface
                                            CO2, ppm
co2anom         float  %9.0g              Global CO2 anomaly, ppm

Sorted by:  myear
```

Climate.dta 覆盖的时间窗口 1980-2010 年受到数据可得性的限制：此处使用的全球平均 CO_2 水平时间序列开始于 1980 年，而气溶胶光学厚度(Aerosol Optical Depth)数据在写作本书时仅被更新到 2010 年。此文件已经按照根据原始数据来源中单独的 *month* 和 *year* 变量定义的月度变量(monthly variable)*myear* 被 **tsset** 过。内在地，Stata 会将月度变量界定为自 1960 年 1 月以来的月数，正如其将日期变量界定为自 1960 年 1 月 1 日以来的天数一样。此处 *myear* 具有 **%tmmCY** 格式，因此它将会呈现为 Jan1980、Feb1980 等。若不是已经做过，创建此月度时间变量并 **tsset** 数据将是后续分析的必要步骤。

```
. gen myear = ym(year, month)
. format myear %tmmCY
. label variable myear "Month, year"
. tsset myear
```

在一篇被广泛引用的论文中，Foster 和 Rahmstorf(2011，基于 Lean 和 Rind(2008)之前的工作)分析过类似的气温和动因变量以揭示"真实的全球变暖迹象"。他们的分析比本章中的简单示例更深入。不过，我们得到了大致相同的结论。

图 12.9 根据美国国家气候数据中心(NCDC)指数 *ncdctemp* 画出了全球气温异常情况。各气温观测站的气温异常表示当月该观测站观测到的气温与长期平均气温的离差。因此全球气温异常根据全球许多观测站的异常的加权平均数计算得到。零值处的灰色线标识了 20 世纪的平均气温。

```
. tsline ncdctemp, lw(medthick)
    ytitle("Global temperature anomaly vs. 1901`=char(150)'2000,
```

```
            `=char(176)'C", size(medsmall))
    yline(0, lcolor(gs12) lwidth(thick)) xtitle("")
    xlabel(, grid gmin gmax)
```

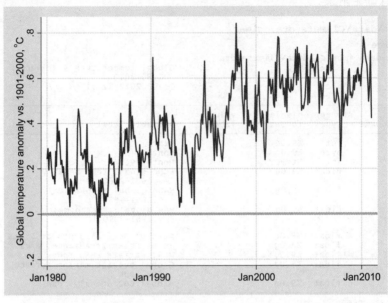

图 12.9

图 12.9 中除了两个月份之外所有月份的气温均高于 20 世纪的平均气温。变暖趋势自 20 世纪 70 年代中期(此图主要反映的时期)以来一直特别急剧地上升。其中最重要的高点为 1998 年 2 月这一全球性的酷热月份，直到 2007 年 1 月仍未被超过(且之后几乎没有被超过)。这两次的气温都超过可追溯到 1880 年的 NCDC 数据(见第 2 章中的图 2.1)中 1980 年之前任何月份的两个标准差。但是，1998 年大部分时间的温暖气候与最近一些年的凉爽气候造成了一种表面印象，即全球变暖在过去十年或许已经暂停了。本章最后一节将借助时间序列模型来调查可能的解释。

如果存在系统性的原因，那么或许能在 *Climate.dta* 的其他变量中找到它们。这些变量包括物理学家已经确定为气温变化重要动力或原因的 4 个因素。此处以 550nm 波长时的气溶胶光学厚度进行测量的大气透明度(opaqueness of the atmosphere)特别反映了火山喷发的影响，因为火山喷发会向大气中喷射阻挡阳光的粒子从而降低地表气温(Sato et al.，1993)。太阳总辐照度(Total Solar Irradiance，TSI)涉及地球大气顶部接收到的不同数量太阳辐射(单位为万特/平方米)的卫星平台测量(Fröhlich, 2006)。厄尔尼诺/南方涛动(ENSO)事件可以大大影响全球气温，或者通过将异常温暖的表层水汇聚至赤道太平洋中部和东部的大气变化使气候变暖(即厄尔尼诺现象)，或者通过将更多的海洋深层水带至洋面使气候变冷(即拉尼娜现象)。一些 ENSO 指标仅根据洋面气温来定义，如果反过来被用于"解释"气温，那就形成了循环。不过，这里的多元 ENSO 指数(MEI)则依据对赤道太平洋观测所得 6 个变量的第一个主成分来定义：海平面气压、地面经向和纬向风、海表温度、海面气温以及总云量。明显大于零的 MEI 值表明厄尔尼诺状态，而小于零则表明拉尼娜状态(Wolter & Timlin,

1998)。这些数据的第 4 个动力因素为全球范围内海洋表面二氧化碳(CO_2)的平均浓度(以百万分之一为单位)[3],它基于来自空间上分散的观测点网络所做测量得到(Masarie 和 Tans,1995)。变量 *co2globe* 给出了实际的浓度,而 *co2anom* 则通过将每一个取值减去全球 1980-2010 年间该月的均值粗略地消除季节性波动。

图 12.10 将与图 12.9 同期的 4 个动力因素序列的时间标绘图合并在一起。左上角 AOD 的标绘图具有非常显眼的外观,即由两次大的火山爆发主导:1982 年 3 月下旬的墨西哥埃尔奇琼火山(El Chichón)和 1991 年 6 月的菲律宾皮纳图博火山(Mount Pinatubo)。TSI 呈现出周期性,被忽高忽低的芒线和近年的一个延续平静期打断。MEI 并没有表现出周期性,尽管似乎以正值和负值状态之间的不规则周期出现起伏。不规则性和剧烈变化的潜力使厄尔尼诺和拉尼娜事件难以预测,尽管它们对人们的影响使得预测成为一个重要的目标。CO_2 浓度显示出强得更多的可预测性,因为它们被人类活动每年释放到大气中的大约 35 亿吨 CO_2 推动着向高处走。

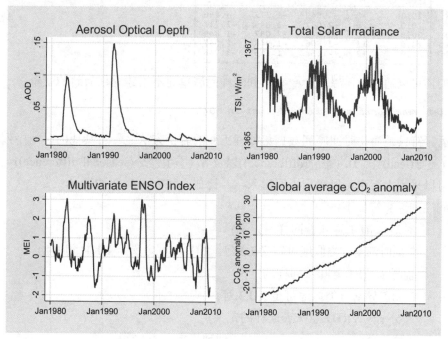

图 12.10

本章最后一节会考察这 4 个动力因素一起在多大程度上解释了最近的气候变化。在进行该分析之前,下一节先介绍基本的概念和工具。

12.5 时滞、前导和差分

时间序列分析经常涉及时滞变量,或者说就是前一时间的取值。时滞(lag)可以用明

---

3 通常记为 ppm,即 parts per million。——译者注

确下标来设定。比如，下面这个命令创建变量 *mei_1*，其值等于上个月的多元 ENSO 指数(*mei*)值：

```
. generate mei_1 = mei[_n-1]
```

或者，我们也可以使用 **tsset** 数据以 Stata 的 **L.**(即 lag)运算符来完成同样的事情。时滞运算经常要比明确下标的方法更为简单。更重要的是，时滞运算也能用于面板数据。以下命令得到 *mei* 的滞后 1 个月和 2 个月的值：

```
. generate mei_1 = L1.mei
. label variable mei_1 "MEI 1-month lag"
. generate mei_2 = L2.mei
. label variable mei_2 "MEI 2-month lag"
. list year month mei mei_1 mei_2 in -5/l
```

	year	month	mei	mei_1	mei_2
368.	2010	8	-1.849	-1.217	-.466
369.	2010	9	-2.037	-1.849	-1.217
370.	2010	10	-1.948	-2.037	-1.849
371.	2010	11	-1.606	-1.948	-2.037
372.	2010	12	-1.58	-1.606	-1.948

我们还可以通过键入以下命令来得到同样的清单而不用建立任何新的变量：

```
. list year month mei L1.mei L2.mei in -5/l
```

L.运算符只是简化时间序列数据集处理工作的若干方法之一。其他的时间序列运算符还有 **F.** (前导(lead))、**D.** (差分(difference))以及 **S.** (季节差分(seasonal difference))。这些运算符既可以采用大写也可以采用小写键入——比如，**F2.***mei* 或 **f2.***mei*。

时间序列运算符如下：

L.　　时滞 y_{t-1}(**L1.**意味着同样的定义)

L2.　2 期时滞 y_{t-2}(类似地可定义 **L3.**等。**L(1/4).**则定义从 **L1.**直到 **L4.**)

F.　　前导 y_{t+1}(**F1.**意味着同样的定义)

F2.　2 期前导 y_{t+2}(类似地可定义 **F3.**等)

D.　　差分 $y_t - y_{t-1}$(**D1.**意味着同样的定义)

D2.　2 阶差分 $(y_t - y_{t-1}) - (y_{t-1} - y_{t-2})$(类似地可定义 **D3.**等)

S.　　季节差分 $y_t - y_{t-1}$(与 **D.**定义相同)

S2.　2 期季节差分 $(y_t - y_{t-2})$(类似地可定义 **S3.**等)

季节差分的情况下，**S12.**并不意味着"12 阶差分"，而是指时滞为 12 期的一阶差分。比如，如果我们有实际的全球 CO_2 取值而不是 CO_2 异常，那么我们将会看到清楚的季节模式——8 月和 9 月中最低。出于某些目的，我们可能想计算 **S12.***co2*，那么它将是 1981 年 1 月的 *co2* 与 1980 年 1 月的 *co2* 之差、1981 年 2 月的 *co2* 与 1980 年 2 月的 *co2* 之差，依此类推。

时滞运算符可以直接出现在大多数涉及 **tsset** 数据的分析命令中。以下例子将全球气温(*ncdctemp*)对理论上应具有降温效应(cooling effect)的上个月气溶胶光学厚度(*aod*)指数进行回归。做这个回归不用创建任何新的时滞变量。

```
. regress ncdctemp L1.aod

      Source |       SS       df       MS              Number of obs =     371
-------------+------------------------------           F(  1,   369) =   54.92
       Model |  1.7221338     1   1.7221338            Prob > F      =  0.0000
    Residual | 11.5699674   369   .031354925           R-squared     =  0.1296
-------------+------------------------------           Adj R-squared =  0.1272
       Total | 13.2921012   370   .035924598           Root MSE      =  .17707

     ncdctemp |      Coef.   Std. Err.      t    P>|t|     [95% Conf. Interval]
          aod |
          L1. |  -2.313292   .3121404    -7.41   0.000    -2.92709   -1.699495
        _cons |   .4361341   .0105842    41.21   0.000     .4153213    .456947
```

正如所预期的那样，aod 对全球气温具有负效应。所估计的模型涉及月度气温作为上个月 aod 的函数为：

$$\text{预测的 } ncdctemp_t = 0.436 - 2.313 aod_{t-1}$$

时滞 aod 的系数(-2.313)似乎统计上显著($p \approx 0.000$)，但是，此回归中的标准误和检验可能并不是有效的。如任何 OLS 模型中的情形一样，它们也取决于连续观测的误差相互独立或无关这一假定。但是，时间序列分析中经常出现相关误差(correlated errors)，因此通常需要如下一节中所做的那样去检验它们的存在。涉及时间序列的 OLS 回归得到的标准误、置信区间和检验通常都应以怀疑的眼光看待，除非检验表明相关误差并不存在。

尽管相关误差的可能性会使得此回归的 t 和 F 检验不可信，但是回归方程本身仍可以对数据提供有效的最小二乘描述。图 12.11 一并画出了气温的预测值和观测值。1991 年巨大的皮纳图博火山喷发预测了一次的确出现在气温数据中的大幅降温。但是，影响全球气候的除了这两座火山之外显然还有许多其他因素。

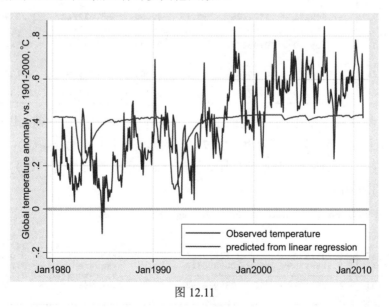

图 12.11

继续采用纯粹描述的方式，我们可以探索这些数据中其他建议的气温变化驱动因素是否改善对观测气温的拟合。纳入滞后的太阳辐照度(lagged solar irradiance)作为第二个预测变量，将 R_a^2 从 0.127 略微提高到 0.144。不过，滞后的太阳辐照度的系数是负的，这并没有物理学意义。

```
. regress ncdctemp L1.aod L1.tsi1

      Source |       SS       df       MS              Number of obs =     371
-------------+------------------------------           F(  2,   368) =   32.22
       Model |  1.98067563     2   .990337816          Prob > F      =  0.0000
    Residual |  11.3114256   368    .03073757          R-squared     =  0.1490
-------------+------------------------------           Adj R-squared =  0.1444
       Total |  13.2921012   370    .035924598         Root MSE      = .17532

    ncdctemp |      Coef.   Std. Err.      t    P>|t|     [95% Conf. Interval]
-------------+----------------------------------------------------------------
         aod |
         L1. |  -2.172641   .3128342    -6.95   0.000    -2.787808   -1.557474
        tsi1 |
         L1. |  -.0598584   .0206393    -2.90   0.004    -.1004441   -.0192727
       _cons |   82.19402   28.19026     2.92   0.004     26.75982    137.6282
```

加入第三个预测变量滞后的多元 ENSO 指数进一步提高了被解释的方差，$R_a^2 = 0.201$。L1.*mei* 的系数是正的，这与已知的厄尔尼诺现象应具有变暖效应相一致。但是，我们看到 L1.*mei* 的系数仍不合理地为负。

```
. regress ncdctemp L1.aod L1.tsi1 L1.mei

      Source |       SS       df       MS              Number of obs =     371
-------------+------------------------------           F(  3,   367) =   32.00
       Model |  2.75629902     3   .918766339          Prob > F      =  0.0000
    Residual |  10.5358022   367    .028707908         R-squared     =  0.2074
-------------+------------------------------           Adj R-squared =  0.2009
       Total |  13.2921012   370    .035924598         Root MSE      = .16943

    ncdctemp |      Coef.   Std. Err.      t    P>|t|     [95% Conf. Interval]
-------------+----------------------------------------------------------------
         aod |
         L1. |  -2.949131   .3372229    -8.75   0.000    -3.612262   -2.285999
        tsi1 |
         L1. |   -.05509   .0199673    -2.76   0.006    -.0943546   -.0158253
         mei |
         L1. |   .0524371  .0100882     5.20   0.000     .0325991    .072275
       _cons |   75.67739   27.27247     2.77   0.006     22.04748    129.3073
```

R_a^2 上最大幅度的改善出现在当我们将 CO_2 异常作为预测变量之一纳入模型时。合到一起，这 4 个动力因素现在解释了月度气温 72.7%的方差。到目前为止，CO_2 异常具有最强的效应，如温室气体物理学所预期的那样该效应是正向的。一旦控制了 CO_2，太阳辐照度的系数也变成了正值。

```
. regress ncdctemp L1.aod L1.tsi1 L1.mei L1.co2anom

      Source |       SS       df       MS              Number of obs =     371
-------------+------------------------------           F(  4,   366) =  247.57
       Model |  9.70518563     4   2.42629641          Prob > F      =  0.0000
    Residual |  3.58691559   366   .009800316          R-squared     =  0.7301
-------------+------------------------------           Adj R-squared =  0.7272
       Total |  13.2921012   370   .035924598          Root MSE      =   .099

    ncdctemp |      Coef.   Std. Err.      t    P>|t|     [95% Conf. Interval]
-------------+----------------------------------------------------------------
         aod |
         L1. |  -1.535808   .2040555    -7.53   0.000    -1.937077    -1.13454
```

```
       tsi1
         L1.    .0882862    .012849     6.87   0.000    .0630189    .1135534
        mei
         L1.    .0689124    .0059267   11.63   0.000    .0572578    .0805671
     co2anom
         L1.    .0109831    .0004125   26.63   0.000    .010172     .0117942
       _cons   -120.1742   17.55028   -6.85   0.000   -154.6862   -85.66217
```

图 12.12 画出了这 4 个模型的逐步改善。右下图中的预测值基于纳入所有 4 个动力因素的回归得到，对观测气温吻合得极好——包括诸如皮纳图博火山喷发后的变冷、1998 年"超级厄尔尼诺"期间的变暖以及低太阳辐照度和低至负的 ENSO 所带来的降温引发最近 10 年的徘徊路径等细节。观测和预测气温之间的拟合引人注目，还因为得到预测值的模型极为简化，其中所有效应都是线性的且仅以滞后一个月的形式起作用。

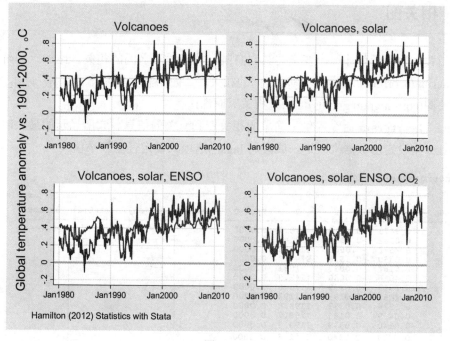

图 12.12

基于物理学而不是统计学的全球气候模型纳入了更多的变量和更大量的空间复杂性，可能需要在超级计算机上运行数周时间。图 12.12 中所画结果的吸引力在于：如此简化的模型虽有局限性，但表现得很好。其中一个局限性是统计学上的：若误差之间存在相关，那么 OLS 标准误是有偏的，且常规 t 和 F 检验也是无效的。任一回归之后都可以用 Durbin-Watson 检验来对相关误差做简单核查。

```
. estat dwatson

Durbin-Watson d-statistic(  5,    371) =  1.131453
```

统计学教材提供了 Durbin-Watson 检验的临界值表。给定 5 个被估计参数(4 个预测变量和 1 个 y 截距)和 371 个观测的情况下，临界值近似为 $d_L = 1.59$ 和 $d_U = 1.76$。小于 $d_L = 1.59$

的检验统计量会使得拒绝无正向一阶(滞后 1 期)自相关的零假设(null hypothesis)。因为我们的统计检验量 1.131 远低于 $d_L = 1.59$，所以应当拒绝此零假设，而认为确实存在正向一阶自相关。这一发现确认了前面我们对气温 OLS 回归中检验有效性的怀疑。

倘若计算得到的统计量大于 $d_U = 1.76$，我们将无法拒绝此零假设。也就是说，我们并没有显著自相关的证据。计算得到的 Durbin-Watson 统计量若介于 d_L 和 d_U 之间，就不能作结论，既无法拒绝也无法不拒绝 H_0。

Durbin-Watson 统计量检验一阶自相关，且通常只考虑为正的备择假设(alternative hypothesis)。实际应用中，自相关可以是负向的也可以是正向的，且可以发生在滞后 1 期之外的其他期数上。下一节介绍更一般性的诊断工具。

12.6 相关图

自相关系数用于估计一个变量与其自身某一特定时滞之间的相关。比如，一阶自相关(first-order autocorrelation)是 y_t 和 y_{t-1} 之间的相关。二阶自相关则是指 $Cor[y_t, y_{t-2}]$，依此类推。相关图(correlogram graphs)可以就相关对时滞画图。

Stata 的 **corrgram** 命令提供了简单的相关图和有关的信息。它所显示的最大时滞可以用 **matsize** 来设定由数据来限定，或者用 **lags( )** 选项来设定任意较小值：

```
. corrgram mei, lags(13)
```

					-1 0 1	-1 0 1
LAG	AC	PAC	Q	Prob>Q	[Autocorrelation]	[Partial Autocor]
1	0.9473	0.9569	336.5	0.0000		
2	0.8582	-0.4181	613.45	0.0000		
3	0.7532	-0.0631	827.33	0.0000		
4	0.6350	-0.1578	979.77	0.0000		
5	0.5167	0.0033	1081	0.0000		
6	0.4036	-0.0680	1142.9	0.0000		
7	0.2983	-0.0299	1176.8	0.0000		
8	0.2060	-0.0235	1193	0.0000		
9	0.1224	-0.0393	1198.8	0.0000		
10	0.0499	-0.0185	1199.7	0.0000		
11	-0.0140	-0.0359	1199.8	0.0000		
12	-0.0723	-0.0340	1201.8	0.0000		
13	-0.1243	-0.0456	1207.8	0.0000		

时滞(LAG)出现在表的左侧，接着列出了自相关(AC)和偏自相关(PAC)。比如，在 mei_t 和 mei_{t-2} 之间的相关为 0.8582，而偏自相关(调整了时滞 1)为 -0.4181。Q 统计量(即 Ljung-Box 混合法)检验的是一系列虚无假设，即全部小于等于所给定时滞的自相关都为 0。因为这里看到的绝大多数 p 值都非常小，所以我们应当拒绝这些虚无假设，而认为多元 ENSO 指数(mei)呈现出显著的自相关。如果任何一个 Q 统计量的概率均不低于 0.05，我们就可以认为这个序列是不含显著自相关的白噪声(white noise)。

在这一 **corrgram** 输出结果的右侧是由字符构成的自相关与偏自相关标绘图。考察这类图对于设定时间序列模型很重要。图形化自相关标绘图可以通过 **ac** 命令取得：

```
. ac mei, lags(25)
```

得到的相关图 12.13 包括了 95% 置信区间的阴影区域标注。在这一区间之外的那些相关都单个地显著。

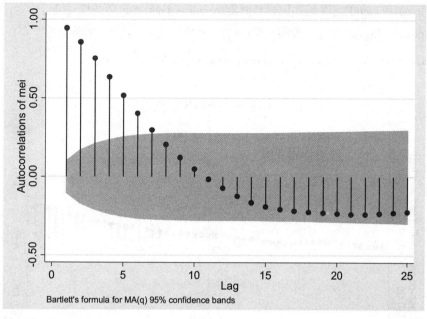

图 12.13

一个类似的命令 **pac** 可以得到图 12.14 中的偏自相关图。渐近置信区间基于标准误估计值的 $1/\sqrt{n}$ 得到。与自相关不一样，*mei* 的偏自相关从大于 2 个月滞后开始就中断为大部分不显著。

```
.pac mei, lags(25)
```

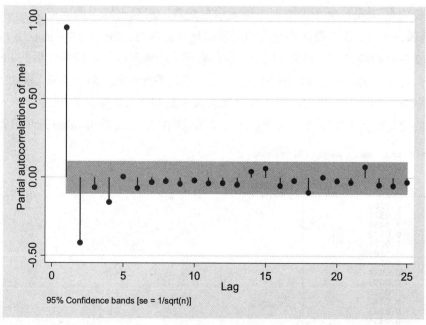

图 12.14

交叉相关图(cross-correlograms)有助于考察两个时间序列之间的关系。图 12.15 显示了太阳总辐照度(tsi)和 mei 的交叉相关图。负时滞(negative lags)处的交叉相关接近于零，而在更长的正时滞(positive lags)处则逐渐变得更强(尽管仍很弱)。相同年份内实际上并不存在相关。

```
. xcorr tsi1 mei, lags(25) xline(0) xlabel(-25(5)25)
```

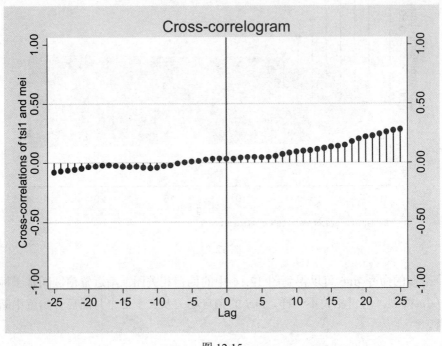

图 12.15

如果我们在 **xcorr** 命令中先列出输入或自变量、后列出输出或因变量——就像在图 12.15 中所做的那样，那么得到的交叉相关图就是最易读的。那么正时滞就表明 t 时的输入与 $t+1$、$t+2$ 等时的输出之间相关。图中，我们看到太阳辐照度与大约两年后的 ENSO 状态之间存在一定的相关，这与太阳对 ENSO 轻微、推迟的影响相一致。太阳辐照度与两年前的 ENSO 状态之间不存在相关，因此没有理由认为 ENSO 会影响到太阳。

实际的交叉相关系数以及文本形式的交叉相关图能够通过使用 **table** 选项取得：

```
. xcorr tsi1 mei, lags(13) table
```

		-1 0 1
LAG	CORR	[Cross-correlation]
-13	-0.0308	
-12	-0.0370	
-11	-0.0434	
-10	-0.0372	
-9	-0.0275	
-8	-0.0209	
-7	-0.0062	
-6	0.0038	
-5	0.0093	
-4	0.0156	
-3	0.0262	
-2	0.0343	
-1	0.0355	

```
0    0.0326
1    0.0340
2    0.0427
3    0.0466
4    0.0468
5    0.0441
6    0.0476
7    0.0558
8    0.0721
9    0.0849
10   0.0930
11   0.1008
12   0.1041
13   0.1142
```

本章剩下部分将超越相关而进入更正式的时间序列建模。

12.7 ARIMA 模型

自回归整合移动平均数(AutoRegressive Integrated Moving Average，ARIMA)模型可以使用 **arima** 命令来进行估计。这个命令包含自回归(AR)、移动平均(MA)以及 ARIMA 模型。它还能估计包括一个或多个自变量以及 ARIMA 扰动项的结构模型。这些被称为 ARMAX 模型，即包含外生变量的自回归移动平均数。此类 ARMAX 模型的通用形式用矩阵来表示就是：

$$y_t = \mathbf{x}_t\boldsymbol{\beta} + \mu_t \tag{12.1}$$

其中 y_t 为因变量向量在 t 时的取值，$\mathbf{x}_t$ 是外生自变量取值矩阵(通常包括一个常数)，μ_t 是"其他一切"扰动项的向量。这些扰动项可以是任意阶的自回归或移动平均数。比如，ARMA(1,1)扰动项为：

$$\mu_t = \rho\mu_{t-1} + \theta\epsilon_{t-1} + \epsilon_t \tag{12.2}$$

其中 ρ 是一阶自相关参数，θ 是一阶移动平均数参数，ϵ 表示随机、不相关的白噪声(即正态独立同分布)误差。**arima** 拟合简单模型，作为式[12.1]和[12.2]的特例，以一个常数(β_0)代替其中的结构项 $\mathbf{x}_t\boldsymbol{\beta}$。所以简单的 ARMA(1,1)模型就变成了：

$$\begin{aligned} y_t &= \beta_0 + \mu_t \\ &= \beta_0 + \rho\mu_{t-1} + \theta\epsilon_{t-1} + \epsilon_t \end{aligned} \tag{12.3}$$

某些来源提供了一个替代性版本。在 ARMA(1,1)情况下，它们将 y_t 作为前一 y 值(即 y_{t-1})以及当前扰动(ϵ_t)和时滞扰动(ϵ_{t-1})的函数：

$$y_t = \alpha + \rho y_{t-1} + \theta\epsilon_{t-1} + \epsilon_t \tag{12.4}$$

因为在这种简单结构模型 $y_t = \beta_0 + \mu_t$ 中，式[12.3](为 Stata 所采用)与式[12.4]是等价的，除重新标度常数 $\alpha = (1-\rho)\beta_0$ 之外。

使用 **arima** 命令，一个 ARMA(1,1)模型(即式[12.3])可以用以下两种方式之一加以设定：

```
. arima y, ar(1) ma(1)
```

或

```
. arima y, arima(1,0,1)
```

arima 中的 **i** 代表"整合的"(integrated)，指那些还涉及差分的模型。要拟合一个

ARIMA(2,1,1)模型，使用：

  . arima y, arima(2,1,1)

或者等价地：

  . arima D.y, ar(1/2) ma(1)

注意，**arima( )**选项中，对自回归或移动平均数项所赋的数字设定所有小于等于该数字的滞后，因此，"2"意味着同时滞后 1 期和滞后 2 期。但是，当使用 **ar( )**或 **ma( )**选项时，数字只设定特定的滞后，因此，"2"意味着只有 2 期的滞后。以上两个命令定义了一样的模型，其中因变量的一阶差分($y_t - y_{t-1}$)是前两个时滞的一阶差分($y_{t-1} - y_{t-2}$ 和 $y_{t-2} - y_{t-3}$)和当前扰动与前一扰动项(ϵ_t 和 ϵ_{t-1})的函数。

要想估计一个结构模型，其中 y_t 取决于两个自变量 x(当前值和时滞值，x_t 和 x_{t-1})和 w(仅当前值，w_t)，并包含 ARIMA(1,0,3) 误差的结构模型以及往回 12 期的乘数季节性 ARIMA(1,0,1)$_{12}$ 误差(这对于涵盖许多年份的月度数据可能是恰当的)，合适的命令可能具有以下形式：

  . arima y x L.x w, arima(1,0,3) sarima(1,0,1,12)

采用计量经济学的标记符号，这对应着一个 ARIMA(1,0,3)×(1,0,1)$_{12}$ 模型。

如果时间序列 y 的均值和方差并不随时间变化，并且 y_t 和 y_{t+u} 之间的协方差只取决于时滞 u 而并不取决于 t 的特定值，那么该时间序列就被认为是平稳的。ARIMA 建模时假定我们的序列是平稳的，或者可以通过适当的差分或转换达到平稳。我们可以通过审视时间标绘图中水平或方差的趋势来非正式地检查这一假定。比如，我们已经看到全球气温呈现出明显的趋势，表明它并不是平稳的。

"单位根"(unit root)——一个非平稳的其中 $\rho_1 = 1$ 的 AR(1)过程(也被称为"随机游走")——的正式统计检验是对理论和非正式检查的补充。Stata 提供三种单位根检验：**pperron** (Phillips-Perron 检验)、**dfuller**(扩展的 Dickey-Fuller 检验)以及 **dfgls**(采用 GLS 的扩展的 Dickey-Fuller 检验，通常是比 **dfuller** 更为强大的检验)。

下表将 **dfgls** 应用于美国国家气候数据中心的全球气温异常数据。

```
. dfgls ncdctemp, notrend

DF-GLS for ncdctemp                              Number of obs =    355
Maxlag = 16 chosen by Schwert criterion

          DF-GLS mu      1% Critical    5% Critical    10% Critical
 [lags]   Test Statistic    Value          Value          Value
    16      -1.162         -2.580         -1.952         -1.637
    15      -1.191         -2.580         -1.955         -1.640
    14      -1.179         -2.580         -1.958         -1.643
    13      -1.170         -2.580         -1.962         -1.646
    12      -1.194         -2.580         -1.965         -1.649
    11      -1.264         -2.580         -1.968         -1.652
    10      -1.190         -2.580         -1.971         -1.655
     9      -1.204         -2.580         -1.974         -1.658
     8      -1.525         -2.580         -1.977         -1.660
     7      -1.462         -2.580         -1.980         -1.663
```

```
       6      -1.639           -2.580          -1.982          -1.665
       5      -1.844           -2.580          -1.985          -1.668
       4      -1.968           -2.580          -1.988          -1.670
       3      -2.058           -2.580          -1.990          -1.672
       2      -2.342           -2.580          -1.993          -1.675
       1      -2.731           -2.580          -1.995          -1.677

Opt Lag (Ng-Perron seq t) =    9 with RMSE   .0915337
Min SC     = -4.687887 at lag  1 with RMSE   .0943745
Min MAIC   = -4.721196 at lag  9 with RMSE   .0915337
```

针对滞后为从 1 到 6 个月，以上 **dfgls** 输出结果汇报了对非平稳零假设——气温数据代表着随机游走或有单位根——的检验。该输出结果的底部提供了用来选择恰当时滞数的三种不同方法：Ng-Perron 的序贯 t、最小 Schwartz 信息标准、Ng-Perron 修正的 Akaike 信息标准(MAIC)。MAIC 是最近被提出来的，蒙特卡罗模拟支持它优于 Schwartz 方法。序贯 t 和 MAIC 都推荐 9 期滞后。9 期滞后的 DF-GLS 统计量为-1.204，大于临界值-1.658 的 10%，因此我们不应拒绝零假设。这些结果确认了前面有关 *ncdcemp* 时间序列不平稳的印象。

另外，对多元 ENSO 指数的类似检验甚至在 1%水平上拒绝了所有时滞上的非平稳零假设。

```
. dfgls mei, notrend
DF-GLS for mei                                          Number of obs =    355
Maxlag = 16 chosen by Schwert criterion

              DF-GLS mu      1% Critical    5% Critical    10% Critical
  [lags]    Test Statistic      Value          Value          Value

     16       -3.686           -2.580         -1.952          -1.637
     15       -3.742           -2.580         -1.955          -1.640
     14       -3.681           -2.580         -1.958          -1.643
     13       -4.062           -2.580         -1.962          -1.646
     12       -4.381           -2.580         -1.965          -1.649
     11       -4.352           -2.580         -1.968          -1.652
     10       -4.420           -2.580         -1.971          -1.655
      9       -4.451           -2.580         -1.974          -1.658
      8       -4.589           -2.580         -1.977          -1.660
      7       -4.604           -2.580         -1.980          -1.663
      6       -4.655           -2.580         -1.982          -1.665
      5       -4.699           -2.580         -1.985          -1.668
      4       -4.591           -2.580         -1.988          -1.670
      3       -4.909           -2.580         -1.990          -1.672
      2       -4.293           -2.580         -1.993          -1.675
      1       -4.049           -2.580         -1.995          -1.677

Opt Lag (Ng-Perron seq t) =    3 with RMSE   .2688427
Min SC     = -2.565539 at lag  1 with RMSE   .2727197
Min MAIC   = -2.497381 at lag  1 with RMSE   .2727197
```

对于诸如 *mei* 的一个平稳序列，相关图提供了关于选择一个初步的 ARIMA 模型的指导：

AR(p)　　一个 p 阶自回归过程存在自相关，它随着时滞的增大而逐渐减弱。在时滞 p 以后，偏自相关就不存在了。

MA(q)　　一个 q 阶移动平均数过程存在自相关，在时滞 q 以后，自相关就不存在了。偏自相关随着时滞的增大而逐渐减弱。

ARMA(p,q)　　一个混合的自回归和移动平均数过程存在自相关和偏自相关，随着时滞的增大而逐渐减弱。

相关图中在季节时滞上的芒线(比如，在月度数据中的 12、24、36 号)表明了一种季节性模式。辨认季节模型遵循与应用于季节性时滞处自相关和偏自相关类似的指南。

我们已经看到 mei 的自相关随着时滞的增大而逐渐减弱(见图 12.14)，而偏自相关则在时滞 2 以后就不存在了。这些自相关模式与支持平稳性的 **dfgls** 检验结果共同表明 mei 可被作为一个 ARIMA(2,0,0)过程来建模。

```
. arima mei, arima(2,0,0) nolog

ARIMA regression

Sample:  1 - 372                              Number of obs    =       372
                                              Wald chi2(2)     =   4385.66
Log likelihood = -43.61494                    Prob > chi2      =    0.0000

------------------------------------------------------------------------------
             |                 OPG
         mei |      Coef.   Std. Err.      z    P>|z|     [95% Conf. Interval]
-------------+----------------------------------------------------------------
mei          |
       _cons |   .2814275   .2132974     1.32   0.187    -.1366278    .6994828
-------------+----------------------------------------------------------------
ARMA         |
          ar |
         L1. |   1.349918   .0424774    31.78   0.000     1.266664    1.433173
         L2. |  -.4163392   .0415425   -10.02   0.000    -.497761    -.3349174
-------------+----------------------------------------------------------------
      /sigma |   .2710638   .0091183    29.73   0.000     .2531922    .2889354
------------------------------------------------------------------------------
Note: The test of the variance against zero is one sided, and the two-sided
      confidence interval is truncated at zero.
```

此 ARIMA(2,0,0)模型将 mei 表达为上一和二个月扰动项(μ)和随机白噪声误差(ϵ)的函数：

$$y_t = \beta_0 + \rho_1 y_{t-1} + \rho_2 y_{t-2} + \epsilon_t \qquad [12.5]$$

其中 y_t 为 t 时 mei 的值。输出结果表给出了参数估计值 $\beta_0 = 0.28$、$\rho_1 = 1.35$ 和 $\rho_2 = -0.42$。

在我们拟合了一个 **arima** 模型以后，这些估计值和其他结果以 Stata 的通常方式被暂时保存。比如，想看看此模型的 AR(1)系数和标准误，键入：

```
. display [ARMA]_b[L1.ar]
1.3499184

. display [ARMA]_se[L1.ar]
.04247738
```

本例中的一阶和二阶自回归系数显著且远离零(分别为 $t = 31.78$ 和 -10.02)，这提供了模型适当性(model adequacy)的一个指示。在 **arima** 后，我们可以用 **predict** 来取得预测值、残差和其他案例统计量：

```
. predict meihat
. label variable meihat "predicted MEI"
. predict meires, resid
. label variable meires "residual MEI"
```

图形上，由此模型得到的预测值与观测气温看上去几乎难以区分(见图 12.16)。此图强调了 ARIMA 模型通过根据它自己的前一个取值和前一个扰动项的值来预测一个变量如何能够紧密地拟合强自相关的序列。ARIMA(2,0,0)模型解释了 mei 大约 92%的方差。

```
. tsline mei meihat, lcolor(blue red) lwidth(medium medthick)
        xtitle("") xlabel(, grid gmax gmin) ytitle("MEI")
```

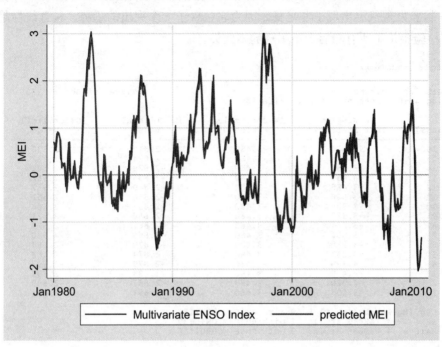

图 12.16

ARIMA 模型恰当性的一个重要检验是残差是否为不相关的白噪声。**corrgram** 对不同时滞上白噪声零假设进行检验。

```
. corrgram meires, lags(13)

                                             -1       0       1 -1       0       1
LAG      AC       PAC       Q      Prob>Q   [Autocorrelation]   [Partial Autocor]
1     -0.0241   -0.0241    .2176   0.6409
2     -0.0099   -0.0105   .25451   0.8805
3      0.1430    0.1430   7.9641   0.0468
4     -0.0015    0.0049    7.965   0.0929
5      0.0256    0.0292   8.2135   0.1449
6      0.0200    0.0010   8.3656   0.2125
7     -0.0305   -0.0315   8.7197   0.2734
8     -0.0001   -0.0109   8.7197   0.3665
9     -0.0306   -0.0367   9.0787   0.4300
10    -0.0274   -0.0256   9.3682   0.4976
11    -0.0292   -0.0331   9.6962   0.5579
12    -0.0009    0.0079   9.6966   0.6426
13    -0.0449   -0.0404   10.477   0.6545
```

corrgram 的混合 Q 检验发现，直到时滞 13，残差中并没有显著自相关，除了时滞 3 一处在 0.05 水平下显著之外。我们用 **wntestq** 命令得到针对任一具体时滞的相同检验。

```
. wntestq meires, lags(13)

Portmanteau test for white noise

 Portmanteau (Q) statistic =    10.4772
 Prob > chi2(13)           =     0.6545
```

因此，原初在考察相关图模式后提出的 ARIMA(2,0,0)模型结果拟合得特别好，其两个 AR 项均显著。它让残差通过了白噪声检验。

与对多元 ENSO 指数(*mei*)的检验不同,我们前面对全球气温异常(*ncdctemp*)的 **dfgls, notrend** 检验发现气温出现了非平稳,因为它包含了一个突出的趋势。包含线性趋势的默认 **dfgls** 检验拒绝了所有滞后上不平稳的零假设。

```
. dfgls ncdctemp

DF-GLS for ncdctemp                               Number of obs =     355
Maxlag = 16 chosen by Schwert criterion

            DF-GLS tau        1% Critical       5% Critical      10% Critical
  [lags]    Test Statistic        Value             Value             Value

    16         -3.624            -3.480            -2.818            -2.536
    15         -3.625            -3.480            -2.824            -2.542
    14         -3.552            -3.480            -2.829            -2.547
    13         -3.489            -3.480            -2.835            -2.552
    12         -3.486            -3.480            -2.840            -2.557
    11         -3.566            -3.480            -2.846            -2.562
    10         -3.395            -3.480            -2.851            -2.566
     9         -3.377            -3.480            -2.856            -2.571
     8         -3.861            -3.480            -2.861            -2.575
     7         -3.697            -3.480            -2.865            -2.580
     6         -3.950            -3.480            -2.870            -2.584
     5         -4.251            -3.480            -2.874            -2.588
     4         -4.399            -3.480            -2.879            -2.592
     3         -4.479            -3.480            -2.883            -2.595
     2         -4.920            -3.480            -2.887            -2.599
     1         -5.505            -3.480            -2.891            -2.602

Opt Lag (Ng-Perron seq t) =  9  with RMSE   .0902188
Min SC    = -4.749446 at lag  1  with RMSE   .0915139
Min MAIC  = -4.639686 at lag  9  with RMSE   .0902188
```

一阶差分时间序列将会去除线性趋势。气温的一阶差分呈现出时滞 1 后不存在自相关且偏自相关也逐渐减弱的模式。

```
. corrgram D.ncdctemp, lag(13)

                                               -1   0   1 -1   0   1
 LAG       AC        PAC        Q      Prob>Q  [Autocorrelation] [Partial Autocor]

  1     -0.3941    -0.4031    58.094   0.0000
  2      0.0425    -0.1355    58.773   0.0000
  3     -0.0639    -0.1174    60.307   0.0000
  4      0.0305    -0.0479    60.656   0.0000
  5     -0.0359    -0.0614    61.145   0.0000
  6     -0.0385    -0.1032    61.706   0.0000
  7     -0.0035    -0.0872    61.711   0.0000
  8      0.0633     0.0164    63.239   0.0000
  9     -0.1316    -0.1432    69.861   0.0000
 10      0.1031    -0.0149    73.938   0.0000
 11      0.0030     0.0359    73.942   0.0000
 12     -0.0353    -0.0393    74.421   0.0000
 13      0.0099    -0.0175    74.459   0.0000
```

这些观察表明 ARIMA(0,1,1)模型对于气温而言可能是合适的。

```
. arima ncdctemp, arima(0,1,1) nolog
ARIMA regression

Sample:  2 - 372                              Number of obs   =     371
                                              Wald chi2(1)    =  152.87
Log likelihood = 355.3385                     Prob > chi2     =  0.0000

                         OPG
  D.ncdctemp    Coef.   Std. Err.      z    P>|z|    [95% Conf. Interval]

  ncdctemp
     _cons    .0007623  .0025694    0.30    0.767   -.0042737    .0057982
```

ARMA						
ma L1.	-.4994929	.040399	-12.36	0.000	-.5786735	-.4203124
/sigma	.0928235	.0029514	31.45	0.000	.0870388	.0986081

Note: The test of the variance against zero is one sided, and the two-sided confidence interval is truncated at zero.

此 ARIMA(0,1,1)模型将气温的一阶差分或月份间变化表达为当前和滞后 1 个月的随机噪音的函数:

$$y_t - y_{t-1} = \beta_0 + \theta \epsilon_{t-1} + \epsilon_t \qquad [12.6]$$

其中 y_t 为 t 时 ncdctemp。参数估计值为 $\beta_0 = 0.00076$ 和 $\theta = -0.499$。一阶 MA 项 θ 统计上显著($p \approx 0.000$),同时模型的残差与白噪声之间难以区分。

```
. predict Dncdchat
. label variable Dncdchat "predicted 1st diff temp"
. predict Dncdcres, resid
. label variable Dncdcres "residual 1st diff temp"
. corrgram Dncdcres, lag(13)
```

					-1 0 1	-1 0 1
LAG	AC	PAC	Q	Prob>Q	[Autocorrelation]	[Partial Autocor]
1	0.0133	0.0135	.06574	0.7976		
2	0.0262	0.0265	.32335	0.8507		
3	-0.0631	-0.0657	1.8204	0.6105		
4	-0.0313	-0.0306	2.1907	0.7007		
5	-0.0848	-0.0827	4.912	0.4267		
6	-0.0867	-0.0910	7.7626	0.2560		
7	-0.0357	-0.0362	8.2477	0.3113		
8	0.0079	-0.0002	8.2716	0.4074		
9	-0.0970	-0.1201	11.866	0.2210		
10	0.0759	0.0635	14.074	0.1696		
11	0.0255	0.0143	14.324	0.2156		
12	-0.0225	-0.0568	14.519	0.2688		
13	0.0008	-0.0004	14.519	0.3383		

尽管这些检验并未给出抛弃 ARIMA(0,1,1)的理由,但全球气温异常上的月份间变化证明比较难以预测。图 12.7 将差分符号 **D.**运用于 **graph** 命令以呈现观测值和预测值之间不太好的拟合。此模型仅解释月度差值上方差的大约 20%。

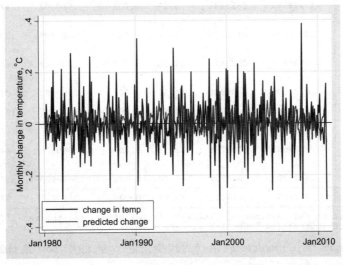

图 12.17

```
. tsline D.ncdctemp Dncdchat, lcolor(blue red)
    xtitle("") xlabel(, grid gmax gmin) lw(medthick medium)
    ytitle("Monthly change in temperature, `=char(176)'C")
    ylabel(, grid gmin gmax) yline(0) legend(ring(0) position(7)
    row(2) label(1 "change in temp") label(2 "predicted change"))
```

图 12.17 中变化或一阶差分的标绘图与图 12.9 中所见的气温异常本身略微有些相似。这一比较强调了对一阶差分建模其实所回答的是个不同的研究问题。本例中，气温记录的一个关键特征——上升趋势——已经被去除。下一节会回到未被差分处理的气温异常上来，并考虑趋势本身能够如何被解释。

12.8 ARMAX 模型

本章前面我们看到了 *ncdctemp* 对 4 个滞后预测变量的 OLS 回归对气温观测值拟合较好(见图 12.2)，以及物理学上合理的参数估计值。但是，Durbin-Watson 检验发现残差之间具有显著的自相关，这损害了 OLS 的 t 和 F 检验。ARMAX(AutoRegressive Moving Average with eXogenous Variables，包含外生变量的自回归移动平均数)建模提供了应对这一问题的更好方法。

包含滞后一个月的预测变量和 ARIMA(1,0,1)扰动项的类似 ARMAX 证明拟合得很好。

```
. arima ncdctemp L1.aod L1.tsi1 L1.mei L1.co2anom, arima(1,0,1) nolog

ARIMA regression

Sample:  2 - 372                        Number of obs    =      371
                                        Wald chi2(6)     =   555.93
Log likelihood = 378.3487               Prob > chi2      =   0.0000

-------------------------------------------------------------------------
              |              OPG
     ncdctemp |   Coef.    Std. Err.    z    P>|z|   [95% Conf. Interval]
--------------+----------------------------------------------------------
ncdctemp      |
         aod  |
         L1.  | -1.228967  .3855346  -3.19  0.001  -1.984601  -.4733331
        tsi1  |
         L1.  |  .0609574  .0173356   3.52  0.000   .0269803   .0949345
         mei  |
         L1.  |  .0533736  .0099622   5.36  0.000   .033848    .0728992
      co2anom |
         L1.  |  .0104806  .0008328  12.58  0.000   .0088483   .0121128
        _cons | -82.84698  23.68097  -3.50  0.000  -129.2608  -36.43314
--------------+----------------------------------------------------------
ARMA          |
          ar  |
         L1.  |  .7119695  .0703746  10.12  0.000   .5740378   .8499013
          ma  |
         L1.  | -.3229314  .0944706  -3.42  0.001  -.5080903  -.1377725
--------------+----------------------------------------------------------
       /sigma |  .0872355  .0028313  30.81  0.000   .0816863   .0927847
-------------------------------------------------------------------------
Note: The test of the variance against zero is one sided, and the two-sided
      confidence interval is truncated at zero.
```

此模型中，y_t 或 t 时的 *ncdctemp* 值，为预测变量 x_1 至 x_4(即 *aod* 至 *co2anom*)滞后 1 个月的取值与扰动项(u_t)的函数：

$$y_t = \beta_0 + \beta_1 x_{1,t-1} + \beta_2 x_{2,t-1} + \beta_3 x_{3,t-1} + \beta_4 x_{4,t-1} + \mu_t \quad [12.7]$$

$t(\mu_t)$时的扰动项与滞后1个月的扰动项(μ_{t-1})以及滞后1个月和t时的随机误差(和)有关：

$$\mu_t = \rho\mu_{t-1} + \theta\epsilon_{t-1} + \epsilon_t \quad [12.8]$$

所有4个预测变量以及AR和MA项的系数都在$p<0.01$或更佳水平上统计显著。ncdctemp本身是不平稳的，但是对本分析而言无需是平稳的。的确，它的不平稳性是研究的焦点。不过，从一个成功模型得到的残差应当类似于白噪声，即一个协方差平稳过程(covariance stationary process)。本例中的情形即如此：对滞后至25个月残差的混合Q检验给出$p = 0.60$。

```
. predict ncdchat2
. label variable ncdchat2 "Predicted from volcanoes,
    solar, ENSO & CO2"
. predict ncdcres2, resid
. label variable ncdcres2 "NCDC residuals from ARMAX model"
. corrgram ncdcres2, lags(25)
```

```
                                           -1       0      1 -1      0      1
LAG      AC       PAC       Q      Prob>Q  [Autocorrelation]  [Partial Autocor]
1    -0.0133   -0.0136   .06661   0.7963
2     0.0458    0.0471   .85498   0.6521
3    -0.0089   -0.0084   .88473   0.8291
4     0.0248    0.0229   1.1169   0.8916
5    -0.0359   -0.0356   1.6043   0.9007
6    -0.0658   -0.0710   3.245    0.7775
7    -0.0060   -0.0035   3.2588   0.8601
8     0.0116    0.0177   3.3097   0.9134
9    -0.0949   -0.0979   6.7554   0.6626
10    0.0832    0.0868   9.4103   0.4937
11    0.0341    0.0433   9.8585   0.5432
12    0.0052   -0.0105   9.869    0.6275
13    0.0388    0.0457   10.45    0.6568
14    0.0330    0.0288   10.873   0.6960
15   -0.0110   -0.0273   10.92    0.7583
16   -0.0381   -0.0288   11.485   0.7786
17   -0.0871   -0.0861   14.449   0.6351
18   -0.0384   -0.0537   15.028   0.6601
19   -0.0180    0.0130   15.155   0.7127
20   -0.0508   -0.0484   16.174   0.7058
21   -0.0619   -0.0764   17.688   0.6686
22    0.0339    0.0422   18.143   0.6975
23    0.0557    0.0551   19.379   0.6790
24    0.0779    0.0652   21.802   0.5911
25    0.0457    0.0457   22.638   0.5987
```

图12.18直观呈现了数据和ARMAX模型之间的紧密拟合。模型解释了气温异常上大约77%的方差。这些ARMAX结果支持了从我们前面OLS回归得到的一般性结论：不考虑与人类活动有关的动力因素，就不能解释气温变动所呈现出来的随年代推移而上升的趋势。但是，最近十年全球变暖的明显减缓被自然动力因素更好地解释——拉尼娜和低太阳辐照度。

至此，我们仅处理了 Climate.dta 中三个气温指数中的一个。该指数是由美国国家海洋与大气管理局(National Oceanic and Atmospheric Administration，NOAA)的国家气候数据中心(NCDC)创建的。NCDC基于全球范围内数千个观测站采集的地球表面气温测量来计算其指数。NASA的戈达德太空研究所(Goddard Institute for Space Studies)也计算它自己的气温指数(被称为GISTEMP)，同样基于地球表面观测站测量，但更好地覆盖高纬度地区。

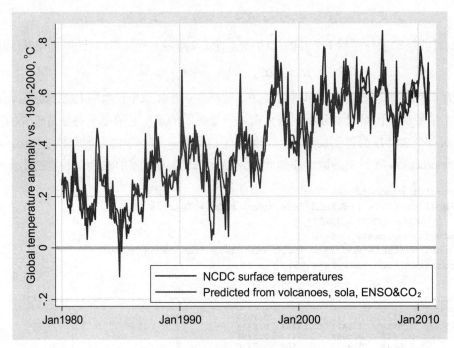

图 12.18

Climated.dta 中的第三个气温指数具有不同的基础。阿拉巴马大学汉茨维尔分校的研究者们根据对流层上部——高至 4 千米高度的一个地球大气层区域——的间接卫星测量计算其全球指数。基于卫星测量数据的估计值呈现出更大的月份间变异性,并且对厄尔尼诺和拉尼娜事件更敏感。它们提供了另一种视角来考察全球气温变动趋势,与地球表面记录相一致,但细节上有一定差异。当我们用与对 ncdctemp 所用相同的 ARMAX 方法对 uahtemp 进行建模时,这些差异是如何体现的呢?

```
. arima uahtemp L1.aod L1.tsi1 L1.mei L1.co2anom, arima(1,0,1) nolog
ARIMA regression

Sample:  2 - 372                              Number of obs   =       371
                                              Wald chi2(6)    =    601.88
Log likelihood =  299.2819                    Prob > chi2     =    0.0000
```

	uahtemp	Coef.	OPG Std. Err.	z	P>|z|	[95% Conf. Interval]	
uahtemp							
aod	L1.	-2.38566	.9011263	-2.65	0.008	-4.151835	-.6194848
tsi1	L1.	.0336446	.0289365	1.16	0.245	-.0230698	.0903591
mei	L1.	.0663992	.0154607	4.29	0.000	.0360967	.0967016
co2anom	L1.	.0084778	.0016671	5.09	0.000	.0052103	.0117453
	_cons	-45.92205	39.52334	-1.16	0.245	-123.3864	31.54228
ARMA							
ar	L1.	.8364133	.0421928	19.82	0.000	.7537169	.9191097

ma L1.	-.3170064	.068849	-4.60	0.000	-.451948	-.1820648
/sigma	.1078988	.0040726	26.49	0.000	.0999167	.115881

Note: The test of the variance against zero is one sided, and the two-sided confidence interval is truncated at zero.

NCDC 和 UAH 以及 NASA(未显示)模型中的系数都具有同样的符号,且与物理学理解相一致。所有三个模型中,CO_2 异常是最强的气温预测变量,而 MEI 为第二强。与卫星数据中的情况相比,MEI 在 UAH 模型中施加了相对更多的影响。火山气溶胶也对 UAH 指数具有更强的影响,而太阳辐照度则表现出更弱的效应。相比于 *ncdctemp* 上的 77%,该模型只解释了 *uahtemp* 上 70%的方差,这反映出基于卫星测量所得估计值的更大变异性。不过,残差通过了白噪声检验($p = 0.65$),观测值和预测值的标绘图也显示出良好的视觉拟合(见图 12.19)。

```
. predict uahhat2
. label variable uahhat2 "Predicted from volcanoes, solar, ENSO & CO2"
. predict uahres2, resid
. label variable uahres2 "UAH residuals from ARMAX model"
. wntestq uahres2, lags(25)

Portmanteau test for white noise

Portmanteau (Q) statistic =     21.7197
Prob > chi2(25)           =      0.6519
```

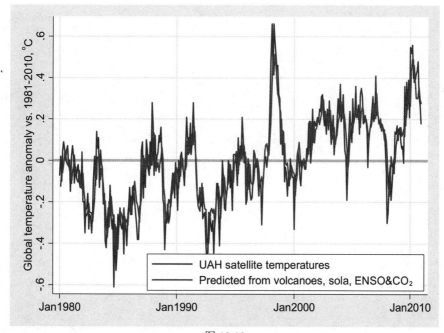

图 12.19

卫星气温记录是一项比气象站记录更新近的发展,因此 UAH 气温异常以 1981~2010 年而不是像 NCDC 所做那样的 1901~2000 年作为基线计算得到。正如比较图 12.19 和图 12.18 所能看到的,最近的基线对 UAH 异常的零点变得更高。但是,两个序列呈现类似的趋势——此时其内，NCDC(或 NASA)为约 0.16℃/10 年，而 UAH 为 0.15℃/10 年。

从这些简单 ARMAX 模型所得结论大体上与 Foster 和 Rahmstorf(2011)所做更复杂分析所得结论相一致。相比于此处所有预测变量都随意地选择一个月滞后，他们的方法涉及寻找最优的滞后设定。Foster 和 Rahmstorf 还纳入了三角函数(二阶傅里叶级数)来对数据中残差的年度周期进行建模。时间而不是 CO_2 浓度也被纳入作为他们的预测变量以突出时间趋势，但这些趋势被解释为人为引起。理论上，那些人为原因可以包括除 CO_2 之外的其他温室气体以及诸如森林砍伐、土地覆被变化或臭氧层破坏等其他未被我们的 *co2anom* 变量所涵盖的活动，因此一个 CO_2 因果解释可能过于简单。但是，实际应用中，CO_2 直接随时间推移而增加(见图 12.10)，使得使用时间或 CO_2 作为预测变量将给出类似的结论。

第 13 章

多层与混合效应建模

混合效应建模(mixed-effects modeling)大体上就是允许两类效应的回归分析：固定效应(fixed effects)，意即截距和斜率被理解成恰如常规回归中那样，将总体作为一个整体加以描述；随机效应(random effects)，意即截距和斜率在样本的不同子群之间可以变动。到目前为止，本书所有的回归类型的方法(regression-type methods)只涉及了固定效应。混合效应建模为拟合多层模型(multilevel models)、进行增长曲线分析(growth curve analysis)和分析面板数据(panel data)或截面时间序列(cross-sectional time series)开启了一系列新的可能。

Albright 和 Marinova(2010)曾对 Stata、SAS、SPSS 和 R 中的混合建模程序与 Raudenbush 和 Byrk 提出的分层线性建模(Hierarchical Linear Modeling，HLM)软件(2002，也见 Raudenbush et al.，2005)进行过很实用的比较。有关混合建模及其与 HLM 对应的更详细说明可在 Rabe-Hesketh 和 Skrondal(2012)中找到。简言之，HLM 采用多个步骤来处理多层建模(multilevel modeling)，(比如)对层 1 和层 2 设定单独的方程。实际应用中，这些方程并不能单独进行估计，故此软件会内在地进行替代以得到一个用于进行估计的单一简化式(reduced equation)。混合效应建模直接以简化式进行，这使得它比 HLM 看上去"更不多层"，尽管两者描述的是数学上等价的模型。HLM 中不同层上的效应可被等价地表达成单一简化式中的固定或随机效应。Rabe-Hesketh 和 Skrondal(2012)还指出了 HLM 和混合建模应用之间的一些文化差异："与比如使用 Stata 的论文相比，使用[HLM]的论文会倾向于在模型中纳入更多跨层交互和更多随机效应(因为层 2 模型没有残差看着会有点怪)。"

三个 Stata 命令提供了进行多层和混合效应建模的最一般性工具。**xtmixed** 拟合线性模型，就像是与 **regress** 相对的随机效应。类似地，**xtmelogit** 拟合针对二分类结果(binary outcomes)的混合效应 logit 回归模型，就像是 **logit** 或 **logistic** 的一般化(generalization)；**xtmepoisson** 拟合针对计数结果(count outcomes)的混合效应泊松模型(Poisson models)，就像是 **poisson** 的一般化。Stata 还提供了许多更专门化的程序来应对概念上相关联的任务。这些例子包括含随机截距的 tobit 模型、probit 模型和负二项模型；键入 **help xt** 查看完整清单及有关每一命令的具体内容的链接。其中的许多命令都是针对面板或截面时间序列数据的使用而首次开发的，因此它们有共同的 **xt** 标识。

xtmixed、**xtmelogit** 和 **xtmepoisson** 程序可以通过键入的命令或单击菜单来调用：

Statistics → Multilevel mixed-effects models   多层混合效应模型

其他 xt 程序的菜单被单独归并在以下路径内：

Statistics → Longitudinal/panel data   纵向或面板数据

《纵向/面板数据参考手册》(*Longitudinal/Panel Data Reference Manual*)给出了混合效应和其他 xt 方法的示例、技术细节和参考文献。Luke(2004)对多层建模做过简要介绍。更全面的介绍可参见 Bickel(2007)、McCulloch 和 Searle(2001)、Raudenbush 和 Bryk(2002)以及 Verbeke 和 Molenberghs(2000)。作为对 Stata 用户特别有价值的资源，《用 Stata 进行多层和纵向建模》(*Multilevel and Longitudinal Modeling Using Stata*)(Rabe-Hesketh 和 Skrondal，2008)一书不但介绍了 Stata 官方的 xt 方法，而且也介绍了一个名为 **gllamm** 的非官方程序，它增强了 Stata 进行混合效应一般化线性建模(mixed-effect generalized linear modeling)的能力。键入 **findit gllamm** 可得到如何获取和安装该程序的 ado 文件(ado-files)的信息。

13.1 命令示范

```
. xtmixed crime year || city: year
```

进行 *crime* 对 *year* 的混合效应回归，含 *city* 每一取值的随机截距和斜率。因此，我们得到犯罪率的趋势，它是总趋势(固定效应)和每一城市在此趋势(随机效应)上变异(variations)的组合。

```
. xtmixed SAT parentcoll prepcourse grades || city: || school: grades
```

拟合一个分层或多层混合效应模型(hierarchical or multilevel mixed-effects model)，将学生的 SAT 成绩作为以下三者的函数进行预测：1)学生个体的父母是否大学毕业、本人是否参加预备课程(preparation course)和学生成绩的固定或整个样本效应(fixed or whole-sample effects)；2)体现学生就学所在城市影响的随机截距；以及 3)学生个体成绩效应(可能因学校而异)的随机截距和斜率。学生个体(观测案例)嵌套于学校，而学校又嵌套于城市。注意命令中随机效应部分的顺序。

```
. xtmixed y x1 x2 x3 || state: x3
. estimates store A
. xtmixed y x1 x2 x3 || state:
. estimates store B
. lrtest A B
```

对纳入 *x3* 上随机斜率的更复杂模型 *A* 和未纳入 *x3* 上随机斜率的更简单模型 *B*(*B* 嵌套于 *A*)之间在拟合优度上无差异的虚无假设进行似然比卡方检验。这相当于对 *x3* 上随机斜率是否统计显著进行检验。**lrtest** 命令中所设定模型的先后顺序无关紧要；故如果我们键入 **lrtest** *B A*，Stata 仍然能够正确地推断出 *B* 嵌套于 *A*。

```
. xtmixed y x1 x2 x3 || state: x2 x3, reml nocons cov(unstructured)
```

就 *y* 对固定效应预测变量 *x1*、*x2* 和 *x3* 以及对 *x2* 和 *x3* 在 *state* 取值上的随机效应做混合效应回归。以约束最大似然法(maximum restricted likelihood method)得到估计值。此模型应不含随机截距,但包含其中的随机效应方差和协方差均被单独进行估计的一个非结构化协方差矩阵(unstructured covariance matrix)。

. **estat recov**

xtmixed 后,呈现估计的随机效应方差-协方差矩阵(variance-covariance matrix)。

. **predict** *re**, **reffects**

xtmixed 估计后,得到模型中所有随机效应的最佳线性无偏预测值(Best Linear Unbiased Prediction,BLUP)。随机效应被存成名为 *re1*、*re2* 等的变量。

. **predict** *yhat*, **fitted**

xtmixed 估计后,得到 *y* 的预测值(predicted values)。若只想根据模型的固定效应部分(fixed-effects portion)得到预测值,键入 **predict yhat, xb**。其他的 **predict** 选项可得到固定部分的标准误(**stdp**)、残差(**resid**)或标准化残差(**rstan**)。要想查看 **xtmixed** 后估计命令(postestimation commands)的完整清单及其语法和选项的链接,键入 **help xtmixed_postestimation**。

. **xtmelogit** *y x1 x2* || *state*:

就{0,1}变量 *y* 对 *x1* 和 *x2* 进行混合效应 logit 回归,包含 *state* 每一取值的随机截距。

. **predict** *phat*

xtmelogit 估计后,得到完整(固定部分加随机部分)模型的预测概率(predicted probabilities)。键入 **help xtmelogit postestimation** 查看其他的事后估计命令以及 **predict** 选项的完整清单,包括皮尔逊残差(**pearson**)和离差残差(**deviance**)。

. **xtmepoisson** *accidents x1 x2 x3*, **exposure**(*persondays*) || *season*:
    || *port*: , **irr**

对渔船事故计数 *accidents* 估计混合效应泊松模型。固定效应预测变量为 *x1*、*x2* 和 *x3*,它们反映了每艘船的特征。暴露量(exposure)以船只在海上的人-天数(number of person-days)进行测量。我们纳入了 *season* 或年份以及嵌套于年份之中的港口城市 *port* 的随机截距。以事故发生率之比(**irr**)的形式报告固定效应系数。

. **gllamm** *warming sex educ*,**i**(*region*) **family**(**binomial**) **link**(**ologit**) **adapt**

执行一般化线性潜变量和混合建模(generalized linear latent and mixed modeing)——本例就定序变量 *warming* 对固定效应预测变量 *sex* 和 *educ* 进行混合效应定序 logit 回归(mixed-effects ordered logit regression)。纳入了 *region* 每一取值的随机截距,并以自适应性积分法(adaptive quadrature)对此进行估计。**family( )** 和 **link( )** 选项可以设定包括多项 logit(multinomial logit)、probit、定序 probit(ordered probit)和互补双对数(complementary log-log)

等其他模型。**gllamm** 并非 Stata 提供的官方程序,但可以免费在线获得。键入 **findit gllamm** 获取如何下载和安装必要文件的信息。Rabe-Hesketh 和 Skrodal(2012)提供了使用 **gllamm** 的细节和例子。

13.2 含随机截距的回归

为了示范 **xtmixed**,我们从 2004 年总统选举中县层次的(county-level)选票数据开始。此次选举中,共和党的 George W. Bush(得到 50.7%的选票)击败了民主党的 John Kerry(48.3%)和无党派的 Ralph Nader(0.4%)。本次选举的一个突出特征就是其呈现出的空间模式(geographical pattern):Kerry 在位于西海岸、东北部和五大湖区周边的这些州获胜,而 Bush 则在任何其他地方均获胜。各州内,对 Bush 的支持在农村地区往往更强,而对 Kerry 的支持则多集中于城市。数据集 *election_2004i.dta* 包含了覆盖美国大部分县的选举结果和其他变量。一个分类变量表示普查区(census divisions)(*cendiv*),它将美国区分为 9 个地理区域。它同时给出了总投票数(*votes*)、投票给 Bush 的比例(*bush*)、作为"乡村性"(rural-ness)测量指标的人口密度的对数(*logdens*)以及反映县人口中少数民族比例(*minority*)或有大学学历成年人比例(*colled*)的其他变量。

```
. use C:\data\election_2004i.dta, clear
. describe

Contains data from C:\data\election_2004i.dta
  obs:         3,054                          US counties -- 2004 election
                                                (Robinson 2005)
 vars:            11                          1 Jul 2012 14:35
 size:       219,888
-------------------------------------------------------------------------------
              storage  display   value
variable name   type   format    label      variable label
-------------------------------------------------------------------------------
fips            long   %9.0g                FIPS code
state           str20  %20s                 State name
state2          str2   %9s                  State 2-letter abbreviation
region          byte   %9.0g     region     Region (4)
cendiv          byte   %15.0g    division   Census division (9)
county          str24  %24s                 County name
votes           float  %9.0g                Total # of votes cast, 2004
bush            float  %9.0g                % votes for GW Bush, 2004
logdens         float  %9.0g                log10(people per square mile)
minority        float  %9.0g                % population minority
colled          float  %9.0g                % adults >25 w/4+ years college
-------------------------------------------------------------------------------
Sorted by:  fips
```

投票给 Bush 的比例随着人口密度而下降,如图 13.1 中的散点图和回归线所示。每个数据点(data point)代表 3054 个县中的一个。

```
. graph twoway scatter bush logdens, msymbol(Oh)
    || lfit bush logdens, lwidth(medthick)
```

改进的这一投票-密度散点图见图 13.2。图中已将 x 轴取值标注为其对数(1 变成了"10",2 变成了"100",依此类推),从而使该图更便于解读。用 *votes* 作为散点图的频数权数使标记符号的大小与总投票数成比例,这直观地将那些人口少或多的县区分出来。此外,本章中的分析并未进行加权。我们这里关注的是县投票的模式而不是这些县内个体的投票。

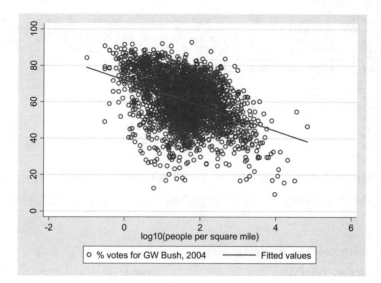

图 13.1

```
. graph twoway scatter bush logdens [fw=votes], msymbol(Oh)
    || lfit bush logdens, lwidth(medthick)
    || , xlabel(-1 "0.1" 0 "1" 1 "10" 2 "100" 3 "1,000"
        4 "10,000", grid) legend(off)
    xtitle("Population per square mile")
    ytitle("Percent vote for GW Bush")
```

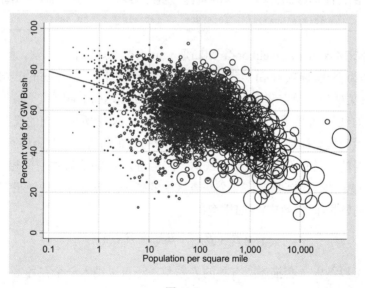

图 13.2

正如图 13.2 所确认的,投票给 George W. Bush 的比例在人口密度高的都市县(urban counties)往往更低。该比例在具有大量少数民族人口或具有大学学历的成年人比例更高的那些县也往往更低。

```
. regress bush logdens minority colled
```

```
      Source |       SS       df       MS              Number of obs =    3041
-------------+------------------------------           F(  3,  3037) =  345.39
       Model |  122345.617     3   40781.8725          Prob > F      =  0.0000
    Residual |  358593.826  3037   118.075017          R-squared     =  0.2544
-------------+------------------------------           Adj R-squared =  0.2537
       Total |  480939.443  3040   158.203764          Root MSE      =  10.866

        bush |      Coef.   Std. Err.      t    P>|t|     [95% Conf. Interval]
-------------+----------------------------------------------------------------
     logdens |  -5.457462   .3031091   -18.00   0.000    -6.051781   -4.863142
    minority |  -.251151    .0125261   -20.05   0.000    -.2757115   -.2265905
      colled |  -.1811345   .0334151    -5.42   0.000    -.246653    -.115616
       _cons |   75.78636   .5739508   132.04   0.000     74.66099    76.91173
```

以混合建模的术语来讲，我们仅估计了一个只包含固定效应的模型——截距和系数将样本作为一个整体加以描述。相同的固定效应模型可以由具有类似语法的 **xtmixed** 估计得到。

```
. xtmixed bush logdens minority colled

Mixed-effects ML regression                     Number of obs      =      3041

                                                Wald chi2(3)       =   1037.53
Log likelihood = -11567.783                     Prob > chi2        =    0.0000

------------------------------------------------------------------------------
        bush |      Coef.   Std. Err.      z    P>|z|     [95% Conf. Interval]
-------------+----------------------------------------------------------------
     logdens |  -5.457462   .3029097   -18.02   0.000    -6.051154    -4.86377
    minority |  -.251151    .0125179   -20.06   0.000    -.2756856   -.2266164
      colled |  -.1811345   .0333931    -5.42   0.000    -.2465838   -.1156852
       _cons |   75.78636   .5735732   132.13   0.000     74.66217    76.91054
------------------------------------------------------------------------------

------------------------------------------------------------------------------
  Random-effects Parameters  |   Estimate   Std. Err.     [95% Conf. Interval]
-----------------------------+------------------------------------------------
                sd(Residual) |   10.85908   .1392419      10.58958    11.13545
------------------------------------------------------------------------------
```

最大似然法(Maximum Likelihood，ML)是 **xtmixed** 的默认估计方法，但也可由选项 **ml** 来明确调用。作为替代，选项 **reml** 将调用约束最大似然估计法(maximum restricted likelihood estimation)。有关估计、设定和报告选项的清单，见 **help xtmixed**。

本次选举的红州/蓝州[1]版图(red state/blue state maps)中所呈现出的投票空间模式并没有被上述固定效应模型捕捉到，该模型假定以相同的截距和斜率来刻画所有 3041 个郡的特征。一个对不同的县具有不同的投票模式这一趋势进行建模(且减弱空间相关误差(spatially related errors)问题)的方法就是允许 9 个普查区中的每个区都有各自的随机截距。不再采用具有以下形式的常规(固定效应)回归模型：

$$y_i = \beta_0 + \beta_1 x_{1i} + \beta_2 x_{2i} + \beta_3 x_{3i} + \epsilon_i \qquad [13.1]$$

我们不但可以纳入一套描述所有县的 β 系数，还可以纳入一个在各普查区之间变动的随机截距 u_0：

$$y_{ij} = \beta_0 + \beta_1 x_{1ij} + \beta_2 x_{2ij} + \beta_3 x_{3ij} + u_{0j} + \epsilon_{ij} \qquad [13.2]$$

---

1 在美国选举文化中，大多数选民都支持民主党候选人的那些州被称作蓝州，而大多数选民都支持共和党候选人的那些州则被称作红州。——译者注

式[13.2]将第 i 个县、第 j 个普查区的 y 值描绘成在所有普查区具有相同效应的 x_1、x_2 和 x_3 的函数。但是，随机截距 u_{0j} 考虑到投票给 Bush 的平均比例在一些普查区的各县之间会系统性地更高或更低的可能性。既然美国的投票呈现出明显的空间模式，那么这种设定似乎是恰当的。通过在 **xtmixed** 命令中增加一个新的随机效应部分，我们可以估计一个含每一普查区随机截距的模型：

```
. xtmixed bush logdens minority colled || cendiv:
Performing EM optimization:

Performing gradient-based optimization:

Iteration 0:    log likelihood = -11339.79
Iteration 1:    log likelihood = -11339.79  (backed up)

Computing standard errors:

Mixed-effects ML regression                    Number of obs     =      3041
Group variable: cendiv                         Number of groups  =         9

                                               Obs per group: min =        67
                                                              avg =     337.9
                                                              max =       616

                                               Wald chi2(3)      =   1161.96
Log likelihood =  -11339.79                    Prob > chi2       =    0.0000

------------------------------------------------------------------------------
        bush |      Coef.   Std. Err.      z    P>|z|     [95% Conf. Interval]
-------------+----------------------------------------------------------------
     logdens |  -4.52417    .3621775   -12.49   0.000    -5.234025   -3.814316
    minority |  -.3645394   .0129918   -28.06   0.000    -.3900029   -.3390758
      colled |  -.0583942   .0357717    -1.63   0.103    -.1285053    .011717
       _cons |   72.09305   2.294039    31.43   0.000     67.59682    76.58929
------------------------------------------------------------------------------

------------------------------------------------------------------------------
  Random-effects Parameters  |   Estimate   Std. Err.    [95% Conf. Interval]
-----------------------------+------------------------------------------------
cendiv: Identity             |
                  sd(_cons)  |   6.617135   1.600467     4.119006    10.63035
-----------------------------+------------------------------------------------
               sd(Residual)  |   10.00339   .1284657     9.754742    10.25837
------------------------------------------------------------------------------
LR test vs. linear regression: chibar2(01) =   455.99 Prob >= chibar2 = 0.0000
```

xtmixed 输出表格的上部呈现了模型固定效应部分的结果。这个模型暗含着 9 个不同的截距，每一个对应着一个人口普查区，但这些截距并未被直接估计出来。相反，表格的下部给出了随机截距的估计标准差(6.62)以及该标准差的标准误(1.60)和 95%置信区间。我们的模型为

$$bush_{ij} = 72.09 - 4.52logdens_{ij} - 0.36minority_{ij} - 0.06colled_{ij} + u_{0j} + \epsilon_{ij} \quad [13.3]$$

如果 u_0 的标准差显著地区别于零，那么我们就认为这些截距的确会随着普查区不同而变动。此处的情形看似正是如此——标准差与零之间的距离超过了 4 个标准误，且就投票给 Bush 的比例这一因变量的尺度(metric)看，其值较大(6.62 个百分点)。输出结果最后一行报告的似然比检验确认了此随机截距模型是对只含固定效应的线性回归模型的显著改进($p \approx 0.0000$)。

尽管 **xtmixed** 并未直接计算随机效应，但我们可以通过 **predict** 得到随机效应的最佳线性无偏估计值。以下命令创建一个包含预测的随机截距的名为 *randint0* 的新变量，然后

以条形图画出了每一普查区的截距(见图 13.3)。

```
. predict randint0, reffects
. graph hbar (mean) randint0, over(cendiv)
    ytitle("Random intercepts by census division")
```

图 13.3 显示，在 *logdens*、*minority* 和 *colled* 的任一给定取值上，相比于中间派的西北中部，新英格兰(New England)各县投票给 Bush 的比例平均低约 15 个百分点，而西南中部(阿堪萨斯、路易斯安那、俄克拉荷马和德克萨斯等州的各县)则平均要高约 8 个百分点。

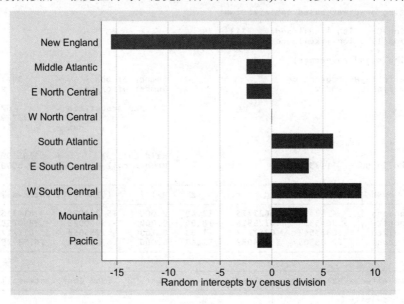

图 13.3

13.3 随机截距和斜率

在图 13.2 中我们看到，整体上，Bush 选票的百分比(percentage)往往随着人口密度的增大而下降。前一节中的随机截距模型承认了这个一般性趋势，同时允许截距在不同区域之间变动。但是，要是选票-密度关系的斜率在不同区域之间也会变动又会怎样呢？快速浏览分区域的散点图(见图 13.4)给了我们猜疑这一点的理由。

```
. graph twoway scatter bush logdens, msymbol(Oh)
    || lfit bush logdens, lwidth(medthick)
    || , xlabel(-1(1)4, grid) ytitle("Percent vote for GW Bush")
    by(cendiv, legend(off) note(""))
```

Bush 选票的百分比在太平洋和西北中部地区随着人口密度的上升而下降得最快，但在东北中部似乎并没有关系，而在东南中部甚至还呈现出正效应(positive effect)。我们前面模型中 *logdens* 上的负固定效应系数是对这些下向(downward)、水平(flat)和上向(upward)趋势一起加以平均的结果。

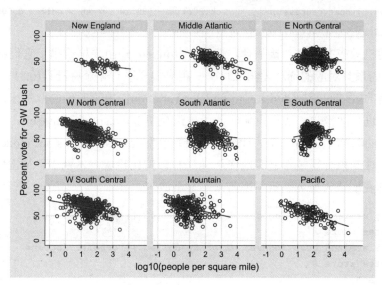

图 13.4

对于 j 个组中的每一个而言,一个包含预测变量 x_1 上随机斜率(u_{1j})和随机截距(u_{0j})的混合模型具有以下一般形式:

$$y_{ij} = \beta_0 + \beta_1 x_{1ij} + \beta_2 x_{2ij} + \beta_3 x_{3ij} + u_{0j} + u_{1j}x_{1ij} + \epsilon_{ij} \qquad [13.4]$$

为估计此类模型,我们将预测变量 *logdens* 增加到 **xtmixed** 命令的混合效应部分。

```
. xtmixed bush logdens minority colled || cendiv: logdens

Performing EM optimization:

Performing gradient-based optimization:

Iteration 0:   log likelihood = -11298.734
Iteration 1:   log likelihood = -11298.734

Computing standard errors:

Mixed-effects ML regression                     Number of obs    =      3041
Group variable: cendiv                          Number of groups =         9

                                                Obs per group: min =       67
                                                               avg =    337.9
                                                               max =      616

                                                Wald chi2(3)     =    806.25
Log likelihood = -11298.734                     Prob > chi2      =    0.0000

------------------------------------------------------------------------------
        bush |      Coef.   Std. Err.      z    P>|z|     [95% Conf. Interval]
-------------+----------------------------------------------------------------
     logdens |  -3.310313   1.114965    -2.97   0.003    -5.495605   -1.125021
    minority |  -.3616886   .0130709   -27.67   0.000    -.387307    -.3360702
      colled |  -.1173469   .0360906    -3.25   0.001    -.1880833   -.0466105
       _cons |   70.12095   2.955209    23.73   0.000     64.32885    75.91305
------------------------------------------------------------------------------

------------------------------------------------------------------------------
  Random-effects Parameters  |   Estimate   Std. Err.     [95% Conf. Interval]
-----------------------------+------------------------------------------------
cendiv: Independent          |
                 sd(logdens) |   3.113575   .8143897      1.86474    5.198768
                   sd(_cons) |    8.5913    2.232214     5.162945    14.29619
-----------------------------+------------------------------------------------
                sd(Residual) |   9.825565   .1264176     9.580889    10.07649
------------------------------------------------------------------------------
```

```
LR test vs. linear regression:           chi2(2) =    538.10   Prob > chi2 = 0.0000
Note: LR test is conservative and provided only for reference.
```

通常,随机效应并不被直接估计。但是,**xtmixed** 输出表格给出了它们标准差的估计值。密度对数的系数对应的标准差为 3.11——距离零几乎有 4 个标准误(0.81)——表明斜率系数存在显著的区域间变异(division-to-division variation)。更为明确的似然比检验支持了这一推论。为了进行此检验,我们重新估计了截距模型(intercept-only model),将估计值存为 A(一个随意起的名称),然后重新估计截距与斜率模型(intercept-and-slope model),将估计值存为 B,最后对 B 拟合得是否显著地优于 A 进行似然比检验。本例中,情况的确如此($p \approx 0.0000$),因此我们认为增加随机斜率带来了显著改善。

```
. quietly xtmixed bush logdens minority colled || cendiv:
. estimates store A
. quietly xtmixed bush logdens minority colled || cendiv: logdens
. estimates store B
. lrtest A B

Likelihood-ratio test                         LR chi2(1) =    82.11
(Assumption: A nested in B)                   Prob > chi2 =   0.0000
Note: The reported degrees of freedom assumes the null hypothesis is not on
      the boundary of the parameter space. If this is not true, then the
      reported test is conservative.
```

此 **lrtest** 输出结果提示,它"假定零假设并不落在参数空间的边界上",否则所报告的检验是保守的。前面 **xtmixed** 输出结果底部的注释也声明其似然比检验是保守的。两个注释都指向相同的统计学问题(statistical issue)。方差不能小于零,因此表述方差等于零的零假设的确落在参数空间的边界上。这种情况下,报告的似然比检验概率相当于实际概率(actual probability)的上限(故是"保守的")。**xtmixed** 会自动检测此情况,但 **lrtest** 并不能做到这一点,因此后者才会出现"If..."用词。

之前的模型假定随机截距和斜率之间不存在相关,这等价于增加一个设定协方差结构的 **cov(independent)** 选项。其他的可能设定包括 **cov(unstructured)**,它将允许随机效应之间存在一个独特的非零协方差。

```
. xtmixed bush logdens minority colled
     || cendiv: logdens, cov(unstructured)

Performing EM optimization:

Performing gradient-based optimization:

Iteration 0:   log likelihood = -11296.31
Iteration 1:   log likelihood = -11296.31  (backed up)

Computing standard errors:

Mixed-effects ML regression                     Number of obs    =     3041
Group variable: cendiv                          Number of groups =        9

                                                Obs per group: min =     67
                                                               avg =  337.9
                                                               max =    616

                                                Wald chi2(3)     =   799.68
Log likelihood = -11296.31                      Prob > chi2      =   0.0000
```

bush	Coef.	Std. Err.	z	P>|z|	[95% Conf. Interval]	
logdens	-3.150009	1.169325	-2.69	0.007	-5.441844	-.858175
minority	-.3611161	.0130977	-27.57	0.000	-.3867872	-.3354451
colled	-.1230445	.0361363	-3.41	0.001	-.1938704	-.0522186
_cons	69.85194	3.168479	22.05	0.000	63.64184	76.06204

Random-effects Parameters	Estimate	Std. Err.	[95% Conf. Interval]	
cendiv: Unstructured				
sd(logdens)	3.282749	.8547255	1.970658	5.468447
sd(_cons)	9.240389	2.402183	5.551459	15.3806
corr(logdens,_cons)	-.675152	.1958924	-.909687	-.1140964
sd(Residual)	9.823658	.1263468	9.579118	10.07444

LR test vs. linear regression: chi2(3) = 542.95 Prob > chi2 = 0.0000

Note: LR test is conservative and provided only for reference.

logdens 上的随机效率与随机截距之间估计的相关系数为-0.675，其与零之间的距离超过三个标准误。似然比检验也支持考虑这一相关是对先前模型的显著改进($p = 0.0277$)。

```
. estimates store C
. lrtest B C

Likelihood-ratio test                           LR chi2(1) =     4.85
(Assumption: B nested in C)                     Prob > chi2 =   0.0277
```

当前模型为：

$$bush_{ij} = 69.85 - 3.15 logdens_{ij} - 0.36 minority_{ij} - 0.12 colled_{ij}$$
$$+ u_{0j} + u_{1j} logdens_{ij} + \epsilon_{ij}$$
[13.5]

那么，每一普查区将选票和密度联系起来的斜率又是多少呢？再次，我们可以通过 **predict** 得到这些随机效应(这里被命名为 *randint1* 和 *randslo1*)的值。我们的数据集到现在为止包含了数个新变量。

```
. predict randslo1 randint1, reffects
. describe

Contains data from C:\data\election_2004i.dta
  obs:         3,054                          US counties -- 2004 election
                                              (Robinson 2005)
 vars:            17                          6 Jul 2012 13:55
 size:       265,698

              storage  display    value
variable name   type   format     label       variable label

fips            long   %9.0g                  FIPS code
state           str20  %20s                   State name
state2          str2   %9s                    State 2-letter abbreviation
region          byte   %9.0g      region      Region (4)
cendiv          byte   %15.0g     division    Census division (9)
county          str24  %24s                   County name
votes           float  %9.0g                  Total # of votes cast, 2004
bush            float  %9.0g                  % votes for GW Bush, 2004
logdens         float  %9.0g                  log10(people per square mile)
minority        float  %9.0g                  % population minority
colled          float  %9.0g                  % adults >25 w/4+ years college
randint0        float  %9.0g                  BLUP r.e. for cendiv: _cons
_est_A          byte   %8.0g                  esample() from estimates store
_est_B          byte   %8.0g                  esample() from estimates store
_est_C          byte   %8.0g                  esample() from estimates store
randslo1        float  %9.0g                  BLUP r.e. for cendiv: logdens
```

```
randint1         float  %9.0g              BLUP r.e. for cendiv: _cons
Sorted by:  fips
     Note:  dataset has changed since last saved
```

随机斜率系数从西北中部各县的-5.66到东南中部各县的+4.63不等。

```
. table cendiv, contents(mean randslo1 mean randint1)

Census division
      (9)        mean(randslo1)   mean(randint1)

    New England      1.760172       -18.79535
 Middle Atlantic     -.0611391       -2.198096
 E North Central     3.618166       -9.007434
 W North Central    -5.65562         8.328082
  South Atlantic     1.738479        2.875959
 E South Central     4.633666       -4.289312
 W South Central     -.8330051       10.8619
        Mountain    -1.975749        7.232863
         Pacific    -3.224968        4.991385
```

为了讲清选票与人口密度之间的关系，我们重新整理式[13.5]，将 logdens 上的固定和随机斜率加以合并：

$$bush_{ij} = 69.85 + (u_{1j} - 3.15)logdens_{ij} - 0.36minority_{ij} - 0.12colled_{ij} + u_{0j} + \epsilon_{ij} \quad [13.6]$$

换言之，每一普查区的斜率等于整个样本的固定效应斜率(fixed-effect slope)加上该区域的随机效应斜率(random-effect slope)。比如，太平洋地区的各县中，组合斜率(combined slope)为-3.15 - 3.22 = -6.37。计算出 9 个组合斜率并将其绘制在图 13.5 中。

```
. gen slope1 = randslo1 + _b[logdens]
. graph hbar (mean) slope1, over(cendiv)
    ytitle("Change in % Bush vote, with each tenfold increase
    in density")
```

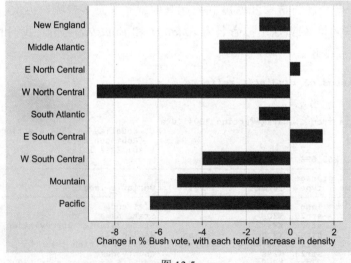

图 13.5

图 13.5 呈现了投票行为上的农村-都市梯度变化(rural-urban gradient)在不同地方如何有所不同。西北中部、太平洋和山区的各县中，投票给 Bush 的百分比随着人口密度上升而下降得最为迅速。东北中部和东南中部则呈现出另一情形——Bush 选票随着人口密度上升

而略微增加。图 13.5 中的组合斜率大体上与图 13.4 中各散点图的情形相似，但并不完全一致，因为我们的组合斜率(式[13.6]或图 13.5)还对少数民族和受过大学教育人口的效应做了调整。下一节，我们考虑那些效应是否也可能有随机成分(random components)。

13.4 多个随机斜率

为了设定 *logdens*、*minority* 和 *colled* 上的随机效应，我们只需要将这些变量名增加到 **xtmixed** 命令的随机效应部分即可。为了随后的比较检验，我们以名称 *full* 保存估计结果。一些迭代过程信息在以下输出结果中被忽略掉了。

```
. xtmixed bush logdens minority colled
     || cendiv: logdens minority colled

Performing EM optimization:

Performing gradient-based optimization:

Iteration 0:   log likelihood = -11184.804
Iteration 1:   log likelihood = -11184.804

Computing standard errors:

Mixed-effects ML regression                     Number of obs    =      3041
Group variable: cendiv                          Number of groups =         9

                                                Obs per group: min =       67
                                                               avg =    337.9
                                                               max =      616

                                                Wald chi2(3)     =     52.49
Log likelihood = -11184.804                     Prob > chi2      =    0.0000

------------------------------------------------------------------------------
        bush |      Coef.   Std. Err.      z    P>|z|     [95% Conf. Interval]
-------------+----------------------------------------------------------------
     logdens |  -2.717128   1.373684    -1.98   0.048    -5.409499   -.0247572
    minority |  -.3795605   .0560052    -6.78   0.000    -.4893286   -.2697924
      colled |  -.1707863   .1727742    -0.99   0.323    -.5094175    .167845
       _cons |   70.86653   3.435918    20.63   0.000     64.13225    77.6008
------------------------------------------------------------------------------

------------------------------------------------------------------------------
  Random-effects Parameters  |   Estimate   Std. Err.     [95% Conf. Interval]
-----------------------------+------------------------------------------------
cendiv: Independent          |
               sd(logdens)   |   3.868421   .9832899      2.350564   6.366421
              sd(minority)   |    .153172   .0439569      .0872777   .2688161
                sd(colled)   |   .5032414   .1241234       .310334   .8160625
                 sd(_cons)   |   10.01157   2.547813      6.079707  16.48625
-----------------------------+------------------------------------------------
              sd(Residual)   |   9.375994   .1209753      9.141859   9.616124
------------------------------------------------------------------------------
LR test vs. linear regression:       chi2(4) =   765.96   Prob > chi2 = 0.0000
Note: LR test is conservative and provided only for reference.

. estimates store full
```

以 *full* 模型作为基准，似然比检验证实 *logdens*、*minority* 和 *colled* 上的随机系数都具有统计上显著的变异，因此这些都应被保留在模型中。比如，为了评价 *colled* 上的随机系数，我们估计一个不含它们的新模型(*nocolled*)，然后将其与 *full* 进行比较。*nocolled* 模型要比之前看到的 *full* 模型显著地拟合得更差($p \approx 0.0000$)。

```
. quietly xtmixed bush logdens minority colled
    || cendiv: logdens minority
. estimates store nocolled
. lrtest nocolled full

Likelihood-ratio test                              LR chi2(1) =     197.33
(Assumption: nocolled nested in full)              Prob > chi2 =    0.0000
Note: The reported degrees of freedom assumes the null hypothesis is not on
      the boundary of the parameter space.  If this is not true, then the
      reported test is conservative.
```

类似的步骤运用于另外两个模型(nologdens 和 nominority),似然比检验表明 full 模型也均比不含 logdens 或 minority 上随机系数的这两个模型显著地拟合得更好。

```
. quietly xtmixed bush logdens minority colled
    || cendiv: minority colled
. estimates store nologdens
. lrtest nologdens full

Likelihood-ratio test                              LR chi2(1) =     124.87
(Assumption: nologdens nested in full)             Prob > chi2 =    0.0000
Note: The reported degrees of freedom assumes the null hypothesis is not on
      the boundary of the parameter space.  If this is not true, then the
      reported test is conservative.

. quietly xtmixed bush logdens minority colled
    || cendiv: logdens colled
. estimates store nominority
. lrtest nominority full

Likelihood-ratio test                              LR chi2(1) =      38.76
(Assumption: nominority nested in full)            Prob > chi2 =    0.0000
Note: The reported degrees of freedom assumes the null hypothesis is not on
      the boundary of the parameter space.  If this is not true, then the
      reported test is conservative.
```

沿用之前得到图 13.5 所示组合效应的计算方式,我们可以对所有这些随机效应或它们产生的组合效应做详细考察。

混合建模研究往往关注固定效应,纳入随机效应只是为了反映数据中的异质性(heterogeneity)而并非实质性关注。比如,我们的分析迄今为止已经说明,即使是在调整了平均选票上的区域差异以及人口密度和大学毕业生比例的区域效应之后,人口密度、少数民族比例和大学毕业生比例仍在全国层面上预测了县的投票模式。但是,随机效应本身仍可能成为所关注的量。为了更细致地查看投票和大学毕业生比例(或少数民族比例,或人口密度的对数)如何在不同普查区之间变动,我们可以预测出随机效应并根据它们计算出总效应(total effects)。下面以全模型(full model)中 colled 的总效应为例对这些步骤做了说明,并在图 13.6 中画出这些效应。

```
. quietly xtmixed bush logdens minority colled
    || cendiv: logdens minority colled
. predict relogdens reminority recolled re_cons, reffects
. describe relogdens-re_cons
```

```
              storage   display    value
variable name    type    format    label     variable label

relogdens       float    %9.0g               BLUP r.e. for cendiv: logdens
reminority      float    %9.0g               BLUP r.e. for cendiv: minority
recolled        float    %9.0g               BLUP r.e. for cendiv: colled
re_cons         float    %9.0g               BLUP r.e. for cendiv: _cons

. generate tecolled = recolled + _b[colled]
. label variable tecolled "random + fixed effect of colled"
. table cendiv, contents(mean recolled mean tecolled)
```

Census division (9)	mean(recolled)	mean(tecolled)
New England	-.2411761	-.4119623
Middle Atlantic	-.0849539	-.2557401
E North Central	-.0682224	-.2390087
W North Central	.4122158	.2414296
South Atlantic	-.1243222	-.2951084
E South Central	.4856058	.3148195
W South Central	.9054216	.7346353
Mountain	-.7355713	-.9063575
Pacific	-.5489974	-.7197837

```
. graph hbar (mean) tecolled, over(cendiv)
    ytitle("Change in % Bush vote, per 1% increase in
    college graduates")
```

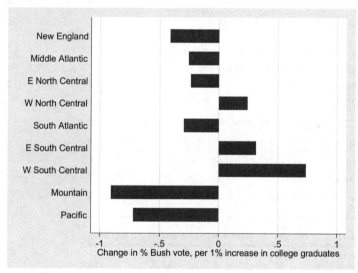

图 13.6

图 13.6 将我们的模型通过纳入 colled 的随机斜率而显著地得以改进($p \approx 0.0000$)的原因直观地展示出来。colled 对 Bush 选票的总效应从山区(-0.91)和太平洋(-0.72)普查区相当大的负值(Bush 选票的百分比在具有越多大学毕业生的各县则越低),经南太平洋或西北中部的微不足道,变动到西南中部相当大的正值(+0.73),西南中部各县具有的大学毕业生越多,Bush 选票也越大幅度增加——控制了人口密度、少数民族比例和其他的区域效应。如果我们只估计 colled 的固定效应,那么我们的模型实际上将会把 colled 的这些负的、接近于零的和正的随机效应平均成一个很小的负固定系数,具体即本章开始时两个固定效应回归中的系数-0.18。

到目前为止看到的例子都得以由 **xtmixed** 顺利地加以处理，但情况并非总是如此。混合模型估计可能由于各种不同的原因而出现无法收敛的情形，导致重复的"nonconcave"或"backed-up"迭代，或给出与 Hessian[2]或标准误计算有关的错误信息。《纵向/面板数据参考手册》讨论了如何诊断和解决收敛问题(convergence problems)的事情。一个经常遇到的原因似乎是模型包含了几近于零的方差成分(near-zero variance component)，比如实际上变动不大或协方差小的随机效应。这些情形中，干扰成分(offending components)可以被合理地舍弃。

13.5 多层嵌套

混合效应模型可以纳入不止一个嵌套的层(nested level)。比如，我们所用投票数据的县不但嵌套于普查区，而且还嵌套于本身也嵌套于普查区中的州。随机效应是否可能不但存在于普查区这一层次而且还存在于州这一更低层次呢？**xtmixed** 命令考虑到了此类分层模型。更多的随机效应部分可添加到该命令中，且后续更小(被嵌套)的单位靠右边摆放。接下来的分析设定所有三个预测变量在各普查区上的随机截距和斜率，同时还设定大学毕业生比例 *colled* 在各州上的随机截距和斜率。

```
. xtmixed bush logdens minority colled
     || cendiv: logdens minority colled
     || state: colled

Performing EM optimization:

Performing gradient-based optimization:

Iteration 0:   log likelihood = -10719.828
Iteration 1:   log likelihood = -10719.821
Iteration 2:   log likelihood = -10719.821

Computing standard errors:

Mixed-effects ML regression                     Number of obs    =       3041

                |   No. of       Observations per Group
 Group Variable |   Groups    Minimum    Average    Maximum
----------------+------------------------------------------------
         cendiv |        9         67      337.9        616
          state |       49          1       62.1        254

                                                Wald chi2(3)     =      68.85
Log likelihood = -10719.821                     Prob > chi2      =     0.0000

------------------------------------------------------------------------------
        bush |      Coef.   Std. Err.      z    P>|z|     [95% Conf. Interval]
-------------+----------------------------------------------------------------
     logdens |  -2.473536    .996434    -2.48   0.013    -4.426511   -.5205616
    minority |  -.4067648   .0533714    -7.62   0.000    -.5113709   -.3021588
      colled |  -.1787849   .1298313    -1.38   0.168    -.4332495    .0756797
       _cons |   71.13208   3.048286    23.34   0.000     65.15755    77.10661
```

---

2 即 Hessian 矩阵，它是某一函数的二阶偏导数方阵。Hessian 矩阵为负定矩阵是以最大似然法求解函数时的一个关键条件。——译者注

Random-effects Parameters	Estimate	Std. Err.	[95% Conf. Interval]	
cendiv: Independent				
sd(logdens)	2.703845	.7727275	1.544252	4.734186
sd(minority)	.1465435	.0428326	.0826365	.2598728
sd(colled)	.3683903	.0962733	.220729	.6148326
sd(_cons)	8.416873	2.417524	4.793643	14.77869
state: Independent				
sd(colled)	.1305727	.039009	.0727032	.2345047
sd(_cons)	5.883451	.7431715	4.593166	7.536196
sd(Residual)	7.863302	.1027691	7.664436	8.067328
LR test vs. linear regression:	chi2(6) = 1695.92		Prob > chi2 = 0.0000	

Note: LR test is conservative and provided only for reference.

乍一看，据其标准误和置信区间判断，这一输出中 *cendiv* 和 *state* 两个层次上的所有随机效应似乎都显著。*colled* 上州层次随机系数的标准差(0.13)比相应的普查区层次系数的标准差(0.37)更小，但两者相对于 *colled* 的固定效应系数(-0.18)而言都是相当大的了。州层次系数的置信区间在 0.07 到 0.23 之间变动。似然比检验表明，这一包含州层次随机截距和斜率的模型(这里被命名为 *state*)比先前仅包含普查区层次随机截距和斜率的模型(*full*)要拟合得好很多。

```
. estimates store state
. lrtest full state

Likelihood-ratio test                          LR chi2(2) =    929.97
(Assumption: full nested in state)             Prob > chi2 =    0.0000

Note: The reported degrees of freedom assumes the null hypothesis is not on
      the boundary of the parameter space.  If this is not true, then the
      reported test is conservative.
```

同前，我们可以预测随机效应，然后以它们来计算并画出总效应。对于 *colled*，我们现在有 49 个不同州的随机效应。箱线图(box plot)很好地呈现了它们的分布(见图 13.7)，该分布反映出先前在图 13.6 中所见到的普查区效应的一般模式，但也反映出区内变异(within-division variation)。印第安纳(东北中部)和俄克拉荷马(西南中部)被画成了其各自普查区中异常的野点子(outlier)。

```
. predict re*, reffects
. describe re1-re6

              storage   display    value
variable name   type    format     label      variable label

re1             float   %9.0g                 BLUP r.e. for cendiv: logdens
re2             float   %9.0g                 BLUP r.e. for cendiv: minority
re3             float   %9.0g                 BLUP r.e. for cendiv: colled
re4             float   %9.0g                 BLUP r.e. for cendiv: _cons
re5             float   %9.0g                 BLUP r.e. for state: colled
re6             float   %9.0g                 BLUP r.e. for state: _cons

. gen tecolled2 = re3 + re5 + _b[colled]
. label variable tecolled2
      "cendiv + state + fixed effect of % college grads"
. graph hbox tecolled2, over(cendiv) yline(-.16)
      marker(1, mlabel(state))
```

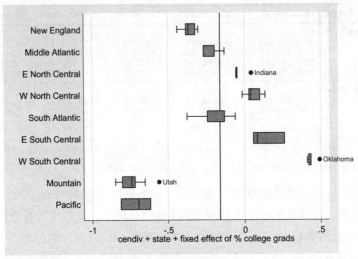

图 13.7

有关其他 **xtmixed** 后估计工具(postestimation tools)的信息,键入 **help xtmixed postestimation** 查看。《纵向/面板数据参考手册》以及 Rabe-Hesketh 和 Skrondal(2008)介绍了诸如分块对角线协方差结构(blocked-diagonal covariance structure)和交叉效应模型(crossed-effect models)等混合建模的进一步应用。

13.6 重复测量

数据集 *attract2.dta* 描述了一项在一次显然喝过一些酒的大学本科生聚会上实施的非常规实验。此实验中,51 名大学生被要求单独地对他们不认识的男性和女性照片的吸引力以 1 到 10 为量尺打分。相同照片被随机混合的情况下,当晚的整个聚会中每名参与者重复进行 4 次打分活动。变量 *ratemale* 为每名参与者一次给所有男性照片的平均打分(mean rating),而 *ratefemale* 则为给所有女性照片的平均打分。*gender* 记录了这些被试者的性别,而他或她的血液酒精含量(blood alcohol content)*bac* 以呼气酒精测量仪测得。

```
. use C:\data\attract2.dta, clear

. describe

Contains data from C:\data\attract2.dta
  obs:           204                         Perceived attractiveness and
                                              drinking -- DC Hamilton (2003)
 vars:             7                          1 Jul 2012 14:36
 size:         3,876

              storage  display    value
variable name   type   format     label     variable label

id              byte   %9.0g                Participant number
gender          byte   %9.0g      gender    Gender
bac             float  %9.0g                Blood alcohohol content
single          byte   %9.0g      single    Relationship status single
drinkfrq        float  %9.0g                Days drinking in previous week
ratefem         float  %9.0g                Rated attractiveness of females
ratemale        float  %9.0g                Rated attractiveness of males

Sorted by:  id  bac
```

研究假设涉及"啤酒眼镜"(beer goggles)效应[3]：陌生人是否会因为被试喝酒喝得越多而变得更有吸引力？就本实验而言，血液酒精含量与对照片的吸引力打分之间是否存在正向关系？如果是，那么这种关系是否会随被试者或照片的性别而异？

尽管数据包含 204 次观测，但它们只代表 51 名个体参与者。个体参与者在他们给予相对高或低的打分的倾向和对酒精的反应上可能不同似乎是合理的。一个包含随机截距和斜率的混合效应模型能够考虑这些可能的复杂之处。这一情形不同于上述美国选举的例子，前例中并不在实质意义上对个体随机截距和斜率感兴趣，因为它们描述的是匿名的个体。不过，他们是检验主要假设时我们需要对其加以调整的数据或实验设计特征。

使用因素变量标记法(factor-variable notation)，以下 **xtmixed** 命令设定一个对女性照片的平均打分(*ratefem*)由标识变量 *gender*、连续变量 *bac* 以及它们交互项的固定效应来预测的模型。此外，模型还纳入了随机截距和 *bac* 的随机斜率，它们可能在被试者(subjects)之间不一样。

```
. xtmixed ratefem i.gender##c.bac || id: bac, nolog
```

```
Mixed-effects ML regression                     Number of obs      =      204
Group variable: id                              Number of groups   =       51

                                                Obs per group: min =        4
                                                               avg =      4.0
                                                               max =        4

                                                Wald chi2(3)       =    56.95
Log likelihood = -170.9156                      Prob > chi2        =   0.0000
```

ratefem	Coef.	Std. Err.	z	P>|z|	[95% Conf. Interval]	
1.gender	-.6280836	.3203292	-1.96	0.050	-1.255917	-.0002499
bac	3.433733	.5231428	6.56	0.000	2.408392	4.459074
gender#c.bac						
1	-1.154182	.9270306	-1.25	0.213	-2.971128	.6627648
_cons	6.442059	.1903235	33.85	0.000	6.069032	6.815086

Random-effects Parameters	Estimate	Std. Err.	[95% Conf. Interval]	
id: Independent				
sd(bac)	1.621421	.6564771	.7332693	3.585323
sd(_cons)	1.056773	.1087889	.8636849	1.293029
sd(Residual)	.3371602	.02408	.2931186	.387819

```
LR test vs. linear regression:       chi2(2) =   279.98   Prob > chi2 = 0.0000
Note: LR test is conservative and provided only for reference.
```

这些针对女性照片的结果支持啤酒研究假设：对女性外貌的吸引力打分会随着血液酒精含量而上升。性别具有几乎不显著的影响：女性会对女性外貌给予略微更低的打分。*gender* × *bac* 交互项并不显著。但是，随机截距和 *bac* 上的随机斜率都呈现出显著变异，这表明所给平均打分和酒精如何影响那些打分两者上都存在大量个体间差异。

margins 和 **marginsplot** 命令有助于可视化这些结果。这里并未呈现它们的结果，而将会与下一分析结合起来以得到图 13.8。

---

3 指的是喝酒后就好像让你戴上了一副眼镜似的，看人时会觉得对方更加迷人。——译注。

```
. margins, at(bac = (0(.2).4) gender = (0 1)) vsquish
. marginsplot, title("Female photos") ytitle("") xtitle("") noci
    legend(position(11) ring(0) row(2)
        title("Gender", size(medsmall)))
    ylabel(4(1)8, grid gmin gmax)
    plot1opts(lpattern(solid) msymbol(T))
    plot2opts(lpattern(dash) msymbol(Oh)) saving(fig13_08RF)
```

另一 **xtmixed** 命令对男性照片的打分(*ratemal*)进行建模:

```
. xtmixed ratemal i.gender##c.bac || id: bac, nolog

Mixed-effects ML regression                    Number of obs      =        201
Group variable: id                             Number of groups   =         51

                                               Obs per group: min =          3
                                                              avg =        3.9
                                                              max =          4

                                               Wald chi2(3)       =      32.74
Log likelihood = -221.83425                    Prob > chi2        =     0.0000
```

ratemale	Coef.	Std. Err.	z	P>|z|	[95% Conf. Interval]	
1.gender	2.011293	.3742453	5.37	0.000	1.277786	2.744801
bac	.6401159	.7601351	0.84	0.400	-.8497215	2.129953
gender#c.bac						
1	.6055665	1.328251	0.46	0.648	-1.997758	3.208891
_cons	3.946884	.2224468	17.74	0.000	3.510897	4.382872

Random-effects Parameters	Estimate	Std. Err.	[95% Conf. Interval]	
id: Independent				
sd(bac)	2.738856	.535468	1.867036	4.017777
sd(_cons)	1.223205	.1284553	.9956575	1.502756
sd(Residual)	.4408696	.0278099	.389598	.4988886

```
LR test vs. linear regression:          chi2(2) =    255.98   Prob > chi2 = 0.0000
Note: LR test is conservative and provided only for reference.
```

男性照片如何被打分似乎并不存在啤酒眼镜效应。不过，性别呈现出很大的影响。*gender* 和 *bac* 的交互不显著，但是，我们又看到随机截距和斜率上的显著变异。

```
. margins, at(bac = (0(.2).4) gender = (0 1)) vsquish
. marginsplot, title("Male photos") ytitle("") xtitle("") noci
    legend(position(11) ring(0) row(2)
        title("Gender", size(medsmall)))
    ylabel(4(1)8, grid gmin gmax)
    plot1opts(lpattern(solid) msymbol(T))
    plot2opts(lpattern(dash) msymbol(Oh)) saving(fig13_08RM)
```

图 13.8 将两幅 **marginsplot** 所得图形进行合并以便直接比较。

```
. graph combine fig13_08RF.gph fig13_08RM.gph
    , imargin(vsmall) l1("Mean attractiveness rating")
    b2("Blood alcohol content")
```

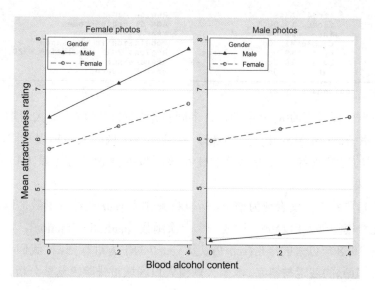

图 13.8

图 13.8 的左侧直观展示了酒精对女性照片打分的显著影响。男性被试者(male subject)会给出略微更高的打分,并且他们似乎略微更会受到喝酒的影响。图 13.8 的右侧描绘了男性照片打分的不同情形。女性被试者会给出明显更高的打分,但是男性和女性的打分都并没有因为他们喝了酒而改变很大。

13.7 截面时间序列

本节将 **xtmixed** 应用于一类不同的多层数据:截面时间序列。数据集 *Alaska_regions.dta* 包含了共同构成阿拉斯加州的 27 个自治市镇或人口普查区中每一个的人口数时间序列。这 27 个区域属于 Hamilton 和 Lammers(2011)所介绍的泛北极圈人口影响数据库框架的一部分。在 *Alaska_regions.dta* 中,一个名为 *large* 的虚拟变量标识 5 个人口最多的阿拉斯加区域,即那些 2011 年拥有超过 20 000 人口的区域。其他的 22 个区域主要是农村,且它们更少的人口可能是广泛散布的。比如,西北北极自治市镇(Northwest Arctic Borough)覆盖的地理范围比缅因州还大,但 2011 年的人口却不到 8000 人。对于这 27 个区域中的每一个,都有其 1969 年到 2011 年多个年份的数据,不过有许多缺失值。因此,对于每一个变量,有 27 个平行但往往不完整的时间序列。

```
. use C:\data\Alaska_regions.dta, clear
. describe

Contains data from C:\data\Alaska_regions.dta
  obs:           852                          Alaska regions population
                                                1969-2011
 vars:             7                          1 Jul 2012 14:37
 size:        44,304
              storage  display    value
variable name   type   format     label      variable label
```

```
regionname       str34    %34s                 Region name
regioncode       float    %9.0g                AON-SI region code
year             int      %9.0g                Year
pop              double   %12.0g               Population in thousands
large            byte     %9.0g      large     Regions 2011 population > 20,000
year0            byte     %9.0g                years since 1968
year2            int      %9.0g                years0 squared

Sorted by:  regionname  year
```

在这些数据所涵盖时期的上半期，许多阿拉斯加农村区域人口大量增加。然而，近些年来，增长率(rate of growth)趋于平稳，并且一些区域的人口出现下降。这些趋势与针对这些区域的可持续经济发展乃至居住在该区域的阿拉斯加土著人口的文化重要性的讨论密切相关。

因为人口趋势并不仅仅表现为增长，所以将其作为 year 的线性函数加以建模并不符合现实。下述混合模型将人口趋势表达成一个二次函数(quadratic function)，以千人为单位的人口数(pop)对 1968 年以来的年份(year0)以及 year0 的平方进行回归。我们考虑了此两项上的固定(β)和随机(u_j)的截距与斜率。5 个大规模人口区域被排除出这些分析，以集中于阿拉斯加农村区域。

$$population_{tj} = \beta_0 + \beta_1 year0_{tj} + \beta_1 year0_{tj}^2 + u_{0j} + u_{1j} year0_{tj} + u_{2j} year0_{tj}^2 + \epsilon_{ij} \qquad [13.7]$$

```
. keep if large == 0
. xtmixed pop year0 year2 || regionname: year0 year2

Performing EM optimization:

Performing gradient-based optimization:

Iteration 0:    log likelihood = -457.61229
Iteration 1:    log likelihood = -457.61196
Iteration 2:    log likelihood = -457.61196

Computing standard errors:

Mixed-effects ML regression                     Number of obs      =       639
Group variable: regionname                      Number of groups   =        22

                                                Obs per group: min =        22
                                                               avg =      29.0
                                                               max =        40

                                                Wald chi2(2)       =      1.22
Log likelihood = -457.61196                     Prob > chi2        =    0.5424
```

pop	Coef.	Std. Err.	z	P>|z|	[95% Conf. Interval]
year0	.0615239	.0783008	0.79	0.432	-.0919428 .2149906
year2	-.0008945	.0010787	-0.83	0.407	-.0030087 .0012197
_cons	5.457939	1.342116	4.07	0.000	2.82744 8.088438

Random-effects Parameters	Estimate	Std. Err.	[95% Conf. Interval]
regionname: Independent			
sd(year0)	.3563579	.0619934	.2534009 .5011464
sd(year2)	.004861	.0008663	.0034273 .0068933
sd(_cons)	6.145796	1.04392	4.405485 8.573587
sd(Residual)	.3524305	.0108473	.3317988 .3743451

```
LR test vs. linear regression:       chi2(3) =   2703.76   Prob > chi2 = 0.0000
Note: LR test is conservative and provided only for reference.
```

所有随机效应均表明存在显著的区域变异。不过，*year0* 和 *year2* 上的固定效应系数并不显著地有别于零——表明这 22 个区域并不存在一个总的趋势(overall trend)。将预测人口数(及一条中位数样条曲线(median-spline curve))与实际人口数对日历年份(*year*)制图有助于直观地揭示出区域变异的细节以及为什么 **xtmixed** 并未找出总趋势(见图 13.9)。一些区域中人口稳定地增长，而其他区域中增长或下降的方向逆转了。模型很好地对数据中过去的一些可见的中断点(discontinuity)做了修匀，比如伴随 1994 年海军航空站的缩编而来的阿留申群岛西部人口减少，或者伴随 2010 年人口普查远程工作站职员的进入而出现的北坡人口增加。

```
. predict yhat, fitted
. graph twoway scatter pop year, msymbol(Oh)
    || mspline yhat year, lwidth(medthick) bands(50)
    || , by(regionname, note("") legend(off))
    ylabel(0(5)20, angle(horizontal)) xtitle("")
    ytitle("Population in 1,000s") xlabel(1970(10)2010, grid)
```

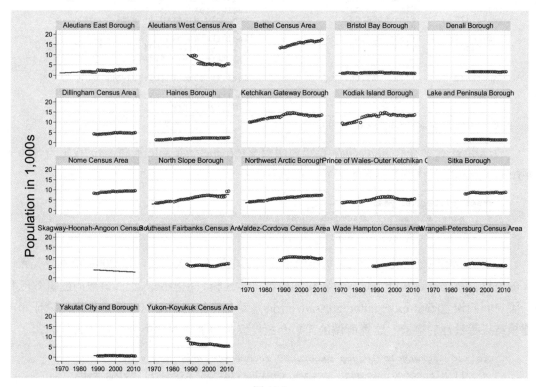

图 13.9

采用混合效应回归对涉及多个时间序列(multiple time series)的关系进行建模的更具实质意义的分析，可见关于北极阿拉斯加城镇和乡村的人口、气候和电能使用一文(Hamilton et al., 2011)。数据集 *Alaska_places.dta* 包含此分析的主要数据(core data)，由位于图 13.9 中所绘 5 个人口普查区或自治市镇内的北极阿拉斯加 42 个城镇和乡村中每一个的年度时间序列(annual time series)构成。变量包括社区人口数(community population)、千瓦时售电量

(kilowatt hours of electricity sold)、平均电价(average rate charged for electricity)(以 2009 年不变美元计算)以及当地周边每年夏季气温和降水量的估计值。该论文提供了有关变量定义、数据来源和研究背景的信息。

```
. use C:\data\Alaska_places.dta, clear
. describe

Contains data from C:\data\Alaska_places.dta
  obs:           742                          Population, climate &
                                              electricity use in the Arctic
                                              (Hamilton 2011)
 vars:            12                          6 Jul 2012 19:34
 size:        57,876

              storage  display    value
variable name   type   format     label       variable label

regionname      str24  %24s                   Region name
regioncode      long   %9.0g                  AON-SI region code
place           str21  %21s                   Place name
placecode       byte   %21.0g     placecode
                                              Place code (labeled)
year            int    %ty                    Year
pop             int    %12.0g                 Population--est. Jul 1/Census Apr
                                                1
logpop          float  %9.0g                  log10(pop)
kwhsold20       float  %9.0g                  kWh sold ajusted if 9-11 months,
                                                millions
logkwhsold      float  %9.0g                  log10(kwhsold20)
rateres09       float  %9.0g                  av. res. rate 2009$ =
                                                rateres*cpianc09
fsumtempD       float  %9.0g                  UDel FY summer (L1.Jul-Sep &
                                                May-Jun) temp
fsumprecD       float  %9.0g                  UDel FY summer (L1.Jul-Sep &
                                                May-Jun) prec

Sorted by: placecode  year
```

通过用 *xtset* 命令将 *placecode* 设定为面板变量(panel variable)而将 *year* 设定为时间变量(time variable)，这些数据已被界定成面板数据：

```
. xtset placecode year
       panel variable:  placecode (unbalanced)
        time variable:  year, 1990 to 2008, but with gaps
                delta:  1 year
```

以下混合效应分析将每个社区每年的千瓦时售电量作为人口数、以 2009 年不变美元计算的电价、夏季气温和降水量以及年份的函数进行建模。模型纳入了人口数的随机效应和一阶自回归误差(first-order autoregressive errors)。论文中给出了对这一特定设定的论证和对建模结果稳健性的检验，这里所做的简短介绍仅仅是为了说明此类分析是什么样的。

```
. xtmixed logkwhsold logpop rateres09 fsumtempD fsumprecD year
      || placecode: logpop, nocons residual(ar 1, t(year)) nolog reml

Note: time gaps exist in the estimation data

Mixed-effects REML regression                   Number of obs      =       742
Group variable: placecode                       Number of groups   =        42

                                                Obs per group: min =        12
                                                               avg =      17.7
                                                               max =        19

                                                Wald chi2(5)       =    359.12
Log restricted-likelihood =  1008.232           Prob > chi2        =    0.0000
```

logkwhsold	Coef.	Std. Err.	z	P>|z|	[95% Conf. Interval]	
logpop	.7086405	.0716509	9.89	0.000	.5682073	.8490737
rateres09	-.0011494	.0005259	-2.19	0.029	-.0021801	-.0001187
fsumtempD	-.0038939	.0018784	-2.07	0.038	-.0075755	-.0002123
fsumprecD	.000272	.0001416	1.92	0.055	-5.57e-06	.0005495
year	.012952	.0010914	11.87	0.000	.0108129	.0150911
_cons	-27.51867	2.153194	-12.78	0.000	-31.73885	-23.29848

Random-effects Parameters	Estimate	Std. Err.	[95% Conf. Interval]	
placecode: Identity				
sd(logpop)	.0989279	.0132542	.0760809	.1286358
Residual: AR(1)				
rho	.7900077	.0394951	.6990888	.8557876
sd(e)	.0857877	.0076267	.0720695	.102117

LR test vs. linear regression: chi2(2) = 1506.36   Prob > chi2 = 0.0000

我们的模型为：

$$\log_{10}(kwhres_{it}) = -27.52 + 0.7086\log_{10}(pop_{it}) - 0.0011 rateres09_{it} - 0.0039 fsumtemp_{it}$$
$$+ 0.0003 fsumprec_{it} + 0.0130 t + \mu_i \log_{10}(pop_{it}) + 0.7900 \in_{i,t-1} + u_{it}$$ [13.8]

这些北极城镇和乡村的电能使用由人口数、价格和夏季气温来进行预测。与炎热的夏季往往意味着需要更多电能用于空调的低纬度地区不同，在这些北极地区，更炎热(且往往也更少雨)的夏季能鼓励人们在户外待上更长时间。调整人口数、价格和天气的效应，我们看到，随着生活变得日益电能密集，电能使用上也呈现出总的上升趋势。最后，人口数上的随机斜率存在显著变异，表明不同地方的人均效应(per-person effect)有所不同。在最北边区域，即北坡自治市镇的社区，它们往往是最大的。自回归 AR(1)误差项也是统计上显著的。

正如第 12 章中指出的，时间序列往往需要在建模之前先做平稳性检验(test for stationarity)，以免得到虚假的结论。差分提供了一套工具。替代性地，即便最初的序列是非平稳的，如本例中(或第 12 章中的 ARMAX 模型)一样，我们也可以找到变量的一种平稳线性组合(即协整，见 Hamilton, 1994)。模型[13.8]很好地服务于这个目的。经 Ljung-Box 混合 Q 统计量检验，此模型得到的 42 个残差序列(一个序列对应一个社区)均未呈现出显著自相关。因此，残差没法与作为协方差平稳过程的白噪声区分开。以下命令考虑自回归项来计算预测值(yhat_xt)，然后用这些预测计算残差(resid_xt)。对于 42 个社区的前 3 个，下面对表明无残差自相关的白噪声 Q 检验(**wntestq**)做了说明。

```
. predict yhat_xt, fitted
. generate resid_xt = logkwhsold - yhat_xt
. replace yhat_xt = yhat_xt + (.7900077*L1.resid_xt)
. gen yhat_xt10 = 10^yhat_xt
. replace resid_xt = logkwhsold - yhat_xt
. label variable yhat_xt "predicted values log(million kWh)"
. label variable yhat_xt10 "predicted values in millions of kWh"
. label variable resid_xt "residuals log(million kWh)"
. wntestq resid_xt if place == "Ambler city", lags(5)

Portmanteau test for white noise

Portmanteau (Q) statistic =      4.3048
Prob > chi2(5)            =      0.5064
```

```
. wntestq resid_xt if place == "Anaktuvuk Pass city", lags(5)

Portmanteau test for white noise
─────────────────────────────────────────
 Portmanteau (Q) statistic =    2.3503
 Prob > chi2(5)            =    0.7989

. wntestq resid_xt if place == "Aniak city", lags(5)

Portmanteau test for white noise
─────────────────────────────────────────
 Portmanteau (Q) statistic =    5.6826
 Prob > chi2(5)            =    0.3383
```

对全部 42 个社区的类似检验发现残差序列均未出现显著自相关。

13.8 混合效应 logit 回归

自 1972 年以来,综合社会调查(General Social Survey)(Davis et al.,2005)一直以一系列一年一次或半年一次的民意调查来追踪美国公众舆论,并开放数据以便将其用于教学和研究。数据集 *GSS_2010_SwS* 包含从 GSS 2010 中选取的一小部分变量和观测案例,其中有背景变量以及对有关选举、大麻、枪支管制、气候变迁和进化等问题的回答。综合社会调查网站提供了有关此丰富数据来源的详细信息(http://www3.norc.org/GSS+Website/)。

```
. use C:\data\GSS_2010_SwS.dta, clear
. describe

Contains data from C:\data\GSS_2010_SwS.dta
  obs:           809                          General Social Survey
                                              2010--evolution etc.
 vars:            19                          1 Jul 2012 16:06
 size:        21,843
─────────────────────────────────────────────────────────────────────────
              storage   display    value
variable name   type    format     label      variable label
─────────────────────────────────────────────────────────────────────────
id              int     %8.0g                 Respondent ID number
year            int     %8.0g                 GSS year
wtssall         float   %9.0g      LABCM      probability weight
cendiv          byte    %15.0g     cendiv     Census division
logsize         float   %9.0g                 log10(size place in 1,000s, +1)
age             byte    %8.0g      age        Age in years
nonwhite        byte    %9.0g      nonwhite   Consider self white/nonwhite
sex             byte    %8.0g      sex        Respondent gender
educ            byte    %8.0g      educ       Highest year of schooling
married         byte    %9.0g      yesno      Currently married
income06        byte    %15.0g     income     Total family income
polviews        byte    %12.0g     polviews   Polit views liberal-conservative
bush            byte    %9.0g      yesno      Voted for Bush in 2004
obama           byte    %9.0g      yesno      Voted for Obama in 2004
postlife        byte    %8.0g      yesno      Believe in life after death
grass           byte    %9.0g      grass      Should marijuana be legalized?
gunlaw          byte    %9.0g      gunlaw     Oppose permit required to buy gun
sealevel        byte    %10.0g     sealevel   Bothered if sea level rose 20 ft
evolve          byte    %9.0g      true       Humans developed/ earlier species
─────────────────────────────────────────────────────────────────────────
Sorted by: id
```

GSS 关于进化的问题将是我们本节的关注点。作为科学素养测验中的一项,此问题提问下列表述正确还是错误:

正如我们今天所知,人类从早期动物物种发展而来。

这个问题激发个人的信念及科学知识。约 55%的被调查者认为该表述正确。

```
. tab evolve
```

```
     Humans
 developed/
    earlier
    species      Freq.       Percent        Cum.

      False       360         44.50        44.50
       True       449         55.50       100.00

      Total       809        100.00
```

以 *evolve* 不含缺失值为标准选取了其中的 809 名 GSS 被调查者。对 *evolve* 回答为"错误"的已被编码为 0，而回答为"正确"的被编码为 1。调查加权(survey weighting)的问题对于多层建模而言是个复杂的问题，并且也未被 Stata 的混合效应 logit 命令 **xtmelogit** 所解决，故这里并未对此问题加以处理。

研究普遍发现科学素养随教育而提高，同时也与其他背景因素有关。就 *evolve* 而言，我们或许还预期与政治观(political outlook)有一定的联系。一个简单 logit 回归确认了这些假设，发现男性、受过更好教育及政治上温和或自由的被调查者往往更相信人类进化。

```
. logit evolve sex age educ polviews, nolog

Logistic regression                               Number of obs   =        785
                                                  LR chi2(4)      =      98.93
                                                  Prob > chi2     =     0.0000
Log likelihood = -489.36806                       Pseudo R2       =     0.0918

------------------------------------------------------------------------------
      evolve |      Coef.   Std. Err.      z    P>|z|     [95% Conf. Interval]
-------------+----------------------------------------------------------------
         sex |  -.6089296   .1565972    -3.89   0.000    -.9158545   -.3020047
         age |  -.008189    .0045313    -1.81   0.071    -.0170701    .0006922
        educ |   .0990929   .0254359     3.90   0.000     .0492395    .1489463
    polviews |  -.4482161   .0575731    -7.79   0.000    -.5610573   -.3353749
       _cons |   1.457699   .4891102     2.98   0.003     .4990611    2.416338
------------------------------------------------------------------------------
```

除了进化信念的这些个体层次解释变量外，或许还有区域层次的。有关在学校讲授进化的争论在美国南部一直最突出。与此印象相一致，GSS 数据的卡方检验发现美国人口普查区之间存在显著差异。新英格兰地区的被调查者对进化的接受程度最高(89%)——康涅狄克、缅因、马萨诸塞、新罕布什尔、罗德岛和佛蒙特等州。最低的是东南中部地区的被调查者(36%)——亚拉巴马、肯塔基、密西西比和田纳西等州。第二高和第二低的分别是太平洋地区和西南中部地区。

```
. tab cendiv evolve, row nof chi2

                  | Humans developed/
                  |   earlier species
  Census division |     False       True |     Total
------------------+----------------------+----------
      New England |     11.11      88.89 |    100.00
  Middle Atlantic |     39.00      61.00 |    100.00
  E North Central |     43.88      56.12 |    100.00
  W North Central |     42.00      58.00 |    100.00
    South Atlantic|     50.81      49.19 |    100.00
  E South Central |     64.29      35.71 |    100.00
  W South Central |     62.34      37.66 |    100.00
         Mountain |     43.55      56.45 |    100.00
          Pacific |     27.43      72.57 |    100.00
------------------+----------------------+----------
            Total |     44.50      55.50 |    100.00

         Pearson chi2(8) =  48.6890   Pr = 0.000
```

通过先将其转变成一组对应着均同区域 1 新英格兰进行比较的区域 2 到 9 的标识变量[4]，

---

4 即虚拟变量。——译者注。

我们可以将人口普查区增加到回归中。

```
. logit evolve sex age educ polviews i.cendiv, nolog

Logistic regression                             Number of obs   =       785
                                                LR chi2(12)     =    124.92
                                                Prob > chi2     =    0.0000
Log likelihood = -476.37206                     Pseudo R2       =    0.1159

      evolve |      Coef.   Std. Err.      z    P>|z|     [95% Conf. Interval]
         sex |  -.5609946   .160387    -3.50   0.000    -.8753473   -.2466419
         age |  -.0092908   .0046327   -2.01   0.045    -.0183706   -.0002109
        educ |   .0842967   .0261043    3.23   0.001     .0331333    .1354601
    polviews |   -.416007   .0591817   -7.03   0.000     -.532001   -.3000131
       cendiv|
           2 |  -1.501592   .6612973   -2.27   0.023    -2.797711   -.2054736
           3 |  -1.602085   .6504787   -2.46   0.014        -2.877   -.3271704
           4 |  -1.505793   .6931599   -2.17   0.030    -2.864361   -.1472243
           5 |  -1.843963   .6442829   -2.86   0.004    -3.106734   -.5811918
           6 |  -2.149803   .6973044   -3.08   0.002    -3.516495   -.7831115
           7 |  -2.239585   .6743959   -3.32   0.001    -3.561376   -.9177932
           8 |  -1.454279   .6854426   -2.12   0.034    -2.797722   -.1108363
           9 |  -1.141026   .6642829   -1.72   0.086    -2.442996    .1609447
       _cons |   3.179554   .8138406    3.91   0.000     1.584455    4.774652
```

标识变量的系数给出了相应区域相比于新英格兰在 y 截距上的改变。所有这些系数都是负的,因为接受进化的对数发生比(log odds)在其他区域要低于新英格兰。正如所预期的,区域 6 东南中部的差异最大。仅区域 9 太平洋并不显著不同于新英格兰。排除这些区域层次的效应,所有个体层次的预测变量都以所预期的方向呈现出显著的效应。

标识变量方法在此处有效是因为我们只有 9 个聚类(人口普查区)并检验有关 y 截距上变化的简单假设。对于更多聚类或更复杂假设的情形,混合效应方法会更可行。比如,接下来,我们可能将每一人口普查区的随机截距纳入混合效应 logit 回归模型。**xtmelogit** 的语法与 **xtmixed** 的相似。

```
. xtmelogit evolve sex age educ polviews || cendiv: , nolog

Mixed-effects logistic regression               Number of obs    =       785
Group variable: cendiv                          Number of groups =         9

                                                Obs per group: min =      27
                                                               avg =    87.2
                                                               max =     181

Integration points =    7                       Wald chi2(4)     =     72.41
Log likelihood = -487.10546                     Prob > chi2      =    0.0000

      evolve |      Coef.   Std. Err.      z    P>|z|     [95% Conf. Interval]
         sex |  -.5794058   .1591076   -3.64   0.000    -.8912511   -.2675606
         age |  -.0086106   .0045964   -1.87   0.061    -.0176191    .0003979
        educ |   .0910441   .0259804    3.50   0.000     .0401235    .1419647
    polviews |  -.4300722   .0588037   -7.31   0.000    -.5453254   -.3148191
       _cons |   1.541323   .5135581    3.00   0.003     .5347681    2.547879

  Random-effects Parameters  |   Estimate   Std. Err.     [95% Conf. Interval]
  cendiv: Identity           |
                  sd(_cons)  |  .3375877   .1559346       .1365241    .8347642

LR test vs. logistic regression: chibar2(01) =     4.53 Prob>=chibar2 = 0.0167
```

根据相对于常规 logit 回归的似然比检验(p = 0.0167)或超过其标准误两倍(0.1559)的随机截距的标准差(0.3376)来判断，以上输出结果中的随机截距呈现出显著的变异。下面的命令以 **predict** 估计这些随机截距的值，然后根据 *cendiv* 做一个表格来显示它们。与前面的卡方和标识变量分析相一致，我们看到新英格兰和太平洋地区为正的随机 y 截距(将总效应向上移动)，而东南中部和西南中部地区则为负的随机截距(将总效应向下移动)。

```
. predict recendiv, reffects
. label variable recendiv "random-effect intercept cendiv"
. table cendiv, contents(mean recendiv)
```

Census division	mean(recendiv)
New England	.464954
Middle Atlantic	.0523787
E North Central	-.0165851
W North Central	.0429461
South Atlantic	-.2134227
E South Central	-.3085578
W South Central	-.4224426
Mountain	.083739
Pacific	.3052154

因此，以任一方法，我们看到即便控制个体因素进化信念的地域差异仍呈现出稳健的模式。混合效应建模有助于我们更进一步对有关区域差异的更复杂想法进行检验。文献发现教育是进化和其他科学信念的关键影响因素。教育的效应会依人口普查区而异吗？我们可以通过同时纳入随机截距和斜率来对此进行检验。

```
. xtmelogit evolve sex age educ polviews || cendiv: educ, nolog

Mixed-effects logistic regression          Number of obs    =      785
Group variable: cendiv                     Number of groups =        9

                                           Obs per group: min =      27
                                                          avg =    87.2
                                                          max =     181

Integration points =    7                  Wald chi2(4)     =   71.63
Log likelihood = -486.57368                Prob > chi2      =  0.0000
```

evolve	Coef.	Std. Err.	z	P>|z|	[95% Conf. Interval]	
sex	-.5692676	.1595327	-3.57	0.000	-.8819459	-.2565893
age	-.0090823	.0046088	-1.97	0.049	-.0181153	-.0000492
educ	.0924205	.027522	3.36	0.001	.0384784	.1463627
polviews	-.4290164	.0588185	-7.29	0.000	-.5442984	-.3137343
_cons	1.532699	.4979934	3.08	0.002	.5566498	2.508748

Random-effects Parameters	Estimate	Std. Err.	[95% Conf. Interval]	
cendiv: Independent				
sd(educ)	.0268374	.011591	.0115108	.0625711
sd(_cons)	5.09e-08	.4784982	0	.

```
LR test vs. logistic regression:     chi2(2) =     5.59   Prob > chi2 = 0.0612
Note: LR test is conservative and provided only for reference.
```

教育上随机系数的标准差超过其标准误两倍，表明存在显著的区域变异。不过，随机截距的标准差近乎为零——意味着此项上并不存在地域之间的变异。用 **nocons** 选项忽略随机截距的更简单模型给出了相同的对数似然值。

```
. xtmelogit evolve sex age educ polviews || cendiv: educ, nolog nocons

Mixed-effects logistic regression              Number of obs      =        785
Group variable: cendiv                         Number of groups   =          9

                                               Obs per group: min =         27
                                                              avg =       87.2
                                                              max =        181

Integration points =    7                      Wald chi2(4)       =      71.63
Log likelihood = -486.57368                    Prob > chi2        =     0.0000
```

evolve	Coef.	Std. Err.	z	P>|z|	[95% Conf. Interval]	
sex	-.5692676	.1595327	-3.57	0.000	-.8819459	-.2565893
age	-.0090823	.0046088	-1.97	0.049	-.0181153	-.0000492
educ	.0924205	.027522	3.36	0.001	.0384784	.1463627
polviews	-.4290164	.0588184	-7.29	0.000	-.5442984	-.3137343
_cons	1.532699	.4979933	3.08	0.002	.55665	2.508748

Random-effects Parameters	Estimate	Std. Err.	[95% Conf. Interval]	
cendiv: Identity				
sd(educ)	.0268374	.011591	.0115108	.062571

```
LR test vs. logistic regression: chibar2(01) =    5.59 Prob>=chibar2 = 0.0090
```

上述简化的随机斜率模型意味着在美国的不同地区，教育对进化信念具有不同的效应。为了看到这些效应是什么，我们可以创建一个名为 *raneduc* 的新变量来 **predict** 随机斜率。*educ* 的总效应对于这些随机效应加上由系数 _b[*educ*]给出的固定效应。新建一个名为 *fixeduc* 的常数"变量"来显示表中的固定效应，而新变量 *toteduc* 给出教育的总效应或每一人口普查区内 *educ* 的斜率。

```
. predict raneduc, reffects
. label variable raneduc "random-effect slope educ"
. gen toteduc = raneduc + _b[educ]
. label variable toteduc "total random + fixed-effect slope educ"
. gen fixeduc = _b[educ]
. label variable fixeduc "fixed-effect slope educ (constant)"
. table cendiv, contents(mean fixeduc mean raneduc mean toteduc)
```

Census division	mean(fixeduc)	mean(raneduc)	mean(toteduc)
New England	.0924205	.0389457	.1313663
Middle Atlantic	.0924205	.0089432	.1013638
E North Central	.0924205	-.0036121	.0888085
W North Central	.0924205	-.0035191	.0959396
South Atlantic	.0924205	-.0148976	.077523
E South Central	.0924205	-.0239878	.0684328
W South Central	.0924205	-.0366144	.0558061
Mountain	.0924205	.0033255	.095746
Pacific	.0924205	.0227141	.1151346

依据此表，我们可以确认教育的总效应等于固定效应加上随机效应。图 13.10 直观地展示了这些总效应。

```
. graph hbar (mean) toteduc, over(cendiv)
    ytitle("Effect of education on log odds believe evolution")
```

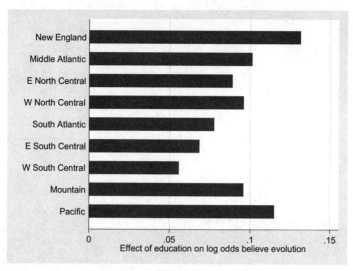

图 13.10

我们看到教育在所有人口普查区中对接受进化的对数发生比都具有正效应。但是，与东南中部或西南中部相比，新英格兰或太平洋地区各州的被调查者中教育的效应大得多。

第 14 章

编程入门

如前所示，我们能够通过在文本(ASCII)文件中编写任意一段 Stata 命令来创建简单的程序。Stata 的 do 文件编辑器(单击 Window → Do-file Editor 或单击图标)提供了便利的方式来做这个工作。将 do 文件存盘以后，我们进入 Stata 并键入具有 **do** *filename* 这一形式的命令来告诉 Stata 读取文件 *filename.do*，并执行其中所包含的所有命令。使用 Stata 的内置编程语言来编写更复杂的程序也是可能的。前面各章用过的大多数命令实际上都涉及在 Stata 中编写的程序。这些程序中的有些源于 Stata 公司，有些则是由 Stata 用户自己编写的，因为他们想完成的特定任务超出了 Stata 的固有功能。

Stata 程序可以实现全部已有的 Stata 功能，嵌套调用其他程序[1]，以及使用包括矩阵代数和最大似然估计在内的模型拟合工具。不管我们的目的是大到诸如增加新的统计技术，还是小到诸如管理某一特定数据这样的专门工作，在 Stata 中编写程序的能力都会大大扩展我们所能做的事情。

编程是 Stata 中的一个深话题。本章只是简要介绍一些基本的概念和工具，以一些例子来说明如何将它们用来方便地完成常见的数据分析任务。如果有兴趣学得更多，Stata 的专家教学在线网络课程(www.stata.com/netcourse)是一个开始学习的好去处。主要的参考文献是《编程参考手册》(*Programming Reference Manual*)和两卷本的《Mata 矩阵编程手册》(*Mata Matrix Programming Manual*)。有关最大似然估计和编程的详细内容在《用 Stata 做最大似然估计》(*Maximum LikeLihood Estimation With Stata*)(Gould，Pitblado 和 Sribney，2010)一书中有介绍。

14.1 基本概念与工具

结合前面各章介绍过的 Stata 功能，我们从介绍一些基本的概念与工具入手。

1. do 文件

do 文件是文本(ASCII)文件，可以用 Stata 的 do 文件编辑器、文字处理器或其他任何文本编辑器来创建得到。它们通常以.do 扩展名加以保存。这种文件能够包含任意一段合法

---

[1] 即一个程序调用另一个程序，而另一个程序又调用其他程序。——译者注

的 Stata 命令。在 Stata 中，键入以下命令将使 Stata 读取文件 *filename.do* 并执行它所包含的命令：

```
. do filename
```

filename.do 中的每一条命令，包括最后一条，都必须以一个硬回车来结束，除非我们已经通过 **#delimit** 命令重设了分隔符：

```
#delimit ;
```

此命令设定以英文分号作为行尾分隔符，因而 Stata 直至遇到一个分号时才会认为一行结束。设置分号为分隔符允许一个命令的长度扩展至多个物理行。随后，我们可以用另一个 **#delimit** 命令重新设定以"回车"作为通常的行尾分隔符：

```
#delimit cr
```

有关印刷体例的说明：本章中示例说明的很多命令最有可能被用于 do 文件或 ado 文件，而不是作为孤立的命令键入到命令窗口中。我已经编写了此类不显示前置的"."提示符的内部程序命令，就像上面两个**#delimit** 例子一样(但是，其中并没有使用 **do** *filename* 这一命令，它将像往常一样在命令窗口中键入)。

2. ado 文件

与 do 文件非常像，ado(automatic do 的缩写)文件也是包含数段 Stata 命令的 ASCII 文件。区别在于，我们用不着键入 **do** *filename* 以运行一个 ado 文件。设想我们键入命令：

```
. clear
```

与任何其他命令一样，Stata 会读取此命令并检查是否存在一个具有该名称的内在命令。如果基本的 Stata 可执行命令中并不存在 **clear** 命令(且实际上它并不存在)，那么 Stata 接下来就会在其通常的"ado"各目录中查找以设法找到一个名为 *clear.ado* 的文件。要是 Stata 找到了这样一个文件(固当如此)，然后就会执行该文件中的所有命令。

ado 文件具有扩展名.ado。由你编写的程序通常存放在名为 C:\ado\personal 的目录中，而由其他 Stata 用户编写的程序通常存放在 C:\ado\plus。大量 Stata 官方的 ado 文件则安装在 C:\Program Files\stata\ado 目录中。键入 **sysdir** 就可以看到 Stata 当前所用目录的清单。键入 **help sysdir** 或 **help adopath** 查询有关更改它们的建议。

which 命令会显示某一给定命令确实是内在的、硬编码Stata命令(hardcoded Stata command)[2]，还是由某个 ado 文件定义的命令；如果它是一个 ado 文件，那么它在哪里。比如，**summarize** 是一个内置命令，但是 **regress** 命令当前却是由一个名为 *regress.ado* 的 ado 文件定义的，并在 2011 年 4 月被更新过。

```
. which summarize
built-in command: summarize
```

---

[2] 在计算机程序或文本编辑中，硬编码是指将可变变量用一个固定值来代替的方法。——译者注

```
. which regress
C:\Program Files\Stata12\ado\base\r\regress.ado
*! version 1.3.0 14apr2011
```

这种区别对于大多数用户而言无关紧要，因为调用 **summarize** 和 **regress** 同样容易。当你开始编写自己的程序时，研究范例和借用 Stata 数千个官方 ado 文件中的代码非常有帮助。以上 **which** 的输出结果给出了文件 regress.ado 的存放位置，要想查看它的实际编码，键入：

```
. viewsource regress.ado
```

定义 Stata 估计命令的 ado 文件这些年来已经明显变得看上去更加复杂，因为它们要适应诸如 **svy:**前缀等新的功能。

3. 程序

do 文件和 ado 文件可能都被视为不同类型的程序，但是 Stata 在更狭窄的意义上使用"程序"一词，指的是保存在内存中并通过键入某一特定程序名称被执行的一连串命令。do 文件、ado 文件或以交互方式键入的命令都可以定义此类程序。此定义始于指定该程序名称的一条语句。比如，为创建一个名为 count5 的程序，我们要首先写：

```
program count5
```

接下来应该是实际定义该程序的那些命令行。最后，我们给出后跟硬回车的 **end** 命令：

```
end
```

一旦 Stata 读取这些程序定义命令，就会将该程序的定义保留在内存中，并在每当我们将此程序的名称作为命令键入时运行它：

```
. count5
```

程序能有效地在 Stata 中使新命令变得可用，因而大多数用户用不着知道某一既定命令到底来自 Stata 本身还是来自某个 ado 文件定义的程序。

当开始编写一个新程序时，我们经常建立的是不完整的或是不成功的初步版本。这时命令 **program drop** 提供了基本帮助，允许我们从内存中清除程序，以便我们可以定义一个新的版本。比如，要从内存中清除程序 count5，就键入：

```
. program drop count5
```

要是想从内存中清除所有程序(而不是数据)，就键入：

```
. program drop _all
```

4. 局部宏

宏(macro)就是能代表字符串、程序定义的数值结果或用户所定义取值的名称(长达 31 个字符)。局部宏(local macro)只存在于定义它的程序之内，并且不能在其他程序中被引用。要创建一个名为 iterate 的局部宏来代表数字 0，就键入：

```
local iterate 0
```

为引用一个局部宏的内容(本例中的 0)，需要将这个宏的名称置于左右单引号之内[3]。比如：

```
display `iterate'
0
```

于是，为将 *iterate* 的值加 1，我们键入：

```
local iterate = `iterate' + 1
display `iterate'
1
```

除了数字，宏的内容也可能是一个字符串或一组词，比如：

```
local islands Iceland Faroes
```

要想查看字符串内容，就得在加单引号的宏名称外加上双引号：

```
display "`islands'"
Iceland Faroes
```

我们可以串联更多的词或数字并添加到宏的内容中。比如：

```
local islands `islands' Newfoundland Nantucket
display "`islands'"
Iceland Faroes Newfoundland Nantucket
```

键入 **help extended fcn** 查看有关 Stata 的"扩展宏函数"信息，它们可以从宏的内容中抽取信息。比如，我们可以获得宏中单词的数目，并把这个数目保存成一个名为 *howmany* 的新宏：

```
local howmany: word count `islands'
display `howmany'
4
```

有许多其他的扩展宏函数，它们都可被应用到编程中。

5. 全局宏

全局宏(global macro)与局部宏类似，但是一旦被定义，它们就会保留在内存中，而且可以在当前的 Stata 会话期间为其他程序所使用。想要引用一个全局宏的内容，我们得在宏的名称之前加上一个美元符号(而不是像局部宏那样将名称括在左右单引号内)：

```
global distance = 73
display $distance * 2
```

146

---

[3] 左单引号"`"位于标准键盘左上角处。——译者注

除非我们特别想保留宏的内容以备在随后的会话中再次使用,否则,在编程中使用局部宏要比全局宏好(这样更不容易让人混淆、执行得更快而且潜在的错误也更少)。要想从内存中删除宏,运行 **macro drop** 命令即可。

```
macro drop distance
```

我们也可以从内存中删除所有的宏:

```
macro drop _all
```

6. 标量

标量可以是单独的数字或字符,与局部宏一样可通过名称来加以引用。不过,在读取标量的内容时,我们并不需要将标量名称放在引号里。比如:

```
scalar onethird = 1/3
display onethird
```
.33333333
```
display onethird*6
```
2

就完整的数值精度而言,标量在保存计算得到的数值结果上最为有用。正如在分析之后通过键入 **return list** 或 **ereturn list** 所看到的,许多 Stata 分析程序都会将诸如自由度、检验统计量、对数似然值等这些结果作为标量保留下来。被 Stata 程序自动保存的标量、局部宏、矩阵以及函数提供了可在新程序中加以使用的要素。

7. 版本

Stata 的功能这些年已经发生了变动。因此,针对 Stata 更旧版本编写的程序可能在当前版本中无法直接运行。**version** 命令就是针对这个问题,以便让旧的程序仍能使用。一旦我们告诉 Stata 程序是针对哪一版本所写的,Stata 就会进行必要的调整以使旧的程序能够在 Stata 的新版中运行。比如,如果以下述语句来开始我们的程序,Stata 会将该程序的所有命令翻译为好比在 Stata 9 中一样:

version 9

如果单独键入的话,命令 **version** 只报告当前设定的编译器(interpreter)所属的版本。

8. 注释

Stata 不会将任何以星号开始的一行作为命令来运行。所以,这样的行可用来在程序中插入注释,或者在某一 Stata 会话中加入一种互动提示。比如:

```
* This entire line is a comment.
```

另外,我们也可以在可执行的命令行中加入注释。这样做的最简单方式就是在一个双斜线//之后放置注释(该双斜线的前面至少要有一个空格)。比如:

```
summarize logsize age // this part is the comment
```

一个三斜线(前面也至少有一个空格)则表明其后直至行尾的内容是一个注释,但下一物理行应视为第一行的继续来运行。比如:

```
summarize logsize age /// this part is the comment
    educ income
```

将好比我们键入了以下命令而加以执行:

```
summarize logsize age educ income
```

不管有没有注释,一个三斜线都告诉 Stata 将下一行作为当前行的继续来读取。比如,下面的两行将会被读作一条 **table** 命令,尽管它们之间被硬回车分隔。

```
table married sex, ///
    contents(median age)
```

因此,在编写长度超过一个物理行的程序命令时,三斜线是对前面所介绍的**#delimit;**方式的一种替代。

也能将注释加在命令行的中间,只要将注释内容用/*和*/括起来即可。比如:

```
table married sex, /* this is the comment */ contents(median age)
```

如果一行以/*结尾而下一行以*/开始,那么 Stata 将会略过此换行符(line break),并将两行作为单独的一条命令来读取——这是在程序中有时能见到的处理行加长命令的另一个窍门,尽管///现在更受欢迎。

9. 循环

有数种方式建立程序循环(loop)。一个简单的方法是使用 **forvalues** 命令。比如,以下程序会从 1 计数到 5:

```
* Program that counts from one to five
program count5
  version 12.1
  forvalues i = 1/5 {
    display `i'
  }
    end
```

通过键入这些命令,我们定义了程序 *count5*。此外,我们也可以用 do 文件编辑器将同样的系列命令存成名为 *count5.do* 的 ASCII 文件,然后键入以下命令让 Stata 来读取这个文件:

```
. do count5
```

不论哪种方式，通过定义程序 count5，我们都使这成为一个新的可用命令：

```
. count5
1
2
3
4
5
```

命令：

```
forvalues i = 1/5 {
```

将连续整数 1 到 5 赋值给局部宏 *i*。命令：

```
    display `i'
```

显示此宏的内容。名称 *i* 可以任意指定。另一个稍有不同的表示符号将允许我们以 5 为间隔来从 0 计数到 100(即 0, 5, 10, …, 100)：

```
forvalues j = 0(5)100 {
```

数值之间的步长(step)不需要非得是整数，只要终点为整数即可。要想以 0.01 为增量从 4 计数到 5(即 4.00, 4.01, 4.02, …, 5.00)，可以将命令写为：

```
forvalues k = 4(.01)5 {
```

对于设定的每一个数值，在开、闭花括号{}之间包含有效 Stata 命令的任何行都将被重复执行。注意，除了可选的注释之外，在该行命令中开花括号后什么都没有，而且闭花括号需要自己单独成一行。

foreach 命令采用不同的方式来做循环。并不是设定一组连续的数字取值(numeric values)，而是给出发生循环的内容(items)列表。这些内容可以是变量、文件、字符串或数字取值。键入 **help foreach** 查看此命令的语法。

forvalues 和 **foreach** 建立按事先设定的次数来重复的循环。要是我们想让循环一直持续到某一其他条件被满足，那么 **while** 命令便有用了。具有以下通用形式的一节程序将反复执行花括号内的命令，只要表达式(*expression*)被评价为"真"(true)：

```
    while expression {
        command A
        command B
        . . . .
    }
    command Z
```

正如前面的例子一样，闭花括号}并不是处于命令行的末尾，而是应该自己单独占一行。当表达式被评估为"假"(false)时，此循环便结束了，而 Stata 将继续执 *command Z*。

与我们前一个例子类似,这里也是一个使用 **while** 循环以在屏幕上显示迭代数字 1 到 6 的简单程序:

```
* Program that counts from one to six
program count6
  version 12.1
  local iterate = 1
  while `iterate' <= 6 {
      display `iterate'
      local iterate = `iterate' + 1
  }
end
```

更复杂循环的例子出现在本章后面要介绍的 *multicat.ado* 程序中。《编程参考手册》介绍了有关编程循环的更多内容。

10. if...else

if 与 **else** 命令告诉程序,如果一个表达式为真时就做一件事,而在表达式为假时则做另外的事。它们被设置为如下形式:

```
if expression {
    command A
    command B
    . . . .
}
else {
    command Z
}
```

比如,下面的一段程序检查局部宏 *span* 的内容是否为奇数,并且将结果告诉用户:

```
if int(`span'/2) != (`span' - 1)/2 {
    display "span is NOT an odd number"
}
else {
    display "span IS an odd number"
}
```

11. 变元

程序定义新的命令。某些情况下(如前面的例子 **count5**),我们想要我们的命令每次被用到时都能做完全相同的事。然而,我们经常需要一个能根据诸如变量名或选项这样的变元(argument)来进行修改的命令。有两种方法来告诉 Stata 如何读取和理解包含变元的命令行。其中最简单的就是 **args** 命令。

下面的 do 文件(*listres1.do*)定义了一个程序来进行双变量回归(two-variable regression),然后列出残差绝对值最大的观测案例。**listres1** 展示了数个不好的习惯,比如删除变量以及把新变量留在内存中,这些习惯可能会有预料之外的副作用。不过,这里用它来示范临时变量的使用。

```
* Perform simple regression and list observations with #
* largest absolute residuals.
* syntax: listres1 Yvariable Xvariable # IDvariable
capture drop program listres1
program listres1, sortpreserve
    version 12.1
    args Yvar Xvar number id
    quietly regress `Yvar' `Xvar'
    capture drop Yhat_
    capture drop Resid_
    capture drop Absres_
    quietly predict Yhat_
    quietly predict Resid_, resid
    quietly gen Absres_ = abs(Resid_)
    gsort -Absres_
    drop Absres_
    list `id' `Yvar' Yhat_ Resid_ in 1/`number'
end
```

"**args Yvar Xvar number id**"这一行告诉 Stata 将变元指定给 4 个宏。这些变元可能是以空格隔开的数字、变量名称或其他字符串。于是,第一个变元就变成了名为 *Yvar* 的局部宏的内容,第二个变元变成了名为 *Xvar* 的局部宏的内容,依此类推。然后,此程序会在其他命令中使用这些宏的内容,比如回归:

quietly regress `Yvar' `Xvar'

这个程序会计算残差绝对值(*Absres*),然后用 **gsort** 命令(变量名的前面带有负号)按从大到小来对数据进行排序,且将缺失值排在最后:

gsort -Absres_

命令行中的选项 **sortpreserve** 使得这个程序可以"保持排序"(sort-preserving),即确保观测案例的顺序在程序运行之后与运行之前相同。

数据集 *Nations2.dta* 包含了 194 个国家的数据,包括人均二氧化碳排放量($co2$)、人均国内生产总值(*gdp*)以及国家名称(*country*)。我们可以打开这个文件,用它来示范我们的新程序。用 **do** 命令来运行 do 文件 *listres1.do*,从而定义此程序和新命令 **listres1**:

```
. use C:\data\Nations2.dta, clear
. do C:\data\listres1
```

接下来,我们使用后接 4 个变元的新定义的 **listres1** 命令。第 1 个变元设定 y 变量,第 2 个变元设定 x 变量,第 3 个变元设定列出多少个观测案例,第 4 个变元则给出案例识别码。在这个例子中,我们的命令要求列出具有 5 个最大残差绝对值的观测案例。

```
. listres1 co2 gdp 5 country
```

```
         country       co2        Yhat_       Resid_
1.         Qatar      210.65    114.4057      96.2443
2.        Bahrain     102.65     45.54433     57.10566
3.  Trinidad/Tobago    89.25     34.18739     55.06261
4.        Kuwait      118.2      67.83949     50.36051
5. United Arab Emirates 120.85   79.20002     41.64998
```

在这 5 个石油输出国，人均二氧化碳排放量远高于根据 GDP 预测得到的值。

12. syntax

syntax 命令提供了更复杂但也更强大的方式来读取命令行。下面名为 *listres2.do* 的 do 文件与我们的前一例子相似，但是它使用 **syntax** 而不是 **args**。

```
* Perform simple or multiple regression and list
* observations with # largest absolute residuals.
* listres2 yvar xvarlist [if] [in], number(#) [id(varname)]
capture drop program listres2
program listres2, sortpreserve
version 12.1
syntax varlist(min=1) [if] [in], Number(integer) [Id(varlist)]
    marksample touse
    quietly regress `varlist' if `touse'
    capture drop Yhat_
    capture drop Resid_
    capture drop Absres_
    quietly predict Yhat_ if `touse'
    quietly predict Resid_ if `touse', resid
    quietly gen Absres_ = abs(Resid_)
    gsort -Absres_
    drop Absres_
    list `id' `1' Yhat_ Resid_ in 1/`number'
end
```

listres2 具有与前面 listres1 相同的目的：要执行回归，然后列出那些具有最大残差绝对值的观测案例。但是这个新版本包含应用 **syntax** 命令才得以可能的数项改进。它不再被局限于 listres1 那样的双变量回归。listres2 可以进行包含任意多个自变量的回归，甚至不含任何自变量的回归(这种情况下，预测值等于 y 的均值，残差就是对均值的偏离)。listres2 允许可选的 **if** 和 **in** 选择条件。listres2 中用来识别观测案例的变量是可选的，而并非如 listres1 中那样是必需的。比如，我们可以将二氧化碳排放量对国内生产总值和城市人口比例进行回归，同时限制我们的分析只针对地区 2(即美洲)的国家。

```
. do C:\data\listres2.do
. listres2 co2 gdp urban if region == 2, n(5) i(country)

         country         co2       Yhat_       Resid_
1.  Trinidad/Tobago     89.25     47.63852     41.61148
2.        Barbados      16.65     35.0574     -18.40739
3. Saint Kitts/Nevis    10.05     26.28106    -16.23106
4. Antigua and Barbuda  18.3      34.44279    -16.1428
5.        Suriname      19.45      5.137903    14.3121
```

本例中的 **syntax** 行示范了这个命令的一些一般性特征：

```
syntax varlist(min=1) [if] [in], Number(integer) [Id(varlist)]
```

listres2 命令的变量清单要求包括至少一个变量名(**varlist(min=1)**)。方括号标识了可选的变元——本例中为 **if** 和 **in** 选择条件以及 **id( )** 选项。将选项的首字母大写指明了可使用的最短缩写。由于本例中的 **syntax** 行设定了 **Number(integer) Id(*varlist*)**，因此实际的命令可以写为：

```
. listres2 co2 gdp, number(6) id(country)
```

或者等价地为：

```
. listres2 co2 gdp, n(6) i(country)
```

局部宏 *number* 的内容必须是整数，而 *id* 为一个或多个变量名。

这个例子还示范了 **marksample** 命令，它标记后续分析中所用到的子样本(与 **if** 和 **in** 选中的一样)。

《编程手册》中对 **syntax** 的语法做了简要说明。试验和研究其他程序有助于熟练掌握这个命令。

14.2 程序示范：multicat(画出许多定类变量的图)

上面介绍了基本概念和示例性小程序。这一节中，我们将这些概念应用于一个更长的程序，以定义一个命名为 **multicat** 的新统计方法。

调查研究会产生包含许多定类变量的数据集——有时多至 100 或者更多。我们的 2010 综合社会调查节选提供了一个只有 19 个变量的小例子，其中的大部分都是对调查问题的定类应答。

```
. use C:\data\GSS_2010_SwS.dta, clear
. describe

Contains data from C:\data\GSS_2010_SwS.dta
  obs:           809                          General Social Survey
                                              2010--evolution etc.
  vars:           19                          20 Jun 2012 06:36
  size:       21,843
-------------------------------------------------------------------------------
              storage  display     value
variable name   type   format      label        variable label
-------------------------------------------------------------------------------
id              int    %8.0g                    Respondent ID number
year            int    %8.0g                    GSS year
wtssall         float  %9.0g       LABCM        probability weight
cendiv          byte   %15.0g      cendiv       Census division
logsize         float  %9.0g                    log10(size place in 1,000s, +1)
age             byte   %8.0g       age          Age in years
nonwhite        byte   %9.0g       nonwhite     Consider self white/nonwhite
sex             byte   %8.0g       sex          Respondent gender
educ            byte   %8.0g       educ         Highest year of schooling
married         byte   %9.0g       yesno        Currently married
income06        byte   %15.0g      income       Total family income
polviews        byte   %12.0g      polviews     Polit views liberal-conservative
bush            byte   %9.0g       yesno        Voted for Bush in 2004
obama           byte   %9.0g       yesno        Voted for Obama in 2004
```

```
postlife      byte   %8.0g    yesno      Believe in life after death
grass         byte   %9.0g    grass      Should marijuana be legalized?
gunlaw        byte   %9.0g    gunlaw     Oppose permit required to buy gun
sealevel      byte   %10.0g   sealevel   Bothered if sea level rose 20 ft
evolve        byte   %9.0g    true       Humans developed/ earlier species

Sorted by: id
```

作为探索这类数据的第一步,或是准备一份初步报告,我们可能简单地为每个变量创建显示百分比分布的一些表。下面的命令将针对数据集里从 *polviews* 到 *evolve* 的所有变量创建 8 个这样的表。

```
. tab1 polviews - evolve
```

然而,Stata 并没有提供一种类似的简单方法来对一列变量绘制和保存条形图。作为一个编程的例子,本节展示了一个临时程序,写这个程序是为了满足复杂调查项目期间产生的特定需要。

由随后 ado 文件定义的程序 **multicat** 建立在第 4 章中介绍过的另一名为 **catplot** 的用户编写程序之上。**catplot** 能够绘制呈现一个定类变量分布的各种图形。**multicat** 是一个更加专门化的程序,只用来为每个类别的百分比创建水平条形图;但是这对于展示调查数据而言是一种特别有用的形式。**multicat** 加入了这个能力以处理所列的许多变量,而 **catplot** 和其他的 Stata 作图程序都做不到这一点。因此,我们能够要求 **multicat** 为我们数据集里的所有变量绘制条形图,依次单独保存每一幅图。编写时,这个程序既可以把图形保存为 Stata(gph)格式,也可以保存为其他格式(emf、eps 或 pdf,这取决于操作系统),并将变量名称作为文件名。通过编辑 *multicat.ado*,可以更改里面的任何设定以使此程序适合自己的分析需要。

```
*! version 2.0    21jun2012
*!  L. Hamilton, Statistics with Stata (2012)
*  Requires catplot.ado installed.  Graphs are saved in default directory.
program define multicat
version 12.1
    syntax varlist [if] [in] [aweight fweight iweight]   ///
    [, MISSing BY(varname) OVER(varname) ]
    if "`over'" != "" {
        display as error "over() option not allowed with multicat;"
        display as error "use by() option or try catplot command instead."
        exit 198
    }
    marksample touse, strok novarlist
    if "`weight'" != "" local Weighted_ = "Weighted"
    if "`c(os)'"=="Windows" {
        local filetype "emf"
    }
    else if "`c(os)'"=="Unix" {
        local filetype "eps"
    }
    else if "`c(os)'"=="MacOSX" {
        local filetype = "pdf"
    }
    else {
        display as error "unknown operating system: `c(os)'"
        exit 799
    }
    capture {
        if "`by'" != "" {
            foreach var of varlist `varlist' {
                local Vlab_: variable label `var'
                catplot hbar `var' [`weight' `exp'] if `touse',  ///
```

```
                blabel(bar, format(%3.0f))   ///
                percent(`by') ytitle("`Weighted_' Percent")   ///
                `missing' by(`by', title("`Vlab_'", size(medium)))
            graph save -`by'-`var'.gph, replace
            graph export -`by'-`var'.`filetype', replace
        }
    }
    else   {
        foreach var of varlist `varlist' {
            quietly tab `var' if `touse', `missing'
            local Nofobs_ = r(N)
            local Vlab_: variable label `var'
            catplot hbar `var' [`weight' `exp'] if `touse',   ///
                blabel(bar, format(%3.0f))   ///
                percent ytitle("`Weighted_' Percent, N = `Nofobs_'")   ///
                title("`Vlab_'", size(medium)) `missing' `options'
            graph save Graph -`var'.gph, replace
            graph export -`var'.`filetype', replace
        }
    }
}
error _rc
end
```

虽然行的缩进并不会影响程序的执行，但是它可以使程序更易于阅读。**multicat** 的核心是它的 **syntax** 语句，然后是一个为所列的每个变量重复调用 **catplot** 的 **foreach** 循环。局部宏把信息传递给实际绘制图形的 **catplot** 命令。此命令允许使用分析权数(aweight)，该权数具有与在 **svy:tab** 命令中使用的概率权数(pweights)类似的效果。它允许 **in** 或 **if** 选择条件。视情况我们也可以包括 **missing** 值以及使用 **by( )** 而非 **over( )**。

multicat 程序是逐步编写而成的，始于一个名为 *multicat.do* 的 do 文件。起初输入诸如语句这样的内容，然后在增加其他内容之前运行 do 文件看看情况如何。并不是所有的尝试都能够得到满意的结果。键入命令：

. set trace on

使 Stata 在执行时逐行显示出程序，因此我们可以确实地看到哪里出错了。然后，我们键入下面命令可以关闭此功能：

. set trace off

初级版的 *multicat.do* 包含第一行 **capture program drop multicat**，以在重新定义它之前将该程序从内存中删除。当我们程序的前一个版本可能还不完整或不正确时，这在程序编写和调试阶段是必要的。不过，程序成熟时，应该删除这些行。

一旦认为我们的 do 文件定义了一个将会再次使用的程序，我们可以创建一个 ado 文件，这只要以 .ado 扩展名保存该文件即可(*multicat.ado*)。推荐的保存位置是 ado\personal；如果它们尚不存在，你可能需要创建此目录和子目录。虽然其他的位置也是可能的，但是在开始之前回顾一下《用户手册》的 "Where does Stata look for ado-files" 一节。一旦 *multicat.ado* 被保存，我们就可以像 Stata 中的常规命令一样使用 **multicat**。

可以进一步改进这个程序以使它更加灵活、优雅和用户友好。需要注意的是，前两行中包含了均始于 *! 以说明来源和 "version 2.0" 的注释。这个注释指的是 *multicat.ado* 而非 Stata 为 2.0 版本(*multicat.ado* 的一个更早版本出现在本书的上一版中)。适合运行此程序的

Stata 版本由数行后的 **version 12.1** 命令加以设定。虽然 *! 注释并不影响程序如何运行,但它们对 **which** 命令是可见的。

```
. which multicat
.\multicat.ado
*!   version 2.0  21jun2012
*!   L. Hamilton, Statistics with Stata (2012)
```

14.3 使用 multicat

multicat.ado 被保存之后(比如保存在 C:\ado\personal 中),命令 **multicat** 就变得像 Stata 的常见(尽管尚未完成)功能一样可用。图 14.1 呈现了有关政治观点的回答情况。百分比和观测案例数都显示在图中。

```
. multicat polviews, missing
```

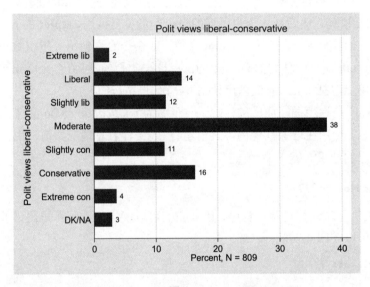

图 14.1

正如我们在第 4 章中讨论的那样,通常会使用概率权数和 **svyset** 数据来分析调查数据。应用调查权数时,**svy: tab** 发现了以下关于大麻合法化问题的应答结果。

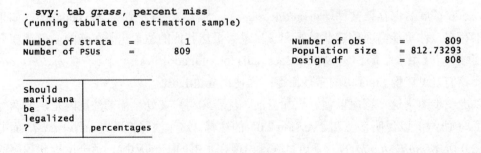

```
       Not     29.68
     Legal     30.04
        DK      5.035
        NA     35.24
     Total    100

Key: percentages = cell percentages
```

此问题有两种缺失值。大约 5%的被调查者被询问了大麻的问题，但是他们说不知道，或者拒绝给出答案。他们的缺失值已被编码为.a，取值标签为"DK"。此样本中另外 35%并没有被询问 grass 问题，他们已被编码为.b，取值标签为"NA"。通过对样本的子集询问不同的问题，GSS 容纳了大量问题。从分析上讲，将未被询问的人群排除掉而重新计算百分比才对我们有意义。这样做之后，我们发现了一个平衡的分歧：大约 46%的人赞同和 46%的人反对大麻合法化，另有 8%的人未做决定。

```
. svy: tab grass if grass < .b, percent miss
(running tabulate on estimation sample)

Number of strata   =        1       Number of obs    =       524
Number of PSUs     =      524       Population size  = 526.30952
                                    Design df        =       523

Should
marijuana
be
legalized
?          percentages

     Not       45.83
   Legal       46.39
      DK        7.776
   Total      100

Key: percentages = cell percentages
```

multicat(基于 **catplot**)并不理解 **svy:** 命令或概率权数，不过分析权数(aweight)在这里具有同样的效果。图 14.2 呈现了对应着上表的一幅 **multicat** 图。**multicat** 图形还注明了相应的样本规模(524)。

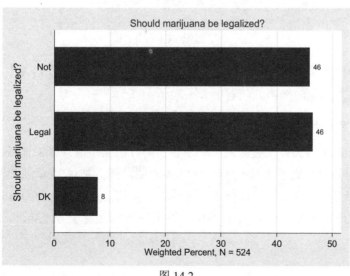

图 14.2

```
. multicat grass if grass < .b [aw = wtssall], miss
```

被放在一个文档或幻灯片中的许多像图 14.2 这样的图形可以被分析者读取和批注，从而有利于快速地展示结果。把缺失值的复杂性放在一边，这里是一个用 **multicat** 快速地为从 *polviews* 到 *evolve* 的变量列表绘制一组 8 个条形图的例子。**multicat** 以诸如 -*polviews.gph* 这样的文件名自动保存每一幅图。然后使用 **graph combine** 命令可以把这些图整合成一幅图像，见图 14.3。

```
. multicat polviews-evolve [aw = wtssall]
. graph combine -polviews.gph -bush.gph -obama.gph -postlife.gph
    -grass.gph -gunlaw.gph -sealevel.gph -evolve.gph
```

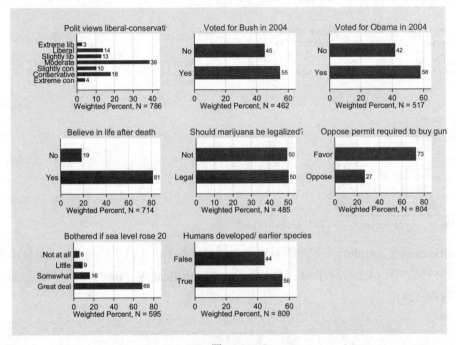

图 14.3

当我们开始比较子群体时，调查研究会变得更有趣。比如，图 14.4 中，根据性别进行分组时，合法化大麻上的平衡分歧看上去不同了。

```
. multicat grass [aw = wtssall], by(sex)
```

这正是 **multicat** 的优势，它提供了一个容易的方法来绘制许多的比较图形。下面的命令首先根据性别分组绘制了 8 幅一些看法的条形图，然后把 4 幅单独的图合并成一幅图像，见图 14.5。我们看到，女性被调查者比男性更可能相信死后仍有生命(86%相对于 76%)、反对大麻合法化(57%相对于 43%)、赞成枪支许可证(77%相对于 68%)或否认进化(49%相对于 39%)。

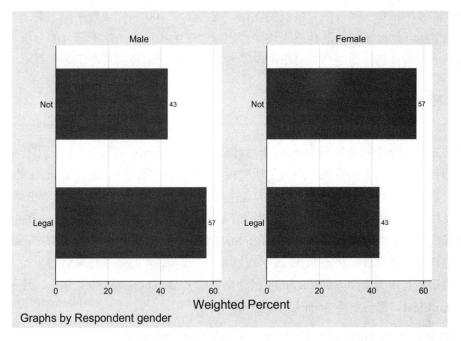

图 14.4

```
. multicat polviews-evolve [aw = wtssall], by(sex)
. graph combine -sex-postlife.gph -sex-grass.gph -sex-gunlaw.gph
    -sex-evolve.gph
```

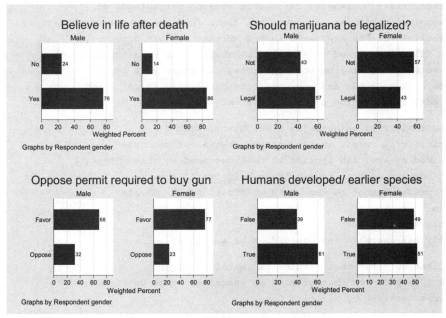

图 14.5

图 14.3 和图 14.5 用到了 **graph combine** 步骤以紧凑呈现 **multicat** 所做的事情。研究中，实际的图形数量经常超过我们想挤在一幅图像上的数量。**multicat** 命令可以很容易地绘制

100 幅比较男性和女性调查应答情况的图形，或者绘制 100 多幅比较不同教育水平、年龄组、政治党派、地区或任何其他感兴趣类别应答情况的图形。虽然大部分的分析者永远不需要这种专门的技巧，但是当项目中出现了专门需要时，这种简易程序会变得不可或缺。

14.4 帮助文件

帮助文件(help file)是使用 Stata 时不可或缺的。对像 *multicat.ado* 这样的用户编写的程序，它们会变得甚至更为重要，因为手册中根本没有相应的说明。通过用 Stata 的 do 文件编辑器创建一个名为 *multicat.sthlp* 的文本文件，我们可以为 *multicat.ado* 编写一个帮助文件。该帮助文件应该存放于与 *multicat.ado* 相同的 ado 文件目录(比如 C:\ado\personal)中。

当我们键入 **help** *filename* 时，保存在 Stata 认识的 ado 文件目录中以 *filename.sthlp* 形式命名的任何文本文件都将被 Stata 显示在屏幕上。比如，我们可以在编辑器里写入下面的内容，然后将其作为文件 *multicat.sthlp* 保存在目录 C:\ado\personal 中。那么，任何时候键入 **help multicat**，都会使得 Stata 显示这个文本。

```
multicat -- Multiple bar charts of categorical variables}

multicat varlist [aw = weightvar] [if exp] [in range],
    [missing] [by(groupvar)]

Description

multicat draws horizontal bar charts showing percentages of
categorical variables. It saves one chart for each of the variables
in varlist. Graphs are saved in the current default directory,
with file names based on variable names preceded by a hyphen, such
as -vote.gph or -region-vote.gph. They are saved both in
Stata's .gph format and one other graphical file format (.emf, .eps
or .pdf) depending on operating system.

Using analytical weights [aw = weightvar] with
multicat will result in percentages equivalent to those
obtained by svy: tab applied to data declared as survey type,
by a command such as svyset [pw = weightvar]. The
svy: prefix cannot be used with multicat itself. Chapter
14 in
Statistics with Stata
(2012) has examples and discussion of multicat.

multicat requires that catplot is installed. Type
findit catplot for instructions on installing this unofficial
program, written by Nicholas Cox.

Options

missing includes missing values in the bar chart and
calculated percentages.
```

```
by(groupvar) draws an image containing separate
small charts for each value of groupvar.

Examples

multicat party wrongtrack vote

multicat party-vote [aw = weightvar], miss

multicat party-vote [aw = weightvar], by(region)

References

Hamilton, Lawrence C. 2012.
Statistics with Stata. Belmont, CA: Cengage
```

包含链接、文本格式、对话框以及其他特性的精细帮助文件可以用 Stata 标记和控制语言(Stata Markup and Control Language，SMCL)来设计。所有正式的 Stata 帮助文件以及日志文件和屏幕显示结果都采用 SMCL。有关帮助文件的推荐标准框架可参见《用户手册》。

以下是 **multicat** 帮助文件的 SMCL 版本，大致遵循了《用户手册》的框架。一旦这个文件以文件名 *multicat.sthlp* 保存于\ado\personal 中，键入 **help muticat** 即会得到易读且正式外观的显示。

```
{smcl}
{* *! version 2.0 21jul2012}{...}
{cmd:help multicat}
{hline}

{title:Title}
{phang}
{bf:multicat -- Multiple bar charts of categorical variables}

{title:Syntax}
{p 8 17 12}
{cmd:multicat} {it:varlist} [{it:weight}] [{cmd:if} {it:exp}]
[ { c m d : i n } { i t : r a n g e } ] { c m d : , } [ { c m d a b : m i s s : i n g } ]
[{cmd:by(}{it:groupvar}{cmd:)}]

{title:Description}

{pstd}
{cmd:multicat} draws horizontal bar charts showing percentages of
categorical variables. It saves one chart for each of the variables
in {it:varlist}. Graphs are saved in the current default directory,
with file names based on variable names preceded by a hyphen, such
as {it:-vote.gph} or {it:-region-vote.gph}. They are saved both in
Stata's .gph format and one other graphical file format (.emf, .eps
or .pdf) depending on operating system.

{pstd}
Using analytical weights {cmd:[aw = }{it:weightvar}{cmd:]} with
{cmd:multicat} will result in percentages equivalent to those
obtained by {cmd:svy: tab} applied to data declared as survey type,
```

```
by a command such as {cmd:svyset [pw = }{it:weightvar}{cmd:]}. The
{cmd:svy:} prefix cannot be used with {cmd:multicat} itself. Chapter
14          in         {browse
"http://www.stata.com/bookstore/statistics-with-stata/index.html":
Statistics with Stata} (2012) has examples and discussion of {cmd:multicat}.

{pstd}{cmd:multicat} requires that {cmd:catplot} is installed. Type
{cmd:findit catplot} for instructions on installing this unofficial
program, written by Nicholas Cox.

{title:Options}

{phang}
{cmdab:miss:ing} includes missing values in the bar chart and
calculated percentages.

{phang}
{cmd:by(}{it:groupvar}{cmd:)} draws an image containing separate
small charts for each value of {it:groupvar}.

{title:Examples}

{phang}
{cmd:. multicat party wrongtrack vote}

{phang}
{cmd:. multicat party-vote [aw = weightvar], miss}

{phang}
{cmd:. multicat party-vote [aw = weightvar], by(region)}

{title:References}

{pstd}
Hamilton, Lawrence C. 2012.
{browse "http://www.stata.com/bookstore/statistics-with-stata/index.html":
Statistics with Stata}. Belmont, CA: Cengage.{p_end}
```

帮助文件以**{smcl}**开始,它告诉 Stata 按 SMCL 格式来处理这个文件。花括号{}括住了 SMCL 代码,它们中的许多都具有**{command:text}**或**{command argument:text}**的形式。下面的例子说明这些代码是如何被解读的。

{cmd:help multicat}	将文本"help multicat"作为一个命令显示。也就是说,以当前定义的适合于命令的任何颜色和字体来呈现"help multicat"。
{hline}	画一条水平线。
{title:Title}	将文本"Title"作为标题显示。
{phang}	下面的段落悬挂式缩进。
{bf:multicat …}	用粗体显示文本。
{p 8 17 12}	将后面的文本作为一个段落,其中第一行缩进 8 个字符,紧接着的一行缩进 17 个字符,右边距用 12 个字符。

{it:varlist}	将文本"varlist"以斜体显示。
{cmdab:miss:ing}	将文本"missing"作为一个命令显示,其中字母"miss"被标记为最小缩写[4]。

{browse"http://www.stata.com/bookstore/statistics-with-stata/index.html":Statistics...}

将文本"Statistics with Stata"与网址(URL)http://www.stata.com/bookstore/statistic-with-stata/index.html 链接起来。单击"Statistics with Stata"应该能启动用户的浏览器并将其连接到这一网址。

《编程手册》提供了使用这些及许多其他 SMCL 命令的详细说明。

14.5 蒙特卡罗模拟

蒙特卡罗模拟(Monte Carlo simulation)产生并分析许多的人造数据样本,允许研究者对其所用统计技术的长期表现进行考察。命令 **simulate** 使设计一个模拟轻而易举,因此只需要再附以少量的编程。本节给出两个示例。

想要开始一项模拟,我们就需要定义一个程序来产生一个随机数据样本,对其加以分析,并将所关注的结果保存在内存中。下面的文件定义一个名为 **meanmedian** 的 r 类程序(r-class program)(一种能够暂存 **r( )** 结果的程序)。这个程序根据标准正态分布随机地产生变量 *x* 的 100 个值。它接着再根据一个污染正态分布(contaminated normal distribution)产生另一个变量 *w* 的 100 个值:它由 0.95 概率的 N(0, 1)和 0.05 概率的 N(0, 10)构成。污染正态分布经常被用于稳健性研究(robustness study),以模拟那些含有少数异常误差的变量。对于上述产生的两个变量,**meanmedian** 取得其均值和中位数。

```
* Creates a sample containing n=100 observations of variables x and w.
* x~N(0,1) x is standard normal
* w~N(0,1) with p=.95, w~N(0,10) with p=.05 w is contaminated normal
* Calculates the mean and median of x and w.
* Stored results: r(xmean) r(xmedian) r(wmean) r(wmedian)
program meanmedian, rclass
    version 12.1
    drop _all
    set obs 100
    generate x = rnormal()
    summarize x, detail
    return scalar xmean = r(mean)
    return scalar xmedian = r(p50)
    generate w = rnormal()
    replace w = 10*w if runiform() < .05
    summarize w, detail
    return scalar wmean = r(mean)
```

---

4 显示为加粗,最小缩写指只需要键入 miss 即可代表命令 missing。——译者注

```
        return scalar wmedian = r(p50)
end
```

由于我们定义 **meanmedian** 为像 **summarize** 一样的 r 类命令,因此它可以将自己的结果保存于 r()标量中。**meanmedian** 产生 4 个这样的标量:对应变量 x 均值和中位数的 r(xmean) 和 r(xmedian),以及对应变量 w 均值和中位数的 r(wmean) 和 r(wmedian)。

一旦定义了 **meanmedian**,不管是采用 do 文件,或是 ado 文件,或是交互式地键入命令,我们都能用命令 **simulate** 来调用这个程序。要想以 5000 个随机样本创建一个包含 x 和 w 的均值和中位数的新数据集,可键入:

```
. simulate xmean = r(xmean) xmedian = r(xmedian) wmean = r(wmean)
    wmedian = r(wmedian), reps(5000): meanmedian
    command: meanmedian
      xmean: r(xmean)
    xmedian: r(xmedian)
      wmean: r(wmean)
    wmedian: r(wmedian)
Simulations (5000)
```

这个命令基于 **meanmedian** 的每一次重复得到的 r( )结果产生新变量 xmean、xmedian、wmean 和 wmedian。

```
. describe

Contains data
  obs:            5,000                          simulate: meanmedian
 vars:                4                          20 Jun 2012 13:07
 size:           80,000
-------------------------------------------------------------------------
              storage  display   value
variable name  type    format    label      variable label
-------------------------------------------------------------------------
xmean          float   %9.0g                r(xmean)
xmedian        float   %9.0g                r(xmedian)
wmean          float   %9.0g                r(wmean)
wmedian        float   %9.0g                r(wmedian)
-------------------------------------------------------------------------
Sorted by:

. summarize

    Variable |    Obs        Mean     Std. Dev.      Min          Max
-------------+-------------------------------------------------------------
       xmean |   5000    -.0000624    .1000338    -.3582268    .3759606
     xmedian |   5000     .0001874    .1258506    -.4006759    .5206654
       wmean |   5000     .0014439     .243858    -1.067343    1.012038
     wmedian |   5000    -.0024416    .1294947     -.496728    .4454642
```

5000 个样本的这些均值和中位数的均值都接近于 0——与我们预期样本均值和中位数都应该提供 x 和 w 的真实的总体均值(0)的无偏估计相一致。同样符合理论预期的是,当应用于正态分布变量时,均值表现出具有比中位数更小的样本间变异(sample-to-sample variation)。xmedian 的标准差为 0.126,明显比 xmean 的标准差(0.100)大。但是,当应用于非正态、有特异值的变量 w 时,出现了相反的结果:wmedian 的标准差比 wmean 的标准差小得多(0.129 相对于 0.244)。这一蒙特卡罗试验表明,尽管污染分布中含有特异值,但中位数仍然是相对稳定的集中趋势测度,而均值并不好且在样本之间波动得更大。图 14.6 用箱线图直观地画出了这一比较(同时附带说明了如何控制箱线图中特异值的标记符号)。为了有空间在一行内显示 4 个变量的图例，标记符号的宽度只有通常的一半(**symxsize(*.5)**)。

```
. graph box xmean xmedian wmean wmedian, yline(0)
    legend(row(1) symxsize(*.5))
    marker(1, msymbol(+)) marker(2, msymbol(Th))
    marker(3, msymbol(Oh)) marker(4, msymbol(Sh))
```

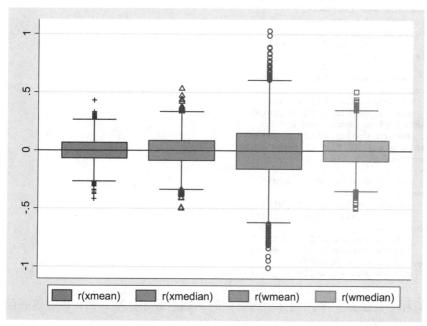

图 14.6

我们的下一个例子扩展到对稳健方法的考察，将本书的数个主题综合在一起。程序 **regsim** 产生 x(标准正态的)和两个 y 变量的 100 个观测案例。y1 是 x 的线性函数加上标准正态误差，y2 也是 x 的线性函数但是加上污染正态误差。这些变量帮助我们探究正态误差分布与非正态、重尾误差分布情形下不同回归方法的表现如何。将采用 4 种方法：常规最小二乘法(**regress**)、稳健回归(**rreg**)、分位数回归(**qreg**)以及自助法标准误(boostrapped standard errors)的分位数回归(**bsqreg**，重复 500 次)。稳健回归和分位数回归(见第 8 章)理论上应该更少地受到特异值的影响。通过这一蒙特卡洛试验，我们来检验这是否正确。**regsim** 应用每一种方法进行 y1 对 x 的回归，然后进行 y2 对 x 的回归。对于这一练习，程序是由 ado 文件 *regsim.ado* 定义的，它被保存在\ado\personal 目录中。

```
program regsim, rclass
* Performs one iteration of a Monte Carlo simulation comparing
* OLS regression (regress) with robust (rreg) and quantile
* (qreg and bsqreg) regression. Generates one n = 100 sample
* with x ~ N(0,1) and y variables defined by the models:
*
* MODEL 1:   y1 = 2x + e1    e1 ~ N(0,1)
*
* MODEL 2:   y2 = 2x + e2    e2 ~ N(0,1) with p = .95
*            e2 ~ N(0,10) with p = .05
*
* Bootstrap standard errors for qreg involve 500 repetitions.
*
```

```
version 12.1
if "`1'" == "?" {
    global S_1 "b1 b1r se1r b1q se1q se1qb ///
        b2 b2r se2r b2q se2q se2qb"
    exit
}
drop _all
set obs 100
generate x = rnormal()
generate e = rnormal()
generate y1 = 2*x + e
reg y1 x
    return scalar B1 = _b[x]
rreg y1 x, iterate(25)
    return scalar B1R = _b[x]
    return scalar SE1R = _se[x]
qreg y1 x
    return scalar B1Q = _b[x]
    return scalar SE1Q = _se[x]
bsqreg y1 x, reps(500)
    return scalar SE1QB = _se[x]
replace e = 10 * e if runiform() < .05
generate y2 = 2*x + e
reg y2 x
    return scalar B2 = _b[x]
rreg y2 x, iterate(25)
    return scalar B2R = _b[x]
    return scalar SE2R = _se[x]
qreg y2 x
    return scalar B2Q = _b[x]
    return scalar SE2Q = _se[x]
bsqreg y2 x, reps(500)
    return scalar SE2QB = _se[x]
end
```

此 r 类程序会保存 8 个回归分析所得到的回归系数或标准误估计值。这些结果会被起诸如以下这样的名称：

r(B1)　　　　$y1$ 对 x 进行 OLS 回归所得的系数

r(B1R)　　　y 对 x 进行稳健回归所得的系数

r(SE1R)　　　模型 1 所得稳健系数的标准误

依此类推。所有的稳健回归和分位数回归都涉及多次迭代：**rreg** 一般 5 到 10 次，**qreg** 大约 5 次，而对于*每一样本*约每 5 次迭代就使用 500 次自助重复估计的 **bsqreg** 数千次。因此，执行一次 regsim 需要做 2000 多次回归。以下命令要求重复 5 次，需要做 10 000 多次回归[5]。

```
. simulate b1 = r(B1)  b1r = r(B1R)  se1r = r(SE1R)
    b1q = r(B1Q)  se1q = r(SE1Q)  se1qb = r(SE1QB)  b2 = r(B2)
    b2r = r(B2R)  se2r = r(SE2R)  b2q = r(B2Q)  se2q = r(SE2Q)
    se2qb = r(SE2QB), reps(5): regsim
```

你也许想在电脑上运行像这样的一个小模拟作为试验来了解所需的时间。但是，要是出于研究的目的，我们将需要更大的试验。数据集 *regsim.dta* 包含了来自于涉及 **regsim** 中重复 500 次的一项试验所得的结果，该试验做了 100 多万次回归。由这一试验得到的回归系数和标准误估计值的概要统计结果如下：

---

5 由于随机性，试验结果将与本书中这里给出的结果明显不同！——译者注

```
. describe

Contains data from C:\data\regsim.dta
  obs:           500                     Monte Carlo estimates of b in
 vars:            12                        500 samples of n=100
 size:        24,000                     21 Jun 2012 08:17

              storage  display    value
variable name   type    format    label      variable label
b1             float    %9.0g                r(B1)
b1r            float    %9.0g                r(B1R)
se1r           float    %9.0g                r(SE1R)
b1q            float    %9.0g                r(B1Q)
se1q           float    %9.0g                r(SE1Q)
se1qb          float    %9.0g                r(SE1QB)
b2             float    %9.0g                r(B2)
b2r            float    %9.0g                r(B2R)
se2r           float    %9.0g                r(SE2R)
b2q            float    %9.0g                r(B2Q)
se2q           float    %9.0g                r(SE2Q)
se2qb          float    %9.0g                r(SE2QB)

Sorted by:

. summarize

    Variable |    Obs        Mean    Std. Dev.       Min        Max
          b1 |    500     1.99586    .104467     1.692893    2.293595
         b1r |    500    1.996901   .1077322     1.698501    2.294482
        se1r |    500    .1046559   .0108543     .0789753    .1523494
         b1q |    500     1.99658   .1246462     1.638891    2.370703
        se1q |    500     .13393    .0206363     .0801532    .2059937
       se1qb |    500    .1373001   .0321417     .0532386    .2581546
          b2 |    500    1.986367   .2604184     1.066318    2.90484
         b2r |    500    1.997187   .1127494     1.674992    2.307488
        se2r |    500    .1087309   .0117741     .081064     .1564037
         b2q |    500    1.996925   .1314325     1.591606    2.370703
        se2q |    500    .1416007   .0212944     .0880669    .2220859
       se2qb |    500    .1456451   .0343871     .0560117    .2704635
```

图 14.7 用箱线图画出了这些回归系数的分布。为了使这个箱线图易读，我们用了 **Legend (symxsize(*.3) colgap(*.3))**选项，它设定图例内的符号宽度和列间隔仅为其默认尺寸的 30%。**help legend option** 和 **help relativesize** 提供有关这些选项的更多信息。

```
.graph box b1 b1r b1q b2 b2r b2q, ytitle("Estimates of slope (b=2)")
      yline(2) legend(row(1) symxsize(*.3) colgap(*.3)
         label(1 "OLS 1") label(2 "robust 1") label(3 "quantile 1")
         label(4 "OLS 2") label(5 "robust 2") label(6 "quantile 2"))
```

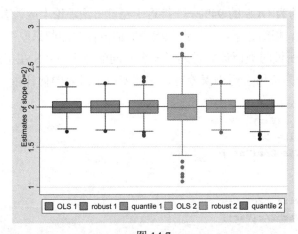

图 14.7

所有三种回归方法(OLS 回归、稳健回归和分位数回归)都得到两个模型的平均系数估计值(mean coefficient estimates)，其并不显著地不同于真值 $\beta = 2$。这可以通过诸如以下的 t 检验来确认：

```
. ttest b2r = 2

One-sample t test

Variable |   Obs       Mean    Std. Err.   Std. Dev.   [95% Conf. Interval]
     b2r |   500    1.997187   .0050423    .1127494    1.987281    2.007094

    mean = mean(b2r)                                       t =  -0.5578
Ho: mean = 2                                degrees of freedom =     499

   Ha: mean < 2              Ha: mean != 2              Ha: mean > 2
Pr(T < t) = 0.2886      Pr(|T| > |t|) = 0.5772       Pr(T > t) = 0.7114
```

因此，所有回归方法都得到了 β 的无偏估计，但是它们在样本间变异或效率(efficiency)上却有差别。应用于正态误差模型 1 的情况下，OLS 是效率最高的，这正如高斯-马尔可夫定理所告诉我们的。OLS 系数的观测标准差为 0.1045，而稳健回归和分位数回归中则分别为 0.1077 和 0.1246。通过将 OLS 系数的观测方差表达成另一种估计量(estimator)观测方差的百分比，相对效率(relative efficiency)提供了比较此类统计量的一种标准方式：

```
. quietly summarize b1
. scalar Varb1 = r(Var)
. quietly summarize b1r
. display 100*(Varb1/r(Var))
94.030265

. quietly summarize b1q
. display 100*(Varb1/r(Var))
70.242519
```

上述计算使用了由 **summarize** 取得的 **r(Var)** 方差结果。我们首先得到 OLS 回归估计值 *b1* 的方差，并使该值为标量 *Varb1*。接下来依次得到稳健回归估计值 *b1r* 和分位数回归估计值 *b1q* 的方差，并且将它们中的每个都与 *Varb1* 进行比较。结果表明，应用于正态误差模型时，稳健回归的效率约为 OLS 的 94%——接近于稳健方法理论上应该有的 95%的大样本有效性(Hamilton, 1992a)。相比之下，正态误差模型时的分位数回归只取得了 70%的相对效率。

对污染误差模型所做的类似计算讲述了一个不同的故事。OLS 在正态误差时是最佳(效率最高)的估计量，但是应用于污染误差时，它却变成了最差的估计量：

```
. quietly summarize b2
. scalar Varb2 = r(Var)
. quietly summarize b2r
. display 100*(Varb2/r(Var))
533.47627

. quietly summarize b2q
. display 100*(Varb2/r(Var))
392.58875
```

污染误差模型中的特异值造成 OLS 系数估计值在不同样本之间变异很大，正如图 14.7

中的第 4 幅箱线图所示。这些 OLS 回归系数的方差比相应稳健回归系数的方差大了 5 倍以上,而几乎比分位数回归系数的方差大 4 倍。换句话说,存在特异值的情况下,稳健回归和分位数回归都要远比 OLS 回归稳定得多,可以得到相应更小的标准误和更窄的置信区间。稳健回归在正态误差和污染误差模型中都优于分位数回归。

图 14.8 以一幅显示 500 对回归系数的散点图呈现了 OLS 与稳健回归之间的比较。OLS 系数(纵轴)围绕真值 2.0 的变异比 **rreg** 系数(横轴)的大得多。

```
. graph twoway scatter b2 b2r, msymbol(dh) ylabel(1(.5)3, grid)
    yline(2) xlabel(1(.5)3, grid gmin gmax) xline(2)
    ytitle("OLS regression coef, contaminated errors")
    xtitle("Robust regression coef, contaminated errors")
```

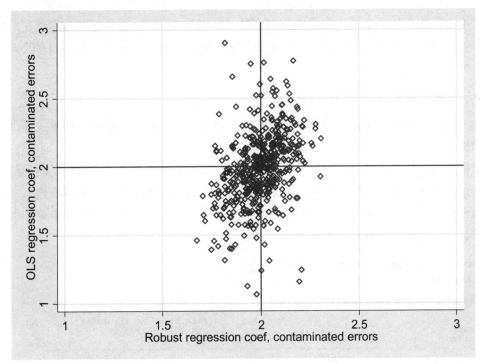

图 14.8

这一蒙特卡罗模拟试验还提供各种方法和模型所得估计标准误的信息。平均估计标准误与系数的观测标准差不同。对于稳健标准误,这些差异相对较小——不到 4%。对于理论上推导的分位数回归标准误,差异更大,约为 7%。最不令人满意的估计值似乎是由 **bsqreg** 得到的自助法分位数标准误。自助法标准误的均值超过了 *b1q* 和 *b2q* 的观测标准差约 10% 或 11%。自助法显然高估了样本间差异。

蒙特卡罗模拟已经成为现代统计研究中的主要方法,同时它在统计教学中也起着越来越大的作用。这些示例展示了一些容易的入门之道。

14.6 用 Mata 进行矩阵编程

Stata 的矩阵编程语言被称为 Mata，两卷本的《Mata 矩阵编程手册》中对它进行了介绍。这一丰富的主题超出了本书的介绍范围。不过，以对 Mata 的简单介绍来结束本书似乎也合适。Stata 的编程工具为其发展开辟了新途径。

这里，我们不准备花很大的气力来解释 Mata 的概念和功能，而是进行一个启发性的说明并立即进入一个具体例子：编写一个能进行普通最小二乘(OLS)回归的程序。基本的回归模型为：

$$\mathbf{y} = \mathbf{Xb} + \mathbf{u}$$

其中，$\mathbf{y}$ 是一个($n \times 1$)的因变量取值列向量，$\mathbf{X}$ 是一个(通常)包含 $k-1$ 个预测变量的取值和一列 1 的($n \times k$)矩阵，而 $\mathbf{u}$ 是一个($n \times 1$)的误差向量。$\mathbf{b}$ 是一个($k \times 1$)的回归系数向量，被估计为：

$$\mathbf{b} = (\mathbf{X'X})^{-1}\mathbf{X'y}$$

这一矩阵计算对于统计学的学生来说是很熟悉的，它为理解 Mata 的工作方式提供了一个好的进入点。

数据集 *reactor.dta* 包含了有关 1968 年到 1982 年期间被关闭的 5 个核电厂的拆除成本信息。这个例子具有教学便利之处，即这么小的矩阵可以很容易地写在黑板或纸上，如果愿意这样做的话(比如，Hamilton 1992a:340)。不管怎么说，它引发了拆除成本可能如何与反应堆容量以及运行年数有关的问题。

```
. use C:\data\reactor.dta, clear
. describe

Contains data from C:\data\reactor.dta
  obs:             5                          Reactor decommissioning costs
                                                (from Brown et al. 1986)
 vars:             6                          20 Jun 2012 13:23
 size:           110
-------------------------------------------------------------------------------
              storage  display     value
variable name   type   format      label       variable label
-------------------------------------------------------------------------------
site            str14  %14s                    Reactor site
decom           byte   %8.0g                   Decommissioning cost, millions
capacity        int    %8.0g                   Generating capacity, megawatts
years           byte   %9.0g                   Years in operation
start           int    %8.0g                   Year operations started
close           int    %8.0g                   Year operations closed
-------------------------------------------------------------------------------
Sorted by: start
```

当然，用 Stata 进行 OLS 回归非常容易。我们发现，发电量每增加一兆瓦特，这 5 个反应堆中的拆除成本会增加约 17.6 万美元($175,874)，而运行年数每增加一年，拆除成本则会增加 390 万美元。这两个预测变量几乎解释了拆除成本上方差的 99%($R^2_a = 0.9895$)。

```
. regress decom capacity years
```

```
      Source |       SS       df       MS              Number of obs =       5
-------------+------------------------------           F(  2,     2) =  189.42
       Model |  4666.16571     2  2333.08286           Prob > F      =  0.0053
    Residual |  24.6342883     2  12.3171442           R-squared     =  0.9947
-------------+------------------------------           Adj R-squared =  0.9895
       Total |     4690.8     4      1172.7           Root MSE      =  3.5096

-------------------------------------------------------------------------------
       decom |      Coef.   Std. Err.      t    P>|t|     [95% Conf. Interval]
-------------+-----------------------------------------------------------------
    capacity |   .1758739   .0247774     7.10   0.019     .0692653    .2824825
       years |   3.899314   .2643087    14.75   0.005     2.762085    5.036543
       _cons |  -11.39963   4.330311    -2.63   0.119    -30.03146     7.23219
-------------------------------------------------------------------------------
```

以下 ado 文件使用 Mata 命令定义了程序 **ols0**。它只计算回归系数向量 **b**。本例中，Mata 命令以 **mata:** 开始(交互式地或在程序中使用这些命令的其他几种方式在手册中有介绍)。前两个 **mata:** 命令把向量 **y** 和矩阵 **X** 定义为内存中数据的"观察"，它们通过出现在 **ols0** 命令行中的左手侧(lhs)和右手侧(rhs)的变量来设定。常数 1 构成了矩阵 **X** 的最后一列。**ols0** 允许 **in** 或 **if** 选择条件，或者缺失值。估计的方程：

$$\mathbf{b} = (\mathbf{X}'\mathbf{X})^{-1}\mathbf{X}'\mathbf{y}$$

在 Mata 中被写为：

```
mata: b = invsym(X'X)*X'y
```

第 4 个 **mata:** 命令显示 **b** 的结果。

```
*! 21jun2012
*! L. Hamilton, Statistics with Stata (2012)
program ols0
    version 12.1
    syntax varlist(min=1 numeric) [in] [if]
    marksample touse
    gen cons_ = 1
    tokenize `varlist'
    local lhs "`1'"
    mac shift
    local rhs "`*'"
    mata: st_view(y=., ., "`lhs'", "`touse'")
    mata: st_view(X=., ., (tokens("`rhs'"), "cons_"), "`touse'")
    mata: b = invsym(X'X)*X'y
    mata: b
    drop cons_
end
```

把 **ols0** 应用于反应堆拆除数据，得到的回归系数与前面使用 **regress** 命令得到的系数完全相同。

```
. ols0 decom capacity years
                 1
     1    .1758738974
     2    3.899313867
     3   -11.39963279
```

使用标准方程的 Mata 版本，程序 **ols1**(如下)增加了标准误、t 统计量以及 t 检验概率的计算。同样，计算结果与前面使用 **regress** 命令计算得到的结果完全相同。**ols1** 的最后一条 **mata** 语句中的逗号是运算符，意思是"连接下一个矩阵的列"。

```
*! 21jun2012
*! L. Hamilton, Statistics with Stata (2012)
program ols1
    version 12.1
    syntax varlist(min=1 numeric) [in] [if]
    marksample touse
    gen cons_ = 1
    tokenize `varlist'
    local lhs "`1'"
    mac shift
    local rhs "`*'"
    mata: st_view(y=., ., "`lhs'", "`touse'")
    mata: st_view(X=., ., (tokens("`rhs'"), "cons_"), "`touse'")
    mata: b = invsym(X'X)*X'y
    mata: e = y - X*b
    mata: n = rows(X)
    mata: k = cols(X)
    mata: s2 = (e'e)/(n-k)
    mata: V = s2*invsym(X'X)
    mata: se = sqrt(diagonal(V))
    mata: (b, se, b:/se, 2*ttail(n-k, abs(b:/se)))
    drop cons_
end

. ols1 decom capacity years
                    1              2              3              4
    1      .1758738974    .0247774037    7.098156835    .0192756353
    2      3.899313867    .26430873      14.75287581    .0045631637
    3     -11.39963279    4.330310729   -2.632520735    .1190686843
```

为了保存结果以及把它们粘贴到一个与 **regress** 中类似的精细格式化输出表中，我们可以进一步改进这个程序。程序 **ols2** 可以完成一些不同的任务，从而说明 Mata 是如何把矩阵连接在一起的。它把看到的以上数值结果与一个包含了列标题及自变量名称清单的字符串矩阵进行合并。借助另外的几个 **mata** 命令，这一点是可以做到的。一个 **mata** 定义包含变量名称清单的行向量 **vnames_**。这个表达式中的逗号连接了三列：1)后面紧跟左手侧变量名称的单词 "Yvar:"，2)所有右手侧变量的名称；3)单词 "_cons"。

```
mata: vnames_ = "Yvar: `lhs'", tokens("`rhs'"), "_cons"
```

下一个长 **mata** 命令使用了行内注释分隔符 /* 和 */，因此，Mata 读取时会越过两个物理行的末尾，而把它看作一个命令：

```
mata: vnames_', ("Coef." \ strofreal(b)),    /*
    */ ("Std. Err." \ strofreal(se)),        /*
    */ ("t" \ strofreal(t)), ("P>|t|" \ strofreal(Prt))
```

此命令显示一个矩阵，其第一列是 **vnames_** 的转置(也就是一列变量名称)。使用一个逗号，变量名称一列与以单词"Coefs"作为第一行创建的第二列向量连接起来；剩余的行由 **b** 中的系数来填充，注意，这些系数已经从实数转换成了字符串。反斜线符号"\"把行连接成一个矩阵，就像","把列连接起来一样。**b** 值由实数到字符串的转换是必要的，这样可以使矩阵类型是可兼容的。**ols2** 中的类似操作会构建标准误、t 统计量以及概率等的加好标签的各列。

```
*! 21jun2012
*! L. Hamilton, Statistics with Stata (2012)
program ols2
    version 12.1
    syntax varlist(min=1 numeric) [in] [if]
    marksample touse
    gen cons_ = 1
    tokenize `varlist'
    local lhs "`1'"
    mac shift
    local rhs "`*'"
    mata: st_view(y=., ., "`lhs'", "`touse'")
    mata: st_view(X=., ., (tokens("`rhs'"), "cons_"), "`touse'")
    mata: b = invsym(X'X)*X'y
    mata: e = y - X*b
    mata: n = rows(X)
    mata: k = cols(X)
    mata: s2 = (e'e)/(n-k)
    mata: V = s2*invsym(X'X)
    mata: se = sqrt(diagonal(V))
    mata: t = b:/se
    mata: Prt = 2*ttail(n-k, abs(b:/se))
    mata: vnames_ = "Yvar: `lhs'", tokens("`rhs'"), "_cons"
    mata: vnames_', ("Coef." \ strofreal(b)),       /*
    */ ("Std. Err." \ strofreal(se)),               /*
    */ ("t" \ strofreal(t)), ("P>|t|" \ strofreal(Prt))
    drop cons_
end

. ols2 decom capacity years
                  1           2            3           4           5
      1    Yvar: decom       Coef.    Std. Err.           t        P>|t|
      2        capacity   .1758739    .0247774    7.098157    .0192756
      3           years   3.899314    .2643087    14.75288    .0045632
      4           _cons  -11.39963    4.330311   -2.632521    .1190687
```

就像本章中的其他例子一样，以上这些 Mata 练习只是对 Stata 编程的一瞥。《Stata 期刊》发表了更具启发性的应用，而且 Stata 的每一次更新都涉及新的或改进的 ado 文件。在线网络课程提供了一条指导性的途径，可有助于流畅地编写自己的程序。

数　据　来　源

以下出版物或网页提供了本书中范例所用数据的定义、原始来源和相关背景等信息。示例数据集往往取自更大的文件或包含合并来自多个来源的变量。完整的文献引用见本书的参考文献。

aids.raw
aids.dta
    Selvin (1995)

Alaska_places.dta
    Hamilton et al. (2011)

Alaska_regions.dta
    Hamilton and Lammers (2011)

Antarctic2.dta
    Milke and Heygster (2009)

Arctic9.dta
    Sea ice extent: NSIDC (National Snow and Ice Data Center), Sea Ice Index. http://nsidc.org/data/seaice_index/
    Sea ice volume: PIOMAS (Pan-Arctic Ice Ocean Modeling and Assimilation System), Polar Science Center, University of Washington. Arctic Sea Ice Volume Anomaly. http://psc.apl.washington.edu/wordpress/research/projects/arctic-sea-ice-volume-anomaly/
    Annual air temperature anomaly 64–90°N: GISTEMP (GISS Surface Temperature Analysis), Goddard Institute for Space Studies, NASA. http://data.giss.nasa.gov/gistemp/

attract2.dta
    Hamilton (2003)

Canada1.dta
Canada2.dta
   Federal, Provincial and Territorial Advisory Committee on Population Health (1996)

Climate.dta
   NCDC global temperature: National Climatic Data Center, NOAA. Global Surface Temperature Anomalies. http://www.ncdc.noaa.gov/cmb-faq/anomalies.php
   NASA global temperature: GISTEMP (GISS Surface Temperature Analysis), Goddard Institute for Space Studies, NASA. http://data.giss.nasa.gov/gistemp/
   UAH global temperature: University of Alabama, Huntsville. http://vortex.nsstc.uah.edu/data/msu/t2lt/uahncdc.lt
   Aerosol Optical Depth (AOD): Sato et al. (1993). Goddard Institute for Space Studies, NASA. Forcings in GISS Climate Model. http://data.giss.nasa.gov/modelforce/ strataer/
   Total Solar Irradiance (TSI): Fröhlich (2006). Physikalisch-Meteorologischen Observatoriums Davos, World Radiation Center (PMOD WRC). Solar Constant. http://www.pmodwrc.ch/pmod.php?topic=tsi/composite/SolarConstant
   Multivariate ENSO Index (MEI): Wolter and Timlin (1998). Earth Systems Research Laboratory, Physical Sciences Division, NOAA. Multivariate ENSO Index. http://www.esrl.noaa.gov/psd/enso/mei/mei.html
   Global average marine surface CO2: Masarie and Tans (1995). Earth System Research Laboratory, Global Monitoring Division, NOAA. Trends in Atmospheric Carbon Dioxide. http://www.esrl.noaa.gov/gmd/ccgg/trends/global.html#global_data

election_2004i.dta
   Robinson (2005). Geovisualization of the 2004 Presidential Election. http://www.personal.psu.edu/users/a/c/acr181/election.html

electricity.dta
   California Energy Commission (2012). U.S. Per Capita Electricity Use by State, 2010. http://energyalmanac.ca.gov/electricity/us_per_capita_electricity-2010.html

global1.dta
global2.dta
global3.dta
global_yearly.dta
   Multivariate ENSO Index (MEI): see climate.dta
   NCDC global temperature: see climate.dta

Granite2011_6.dta
   Hamilton (2012). Also see "Do you believe the climate is changing?" by Hamilton (2011)

at http://www.carseyinstitute.unh.edu/publications/IB-Hamilton-Climate-Change-National-NH.pdf

Greenland_sulfate.dta

Mayewski, Holdsworth et al. (1993); Mayewski, Meeker et al. (1993). Also see Sulfate and Nitrate Concentrations at GISP2 from 1750－1990.

http://www.gisp2.sr.unh.edu/DATA/SO4NO3.html

Greenland_temperature.dta

GISP2 ice core temperature: Alley (2004). NOAA Paleoclimatology Program and World Data Center for Paleoclimatology, Boulder.

ftp://ftp.ncdc.noaa.gov/pub/data/paleo/icecore/greenland/summit/gisp2/isotopes/gisp2_temp_accum_alley2000.txt

Summit temperature 1987－1999: Shuman et al. (2001)

greenpop1.dta

Hamilton and Rasumssen (2010)

GSS_2010_SwS.dta

Davis et al. (2005). National Opinion Research Center (NORC), University of Chicago. General Social Survey. http://www3.norc.org/GSS+Website/

heart.dta

Selvin (1995)

lakewin1.dta
lakewin2.dta
lakewin3.dta
lakesun.dta
lakesunwin.dta

Lake Winnipesaukee ice out: http://www.winnipesaukee.com/index.php?pageid=iceout
Lake Sunapee ice out: http://www.town.sunapee.nh.us/Pages/SunapeeNH_Clerk/
Also see Hamilton et al. (2010a) at
http://www.carseyinstitute.unh.edu/publications/IB_Hamilton_Climate_Survey_NH.pdf

MEI0.dta
MEI1.dta

Multivariate ENSO Index: see *climate.dta*

MILwater.dta

Hamilton (1985)

Nations2.dta

Nations3.dta
>Human Development Reports, United Nations Development Program. International Human Development Indicators. http://hdrstats.undp.org/en/tables/

oakridge.dta
>Selvin (1995)

planets.dta
>Beatty (1981)

PNWsurvey2_11.dta
>Hamilton et al. (2010b, 2012). Also see "Ocean views" by Safford and Hamilton (2010), at http://www.carseyinstitute.unh.edu/publications/PB_Safford_DowneastMaine.pdf

reactor.dta
>Brown et al. (1986)

shuttle.dta
shuttle0.dta
>Report of the Presidential Commission on the Space Shuttle Challenger Accident (1986)
>Tufte (1997)

smoking1.dta
smoking1.dta
>Rosner (1995)

snowfall.xls
>Hamilton et al. (2003)

southmig1.dta
southmig2.dta
>Voss et al. (2005)

student2.dta
>Ward and Ault (1990)

whitemt1.dta
whitemt2.dta
>Hamilton et al. (2007)

writing.dta
>Nash and Schwartz (1987)

参 考 文 献

Albright, J.J. and D.M. Marinova. 2010. "Estimating Multilevel Models Using SPSS, Stata, and SAS." Indiana University.

Alley, R.B. 2004. GISP2 Ice Core Temperature and Accumulation Data. IGBP PAGES/World Data Center for Paleoclimatology Data Contribution Series #2004-013. NOAA/NGDC Paleoclimatology Program, Boulder CO, USA.

Beatty, J.K., B. O'Leary and A. Chaikin (eds.). 1981. *The New Solar System.* Cambridge, MA:Sky.

Belsley, D.A., E. Kuh and R.E. Welsch. 1980. *Regression Diagnostics: Identifying Influential Data and Sources of Collinearity.* New York: John Wiley & Sons.

Box, G.E.P., G.M. Jenkins and G.C. Reinsel. 1994. *Time Series Analysis: Forecasting and Control.* 3rd ed. Englewood Cliffs, NJ: Prentice–Hall.

Brown, L.R., W.U. Chandler, C. Flavin, C. Pollock, S. Postel, L. Starke and E.C. Wolf. 1986. *State of the World 1986.* New York: W. W. Norton.

California Energy Commission. 2012. "U.S. per capita electricity use by state in 2010." http://energyalmanac.ca.gov/electricity/us_per_capita_electricity-2010.html accessed 3/13/2012

Chambers, J.M., W.S. Cleveland, B. Kleiner and P.A. Tukey. 1983. *Graphical Methods for Data Analysis.* Belmont, CA: Wadsworth.

Chatfield, C. 2004. *The Analysis of Time Series: An Introduction*, 6th edition. Boca Raton, FL:CRC.

Cleveland, W.S. 1993. *Visualizing Data.* Summit, NJ: Hobart Press.

Cleves, M., W. Gould, R. Gutierrez and Y. Marchenko. 2010. *An Introduction to Survival Analysis Using Stata*, 3rd edition. College Station, TX: Stata Press.

Cook, R.D. and S. Weisberg. 1982. *Residuals and Influence in Regression.* New York: Chapman & Hall.

Cook, R.D. and S. Weisberg. 1994. *An Introduction to Regression Graphics.* New York: John Wiley & Sons.

Cox, N.J. 2004a. "Stata tip 6: Inserting awkward characters in the plot." *Stata Journal*

4(1):95–96.

Cox, N.J. 2004b. "Speaking Stata: Graphing categorical and compositional data." *Stata Journal* 4(2):190–215.

Davis, J.A. T.W. Smith and P.V. Marsden. 2005. General Social Surveys, 1972–2004 Cumulative File [computer data file]. Chicago: National Opinion Research Center [producer]. Ann Arbor, MI: Inter-University Consortium for Political and Social Research [distributor].

Diggle, P.J. 1990. *Time Series: A Biostatistical Introduction*. Oxford: Oxford University Press.

Enders, W. 2004. *Applied Econometric Time Series*, 2nd edition. New York: John Wiley & Sons.

Everitt, B.S., S. Landau and M. Leese. 2001. *Cluster Analysis*, 4th edition. London: Arnold.

Federal, Provincial and Territorial Advisory Commission on Population Health. 1996. *Report on the Health of Canadians*. Ottawa: Health Canada Communications.

Foster, G. and S. Rahmstorf. 2011. "Global temperature evolution 1979–2010." *Environmental Research Letters* 6. DOI:10.1088/1748-9326/6/4/044022

Fox, J. 1991. *Regression Diagnostics*. Newbury Park, CA: Sage Publications.

Fröhlich, C. 2006. "Solar irradiance variability since 1978—Revision of the PMOD composite during solar cycle 21." *Space Science Review* 125:53–65.

Gould, W., J. Pitblado and B. Poi. 2010. *Maximum Likelihood Estimation with Stata*, 4th edition. College Station, TX: Stata Press.

Hamilton, D.C. 2003. "The Effects of Alcohol on Perceived Attractiveness." Senior Thesis. Claremont, CA: Claremont McKenna College.

Hamilton, J.D. 1994. *Time Series Analysis*. Princeton, NJ: Princeton University Press.

Hamilton, L.C. 1985. "Who cares about water pollution? Opinions in a small-town crisis." *Sociological Inquiry* 55(2):170–181.

Hamilton, L.C. 1992a. *Regression with Graphics: A Second Course in Applied Statistics*. Pacific Grove, CA: Brooks/Cole.

Hamilton, L.C. 1992b. "Quartiles, outliers and normality: Some Monte Carlo results." Pp. 92–95 in J. Hilbe (ed.) *Stata Technical Bulletin Reprints, Volume 1*. College Station, TX: Stata Press.

Hamilton, L.C., D.E. Rohall, B.C. Brown, G. Hayward and B.D. Keim. 2003. "Warming winters and New Hampshire's lost ski areas: An integrated case study." *International Journal of Sociology and Social Policy* 23(10):52–73.

Hamilton, L.C., B.C. Brown and B.D. Keim. 2007. "Ski areas, weather and climate: Time series models for New England case studies." *International Journal of Climatology* 27:2113–2124.

Hamilton, L.C. and R.O. Rasmussen. 2010. "Population, sex ratios and development in Greenland." *Arctic* 63(1):43–52.

Hamilton, L.C., B.D. Keim and C.P. Wake. 2010a. "Is New Hampshire's climate warming?" New England Policy Brief No. 4. Durham, NH: Carsey Institute, University of New Hampshire.

Hamilton, L.C., C.R. Colocousis and C.M. Duncan. 2010b. "Place effects on environmental views." *Rural Sociology* 75(2):326–347.

Hamilton, L.C. and R.B. Lammers. 2011. "Linking pan-Arctic human and physical data." *Polar Geography* 34(1–2):107–123.

Hamilton, L.C., D.M. White, R.B. Lammers and G. Myerchin. 2011. "Population, climate and electricity use in the Arctic: Integrated analysis of Alaska community data." *Population and Environment* 33(4):269–283. DOI: 10.1007/s11111-011-0145-1.

Hamilton, L.C. 2012. "Did the Arctic ice recover? Demographics of true and false climate facts." Paper presented at the American Sociological Association. Denver, Colorado, August 17–20.

Hamilton, L.C., T.G. Safford and J.D. Ulrich. 2012. "In the wake of the spill: Environmental views along the Gulf Coast. *Social Science Quarterly* DOI: 10.1111/j.1540-6237.2012.00840.x

Hardin, J. and J. Hilbe. 2012. *Generalized Linear Models and Extensions*, 3rd edition. College Station, TX: Stata Press.

Hoaglin, D.C., F. Mosteller and J.W. Tukey (eds.). 1983. *Understanding Robust and Exploratory Data Analysis*. New York: John Wiley & Sons.

Hoaglin, D.C., F. Mosteller and J.W. Tukey (eds.). 1985. *Exploring Data Tables, Trends and Shapes*. New York: John Wiley & Sons.

Hosmer, D,W., Jr., S. Lemeshow and S. May. 2008. *Applied Survival Analysis: Regression Modeling of Time to Event Data*, 2nd edition. New York: John Wiley & Sons.

Hosmer, D.W., Jr. and S. Lemeshow. 2000. *Applied Logistic Regression*, 2nd edition. New York: John Wiley & Sons.

Kline, R.B. 2010. *Principles and Practice of Structural Equation Modeling*, Third Edition. New York: Guilford.

Korn, E.L. and B.I. Graubard. 1999. *Analysis of Health Surveys*. New York: Wiley.

Lean, J.L. and D.H. Rind. 2008. "How natural and anthropogenic influences alter global and regional surface temperatures: 1889 to 2006." Geophysical Research Letters 35 DOI:10.1029/2008GL034864

Lee, E.T. 1992. *Statistical Methods for Survival Data Analysis*, 2nd edition. New York: John Wiley & Sons.

Lee, E.S. and R.N. Forthofer. 2006. *Analyzing Complex Survey Data*, second edition.

Thousand Oaks, CA: Sage.

Levy, P.S. and S. Lemeshow. 1999. *Sampling of Populations: Methods and Applications*, 3rd Edition. New York: Wiley.

Li, G. 1985. "Robust regression." Pp. 281–343 in D. C. Hoaglin, F. Mosteller and J. W. Tukey (eds.) *Exploring Data Tables, Trends and Shapes*. New York: John Wiley & Sons.

Long, J.S. 1997. *Regression Models for Categorical and Limited Dependent Variables*. Thousand Oaks, CA: Sage Publications.

Long, J. S. and J. Freese. 2006. *Regression Models for Categorical Dependent Variables Using Stata*, 2nd edition. College Station, TX: Stata Press.

Luke, D.A. 2004. *Multilevel Modeling*. Thousand Oaks, CA: Sage.

Mallows, C.L. 1986. "Augmented partial residuals." *Technometrics* 28:313–319.

Masarie, K.A. and P.P. Tans. 1995. "Extension and integration of atmospheric carbon dioxide data into a globally consistent measurement record." *Journal of Geophysical Research* 100:11593–11610.

Mayewski, P.A., G. Holdsworth, M.J. Spencer, S. Whitlow, M. Twickler, M.C. Morrison, K.K. Ferland and L.D. Meeker. 1993. "Ice-core sulfate from three northern hemisphere sites: Source and temperature forcing implications." *Atmospheric Environment* 27A(17/18):2915–2919.

Mayewski, P.A., L.D. Meeker, S. Whitlow, M.S. Twickler, M.C. Morrison, P. Bloomfield, G.C. Bond, R.B. Alley, A.J. Gow, P.M. Grootes, D.A. Meese, M. Ram, K.C. Taylor and W. Wumkes. 1994. "Changes in atmospheric circulation and ocean ice cover over the North Atlantic during the last 41,000 years." *Science* 263:1747–1751.

McCullagh, P. and J.A. Nelder. 1989. *Generalized Linear Models*, 2nd edition. London: Chapman & Hall.

McCulloch, C.E. and S.R. Searle. 2001. *Generalized, Linear, and Mixed Models*. New York: Wiley.

Milke, A., and G. Heygster. 2009. "Trend der Meereisausdehnung von 1972–2009." Technical Report, Institute of Environmental Physics, University of Bremen, August 2009, 41 pages. http://www.iup.uni-bremen.de/iuppage/psa/documents/Technischer_Bericht_Milke_2009.pdf

Mitchell, M.N. 2008. *A Visual Guide to Stata Graphics*, 2nd edition. College Station, TX: Stata Press.

Mitchell, M.N. 2012. *Interpreting and Visualizing Regression Models Using Stata*. College Station, TX: Stata Press.

Moore, D. 2008. *The Opinion Makers: An Insider Reveals the Truth about Opinion Polls*. Boston: Beacon Press.

Nash, J. and L. Schwartz. 1987. "Computers and the writing process." *Collegiate Microcomputer* 5(1):45–48.

Rabe–Hesketh, S. and B. Everitt. 2000. *A Handbook of Statistical Analysis Using Stata*, 2nd edition. Boca Raton, FL: Chapman & Hall.

Rabe-Hesketh, S. and A. Skrondal. 2012. *Multilevel and Longitudinal Modeling Using Stata*, 3rd edition. College Station, TX: Stata Press.

Raudenbush, S.W. and A.S. Bryk. 2002. *Hierarchical Linear Models: Applications and Data Analysis Methods*, 2nd edition. Newbury Park, CA: Sage.

Raudenbush, S.W., A.S. Bryk, Y.F. Cheong & R. Congdon. 2005. HLM 5: *Hierarchical Linear and Nonlinear Modeling*. Lincolnwood, IL: Scientific Software International.

Report of the Presidential Commission on the Space Shuttle Challenger Accident. 1986. Washington, DC.

Robinson, A. 2005. "Geovisualization of the 2004 presidential election." Available at http://www.personal.psu.edu/users/a/c/acr181/election.html (accessed 3/8/2008).

Rosner, B. 1995. *Fundamentals of Biostatistics*, 4th edition. Belmont, CA: Duxbury Press.

Safford, T.G. and L.C. Hamilton. 2010. "Ocean views: Coastal environmental problems as seen by Downeast Maine residents." New England Policy Brief No. 3. Durham, NH: Carsey Institute, University of New Hampshire.

Sato, M., J.E. Hansen, M.P. McCormick and J.B. Pollak. 1993. "Stratospheric aerosol optical depths, 1850–1990." *Journal of Geophysical Research* 98:22,987–22,994.

Selvin, S. 1995. *Practical Biostatistical Methods*. Belmont, CA: Duxbury Press.

Selvin, S. 1996. *Statistical Analysis of Epidemiologic Data*, 2nd edition. New York: Oxford University.

Shuman, C.A., K. Steffen, J.E. Box and C.R. Stearns. 2001. "A Dozen years of temperature observations at the summit: Central Greenland automatic weather stations 1987–99." *Journal of Applied Meteorology*, 40:741–752.

Shumway, R.H. 1988. *Applied Statistical Time Series Analysis*. Upper Saddle River, NJ: Prentice–Hall.

Skrondal, A. and S. Rabe-Hesketh. 2004. *Generalized Latent Variable Modeling: Multilevel, Longitudinal, and Structural Equation Models*. Boca Raton, FL: Chapman & Hall/CRC.

StataCorp. 2011. *Getting Started with Stata for Macintosh*. College Station, TX: Stata Press.

StataCorp. 2011. *Getting Started with Stata for Unix*. College Station, TX: Stata Press.

StataCorp. 2011. *Getting Started with Stata for Windows*. College Station, TX: Stata Press.

StataCorp. 2011. *Mata Reference Manual* (2 volumes). College Station, TX: Stata Press.

StataCorp. 2011. *Stata Base Reference Manual* (3 volumes). College Station, TX: Stata Press.

StataCorp. 2011. *Stata Data Management Reference Manual*. College Station, TX: Stata Press.

StataCorp. 2011. *Stata Graphics Reference Manual*. College Station, TX: Stata Press.

StataCorp. 2011. *Stata Programming Reference Manual*. College Station, TX: Stata Press.

StataCorp. 2011. *Stata Longitudinal/Panel Data Reference Manual*. College Station, TX: Stata Press.

StataCorp. 2011. *Stata Multivariate Statistics Reference Manual*. College Station, TX: Stata Press.

StataCorp. 2011. *Stata Quick Reference and Index*. College Station, TX: Stata Press.

StataCorp. 2011. *Stata Structural Equation Reference Manual*. College Station, TX: Stata Press.

StataCorp. 2011. *Stata Survey Data Reference Manual*. College Station, TX: Stata Press.

StataCorp. 2011. *Stata Survival Analysis and Epidemiological Tables Reference Manual*. College Station, TX: Stata Press.

StataCorp. 2011. *Stata Time-Series Reference Manual*. College Station, TX: Stata Press.

StataCorp. 2011. *Stata User's Guide*. College Station, TX: Stata Press.

Street, J.O., R.J. Carroll and D. Ruppert. 1988. "A note on computing robust regression estimates via iteratively reweighted least squares." *The American Statistician* 42(2):152–154.

Tufte, E.R. 1990. *Envisioning Information*. Cheshire CT: Graphics Press.

Tufte, E.R. 1997. *Visual Explanations: Images and Quantities, Evidence and Narrative*. Cheshire CT: Graphics Press.

Tufte, E.R. 2001. *The Visual Display of Quantitative Information*, 2nd edition. Cheshire CT: Graphics Press.

Tufte, E.R. 2006. *Beautiful Evidence*. Cheshire CT: Graphics Press.

Tukey, J.W. 1977. *Exploratory Data Analysis*. Reading, MA: Addison–Wesley.

Velleman, P.F. 1982. "Applied Nonlinear Smoothing," pp.141–177 in Samuel Leinhardt (ed.) *Sociological Methodology 1982*. San Francisco: Jossey-Bass.

Velleman, P.F. and D.C. Hoaglin. 1981. *Applications, Basics, and Computing of Exploratory Data Analysis*. Boston: Wadsworth.

Verbeke, G. and G. Molenberghs. 2000. *Linear Mixed Models for Longitudinal Data*. New York: Springer.

Voss, P.R., S. McNiven, R.B. Hammer, K.M. Johnson and G.V. Fuguitt. 2005. "County-specific net migration by five-year age groups, Hispanic origin, race, and sex, 1990–2000." Ann Arbor, MI: Inter-university Consortium for Political and Social Research, 2005-05-23.

Ward, S. and S. Ault. 1990. "AIDS knowledge, fear, and safe sex practices on campus." *Sociology and Social Research* 74(3):158–161.

White, J.W.C., R.B. Alley, J. Brigham-Grette, J.J. Fitzpatrick, A.E. Jennings, S.J. Johnsen,

G.H. Miller, R.S. Nerem and L. Polyak. 2010. "Past rates of climate change in the Arctic." *Quaternary Science Reviews* 29(15–16):1716–1727.

Wild, M., A. Ohmura and K. Makowski. 2007. "Impact of global dimming and brightening on global warming," *Geophysical Research Letters*. DOI:10.1029/2006GL028031.

Wolter, K. and M.S. Timlin. 1998. "Measuring the strength of ENSO events—how does 1997/98 rank?" *Weather* 53:315–324.